全国高等中医药院校成人教育教材

中医妇科学

国家中医药管理局科技教育司委托修订

主编单位 成都中医药大学
主　　编 刘敏如
副主编 陆　华　罗颂平　梅乾茵
编　　者 陆　华　罗颂平　梅乾茵　许丽绵
　　　　　　徐　谦　邵福华　齐素珍　尹巧芝
　　　　　　胡心伟　段　恒
主　　审 夏桂成

湖南科学技术出版社

《全国高等中医药院校成人教育教材》编审小组

　　根据中医事业发展需要，为促进中医人才的培养，进一步提高全国中医院校函授教育的质量，1983 年，原卫生部中医司指定成都、湖南、湖北、江西、浙江、长春、辽宁、陕西、南京、黑龙江、河南等 11 所中医院校联合编写《全国高等中医院校函授教材》，并确定了教材编审组成员。1984 年元月，各参编单位在长沙举行了第一次编写会议，会议讨论了教材的编写原则和编写体例。会议一致认为，教材的编写要根据中医高等函授教育的目标，切实做到"体现中医特色，确保大专水平，突出函授特点"。为此，在内容分配上要和全日制大专教材相当；在编写过程中要坚持"一家编，多家审"的原则，广泛征求意见，力求重点明确，通俗易懂。为方便函授教学，教材统一设置了一些指导函授教学的栏目，如"自学指导"、"复习思考题"，考虑基层学员查阅文献有所不便，教材各章附有"参考文献摘录"，将与教学内容密切相关的经典著述附录在课文后，供学员借鉴，加深对课文理解。会议确定全套教材共设 19 门课程，按函授教学需要的先后顺序，于1985 年陆续出版，1988 年 2 月出齐。尔后，根据中医临床的需要和函授师生的反映，经国家中医药管理局同意，决定在 19 门中医课程教材的基础上，增设 5 门西医课程教材，分别由北京、广州、南京、河南、湖南 5 所中医院校主编，并于 1988 年 4 月在长沙举行了编写会议，在坚持整套教材编写原则和体例风格的基础上，会议商讨了有关中医学习西医知识教材编写出版事宜。西医课程教材于 1990 年全部出版。

　　《全国高等中医院校函授教材》的出版对规范函授中医专业教学内容及人才知识结构起到十分重要的作用。因其有重点突出，内容丰富，编写形式适合在职中医人员业余学习等优点，多年来一直被多数中医院校选用。1995年全国普通高等院校函授部、夜大学教材评估时，对这套教材的编写质量有较高的评价。

　　10 多年来，随着医药科学的发展，知识更新，医学模式转变和中医药教育改革的不断深入，教材内容也需要作相应的修订和完善。1999 年 12 月在成都召开的全国中医药成人教育学会理事会四届一次会议上，全体理事讨论了湖南科学技术出版社提出的《关于修订〈全国高等中医院校函授教材〉的报告》；2000 年 5 月，国家中医药管理局本着政府职能转变的原则要求，为充分发挥学会和中介组织作用，决定委托全国中医药成人教育学会高等教育研究会负责组织《全国高等中医院校函授教材》的修订和编写工作。同时，为适应中医药成人教育的需求，决定将教材更名为《全国高等中医药院校成人教育教材》。根据国家中医药管理局的决定，全国中医药成人教育学会高等教育研究会 2000 年 6 月在长沙举行了教材修订主编会议，成都、广州、南京、北京、山东、湖南、河南、辽宁、浙江、黑龙江、湖北、长春、陕西、江西等 14 所中医药院校的主编出席了会议。会议进一步明确了《全国高等中医药院校成人教育教材》是在 1983 年编写的《全国高等中医院校函授教材》基础上的修订和补充编写，要求这次修订编写在原函授教材的基础上保持基本架构不变，重在充实完善，要根据教学实践中发现的问题和新形势下成人教育的需要来修订编写。考虑到成人教育主要是培养基层实用型人才，编写教材要求做到"理论够用为度，便于自学，重在实用"。

修订新版的《全国高等中医药院校成人教育教材》由国家中医药管理局人事教育司（原科技教育司）委托组织编写（修订），实行主编负责制，坚持"一家编，多家审"的原则，强调质量第一。修订后的教材保留适应成人教育、方便业余学习的体例形式，同时结合中医药成人教育改革与发展的趋势，作了进一步改进和完善。为适应当前中医药事业的发展，在课程设置上新教材增设了《推拿学》、《医学心理学》、《药理学》、《预防医学》、《急诊医学》、《卫生法规》等 6 门课程。为了满足不同层次的教学需要，修订新版教材采用"一书两纲"的形式，即一本教材内容定位在本科教学水准，同时考虑专科教学需要，两本大纲分别指导本科、大专两个层次的教学。教学时数分配，本科部分在中医本科成人教育教学计划未发布以前，暂时参照全日制本科教学计划安排；专科部分按国家中医药管理局确定的成人高等专科教育中医学专业教学计划安排。

中医药成人教育是中医人才队伍建设的一个重要组成部分，尽管我们已取得了相当的成绩，积累了许多宝贵经验，前进的道路仍十分漫长，还有许多课题需要我们去探索，还有许多困难有待我们去克服。教材编写是教育事业的一项基础工作，直接关系到教学质量的提高，编好教材不仅需要作者们呕心沥血，更需要教学师生的关心和支持，诸如课程体系设置是否合理、教学内容详略是否恰当、大纲安排是否切合实际等等，都有待广大师生提出批评和建议，以便今后修订再版时更臻完善。

最后，我们要感谢参编院校的领导和各位主编，他们为教材的编写、修订作出了无私的贡献和积极的努力；感谢使用教材的院校领导和师生，他们一直关心教材的编写、修订，并提出了许多宝贵的建议。我们深信，有编者、读者和出版者的共同努力，《全国高等中医药院校成人教育教材》必将成为中医药园地中一朵绚丽的奇葩。

湖南科学技术出版社

  全国高等中医院校成人教育教材《中医妇科学》是在 1983 年编写的全国高等中医院校函授教材《中医妇科学》的基础上，本着 2000 年 6 月长沙会议"理论够用为度，便于自学，重在实用"的指导思想，按照"保持基本构架不变，重在充实完善"的修订原则，由成都中医药大学、广州中医药大学、湖北中医学院联合组织人员进行修订和补充编写。

  中医妇科学作为中医学的组成部分之一，随着社会现代化的进程加快，人类生态环境的改变，引起了疾病谱的变化。同时，医疗制度的改革，人们认识观的更新，导致新的医患关系的形成，对中医妇科学从业人员的要求日益提高，进而对中医学妇科学的教材提出了更高的要求。一方面要求具有中医学的传统知识、技能及现代认识；另方面要求具有相关西医学知识，以更好地适应临床，适应社会需要。

  本书的主要特点是一本教材，供本科、专科两个不同层次的教学，故同时配有本科及专科两套教学大纲。在原函授教材基础上所做的最明显的增补是增加了第十二章妇产科基础、第十三章生理产科、第十四章计划生育，还附有 3 套考题及参考答案。此外，总论部分修订的内容主要有胞宫生理、月经生理、带下生理、病因学等部分。各论部分病证的内容增加预防与保健项，病名定义以现行全国高等医药院校教材为准，病因病机突出条理性，诊治要点与预后部分强调鉴别诊断，辨证论治重在临床实用。

  本书由成都、湖北和广州三所中医大学编写，经南京中医药大学夏桂成教授、四川省中医药研究院临床所王成荣研究员、成都中医药大学曾敬光教授等专家审定而成，体现了"多家编、多家审"的特色。在编写过程中，广采多方意见，得到同道齐聪教授、谈勇教授、韩延华教授、杜惠兰教授、覃菁副主任医师等的支持，并提出了宝贵意见，在此，谨致以诚挚的谢意。

  书中难免存在疏漏与不足，恳请专家和读者指正。

编　者

于成都中医药大学

目 录

总 论

各　论

附　篇

总　论

【目的要求】

　　1. 掌握中医妇科学的定义和范围。

　　2. 熟悉中医妇科学的发展概况，以及各阶段时期的主要著作和主要学术贡献。

【自学时数】

　　4～6学时。

一、中医妇科学定义及其研究范围

　　中医妇科学是以中医学的基础理论为指导，认识和研究妇女与经、带、胎、产有关的解剖生理、病理特点、诊断辨证规律和防治妇女特有疾病的一门临床学科。中医基础理论包括阴阳五行学说、脏腑经络学说、气血津液学说、病因病机、四诊八纲、辨证论治、养生防病等。随着时代的发展，中医妇科学既要运用上述中医基础理论，有时也需要借助现代科学手段以及借鉴西医妇产科学基础知识。因此，从妇产科临床实际出发，在本教材中引用相关现代检测方法及有关西医妇产科基础知识。

　　根据古代文献记载，中医妇科学的研究范围是中医妇产科的理论和妇女特有疾病，分为调经、种子、崩漏、带下、胎前、临产、产后、杂病等。现研究范围包括月经病、带下病、妊娠病、临产病、产后病、杂病，以及计划生育、优生优育、性功能障碍、性传播疾病等疾病的防治。此外，尚包括女性美容、女性养生保健等。本教材主要介绍经、带、胎、产、杂五大类病种。

　　妇女在解剖上有子宫、胞脉、胞络、子门、产道、阴户等器官或组织，这些器官或组织与生殖内分泌功能直接关联而有别于男子。因此，妇女在生理上有月经、带下、妊娠、分娩、哺乳等特点；同时，妇女在生殖功能活动时期（即月经初潮后至绝经前）发生与生殖内分泌相关的病变主要表现为月经病、带下病、妊娠病、产后病、妇科杂病等不同病种。目前，中医妇科学的研究范围一方面是针对妇女生理特点进行健康保健研究，防止病变产生，保证优生优育；另一方面是探究病因病机，找寻最佳诊治手段，诊治已发生的妇产科病变，研究疗效机制，并积极进行中西医结合防治妇产科疾病的探索。

二、中医妇产科学发展概况

（一）古代有关妇产科实践活动及记载

　　中华民族的繁衍昌盛，是社会的需要。妇女负有延续后代的社会责任，怀孕、分娩、哺育均由妇女完成。远古时代，人口不多，为了共同抗御自然灾害和增进劳动生产力，繁殖人口是一个首要问题。因此，中医妇科学的发展始于产育记载。

殷商时代，便有关于生育的文字记载，如《易经·爻（yāo）辞》："妇孕不育"、"妇三岁不孕"；夏、商、周时代，主要是难产、种子、胎教等记载，如《史记·楚世家》载"陆终（妻女嬇）生子六人，坼剖而产焉。"

约在公元前 11 世纪，现存我国最早的诗歌总集《诗经》中载药 50 余种，其中有妇科常用药物记载，如"东门之墠（shàn，古代祭祀用的平地），茹藘在阪（同坂，指坡、山坡、斜坡）"，"中谷有蓷（音推，益母草，又叫芜蔚），暵（音汉，晒干、干枯）其乾也"。与此同时代的《山海经》中载药 120 余种，其中有"种子"、"绝育"的药物，如《山海经·中山经》："青要之山……其中有鸟焉，名曰鹪（《广韵》鸟皎切。《集韵》伊鸟切，音杳。又：于绞切，音拗。又：于交切，音坳。又：伊谬切，音幼。《玉篇》："鹪鸟较也。"），其状如凫（fū。动物名，泛指野鸭），青身而朱目赤尾，食之宜子。"《山海经·西山经》："嶓冢之山……有草焉，其叶如穗，其本如桔梗，黑华而不实，名曰骨蓉，食之使人无子。"

春秋战国时代，民间开始有专科医生。如《史记·扁鹊仓公列传》记载："扁鹊名闻天下，过邯郸，闻贵妇人，即为带下医。"此"带下医"，就是指妇科医生。《黄帝内经》是我国最早的一部重要的医学文献，它总结了秦以前许多医家历代口耳相传的经验，汇集成册。其中对妇女月经的生理、病理以及对妊娠的诊断和妊娠用药原则等均有较为详尽的论述。如《素问·上古天真论》云："女子七岁，肾气盛，齿更发长；二七而天癸至，任脉通，太冲脉盛，月事以时下，故有子；三七肾气平均，故真牙生而长极；四七筋骨坚，发长极，身体盛壮；五七阳明脉衰，面始焦，发始堕；六七三阳脉衰于上，面皆焦，发始白；七七任脉虚，太冲脉衰少，天癸竭，地道不通，故形坏而无子也。"阐述了女子生长、发育、衰老的规律，并认识到"肾气"、"天癸"在生殖功能的成熟与衰退过程中的重要作用。《素问·腹中论》云："何以知怀子之且生也……身有病而无邪脉也。"从妇女脉象的变化诊断其是否妊娠。《黄帝内经》还记载了妇科第一个方剂"四乌贼骨—藘茹丸"。《神农本草经》是我国现存最早的药物学文献，其中记载了不少妇产科的药物。如"当归"主妇人漏下绝子；"紫石英"主女子风寒在子宫，绝孕十年无子；"芎穷"主妇人血闭无子；"漏芦"主下乳汁等，这些药物目前妇科临床仍常用。

西汉已有"女医"的记载。根据《汉书·艺文志》、《隋书·经籍志》记载的《妇人婴儿方》、《范氏疗妇人方》、《疗妇人产后方》等，可算是我国妇产科的最早专著，惜已散佚。后汉张仲景的《金匮要略》有三篇专门论述妇科疾病。如"妇人妊娠病脉证并治"，论述了妊娠呕吐、癥与胎的鉴别、妊娠腹痛、妊娠水气、妊娠小便难、养胎、伤胎等。"妇人产后病脉证并治"阐述了新产三病及产后腹痛等证治。"妇人杂病脉证并治"讨论了热入血室、月经病、带下、崩漏、腹痛、脏躁等杂病的证候、脉象和治法。其特点是对每一病证的治疗，紧密联系病因病理，为中医妇科辨证论治奠定了基础。同时期著名医家华佗，其较高的产科诊疗技术，值得赞叹。据《后汉书·华佗传》记载："有李将军者，妻病，呼佗视脉。佗曰：'伤身而胎不去。'将军言：'闻实伤身，胎已去矣。'佗曰：'案脉，胎未去也。'将军以为不然。妻稍差，百余日复动，更呼佗。佗曰：'脉理如前，是两胎。先生者去血多，故后儿不得出也。胎既已死，血脉不复归，必躁着母脊。'乃为下针，并令进汤。妇因欲产而不通。佗曰：'死胎枯燥，执不自生。'使人探之，果得死胎，人形可识，但其色已黑。"华佗凭脉证测知双胎难产的病例，并成功地取下死胎。

晋代王叔和《脉经》对妇产科的主要贡献是，发现妇人月经并非均为一月一行，而提出了"并月"、"居经"、"避年"之说。且根据临证经验，凭脉象诊断妊娠、临产。如"尺中之脉，按之不绝，法妊娠也"，"怀娠离经，其脉浮，设腹痛引腰脊，为今欲生也，但离经者，不病也。又法，妇人欲生，其脉离经，夜半觉，日中则生也"。

南齐褚澄著有《褚氏遗书》，内设"求嗣"一门，从精血化生之理，主张节欲与节制生育，以保障妇女的身体健康。如《精血篇》云："精未通而御女以通其精，则五体有不满之处，异日有难状之疾。"又如《本气篇》云："合男子多则沥枯虚人，产乳众则血枯杀人。"为节欲和晚婚提出了理论依据。

北齐徐之才的《逐月养胎法》，对胎儿的逐月发育叙述较为详尽，如"妊娠一月始胚，二月始膏，三月始胞，四月形体成，五月能动，六月筋骨立，七月毛发生，八月脏腑具，九月谷气入胃，十月诸神备，日满即产矣"。同时对孕妇的摄生调护也很重视。如"妊娠二月……居必静处，男子勿劳"；"妊娠六月……身欲微劳，无得静处，出游于野"；"妊娠七月……劳身摇肢，无使定止，动作屈伸，以运血气"等等，对保证孕妇的健康、胎儿的正常发育，预防难产诸方面有重要的指导意义。

隋代，巢元方为首集体编撰的《诸病源候论》，全书共 50 卷、67 门、1730 个证候，其中有妇人病八卷，共 283 论。前四卷论妇科病，有月经、带下、前阴诸疾等，后四卷为妊娠、产后、将产、难产及产后诸疾等。对每类证候病源分析比较详尽，条理分明，符合临床实际。如对"阴挺下脱"的论述，谓："胞络伤损，子脏虚冷，气下冲则令阴挺出，谓之下脱；亦有因产用力偃气而阴下脱者。"指出阴挺之因，常为产时或产后用力过度而致。又如，对"恶阻"证候之描述，"恶阻者，心中愦（kui，昏乱，糊涂）闷，头眩四肢烦疼，懒惰不欲执作，恶闻食气，欲啖（dan）咸酸果实，多睡少起。"这些论述比较具体，理论朴实，切合实际，对后世妇科临床医学的发展影响较大。

唐代，临床医学的分科逐渐形成，并相继出现了各种专业书籍。在唐以前，妇产科混同内科，孙思邈将妇人、少小、七窍等疾病分门别类，且把妇人门列入卷首，这种编撰方式在祖国医籍中是一个重大的改革，也足以证明其对妇科的重视。其中收集了唐以前的许多医论和医方，广泛讨论了求子、妊娠、产难、胞衣不出、崩中漏下、带下、杂病等。尤对临产及产后护理的论述更为贴切。如"凡欲产时，特忌多人瞻视，惟得三、二人在旁待揔（zǒng。一直之意。），产讫乃可告语诸人也。若人众看之，无不难产耳。"又云："凡产后满百日，乃可合会。不尔至死，虚羸，百病滋长，慎之。"这些论述，至今具有临床指导意义。现存的第一部产科专著《产宝》，是唐代大中初年咎殷所著，原书早已散佚，清代张金诚在日本得此书并重新刊印，即现在的《经效产宝》，全书共 3 卷，计 41 门，260 余方。对妊娠、难产、产后等常见病的诊断和治疗做了简要论述，是后世产科重要参考书。

宋代，产科已发展为独立的专科，太医局设立九科，产科是其中之一，并有产科教授。当时流传的妇产科专著较多，其中较为重要的产科著作如杨子建《十产论》，除叙述正产外，还详细讨论了因胎位异常所致的各种难产，如横产、倒产、偏产、坐产等，并有胎位转正的各种手法。如对横产转正手法的描述："横产者，言儿方转身，产母用力逼之故也。凡产母当令安然仰卧，稳婆先推儿身顺直，头对产门，以中指探其肩，不令脐带羁扳，方用药催之，继以产母努力，儿即生。"说明早在九百年前对难产处理就积有一定经验。朱端章《卫生家宝产科备要》，全书共分 8 卷，集宋代以前有关产科的各家论著，书中载有妊娠、临产、产后等内容，并附有新生儿护理和治疗方法。以上著作是目前研究产科的重要文献。陈自明《妇人大全良方》的问世，改变了既往妇科疾病混编于大方脉内的传统编撰方法，对妇产科做了一次较为全面系统的总结，为妇产科学的发展奠定了基础。全书 24 卷，凡 8 门，每门列述若干病证，总 248 论，论后附方，始自调经，讫于产后，详列妇科证治，是一部杰出的妇产科专著。

金元时代主要特点是医学流派的形成，具有代表性的学术流派医家有刘河间、李东垣、朱丹溪、张子和，他们对妇产科论治均有各自的见解。刘河间在《素问病机气宜保命集》中根据妇女不同年龄阶段的生理特点，分别重视肾、肝、脾三脏对女性的生理作用。他说：“妇人童幼天癸未行之间，皆属少阴；天癸既行，皆从厥阴论之；天癸既绝，乃属太阴也。”李东垣从“土为万物之母”的理论，提出了“内伤脾胃，百病始生”的观点，常以补脾益气、升阳摄血、升阳除湿等法广泛应用于妇科临床。如在《兰室秘藏》中论“经闭不行”，责之脾胃久虚，用补益气血之法，使经自行。朱丹溪在《格致余论》中形象地描绘了子宫的形态，并且对妇人胎前、产后之治分别提出“清热养血”和“产后以大补气血为先”的治疗法则。张子和提出：“凡看妇人病，入门先问经”，“凡治妇病，不可轻用破气行血之药，恐有娠在疑似之间也；凡看产后病，须问恶露多少有无，此妇科要诀也”。

明清时代的妇产科专著在继承的基础上各有发挥，如明·万密斋《广嗣纪要》和《万氏妇人科》提出：“求子之道，男子贵清心寡欲以养其精，女子贵平心定意以养其血。”并指出女子不育有因先天生理缺陷所致者，即螺、纹、鼓、角、脉，称为“五不女”。明·薛己《女科撮要》二卷，上卷论经水、带下、杂症。下卷论胎、产诸疾，共 24 证，每证有方，并附有治验。薛己校注了《妇人大全良方》，名为《校注妇人良方》，其主要特点是对该书加以校正并附加按语和个人验案。明·王肯堂《证治准绳》，论及病证广泛，每一病证先综述历代医家治验，后阐明己见，论述条理分明。嗣后武之望《济阴纲目》即根据本书改编而成。明·张景岳《景岳全书·妇人规》是一部对后世影响较大的妇科专著。计分总论、经脉、胎育、产育、产后、带浊、乳病、子嗣、癥瘕、前阴等类。其理论核心是冲任、脾肾、阴血。如：“脏腑之血，皆归冲脉，冲脉为月经之本”、“盖其病之肇端，则或由思虑，或由郁怒，或以积劳，或以六淫饮食，多起于心肺肝脾四脏。及其甚也，则四脏相移，必归脾肾”、“补脾肾以资血之源，养肾气以安血之室”、“行经之际，大忌寒凉等药”等论述，至今对临床具有重要参考价值。清·傅山《傅青主女科》，立论以肝、脾、肾三脏为纲，辨证、理法严谨，许多方剂至今临床常用，尤提出“经本于肾”的论点，为现代医家对月经病从肾研究之重要依据。此期重要的妇科参考著作尚有萧赓六的《女科经纶》，沈尧封的《女科辑要》、吴谦等的《医宗金鉴·妇科心法要诀》，产科专著如《胎产心法》、《产孕集》、《产科心法》、《达生篇》等，其中《达生篇》临产六字真言：“睡、忍痛、慢临盆”，说明分娩是正常生理现象，不必惊慌，须静待其时，自然分娩。

（二）妇科古籍系统整理、中医妇科专业人才培养、理论及临床现代研究

民国初年，西医传入中国，对中医妇产科的发展产生了一定的影响，出现了中西医汇通派，代表医家有唐容川、张锡纯，在其著述有关于妇科论述，如唐容川的《血证论》对妇科血证的研究有指导意义。张锡纯《医学衷中参西录》有“治女科方”和“妇女科”，其中许多有效方剂，如寿胎丸、固冲汤等，一直为临床常用。其他有关妇科专著有严鸿志的《女科证治约旨》、《女科医案选粹》，恽铁樵《妇科大略》等，对妇科临床具有参考价值。

1956年上海、广州、成都、北京四所中医学院的成立，标志着中医专业被正式列入国家教育系统。从1964年起，先后由成都曾敬光、湖北黄绳武、广州罗元恺、黑龙江马宝璋分别主编了《中医妇科学》统编教材，罗元恺主编了教学参考丛书《中医妇科学》。20世纪70年代后期开始了中医硕士、博士等高层次人才培养。

20世纪60年代以来，中医妇科专著既有传统古籍的校正整理，还有大批著名医家的医案、医话，也有对传统理论的规范化研究的参考书。如《妇人大全良方》、《景岳全书·妇人规》、《中医妇科名著集成》等的整理出版，为进一步学习中医妇科古籍，继承中医妇科学术提供了便利。名老中医专家的专著，丰富了中医妇科的理论宝库，较有影响的有卓雨农《中医妇科治疗学》、《王渭川妇科治疗经验》、《王渭川疑难病症治验选》、《刘奉五妇科经验》、《朱小南妇科经验选》、《罗元恺医著选》、《罗元恺论医集》、《哈荔田妇科医话医案》、《百灵妇科》、《何子淮女科经验集》、《蒲辅周医案》等。黄绳武主编的《中国医学百科全书·中医妇科学》，成都中医学院主编的《中医妇科学》，罗元恺主编《实用中医妇科学》等，在中医妇科学术界具有较大影响，为重要参考书。

中西医结合妇产科学研究始于20世纪60年代，主要表现为借鉴西医对妇产科疾病的诊断、疗效标准，对中医妇科病证进行研究；或中西医药物联合对中西医病证的治疗及机制探索。如对功能性子宫出血、盆腔炎、不孕症、宫外孕、子宫肌瘤、子宫内膜异位症、妊娠肝内胆汁淤积证、母儿血型不合、胎儿宫内发育迟缓等病的中西医结合治疗探索出了有效的治疗方案，并有中西医汇编的妇科专著问世。临床上中西医结合形成了一些固定的模式，如西医辨病与中医辨证结合，中西医疗法的互相参照并互为补充等。这一过程，不仅丰富了中医妇科的诊断、治疗手段，提高了疗效，而且使整个医学界对中医妇科学的科学价值有了更多的了解。比如对中医妇科辨证上的细致入微，治疗上的卓越效果，而且无明显激素疗法的副作用及手术疗法不可避免的损伤等。更多西医界的妇产科同道乐于学习中医，采用中医疗法，这对推动我国妇产科学的发展作用很大。

20世纪80年代，开始了运用现代科技手段对中医妇科传统理论的研究，主要内容有：指标的客观化、标准化研究，中医药妇产科临床疗效及其机制研究、中医妇产科新药及新制剂研究等，取得了一定的进展。如月经生理及其周期盈亏的研究，为中医妇科按月经周期用药提供了依据。带下生理的研究，丰富了中医学有关生殖的内涵。对传统认识的客观化研究，如对产后"多虚多瘀"的客观化研究及该认识基础上的临床用药研究，提供了方法学参考。肾主生殖是中医妇科传统理论，其客观化研究始于20世纪70年代，80年代形成中医肾－天癸－冲任－胞宫生殖轴的假说。普遍认为，这些工作尽管是初步的，但已有了一个好的开端。

自 学 指 导

学习绪言的重点，是了解中医妇科学各个发展阶段的特点，尤其是有关代表性的主要著作及主要学术成就。其中，《黄帝内经》、《神农本草经》开始对妇女生理病理及用药有了较详尽的论述；西汉、魏晋南北朝时期，有最早的妇产科专著写成，后汉张仲景论妇科疾病、晋王叔和凭脉象诊断妊娠临产、南北朝论及"求嗣"与"逐月养胎法"为这一阶段的代表；隋唐与宋代是中医妇产科最重要的时期，《诸病源候论》对妇产科一些证候有详尽剖析，唐代有第一部产科专著《经效产宝》问世，宋代产科已发展为独立专科，并有第一部《妇人大全良方》的妇科专著出现；金元明清时期在学术上不同观点相继出现，由此而使妇产科有关内容更为丰富；民国以来，尤其是中华人民共和国成立后，中医妇产科的教育，科研均形成完整体系，并有大量专著问世。以上从无到有，从不成熟到比较完备的过程，代表中医妇产科的发展史，熟悉之有助于树立中医妇科的专业思想，并为今后的科研提供明确的脉络。

【参考文献摘要】

1. 唐·孙思邈《千金要方·妇人方》：妇人之别有方者，以其胎妊、生产、崩伤之异故也，是以妇人之病，比之男子十倍难疗……所以妇人别立方也。

2. 明·万密斋：夫男女者，均禀天地之气以生。有生之后，男则气血俱足，女则气有余而血不足也。至于受病，外感内伤之症，未尝不同，但女则别有调经、胎前、产后之治，此所以更立一科也。

【复习思考题】

1. 中医妇科学的定义是什么？
2. 中医妇科学研究的范围有哪些？
3. 《内经》对妇科理论方面的论述有哪些？举例说明。
4. 《金匮要略》妇人三篇对妇科所述的主要内容是什么？
5. 王叔和所著《脉经》在妇产科方面有哪些重要论述？
6. 简述《诸病源候论》对妇产科的重要贡献。
7. 唐宋时期妇科有什么重要发展，代表医家及专著有哪些？
8. 金元时期的学术争鸣对妇科有哪些影响？
9. 明清时期妇科的主要著作有哪些？
10. 简述民国时期的主要医家及其著作。
11. 新中国成立后整理出版了哪些妇产科古籍，请举例说明。
12. 你对中医妇科的现代化及中西医结合妇科学的研究有哪些思考？

〔陆　华〕

第一章　女性生殖器的解剖生理特点

【自学总时数】

13～19学时。

第一节　女性生殖器

【目的要求】

1．掌握胞宫的解剖位置及生理功能。
2．熟悉胞宫的功能特点。
3．了解中医妇科有关生殖器的术语。
4．了解胞宫与脏腑、经络的关系。

【自学时数】

1～2学时。

中医妇科学中女性生殖器的术语较多，有根据解剖部位命名的，如阴户（又叫四边）、玉门（又叫龙门、胞门），相当于西医外生殖器部位；阴道（又叫子肠）、子门（又叫子户），相当于西医阴道、宫颈口部位；胞宫（又叫女子胞、子处、子宫、血室、胞室），相当于西医子宫、卵巢部位。有根据功能命名的，如冲任，概指女性生殖脏器。其中，解剖结构、生理功能较为清楚且最受重视的是胞宫。

胞宫最早记载于《内经》，《素问·五脏别论》称为"女子胞"，《灵枢·五色》称为"子处"。《神农本草经》称为"子宫"、"子脏"。《金匮要略》称为"血室"。胞宫的称谓始见于《女科百问》"热入胞宫，寒热如疟"。中西医都有子宫的称谓，但中医子宫的内涵不仅包括了西医子宫的解剖和功能，而且包括了卵巢、输卵管的解剖和功能，为将两者区别，目前，中医妇科将女性内生殖器规范称为胞宫。

1．胞宫的位置：明代《类经附翼》指出"子宫……居直肠之前，膀胱之后"。与西医妇产科认识一致。

2．胞宫的形态：明代《景岳全书》引朱丹溪《格致余论》之言曰"阴阳交媾，胎孕乃凝，所藏之处，名曰子宫，一系在下，上有两歧，中分为二，形如合钵，一达于左，一达于右"。从上描述可见胞宫的形态实际上包括了西医子宫、输卵管、卵巢。

3．胞宫的作用：主要为蓄经、行经、生带、泌带、育胎、分娩、排出恶露。

4．胞宫的功能特点：胞宫具有藏和泻的功能特点，不同于一般脏腑功能。脏的功能是藏而不泻，腑的功能是泻而不藏。《内经》将女子胞划属奇恒之府，因为胞宫既具有脏藏的功能，又具有腑泻的功能。如蓄经、生带、育胎时胞宫表现为藏的功能，行经、泌带、分娩、排出恶露时胞宫表现为泻的功能。从胞宫的月经生理而言，非行经期，胞宫气血由相对空虚至满盈，经水内蓄，该过程表现为"藏而不泻"；行经期，胞宫气血由满而溢泻，经水外排，该过程表现为"泻而不藏"。从胞宫的带下生理而言，经后期，胞宫敛聚气血，"藏而不泻"，带下量少；氤氲期，阴盛转阳，至经前胞宫气血充盛，"泻而不藏"，带下量多。从胞宫的孕娠生理而言，胎孕之初至胎儿成熟的过程之间，胞宫敛聚精血以养胎，以"藏而不泻"为胞宫的生理特点；分娩之时，乃"瓜熟蒂落"，当娩出胎儿，产后排出恶露，胞宫此时处于"泻而不藏"的生理状态。胞宫藏泻适时、适度，则生理有常。

5．胞宫的脏腑经络连接：古代医籍中有明确记载的直接有联系的脏腑是心肾，经络是冲任。胞脉、胞络是构成胞宫整体的脉管、连接组织。而从胞宫的功能与精气血的联系来看，脏腑精气血生化功能正常、冲任督带对精气血的传送、约束有节，胞宫才能维持其功能正常，其中，肝脾肾、冲任与胞宫的关系尤为密切。从胞宫的脏腑经络连接可见，胞宫是女性人体的组成部分之一，其功能发挥是脏腑、经络、气血共同作用的结果。

【参考文献摘要】

1．《素问·评热病论》指出："月事不来者胞脉闭也。"
2．《素问·上古天真论》指出："月事以时下，故有子。"
3．《景岳全书》指出："盖白带出于胞中，精之余也。"
4．《血证论》说："而胞中之水清和，是以行经三日后，即有胞水……乃种子之的候，无病之月信也。"
5．《类经》指出："女子之胞，子宫是也，亦以出纳精气而成胎孕者为奇。"
6．《素问·评热病论》指出："胞脉者，属心而络于胞中。"
7．《素问·奇病论》指出："胞络者系于肾。"
8．《灵枢·五音五味》记载："冲脉、任脉皆起于胞中。"

【复习思考题】

1．简述胞宫的位置和作用。
2．试述胞宫的功能特点。
3．胞宫与其他脏腑、经络的联系如何？

〔陆　华〕

第二节　月　经

【目的要求】

1．掌握肾、肝、脾三脏在产生月经中的作用。

2．熟悉"天癸"在产生月经中的作用。

3．熟悉冲任的主要生理功能，及其在月经产生中的作用。

4．熟悉健康女子的初潮年龄、正常月经周期、行经天数及绝经年龄等。

【自学时数】

8.5～12.5 学时。

一、月经的生理

月经是指女性在一定年龄阶段内子宫的周期性出血，是女性特有的生理现象，也是生殖功能成熟的标志之一。

健康女子多数 13～15 岁月经即开始来潮，第一次经潮的时间，称"初潮"。初潮年龄范围为 11～18 岁。49 岁左右月经逐渐竭止，则称"绝经"。绝经年龄范围为 46～52 岁。初潮与绝经年龄可因禀赋体质、自然气候、生活环境、营养状况之不同而提早或推迟。

胞宫出血的第 1 日为月经周期的开始，至下次出血的第 1 日之间的间隔时间称一个月经周期。正常月经周期一般为 28 天左右，正常月经周期时间范围多为 21～35 天。月经周期长短具有个体差异，与先天禀赋有关。月经惯常两月一至的，称为"并月"；三月一至的，称为"居经"或"季经"；一年一行的，称为"避年"；终身不行经而能受孕的，称为"暗经"；受孕之初，按月行经而无损于胎儿的，称为"激经"、"盛胎"、"垢胎"。部分少女在月经初潮后的 1～2 年内，周期、经期、经量往往不定；在绝经期前后的妇女，月经也多表现为先紊乱后绝止。

每次行经的持续时间称为经期，正常为 3～7 天，多数为 5～6 天。经期排出的血量称为经量，一般行经总量为 50～80mL，临床多以行经时经血浸湿卫生纸或卫生巾的张数粗略估计。经期每日经量，第 1 天最少，第 2 天最多，第 3 天较多，第 4 天减少。月经血一般为暗红色，经质不稀不稠，不凝结，无血块，也无特殊气味。

经期一般无特殊不适感觉，有些妇女经前或经期可有下腹及腰骶部下坠感，或有乳房胀痛，或有尿频，或有情绪波动，或有畏冷，或有头痛，或有腹泻等，可不影响工作和学习，经净后症状自然消失。

绝经后生殖功能丧失。绝经前后部分妇女伴有轻度头晕心悸、轰热汗出、烦躁失眠、阴道干涩等症。

二、月经的化生机制

月经是脏腑、经络、气血共同作用于胞宫的结果。月经由肾所主，其主要成分是血，血由脏腑所化生，通过经脉输注下行胞宫，而为月经。

（一）月经化生的条件

天癸和气血是化生月经的物质基础，胞宫是月经化生的场所（器官），三者缺一不可。

天癸，源于先天，为先天之精，藏于肾，受后天水谷精微的滋养，是促进人体生长、发育和生殖的物质。《素问·上古天真论》说："女子七岁，肾气盛，齿更发长；二七而天癸至，任脉通，太冲脉盛，月事以时下，故有子……七七任脉虚，太冲脉衰少，天癸竭，地道不通，故形坏而无子也。"人体发育到一定时期，肾气旺盛，肾中真阴不断得到充实；14 岁左右，天癸逐渐成熟，月经来潮，生殖功能趋于成熟渐至旺盛；49 岁左右，天癸衰少竭止，月经绝止，生殖功能丧失。因此，天癸是月经之源。

月经的主要成分是血，任通冲盛，血溢胞宫，月经来潮。然而，血之统摄、运行，有赖于气的调节和推动，气行则血行，气滞则血瘀，同时，气又靠血的滋养。因此，气顺血和，才能经候如常。

（二）月经化生的主要环节

肾－天癸－冲任－胞宫生殖轴的协调配合，是月经正常的主要环节。肾气盛实，天癸成熟，任通冲盛，胞宫藏泻有度，月经才能按时而规律性的发生和结束。

（三）月经的调节机制

1. 月经的脏腑调节：脏腑是气血生化之源，精血同源并可相互化生。一方面，先天生殖之精可化血行月经；另一方面，后天脏腑化生之气血，既可补养先天生殖之精，又可补充胞宫周期性泻经后的气血匮乏。在脏腑中，心主血，肝藏血，脾统血，脾胃互为表里，同为生化气血之源。肾藏精，精生血，肺主气，朝百脉而输精微。它们分司着血的生化、储藏、调节、统摄与运行。五脏安和，血脉流畅，则血海充盈，经行如期。月经的脏腑调节中，肾处于主导地位。

（1）肾与月经：肾藏精，主生殖，为月经之本。肾为先天之本，元气之根，主藏精气，是人体生长发育生殖之根本。肾所藏之精，包括先天禀于父母之精和后天脏腑化生之精。肾所藏先天生殖之精，是构成胚胎发育的原始物质。先天肾气盛，脏腑化生精血充足，经血有源，月经正常；肾气不足或肾气衰退，月经失调；肾的生殖之精衰竭，月经绝止。胞络系于肾，肾中精气，通过胞络的输注，才能化生月经。肾主骨，生髓，脑为髓海，肾与脑共同主持着月经的生理活动。

肾寓元阴元阳，肾阴通过肾阳的温化蒸煦而产生肾气。因此，肾中阴阳必须保持相对的平衡与协调，才能维持月经及生殖功能的正常。

（2）肝与月经：肝藏血，司血海，主疏泄，具有储藏血液和调节血流的作用。血液除营养周身外，其有余部分，在女子则下注血海而为月经。肝的调血作用取决于肝的疏泄功能，肝气宜条达而恶抑郁，肝气畅达则血脉流通，月经正常。

（3）脾与月经：脾为后天之本，主运化，输送精微，上奉于心，乃化为血。胃为水谷之海，乃多气多血之府，与脾互为表里，同为气血生化之源。其所化生之血为月经基本成分。

脾统血，主中气，其气主升，气能摄血，保证血循常道，月经规律。

2. 月经的经络调节：经络是内属脏腑，外络肢节，沟通内外，贯穿上下之气血运行路径，将人体有机地连接为一整体。月经出自胞宫，胞宫与冲、任、督、带均有联系，尤与冲、任二脉关系密切。冲、任、督三脉下起胞宫，上与带脉交会，冲、任、督、带四脉又上联十二经脉，因此，冲、任、督、带四脉对胞宫及月经有调节作用。如《素问·上古天真论》云："女子……任脉通，太冲脉盛，月事以时下，故有子……任脉虚，太冲脉衰少，天癸竭，地道不通，故形坏而无子也。"任通冲盛，月经正常，可见，经络通过调节胞宫气血进而调节月经。

（1）冲脉：冲有冲要之义，是全身气血运行的要冲。冲脉起于胞中，其前行者，并足少阴之经挟脐上行，至胸中而散；其后行者，上循背里，为经络之海；其上行者，出于颃颡[（gāng sǎng）人体部位名。指咽上上腭与鼻相通的部位]；其下行者，出于足。《灵枢·逆顺肥瘦》记载："夫冲脉者，五脏六腑之海也……其上者，出于颃颡，渗诸阳……其下者，注少阴之大络，出于气街……其下者，并于少阴之经，渗三阴……渗诸络而温肌肉。"足阳明胃经下行，与冲脉会于气街，胃中谷气盛，则冲脉之血亦盛，血海满盈。冲脉与诸阳经、诸阴经、胃经等相通，说明冲脉循行范围广，并有调节十二经气血的作用，故有"血海"、"十二经之海"之称。

《灵枢·五音五味》记载冲脉"起于胞中"，冲脉的精血盛衰可影响胞宫气血，而对月经有调节作用。

（2）任脉：任有"妊养"、"担任"之义，有总司一身阴脉的功能。《灵枢·经脉》记载："足阳明之脉……挟口环唇，下交承浆。"胃脉与任脉交会于"承浆"。肝脉与任脉交会于"曲骨"。脾脉与任脉交会于"中极"。肾脉与任脉交会于"关元"。可见任脉可取肝、脾（胃）、肾之精血以为养。凡三阴之精血皆汇于此，故任脉有"阴脉之海"之称。

任脉起于胞中，精、血、津、液等均属任脉总司。王冰说："谓之任脉者，女子得之以妊养也"。妇女经、孕、产、乳均需阴液充足，故任脉为人体妊养之本，经血之库。

（3）督脉：乃总督之义，有总领诸阳经的功能。督脉起于胞中，与任脉同出会阴，分行前后。《灵枢·经脉》载督脉与肝脉"会于巅"，《素问·骨空论》载督脉"合少阴上股内后廉，贯脊属肾"，又其脉"上贯心入喉"，"起于目内眦"与心及足太阳相通。从上经脉循行来看，督脉分别得肝经、心经、肾（膀胱）经之相火、君火、命火资助，故有"阳脉之海"之称。

督脉行人身背脊之后，主一身之阳。又因其贯脊属肾，肾为先天之本，元气之根，所以督脉又能维系人身元气，调节月经。任脉行人身之前，主一身之阴，与督脉交合于"龈交"穴。任脉督脉一阴一阳，循环往复，维持着阴阳脉气的相对平衡，调节月经正常来潮。

（4）带脉：始于季胁，绕身一周，状如束带，故名带脉。其功能为约束诸经，使经脉气血循行保持常度，冲、任、督三脉在带脉的约束下维持其正常的生理功能，因此，带脉对月经起着间接调节作用。

综上，冲、任、督三脉下起胞宫，上与带脉交会，冲、任、督、带又通过十二经与脏腑相通，从而将脏腑与胞宫相连系。脏腑经脉相互调节，保证胞宫蓄经、排经的功能正常。

自 学 指 导

1. 月经是女子生殖功能成熟后的正常生理现象，以精、气、血为物质基础，在脏腑、经络、胞宫功能协调作用下引起的子宫的周期性出血。月经初潮的年龄范围是 11～18 岁，绝经的年龄范围是 46～52 岁。其主要的临床表现是：有一定的周期性，而且比较有规律，一般一月一行，正常周期为 28 天，正常周期范围为 21～35 天。正常经量为 50～80mL。按个体而言经量一般相对恒定。行经时间范围为 3～7 天。经色暗红，不稀不稠，不凝结，无血块，无臭气。行经前及绝经前后可伴有轻度临床症状。绝经后生殖功能丧失。

2. 月经产生机制是本节学习的重点。天癸与月经现象产生及消失的关系，月经产生的主要环节，月经的脏腑调节、经络调节等在月经生理中具有重要意义。月经与生殖相关，肾主生殖，天癸为肾生殖之精，月经的主要成分是血，脏腑是气血化生之源。胞宫与脏腑之间靠经络沟通。脏腑、经络、胞宫之间气血协调、充足，月经正常。

【参考文献摘要】

1.《素问·上古天真论》："肾者，主水，受五脏六腑之精而藏之。"

2．《灵枢·经脉》："人始生，先成精"，"生之来，谓之精，两精相搏，常先身生，是谓精"。

3．《景岳全书》："命门为元气之根，水火之宅，五脏之阴气，非此不能滋；五脏之阳气，非此不能发。"

4．《傅青主女科》"经本于肾"，"经水出诸肾。"

5．《灵枢·决气篇》："中焦受气取汁，变化而赤，是谓血。"

6．《素问·痿论》："冲脉者……皆属于带脉，而络于督脉。"

7．《女科经纶》引程若水说："妇人经水与乳，俱由脾胃所生。"

8．《女科百问》："何以谓之经候？"答曰："夫女子十四天癸至，肾气全盛，冲流任通，血渐盈，应时而下，常以三旬一见，愆期者，病。故谓之经候，然经者，常也。候者，谓候一身之阴阳也。经常之气伺候而至，若潮候之应乎时也。天真之气，与之流通，故一月一次行，平和则不失乎期，所以谓之经候，又名月水也。"

9．《景岳全书·妇人规》："盖天癸者，言后天之阴气，阴气足而月事通，是即所谓月经也，正以女体属阴，其气应月，月以三旬而一虚，经三旬而一至，月月如期，经常不变，故谓之月经，又谓之月信。夫经者，常也，一有不调则失其常度而诸病见矣。然经本阴血，何脏无之？惟脏腑之血，皆归冲脉，而冲为五脏六腑之血海。故经言太冲脉盛，则月事以时下，此可见冲脉为月经之本也。"

徐灵胎："冲任二脉，皆起于胞中，上循背里，为经络之海，此皆血之所从生，而胎之所由系。明于冲任之故，则本源洞悉，而复所生之病，千条万绪，可以测其所从起。"

【复习思考题】

1．何谓月经？正常月经有哪些特点？
2．何谓天癸？其主要功能是什么？
3．为什么说"肾为月经之本"？
4．肝、脾（胃）对月经的形成有哪些重要作用？
5．冲任二脉对女性生理有哪些作用？
6．试述月经产生的机制。

〔陆　华〕

第三节　带　下

【目的要求】

1．掌握生理性带下的概念。
2．熟悉生理性带下的组成及作用。

【自学时数】

0.5 学时。

一、带下的生理现象

女性青春期开始，从阴道流出的少量白色或透明无特殊气味的黏液，称为生理性白带，对妇女孕育有重要作用。在青春期及育龄期呈现出与月经相关的周期性变化。更年期后，随着月经的绝止而渐涸。

生理性白带在经间期氤氲之时，量稍增多。月经前期冲任血海将满之时，及妊娠期血聚冲任以养胎元之际，带下量可明显增多。其作用主要有润洁阴道，标示氤氲（yīn yūn）期，令房事和悦。

二、带下的化生机制

任脉主一身之阴精，在带下的产生上有重要作用。生理性带下其性黏稠，与液的生化同步。脾主运化，行津液，液渗于前阴后窍，与精之余合而为液。而任脉所司之阴精若失去督脉的温化就要变为湿浊，若失去带脉的约束就可滑脱而下。生理性带下产生的机制如下：肾气充盛，天癸泌至，精血通过任脉传输到达胞中，并经督脉温化、带脉约束而出现生理性带下。

自 学 指 导

1. 生理状态白带由来自大小阴唇、前庭大腺、宫颈腺体的分泌液；阴道黏膜的渗出液和阴道壁的漏出液；阴道脱落细胞、外阴的分泌物；少量为子宫内膜腺体分泌物以及输卵管液等混合形成。生理性白带量的多少及成分与雌激素和孕激素的变化有关。

2. 生理性带下与月经同为女性孕、产特殊生理功能正常与否的一种特殊生理现象。带下的产生与肾气盛衰、天癸至竭、冲任督带功能正常与否有重要而直接的关系。

【参考文献摘要】

1. 《沈氏女科辑要正》引王孟英语云："带下女子生而即有，津津常润，本非病也。"
2. 《景岳全书》："盖白带出于胞中，精之余也。"
3. 《血证论》："而胞中之水清和，是以行经三日后，即有胞水……乃种子之的候，无病之月信也。"

【复习思考题】

1. 何谓生理性白带？
2. 生理性白带的作用主要有哪些？
3. 生理性白带与月经有何关系？

〔陆　华〕

第四节　妊娠与产育

【目的要求】

1. 掌握妊娠的生理现象。
2. 掌握新产后（产褥期）的生理现象。
3. 熟悉正产的主要临床表现，注意与试胎、弄胎相鉴别。

4. 了解受孕的必备条件。

【自学时数】

3～4 学时。

一、妊娠

从受孕到分娩这个阶段，称为"妊娠"，也称"怀孕"。《素问·腹中论》称："重身"。

（一）妊娠的生理现象

妊娠后母体的变化，首先表现为月经停止来潮。部分妇女可出现恶心呕吐、晨起头晕、饮食偏嗜等症状，称早孕反应。早孕反应一般于妊娠 3 个月左右自然消失。妊娠早期，孕妇可自觉乳房胀大。妊娠 3 个月后，白带稍增多，乳头、乳晕的颜色加深。《生生宝录》云："妇人乳头转黑，乳根渐大，则是胎矣。"妊娠 4～5 个月后孕妇可自觉胎动，胎体逐渐增大，小腹逐渐膨隆。妊娠 6 个月后，可出现轻度肿胀。妊娠末期，可见小便频数，大便秘结等现象。

妊娠 3 个月后，六脉平和滑利，按之不绝，尺脉尤甚。

（二）妊娠生理现象产生的机制

妊娠期间，脏腑、经络的阴血，下注冲任，以养胎元，故月经停止来潮。妊娠初期，由于血聚于下，冲脉气盛，肝气上逆，胃气不降，故出现早孕反应。随着妊娠的继续，胎儿渐大，阻滞气机水道不利，故出现肢体肿胀。妊娠末期，由于胎儿先露部压迫膀胱与直肠，故出现小便频数、大便秘结等现象。

（三）受孕的机制

女子发育成熟后，月经按时规律来潮，就有了孕育的功能。《灵枢·决气》曰："两神相搏，合而成形。"《格致余论》说："父精母血，因感而合，精之施也，血能摄精成其子。"《女科正宗》说："男精壮而女经调，有子之道也。"说明胎孕乃是由父精母血结合而成。受孕的机制在于肾气充盛，天癸成熟，冲任二脉功能正常，男女两精相合，就可以构成胎孕。

胎孕之形成，在于"两精相搏，合而成形。"精藏于肾，生之来谓之精，生殖之精主要赖于肾气充盛。成孕之前，固然赖父母肾精之壮旺而相结合；受孕以后，仍借母体肾气之充盛以支持其生长发育。正如《医学衷中参西录》说："男女生育，皆赖肾之作强，肾旺自能荫胎也。"

受孕尚需要一定时机，《证治准绳》引袁了凡语："凡妇人一月经行一度，必有一日之絪缊（同氤氲）之候，于一时辰间……此的候也……顺而施之，则成胎矣"。此"絪缊之候"、"的候"相当于西医学所称之排卵期，是受孕的最佳时机。

二、产育

（一）分娩

孕期一般从末次月经来潮的第一天算起，经过 280 天（40 周）左右，届期自然分娩，是为正产。胎儿及胎衣自母体阴道娩出的过程，称为"分娩"。杨子建《十产论》说："妇人怀胎十月满足，阴阳气足，忽腰腹作阵疼痛，相次胎气顿陷，至于脐腹痛极甚，乃至腰间重痛，谷道挺进，继之浆破血出，儿遂自生，名曰正产。"李梴《医学入门》说："气血充实，可保十月分娩……凡二十七日即成一月之数。"《妇婴新说》说："分娩之期或早或迟……大约自受胎之日计算,应以 280 日为准,每与第十次经期暗合也。"

预产期的计算方法为:按末次月经第一天算起,月份数加 9(或减 3),日数加 7,即可。如按农历计算,月数算法同上,日数加 14。

孕妇分娩,又称"临产"。临产时正产与试胎、弄胎每易相混。试胎是指妊娠八、九月时,妊娠月数尚不足,时或腹中疼痛,痛止则如常。弄胎是指妊娠月数已足,腹痛或作或止,但腰不痛。《医宗金鉴》记载:"妊娠八九个月时,或腹中痛,痛定如常者,此名试胎……若月数已足,腹痛或作或止,腰不痛者,此名弄胎。"两者均非正产之时,切勿躁扰。

临产时出现腰腹阵阵作痛,小腹重坠,逐渐加重至产门开全,阴户窘迫,胎儿、胞衣依次娩出,分娩结束。《十产论》说:"正产者,盖妇人怀胎十月满足,阴阳气足,忽腰腹作阵疼痛,相次胎气顿陷,至于脐腹痛极甚,乃至腰间重痛,谷道挺进,继之浆破血出,儿遂自生。"正产即所谓"瓜熟蒂落"、"水到渠成"。《达生篇》说:"渐痛渐紧,一阵紧一阵,是正产,不必惊慌。"当"睡、忍痛、慢临盆",是为临产之要诀。

产时胎儿已成熟,以胎下为顺,子门洞开且通达,是胎儿顺娩的首要条件。从胞宫的生理而言,胎孕之初至胎儿成熟的过程,胞宫敛聚精血以养胎,以"藏而不泻"为胞宫的生理特点,故子门当闭而不开;分娩之时,乃"瓜熟蒂落",当娩出胎儿,胞宫此时处于"泻而不藏"的生理状态,故子门当开而至全,以利于胎儿娩出。

妇人怀胎,血以养之,气以护之,气血周流,胞胎舒展,血足则胎滑易产,气壮则送胎有力,血和气顺,则生产顺利,母子平安。

（二）产褥

新产后 6 周内称产褥期。分娩时的耗气汗出和产创出血,损耗了阴液,阴血骤虚,阳气易浮。因此,在产后一二日内常有轻微的发热、畏寒、自汗等阴虚阳旺的现象,如不伴有其他致病因素,一般于短时间内即可自然消失。

新产之后,胞宫在恢复过程中尚有阵缩,在产后数日内,下腹部常有轻微阵痛,称"儿枕痛"。在产后 2 周内因胞宫尚未回缩至盆腔,在小腹可扪及包块。

大约产后 6 周,胞宫恢复到孕前大小。产后自阴道不断有余血浊液流出,称为"恶露"。恶露先为暗红色的血液,以后逐渐由深变浅,其量也由多变少,一般在 2 周内血性恶露消失,3 周内黏液性恶露断绝。

（三）哺乳

妊娠晚期即可有乳汁分泌,称为"初乳",具有较高的免疫价值,产后 3~4 天为移行乳,4 天后变为成熟乳。分娩后 30 分钟内可令新生儿吮吸乳头,以刺激乳汁尽早分泌,并让婴儿吃到初乳。

对新生儿而言,母乳营养丰富,易消化,可增加新生儿的抗病能力。对母体而言,哺乳可促进子宫收缩减少出血,并可增进母子感情,且对乳房有保护作用,因此应大力提倡母乳喂养 6~8 个月。

《胎产心法》说:"产妇冲任血旺,脾胃气壮则乳足。"母乳是产妇气血所化,哺乳期产妇须精神愉快,睡眠充分,营养充足,乳房清洁,按需哺乳,才能保证乳汁的质量。

分娩以后,脾胃化生的精微除保证供应母体的需要外,另一部分则随冲脉与胃经之气上行,生化为乳汁,以供哺育婴儿的需要。薛立斋说:"血者,水谷及精气也,和调于五脏,洒陈于六腑，妇人则上为乳汁，下为月水。"故哺乳期，气血上化为乳汁，一般无月经来潮，但需注意避孕。

自 学 指 导

月经、带下、妊娠、分娩、哺乳是妇女的生理特点，月经、带下是生殖系统的生殖功能正常与否的表征，是现象；妊娠乃至分娩是生殖功能完成的结果，是本质。女性的生理特点能得以体现，是脏腑、经络、气血、胞宫功能协调的结果，与肾—天癸—冲任—胞宫生殖轴密切相关。

熟悉妊娠期、产褥期、哺乳期母体的生理变化有助于临床对围生期正常与否及妇产科相关疾病的鉴别诊断。

【复习思考题】

1. 什么叫妊娠？
2. 妊娠早期母体常出现哪些生理现象？
3. 什么叫正产？正产有哪些临床表现？
4. 什么叫恶露？在正常情况下恶露排干净的时间应是多少？
5. 为什么在哺乳期间月经一般不潮？

〔陆 华〕

【目的要求】

　　1．掌握脏腑功能失常对妇女的影响。

　　2．掌握气血失调对妇女的影响。

　　3．熟悉冲任为病在妇科的临床意义。

【自学总时数】

　　12～16 学时。

第一节　病　因

【目的要求】

　　1．掌握妇人在生理情况下的气血特点。

　　2．掌握寒、热、湿邪为病的病理特点。

　　3．掌握情志内伤中怒、思、恐为病的病理特点。

【自学时数】

　　3～5 学时。

　　导致妇科疾病的病因主要有寒热湿邪、情志失衡、生活失调三方面。但是妇女受先天禀赋、后天营养状态、年龄、生活习惯、生活环境、气候等的不同影响，形成体质的差异，对病因的易患性各有不同，对治疗药物寒温偏性的敏感性也有所不同。所以，体质因素决定着病因作用于机体后导致疾病的种类、程度、转归和预后。

一、寒热湿邪

　　1．寒邪：寒为阴邪：收引凝滞，易伤阳气，影响气血运行。寒有外寒、内寒之分，实寒、虚寒之别。实寒者，如外感寒邪、冒雨涉水、过食生冷、过用寒凉药品；虚寒者，如素体虚寒、脏腑功能失调，阳气不足，寒自内生。血为寒凝，可致血行不畅，胞宫、胞脉阻滞。感受寒邪，最易损伤人体阳气。阳气受损，不仅无益于驱除寒邪，而且失其正常的温煦、推动与气化的功能，既可表现为全身或局部的寒象，又可导致脏腑、经络、气血的功能减退。寒邪可与湿邪合而致病。

2．热邪：热为阳邪，耗气伤津，迫血妄行。热有外热、内热之分，实热、虚热之别。实热者，如素体阳盛、感受热邪、过食辛辣、过用辛温药品、六淫过而化火、五志过极化火；虚热者，如素体阴虚，或失血伤阴，或吐泻伤阴，或温燥伤阴，或利湿伤阴，阴虚生内热。热邪可损伤冲任，迫血妄行；可生疮疡；可煎津液而致血行不畅。热之极为毒。热极可生风。热邪可与湿邪合并致病。

3．湿邪：湿为阴邪，其性滞着，其向趋下，易困阻气机，滞碍阳气，滞涩血行。湿有外湿、内湿之分。外湿者，多系久卧湿地，或经期冒雨涉水，或湿邪过盛，外感湿邪；内湿者，多因脾虚失运，湿浊内盛，或肾阳不足，气化失常，水气内停。湿聚成痰，则为痰湿，湿邪可从阳化而为湿热，也可从寒化而为寒湿。湿邪可与热邪、毒邪、寒邪相合致病。

二、情志失衡

七情是指喜、怒、忧、思、悲、恐、惊七种情志变化。七情为五脏精气所化生，是人体对客观外界环境的反应，属于正常精神活动的范围。但情志过极，如长期过度的精神刺激或意外的精神打击，可导致妇女气血、脏腑、经络功能紊乱而发生病证。若本应表现为正常反应的七情变化未得到应有的发泄，也会因情志不舒而郁积为病。妇科临床常见情志内伤致病归纳为怒、思、恐、郁。

1．怒：怒为肝之志，暴怒伤肝，导致肝气横逆，或引起血分病变，或损伤脉络，迫血妄行，甚致血瘀。

2．思：思为脾之志，忧思不解，可致气结，思虑伤脾，可致化源不足，或血失所统。

3．恐：恐为肾之志，惊恐过度，可致气下、气乱，惊恐伤肾，可致开阖失司，冲任不固。

4．郁：七情不畅皆可致郁故最为多见。肝主疏泄，喜条达，体阴而用阳。五脏六腑的气、血、精、津、液的生化运行和气机升降出入，无不与肝的疏泄有关。肝气郁结可致血瘀、湿郁、痰郁、食郁、火郁等诸多病症，也可引起与经、带、孕、产、乳有关的妇科疾病。

三、生活失调

1．房劳多产：早婚多产，房事不节，可损伤胞宫胞脉，或损伤阴部脉络，致邪易外感；若孕期房劳过度，可致冲任失调，胎元不固；若肾气伤损，可致气血失常，月经失调，孕育障碍。

2．饮食失节：若暴饮暴食，过食肥甘，饮食偏嗜，过度节食，可致脾胃受损，胞宫胞脉气血失调。过食辛辣，易致血热。过食寒凉，易致血寒。

3．劳逸过度：妇女经期、产后胞宫气血相对空虚，过劳易耗气失血；孕期血聚胞宫，过逸则气血郁滞，过劳则易致冲任伤损，胎元不固。

4．药物意外：药物有寒热偏性。经期、孕期气血变化较大，过用热药，可致冲任不固，血热妄行；过用寒药，可致血寒凝。妊娠期若用药不当，可致伤胎、堕胎、畸胎、死胎。

5．跌仆损伤：经期、孕期跌仆损伤，可致冲任不固。手术本为治疗妇产科病证的重要手段之一，但因手术的损伤，也可致体质虚弱，易感病邪；若手术伤损胞宫胞脉，致冲任气血失调，可表现为经、带、胎、产病证；组织脉络损伤，血溢脉外成为瘀血也能为患。

四、瘀血痰饮

瘀血、痰饮既为机体功能失调的病理产物，同时又能直接或间接地影响机体，作为机体内生之致病因素。两者可分别独立存在，也可共同致病。凡血液运行不畅，凝滞于脏腑经脉，或离经之血，皆为瘀血。瘀血内留，阻碍气血，伤及冲任致病。凡津停为湿，湿聚为水，积水为饮，饮凝成痰。痰饮致病，随气而行，阻滞气机，变化多端。痰饮乃水湿停聚，病势缠绵，病程较长。痰饮内阻，停于冲任、胞宫，致气血运行不畅，若痰饮与血相搏，可积聚于胞宫而成疾病。

瘀血、痰饮两者单独或共同作用可致癥瘕、痛证、血证、月经不调、不孕症。

五、体质因素

人体的体质因素表现为抗病能力的强弱，对食物、药物的敏感性差异，对环境的适应性不同等。体质因素主要决定于遗传基因即先天禀赋，而后天条件（生活环境、营养、疾病、年龄、生活习惯、工作性质等）对体质的强弱也会产生相应影响。妇女的生殖功能禀受于父母，先天失充，易致肾气不足、冲任精血虚少，天癸早绝。体质的阴、阳，正气的偏盛偏衰，决定着致病因素能否损伤机体导致疾病，决定着病因作用下所患疾病的种类、程度、转归和预后。

六、社会环境因素

1. 射线：早孕期间 X 线腹部照射可致胎儿畸形，或胎堕难留；失于防护的下腹部接触射线过多，可致月经不调、不孕等。

2. 微生物：摄生不慎，或正气不足，外感致病微生物，或滥用药物致体内微生物失衡，可致湿热内蕴，气血瘀滞，月经不调，胎孕异常。

3. 化学污染：如铅、镉、汞、砷、氰化物等，可致体虚及孕育异常。

4. 噪声：可致情志异常及孕育异常。

自 学 指 导

1. 风、寒、暑、湿、燥、火（热）六种病邪统称六淫。六淫皆能导致妇科疾病，由于经、带、胎、产、乳均以血为用，六淫之中寒、热、湿邪易与血结，而致气血紊乱导致妇产科疾病。

2. 妇科病常见的病因有寒热湿邪、情志内伤、生活失调、瘀血痰湿、先天不足、社会环境因素等。至于能否发病，主要取决于机体抗病能力。即"正气存内，邪不可干"、"邪之所凑，其气必虚"之理。

3. 通过病因的学习，必须掌握各种致病邪气的特性，如寒为阴邪，易伤人体阳气，主收引凝滞，血为寒凝，可致痛经、月经后期等。正确认识病因，有助于临床准确辨证，并有助于预防疾病的发生。

【参考文献摘要】

清·吴谦《医宗金鉴·妇科心法要诀》：经曰：天地温和，则经水安静。天寒地冻，则经水凝泣。天暑地热，则经水沸溢。卒风暴起，则经水波涌而陇起。六淫之邪入于胞中，则损伤冲任，故妇人经病本此同参也。如寒则血凝，热则血沸，风则血荡然波涌而大下，亦犹经水之被寒、热、风而不得安澜也。

妇人从人，凡事不得专主，忧思、忿怒、郁气所伤，故经病因于七情者居多。盖以血之行、止、顺、逆，皆由一气率之而行也。

血者，水谷之精气也。在男子则化为精，在妇人则化为血，上为乳汁，下为月水。若内伤脾胃，健运失职，饮食减少，血无以生，则经必不调。亦有女子天癸既至，逾期不得与男子合，未期思与男子合，与夫经正行时而合，此皆合之非道，亦致不调。或过淫、合多则液竭；产多、乳众则血枯，亦皆能损伤阴血致成经病也。

【复习思考题】

1．导致妇科疾病的病因有哪些？
2．试述寒、热、湿邪为病的特点。
3．情志内伤中，与妇科发病有关的情志因素有哪些？
4．与妇科发病有关的生活失调病因有哪些？

〔陆　华〕

第二节　病　机

【目的要求】

1．掌握肾、肝、脾脏腑功能失常对妇女的影响。
2．掌握气血失调对妇女的影响。
3．熟悉冲任为病在妇科的临床意义。

【自学时数】

9～11学时。

妇产科疾病的病机，概括为脏腑功能失常，气血失调，冲、任、督、带损伤三方面。三方面病机之间既相对独立，又互相联系。妇科病机与他科病机既有共同点，又有差别。共同点在于脏腑、气血、经络对人体不分性别老幼的相同作用机制，不同之处在于妇科病机之脏腑、气血、经络损伤与冲任、胞宫损伤之间具有因果关系或证候关联。

一、脏腑功能失常

（一）肾

1．肾精不足：肾藏精，为先天之本，先天肾精气不足，后天肾精血损伤，冲任胞宫精血不足，可致月经不调、不孕、早绝经。

2．肾气不足：肾气乃肾精所化，肾气的盛衰与天癸的至竭关系到月经与妊娠，肾气不足，冲任不固，封藏失职，可致月经过多、崩漏；血海失司，胞宫蓄溢失常，可致月经先后无定期；胎失所系，可致胎漏、胎动不安；冲任失固，不能摄精成孕，可致不孕；系胞无力，可致子宫脱垂。

3．肾阴不足：肾阴亏损，阴虚内热，热伏冲任，迫血妄行，可致崩漏、月经先期等。

4．肾阳不足：肾阳不足，不能温化水湿，可致带下病、子肿等。肾阳虚弱，不能蒸腾肾阴而化生肾气，肾气不固，可致月经过多、崩漏、胎漏、胎动不安等。

$$
\boxed{肾}\ \begin{matrix}主藏精气\\寓元阴元阳\\胞脉系于肾\end{matrix}\left\{\begin{matrix}肾精不足\to 月经后期、量少、闭经、过早绝经、不孕、绝经前后诸证等。\\肾气不固\to 月经先后无定期、月经过多、崩漏、胎漏、胎动不安等。\\肾阴不足\to 月经先期、崩漏等。\\肾阳不足\to 经行泄泻、经行浮肿、子肿、带下病、不孕、绝经前后诸证等。\end{matrix}\right.
$$

（二）肝

1．肝气郁结：肝藏血，主疏泄，宜条达。若情志内伤，肝气郁结，血为气滞，可致经行乳房胀痛；胞脉阻滞，可致痛经，月经后期，闭经；血海蓄溢失常，可致月经先后无定期。

2．肝郁化火：肝郁化火，热伤冲任，迫血妄行，则出现月经先期、月经过多、崩漏、经行吐衄等。

3．肝阴不足：乙癸同源，肝阴不足，血海失充，可致月经过少、月经后期、闭经、不孕，绝经前后诸证等。

4．肝阳上亢：孕后血聚养胎，肝阴不足，肝阳上亢，可致妊娠心烦，妊娠眩晕；肝风内动，可致妊娠子痫。

5．肝经湿热：肝气犯脾，湿热蕴结，下注冲任，带脉失约，胞络损伤，可致带下病、阴痒等。

6．肝气犯胃：孕期冲脉气盛，肝气犯胃，胃气上逆，可致妊娠呕吐。

$$
\boxed{肝}\ \begin{matrix}藏血\\主疏泄\end{matrix}\left\{\begin{matrix}疏泄失常\to 肝气郁结：经行乳房胀痛，痛经，月经后期，月经先后无定期，闭经。\\肝郁化火\to 月经先期，月经过多，崩漏，经行吐衄。\\藏血不足\to 肝阴不足：月经过少，月经后期，闭经，妊娠心烦，妊娠痫证，\\\quad 妊娠眩晕，不孕。\\肝阳上亢\to 妊娠心烦，妊娠眩晕，妊娠痫证。\\肝经湿热\to 带下病，阴痒。\\肝气犯胃\to 妊娠呕吐。\end{matrix}\right.
$$

（三）脾

1．脾气不足：脾主运化，司中气，统血，与胃同为气血生化之源。脾气不足，冲任不固，血失所统，可致月经先期、月经过多、崩漏；胎失所载，可致胎漏、胎动不安、堕胎、小产；系胞无力，可致子宫脱垂。

2．脾虚血少：脾虚化源不足，冲任血虚，血海不能按时满溢，可致月经后期、月经过少、闭经等；胎失所养，可致胎动不安、胎漏、堕胎、小产、胎萎不长等。

3．脾阳不振：脾阳不振，运化失职，湿邪内停，水湿泛溢肌肤，可致妊娠水肿；湿浊下注，带脉失约，任脉不固，可致带下病；湿浊内停，挟痰饮上逆，可致妊娠呕吐。

$$\boxed{脾}\begin{cases}统血\\司运化\\其气主升\end{cases}\begin{cases}气虚失统→月经先期, 月经过多, 崩漏, 子宫脱垂。\\运化失职\begin{cases}不能运化水谷为精微→月经过少, 闭经, 胎漏, 胎动不安, \\ \quad 堕胎, 小产, 胎萎不长等。\\水湿泛溢肌肤→经行浮肿, 子肿。\\湿浊下注→带下病。\end{cases}\end{cases}$$

（四）心

1. 心血不足：心藏神, 主血脉。心血不足, 影响血海按时满溢, 可致月经过少、闭经。

2. 心神不宁：营阴不足, 心神失养, 可致脏躁、绝经前后诸证。

$$\boxed{心}\begin{cases}藏神\\主血脉\end{cases}\begin{cases}心血不足→月经过少, 闭经。\\心神不宁→脏躁, 绝经前后诸证。\end{cases}$$

（五）肺

1. 肺阴不足：肺主气, 主肃降, 朝百脉而通调水道。经期肺阴不足, 虚火上炎, 肺络损伤, 可致经行吐衄。

2. 肺气失调：肺气肃降失职, 可致妊娠咳嗽；肺气失宣, 水道不利, 可致妊娠肿胀, 妊娠小便不通, 产后小便不通。

$$\boxed{肺}\begin{cases}主气\\通调水道\end{cases}\begin{cases}肺阴不足→经行吐衄。\\肺气失调→妊娠肿胀, 妊娠小便不通, 产后小便不通。\end{cases}$$

二、气血失调

气血失调, 是妇产科疾病中常见的发病机制。由于妇人经、孕、产、乳都是以血为用, 所以青春期月经初潮以后, 尤其是育龄期妇女常处于血分不足, 气偏有余的状态。如《灵枢·五音五味篇》说："妇人之生, 有余于气, 不足于血, 以其数脱血也。"气血之间是相互依存, 相互滋生的, 凡伤于血, 必影响及气；伤于气, 必影响及血。即"气病则血不能独行, 血病则气不能独化"之理。可见, 气血二者在生理病理上均可互为因果, 临证应该分清以血为主（因）, 或以气为主（因）之不同。

情志的变化, 常引起气分病变而涉及血分。《素问·举痛论》："百病皆生于气也, 怒则气上, 喜则气缓, 悲则气消, 恐则气下……惊则气乱, 劳则气耗, 思则气结。"如气逆则血上, 冲气上逆, 可致妊娠呕吐、经行吐衄；气陷则血下, 气虚则血脱, 气虚下陷, 冲任不固, 血失统摄, 可致月经先期、月经过多、崩漏、产后恶露不绝；系胞无力, 可致子宫脱垂；气滞则血瘀, 胞脉阻滞, 可致月经后期、痛经、闭经、癥瘕。

寒、热、湿邪常引起血分受病。《素问·调经论》说："寒湿之中人也, 皮肤不收, 肌肉坚紧, 荣血泣（涩）。"《素问·阴阳应象大论》说："热盛则肿。"如热邪与血相搏, 迫血妄行, 则见月经先期、月经过多、崩漏、胎漏、胎动不安等。寒邪与血相搏, 血为寒凝, 可致月经后期、月经过少、痛经、闭经等。湿邪与热相合, 可致带下、阴痒。湿邪与寒相合, 可致痛经、闭经等。

$$\boxed{气病为主者}\begin{cases}气滞：气滞则血滞→痛经, 经行乳房胀痛, 妊娠肿胀, 癥瘕。\\气逆：气逆则血上→经行吐衄, 恶阻, 子悬等。\\气虚：气不摄血→月经先期, 月经过多, 崩漏, 胎动不安, 恶露不绝, 乳汁自出等。\\气陷：中气下陷→子宫脱垂。\end{cases}$$

血病为主者
- 血寒：血为寒凝→痛经，月经后期，闭经，不孕等。
- 血热：迫血妄行→月经过多，月经先期，崩漏，妊娠出血，恶露不绝等。
- 血瘀：瘀血内阻→痛经，闭经，不孕，癥瘕等。
- 血虚：胞脉失养→月经后期，月经过少，闭经，不孕，缺乳等。

三、冲、任、督、带损伤

冲、任、督三脉皆起于胞中，带脉则环腰一周，络胞而过，与胞宫关系密切。且冲为血海，任主胞胎，冲任二脉受损，则血海不能按时满盈，胞胎也无所系，以致产生经、带、胎、产诸病。

冲任督带损伤的原因，分为直接和间接两方面。

1. 直接损伤：经期产时，忽视卫生，感染邪毒，搏结胞宫，损伤冲任，可致月经不调、崩漏、带下病、产后发热等；久居湿地，或冒雨涉水，寒湿之邪侵袭胞宫，客于冲任，血为寒湿凝滞，可致痛经、闭经、癥瘕等；外伤（含宫腔手术创伤）或房事不节，伤及胞宫冲任，可致月经不调、崩漏、胎动不安、堕胎小产等。

2. 间接损伤：脏腑功能失常，或气血不和间接导致冲任督带损伤。其病理变化，常有虚实两端。实者如感寒饮冷则血瘀气滞；热邪内盛则迫血妄行；湿痰下注则经脉壅滞；情志抑郁则气滞血瘀；恼怒火动则血行逆乱。虚者如劳倦伤气，血失所统，或产多乳众，精血耗损。由于气虚血亏或气滞血瘀而使阴液不能输布，阳气失于宣通，从而可影响冲、任、督、带的正常生理功能，产生经、带、胎、产等病证。

综上，脏腑功能失常，气血失调，冲、任、督、带损伤，虽有各自导致妇产科病证的机制，但三者是相互影响的。气血失调可导致脏腑功能失常和冲、任、督、带损伤，脏腑功能失常也可引起气血失调和冲、任、督、带受损。而冲、任、督三脉同起于胞中，带脉约束诸经，与肝脾肾关系密切。因此，妇科疾病的发生，除直接损伤胞宫冲任外，往往是由于脏腑功能失常或气血失调，间接损伤冲、任、督、带所致。在探讨病机时，既要了解邪中何经，病入何脏，更要了解其相互影响，才能从复杂的病变中，找出病机的关键。

自 学 指 导

1. 妇科常见的发病机制，有脏腑功能失常，气血失调，冲任督带损伤三方面，三者相互影响，互为因果，临证时须综合分析，明辨脏腑、气血、经络主次及因果关系。

2. 学习脏腑功能失常，必须从脏腑各自的正常生理功能，结合女性生理特点进行剖析，才能在临床举一反三，灵活运用。

3. 学习气血失调病机，要掌握妇人"以血为用"的特点——机体自身往往处于血不足、气偏有余的状态，而在辨证中仍有气病为主与血病为主的区别。

4. 妇科的病机特点，主要是冲、任、督、带损伤，而且以此来区别于他科，无论脏腑功能失常或气血失调，必须涉及冲任才能导致妇产科疾病。

【复习思考题】

1. 当肾主藏精气的功能失调，在妇科可引起哪些病变？

2. 当肝主疏泄的功能失常，在妇科可引起哪些病变？

3．当脾之运化的功能失常，在妇科可引起哪些病变？

4．为什么说气血失调是妇科常见的发病机制？

5．引起冲任损伤的原因有哪些？

〔陆　华〕

【目的要求】

1．掌握妇科问诊的主要内容及其临床意义。
2．熟悉妇科望诊的主要内容及其临床意义。
3．熟悉月经、带下、妊娠的常脉与病脉。
4．掌握妇科门诊、病房病历书写的格式与内容。

【自学总时数】

8～10学时。

第一节　四　诊

【目的要求】

1．掌握妇科问诊的主要内容及其临床意义。
2．掌握妇科门诊、病房病历书写的格式与内容。
3．熟悉妇科望诊的主要内容及其临床意义。
4．熟悉月经、带下、妊娠的常脉与病脉。

【自学时数】

5～6学时。

　　妇科的四诊应突出妇女的生理、病理特点，注重对经、带、胎、产等方面的情况了解，并注意其与全身病证相关的信息采集，结合现代有关实验室检查以得出诊断与辨证的结论。

一、问诊

　　1．问年龄：年龄不同的妇女，在生理、病理上各有特点，如青春期少女因禀赋不足，或肾气未充，冲任未盛，加之学习压力大，病变多表现为月经失调。育龄期妇女多为由胎产所致或与育胎有关的病证，更年期或老年期随肾气的虚衰而易出现月经紊乱以至绝经，随全身脏器的衰退而伴随全身症状、或易于发生肿瘤等。年龄不同，病证各异，治疗目的不同，处方用药也各有侧重。

2．问主诉：问清患者此次就医的主要苦痛及要求，并以简扼文字表达。

3．问现病史：询问发病的时间、诱因、自觉症状、病情的发展变化过程、治疗经过、有关的检查结果、既往治疗的疗效等。

4．问全身症状：根据主诉的线索，围绕主病、主症有针对性和系统地询问全身症状（如"十问歌"的一些内容等），以初步判定与主病、主症的相关性。

5．问月经史：对非主诉月经病证者，需要了解末次月经时间和期、量、色、质、经前后的伴随症状，初潮年龄、经期、周期、有无伴随症状及其治疗情况。对主诉月经病者，还需要了解近2～3个月的月经时间、期、量、色、质及经前后的伴随症状。

6．问带下：了解带下的量、色、质、气味以及伴随症状。既往是否患带下病及其相关检查、治疗情况。

7．问婚育史、性生活史及计划生育史：对育龄期妇女需询问结婚与否、有无性生活史和能否正常进行性生活，对于诊断与妊娠、不孕有关疾病、炎症及能否进行妇科检查，有决定性意义。对青春期后期的患者，常常需询问异性接触史，以排除妊娠，减少误诊及医疗纠纷。询问结婚年龄、有无自然流产、计划妊娠次数、分娩方式、产后恶露、哺乳等情况。了解非计划妊娠情况，如人工流产、药物流产、引产等情况。了解避孕方式及措施。对不孕患者、性病患者需了解其配偶或性伙伴情况。

8．问既往史：询问与此次就诊相关的妇产科其他疾病，或他科疾病史、手术史等。了解既往对何种药物过敏。

9．问家族史：问家族中遗传性疾病、传染性疾病、或肿瘤等病史。对可疑遗传或传染的病证，注意了解有无家族高发的情况。

10．问个人史：了解患者工作性质、工作地点及环境气候、心情情绪、生活状况、饮食嗜好等，辨别与就诊病证有无因果关系。

二、望诊

1．望形态、神志：患者就诊时的形态、神志情况有助于临床医生对所患妇产科疾病性质及病情轻重的判断。望形体肥瘦可帮助辨别体质阴阳属性。局部望诊可了解病位及病性虚实。若表情痛苦，抱腹曲背，行动缓慢，但神志清楚，多为妇产科痛证；若面色苍白，多为妇产科血证；若腹部膨隆，多为中晚期孕妇；若年近二十，形同幼女，多为肾气不充；若形体肥胖，多夹痰湿；外阴肿疡，多属实证。

2．望面色、舌质、舌苔：人体脏腑气血的盛衰和邪气消长的情况可通过面部色泽、舌质、舌苔的变化得到反映。妇女冲任气血源自脏腑气血灌注。因此，望面色、舌质、舌苔有助于了解整体寒热虚实、妇科局部病变与全身的关系，并为辨证用药提供参考依据。

3．望月经、白带：临床医生望患者月经及带下的量、色、质，其一可以与患者自述的月经、带下情况比较，并与正常月经及带下情况比较；其二可辨别冲任气血之寒、热、虚、实，为辨证用药提供参考依据；第三可通过月经及带下量、色、质的变化，帮助判定治疗效果。

4．望恶露、胎块、胎衣：对产后或流产后妇女望恶露的量、色、质，有助于判定恶露绝止时间，胞宫胞脉寒热虚实，胞宫内是否有物残留，并可判定产后饮食、生活调理是否得当。对于堕胎、流产（包括人工、药物、中孕引产）、早产、足月产等妇女，望排出的胎盘、胎衣完整，可初步判定胞宫内是否尚有残留。必要时 B 超检查有助于确诊。

三、闻诊

闻诊包括耳听声音、呼吸和鼻嗅气味。患者的语音高低，呼吸的均匀与否，身体及分泌物发出的特殊气味，有助于判定全身情况，提醒问诊范围及内容。妇产科的闻诊特色之一是听胎心音的频率、节律、声音的大小等，可判断胎儿是否有宫内窘迫情况，目前一般用听筒或胎心测定仪监测胎心。特色之二是嗅月经、带下、恶露等有无特殊气味，作为病性及疗效判定的指标之一。

四、切诊

1．脉诊：脉诊也是了解患者全身脏腑气血的盛衰、邪气的消长、妇产科疾病寒热虚实的指标之一。需要指出的是，当妇科病证局限于局部未波及全身气血时，脉象上有时不能反映出来。

（1）妇科常脉：经前或经期，血海满盈而溢，血行流畅，脉多滑利有力。孕后血聚养胎，脏腑、冲任气血旺盛，六脉平和滑利，按之不绝，尺脉尤甚。临产脉（又称离经脉）多是六脉浮大而滑，即产时则尺脉转急，如切绳转珠，同时可扪及中指本节、中节甚至末节两侧的动脉搏动。产后冲任气血俱虚，脉多为虚缓平和。

（2）妇科病脉：

痛证：脉多弦、涩、沉紧。

血证：崩中初起，脉多浮大弦数；暴崩下血，脉多虚大而芤；漏下淋漓，脉多细缓，而反见洪数者为逆，病多深重。

虚证：脉多细、弱、缓、无力、沉、迟。

实证：脉多有力、滑。

寒证：脉或沉紧，或沉迟。

热证：脉数。

2．按诊：按肌肤、四肢主要了解肌肤的温凉、润燥、弹性、肿胀等。按胸部主要了解乳房的柔软、胀硬，有无结节、肿块及其大小、性质、活动度、有无触痛、表面是否光滑等。按腹部主要了解腹部的软硬、温凉、压痛、有无包块、肿物及其大小、部位、形态、压痛、活动度等。孕妇腹部按诊尚可了解子宫大小与孕月是否相符，判断胎儿生长发育情况，并可了解胎位是否正常。

3．妇科检查：参见西医基础知识有关部分。

【附一】中医妇科门诊首次病历书写格式及内容

门诊号：

姓名　　性别　　年龄　　　　　籍贯　　　职业　　　　　　就诊日期

工作单位　　　　　　　　　　　住址

问诊：就诊时突出主要症状及病程。

病史：要询问发病时间、原因及伴随主证所出现的其他症状，以及疾病发展的变化过程，曾否经过其他治疗和效果等，并需了解月经史和婚产史以及末次月经的时间。

望诊：除望一般的神色外，尤重望月经、带下、恶露等量、色、质的变化。

闻诊：主要闻月经、带下、恶露等有无臭味。

切诊：包括切脉、按腹、切肌肤等方面。

辨证分析：

诊断：中医诊断：（中医病名，并需写出证型）

　　　　西医诊断：

治法：

方药：

医嘱：

医师签名（必须签全名）

年　　月　　日

【附二】中医妇科住院病历书写格式及内容

住院号：

姓名　　　　　性别　　　　年龄　　　婚否　　　民族　　　　籍贯

职业　　　　工作单位　　　　　　　　　　家庭住址

入院时间　　　　　　病史陈述者　　　　病史采集时间　　　　发病节气

问　　诊

主诉：记录患者自觉最痛苦的症状和发病时间。

现病史：围绕主诉详细询问发病的时间、诱因、自觉症状（包括伴随主症所出现的其他症状）、病情的发展变化过程、诊断、治疗经过、有关的检查结果、既往治疗的疗效等。如患者不能说出诱因，可通过了解发病时的情况（患者的体质情况及生活环境因素），推测发病的原因。

现症：主症、伴随症、饮食、睡眠、情志等。

既往史：

个人史：

经带胎产史：

家族史：

望　　诊

神色、形态：包括神志、精神、体态及气色。

全身各部位：包括头面、毛发、五官、咽、颈、胸腹、腰背、肌肤、四肢关节、爪甲等。

唇舌：唇之色泽，舌之体、质、苔等变化。

月经：量、色、质情况。

带下：量、色、质情况。

恶露：量、色、质情况。

闻　　诊

声息：包括闻语声、呼吸、咳喘、呕恶、太息、呻吟、肠鸣等。

嗅气味：主要是月经、带下、恶露有无臭味等，并记录其性质。

切　　诊

脉象：记录左右寸、关、尺脉象的变化。

小腹：腹部有无包块，喜按、拒按等。

乳房：乳房有无结节、硬块等。

肌肤：温度，以及有无浮肿等。

四 诊 摘 要

把四诊所得的资料（尤其是与辨证有关者），进行全面系统、扼要的分析归纳，为辨证提供依据。

辨证分析：主要是对主要症状结合舌脉等，从病因与脏腑气血，病机等方面进行分析，得出辨证结论。

诊断：有几个病，可写几个病，但主要者写在前。在病名后的括号内加证型。

治法：具体的治疗法则，如"清热凉血"或"养血柔肝"等。

方药：应写出方名及加减。若为自拟方或协定方，可不写方名。

调护：包括饮食宜忌、食疗、起居等护理要求。

体 格 检 查

包括阳性体征及重要的有鉴别意义的阴性体征（体温、呼吸、脉搏、血压、心、肺、肝、脾、肾等胸腹部的物理检查）。

妇科检查：包括外阴、阴道、子宫颈、子宫、附件的望诊、双合诊或三合诊。

理化检查：做与本病有关的一些化验检查。如三大常规、尿或血的绒激素定性或定量检测、超声检查。

西医诊断：有几个病写几个病，主要者先写。

医师签名（签全名）

年　　月　　日

自 学 指 导

四诊是医师运用望、闻、问、切的方法，收集病史，获得病情的主要手段，通过四诊以求得对疾病的梗概了解；析病因、定病位、明病性，为论治提供重要依据。

【参考文献摘要】

1.《素问·阴阳应象大论》：视喘息，听声音，而知所苦；观权衡规矩，而知病所主；按尺寸，观浮沉滑涩，而知病所生。以治无过，以诊则不失矣。

2.《医宗金鉴》：此明望、闻、问、切为识病之要道也。经曰：望而知之谓之神，是以目察五色也；闻而知之谓之圣，是以耳识五音也；问而知之谓之工，是以言审五病也；切而知之谓之巧，是以指别五脉也。神、圣、工、巧四者，乃诊病要道，医者明斯，更能互相参合，则可识万病根源。以之疗治，自万举而万当也。

【复习思考题】

1．试述四诊的临床意义。

2．试述问月经、带下的临床意义。

3．妇科望诊的主要内容是什么？

4．闻诊在妇科临床包括哪些内容，如何辨其寒热虚实？

5. 妇科切诊内容有哪些？其临床意义如何？

6. 按照病历格式的要求书写门诊、住院病历各一份。 〔陆 华〕

第二节 辨证要点

【目的要求】

1. 掌握脏腑、气血辨证在妇科的临床运用。

2. 熟悉脏腑辨证的要点。

3. 熟悉气血辨证的要点。

【自学时数】

3～4 学时。

妇科疾病的辨证，包括局部辨证与全身辨证。局部辨证主要依据经、带、恶露等期、量、色、质、气味及外阴局部妇科临床表现的特征作为主要依据。全身辨证需结合全身证候按八纲辨证，对证候进行脏腑、气血辨证的归纳，以便为治疗提供可靠的依据。详见表3-1，表3-2：

表3-1 妇产科病按脏腑辨证简表

脏腑病机		妇产科相关病症	全身症状	舌诊	脉诊
肾	肾气虚	经期先后不定，量或多或少，崩漏，闭经，胎动不安，滑胎，子宫脱垂	腰酸腿软，头晕耳鸣，精神不振，小便频数或余沥不尽	舌淡红，苔薄白	脉沉弱或沉细
	肾阴虚	月经先期，量少色红，崩漏，闭经，经断前后诸证，妊娠心烦	头晕耳鸣，颧红，咽干，五心烦热，失眠盗汗，小便短黄，大便干，足跟痛	舌红或有裂纹,少苔或无苔或花剥苔	细数无力
	肾阳虚	崩漏，经行泄泻，带下清稀，胎动不安，妊娠水肿，宫寒不孕	腰脊酸痛，畏寒腹冷，尿意频数且夜间尤甚，五更泄泻，性欲减退	舌淡嫩，苔薄白而润	沉迟而弱，尺脉尤甚
肝	肝郁气滞	经期先后不定，色暗有块，痛经，经前乳胀，闭经，不孕，缺乳	胸胁胀痛，腹满，纳差，多叹息，精神抑郁	舌质正常，苔薄白	弦
	肝郁化热	月经先期，量多，崩漏，经行吐衄，乳汁自出	头晕，头痛，目眩，耳鸣，口苦咽干，心烦易怒，目赤肿痛	舌质红，苔薄黄	弦数
	肝经湿热	带下色白或黄白相兼，量多，质稠，秽浊而臭，阴痒	胸闷纳呆，心烦口苦，尿黄涩痛，大便干结或秽溏	舌质红，苔黄腻	滑数或弦数有力
	肝阳上亢	经断前后诸证，妊娠眩晕，先兆子痫	头晕头痛，面红目胀，耳鸣耳聋，失眠多梦，震颤，烦满欲呕，四肢发麻	舌质红，苔薄黄或少苔	弦细或强而有力
	肝风内动	妊娠痫证，产后痉证	头晕头痛，语言不利，颈项强直，昏不知人，四肢抽搐，痉厥	舌红或绛，无苔或花剥苔	弦细或细数

· 30 ·

续表

脏腑病机		妇产科相关病症	全身症状	舌诊	脉诊
脾	脾气虚弱	月经先期，量多，崩漏，带下，阴挺下脱，乳汁自出或不足，恶阻	神疲肢软，少气懒言，食后脘胀，小便坠胀	舌胖有齿印，苔薄白	虚弱
	脾阳不振	经行泄泻，带下，妊娠肿胀	面色㿠白，虚浮而肿，四肢不温，神疲乏力，纳差，大便稀溏	苔薄白而润	虚弱
	痰湿阻滞	闭经，恶阻，带下，不孕，癥瘕	头晕且重，形体肥胖，胸脘痞闷，口淡而腻，多唾浊沫	苔薄白而腻	滑或沉
	心脾两虚	月经先期，量多，或月经后期，量少，崩漏，闭经	面色㿠白或萎黄，头昏眼花，心悸气短，失眠多梦，纳谷不香	舌质淡，苔薄白	细弱

表 3 - 2　妇产科病按气血辨证简表

气血病机			妇产科相关病症	全身症状	舌诊	脉诊
气病	气虚		月经先期，量多，色淡，崩漏，子宫脱垂，恶露不绝，乳汁自出	面色㿠白，形寒肢冷，精神倦怠，少气懒言，头昏眼花，心悸自汗	舌体胖嫩，舌苔薄白	缓弱
	气滞		月经后期，痛经，闭经，癥瘕，缺乳	胸胁胀痛，下腹胀痛，痛无定处，甚则气聚成块，但推之可移，按之可散，忽上忽下	舌质正常或稍暗，苔薄白	弦
血病	血虚		月经后期，量少，色淡，质稀，闭经，经后腹痛，胎动不安，不孕，乳汁不足	面色苍白或萎黄，肌肤不荣，唇及爪甲淡白，头昏眼花，心悸少寐，四肢麻木，大便干结	舌质淡，苔薄白或少苔	细弱
	血瘀		痛经，闭经，崩漏，宫外孕，癥瘕，产后腹痛，恶露不绝，色暗有块，块下痛减	下腹疼痛，痛有定处，状如针刺，甚则积结成块，按之痛甚，推之不移，肌肤甲错	舌质紫暗或边有瘀点	沉弦或沉涩
	血寒	实寒	月经后期，量少，色暗有块，经行腹痛，得热痛减，或闭经，癥瘕，不孕	面色青白，畏寒肢冷	苔薄白	沉紧
		虚寒	月经后期，量少，色淡或如黑豆汁，痛经，带下清冷，不孕	面色少华，腰酸背痛，腹冷如扇，小便清长，大便稀溏	舌淡，苔薄	沉迟无力
	血热	实热	经行先期，量多，质稠，色紫红，阴中灼热，经行吐衄，崩漏	面红唇赤，口渴，喜饮，心中烦热，小便短赤，大便干结	舌红或绛，苔黄而糙	滑数或洪大
		虚热	月经先期，色鲜红，漏下不止，胎动不安	两颊潮红，低热不退，或午后潮热，五心烦热，咽干口燥，渴不多饮，盗汗，少寐	舌红欠润少苔或无苔	细数无力

〔陆　华〕

第四章 预防与保健

【目的要求】

1. 熟悉经期、孕期、产褥期、哺乳期、更年期卫生的主要内容及其临床意义。
2. 了解经期、孕期、产褥期、哺乳期、更年期卫生的重要意义。

【自学时数】

4～6 学时。

妇女保健工作是我国人民卫生事业的重要组成部分。经期、孕期、产褥期、哺乳期、更年期是女性特殊的生理时期，其不同时期身体均处于气血相对不足，阴阳易于出现盛衰偏颇变化的状态，需注意避免内外环境病因刺激，保持身体健康，预防和减少妇科疾病发生。

一、经期卫生

经期胞宫气血处于外泻状态，正气相对虚弱，加之血室正开，邪气易于侵入，因此，在经期常须注意调护。

1. 适寒温，节饮食：经期若起居不慎，寒温失宜，饮食寒凉、辛辣过极，均可影响正常月经。若血为寒凝，则或经络不通，导致疼痛；或血行不畅，行经不爽；或周期推迟；或经量减少。若热灼其津，可致月经量少；若热迫血行，可致月经过多，崩漏等月经病证。

2. 调情志：月经的主要成分是血，经行时，阴血偏虚，肝气偏旺，情绪容易波动，若伤于七情，肝失疏泄，则常影响月经的正常来潮，或加重经行时的不适。故经期应保持心情舒畅。

3. 劳逸适度：经期应避免过度疲劳和剧烈运动。因劳则气耗，最易动血，冲任失固而致经期延长或经量过多。

4. 清洁卫生：经期血室正开，必须注意保持阴部卫生，卫生巾、卫生纸及内裤要勤换，用纸要柔软洁净，禁盆浴，以免邪毒侵入。经期房劳易于损伤胞宫胞脉，外感邪气，且可致经血逆流入盆腔，故经期当忌房事活动。

二、孕期卫生

妇女受孕以后，因生理上的特殊改变，摄生极为重要，既有益于孕妇的健康，又能确保胎儿正常发育。

1. 慎起居：妊娠期间，生活起居要有规律，睡眠要充足，但不宜过于贪睡，以免气滞难产。可适当劳动，并尽量减少看电视时间。但不宜负重或攀高履险，以免伤胎。孕妇衣着宜宽大合体，腰带不宜束紧，以免气血周流不畅而影响胎儿的发育，甚或导致难产。孕后血聚养胎，阴血偏虚，早孕期间，妊娠反应耗伤气阴，正气受损，邪气易于侵入，故妊娠期间，注意寒温适宜，避免邪气入侵。

2. 节饮食：孕期饮食要富于营养而又易于消化，可少食多餐，以保持脾健胃和，二便通畅。不宜过饥过饱、过食辛辣。忌吸烟饮酒。

3. 调情志：早孕反应、形体改变、孕期禁忌及孕期不适等容易影响孕妇情绪，宜听轻快音乐，调畅情志，以利于胎儿正常发育。

4. 慎房事：于妊娠 3 个月以前和 7 个月以后，应慎戒房事，以免引起胎漏、胎动不安、甚至流产、产前出血、羊水早破或早产。

5. 乳头护理：孕 7 个月以后，应经常用温开水擦洗乳头，以保持清洁，并可预防哺乳时乳头发生皲裂。如乳头内陷，则经常用手将其牵引（或用吸引法吸出），以利于产后婴儿的吮吸。

6. 产前检查：产前检查是孕期保健中的重要一环。怀孕 3 个月，就应开始定期做产前检查，听取医师的忠告，以保护孕妇健康和胎儿正常发育。尤其在 7 个月（28 周）以后，产前检查更为重要，如发现异常，应及时予以纠正。

三、产褥期卫生

产后（包括流产、引产），因分娩时的产创出血及临产用力等，耗气亡血伤津，百脉空虚，正气不足，腠理开张，营卫不固，或手术损伤胞宫脉络，加之宫口开放排泄恶露，邪气易于侵入，需注意调护，防止病变产生。

1. 适寒温，慎起居：产后要保证产妇休息，不宜过早或参加过重的劳动，以免导致产后血崩、阴挺下脱等。居室宜避风寒，但应保持室内空气流通。衣着必厚薄适宜，夏季尤应注意，以防感冒或中暑。产后一般汗出较多，要用干毛巾擦身，勤换内衣，注意保暖，以防感冒。饮食也应富于营养而易消化，以利乳汁化生，勿食生冷、肥腻、煎炒、辛辣、坚硬之物，以免损伤脾胃，或致滞血、动血。产后 42 天内都应严禁房事，以免导致产后诸疾。

2. 保持外阴清洁：产后因恶露排出，血室开放，易感外邪，故产后尤须注意外阴清洁，每晚需用温开水洗涤外阴部，月经带和内裤要经常换洗。

四、哺乳期卫生

母乳为婴儿最富营养之品，适宜于婴儿的消化与吸收，符合其生长发育的需要，故应尽量母乳哺养。哺乳妇女气血化为乳汁外溢，婴儿吮吸乳头可致乳络损伤，邪气易于入侵，因此，在哺乳期间常需注意以下事项：

1. 乳房卫生：每次哺乳前要用温开水清洗乳头，以免将不洁之物带入婴儿口内。当蒸乳时，局部往往胀硬而痛，此时宜做局部热敷，使乳络通畅，乳汁得行，也可借助吸奶器将乳汁吸空，以免淤积成痈。

2. 按时喂奶：产后 30 分钟即可哺乳。一般每隔 3~4 小时 1 次，每次喂奶 15~20 分钟。随着婴儿的逐渐长大，可适量增加辅食（牛奶、豆浆、米汤等），逐渐减少哺乳次数。哺乳期常为 6~8 个月。

3．调情志，适劳逸，注意避孕：调情志，适劳逸有利于乳汁正常分泌。哺乳期间，部分妇女出现正常月经或于正常月经前出现排卵，需注意避孕。

五、更年期及老年期卫生

1．认识更年期症状：更年期或围绝经期脏腑功能处于衰退状态，冲任气血虚少，易于感受外邪及出现脏腑气血失调症状。由于此期前的经、带、胎、产、乳数伤于阴血，更年期每每阴阳不相协调，常常出现头晕耳鸣、心悸失眠、烦躁易怒、轰热汗出等症。这些症状的出现，称为更年期综合征或围绝经期综合征；中医妇科学称经断前后诸证。症状的轻重可因人而异，与生活环境、精神因素等密切相关。此期需注意介绍更年期卫生知识，消除顾虑，保持精神舒畅，少思虑，勿动怒，尽量做到心平气和。

2．定期健康检查：月经紊乱是更年期常见的现象，应定期检查以排除妇科其他器质性病变，如女性生殖器肿瘤等。

3．加强体育活动，提高生活质量：随着社会的进步，妇女绝经后的生命时间大大延长，人口老龄化趋势明显。更年期及老年期妇女除应具备通常养生保健常识外，需加强体育活动，增强体质，减少疾病发生，并尽可能培养兴趣爱好，适当参加社交群体活动，以提高老年生活质量。

自 学 指 导

本节以妇女月经期、妊娠期、产褥期、哺乳期、更年期及老年期卫生为主要内容，学习时必须掌握各个不同时期的生理特点，认识各期卫生的重要性，以达到"无病早防，有病早治"的目的。

【参考文献摘要】

1．《妇人良方大全》：若遇经行，最宜谨慎，否则与产后证相类。若被惊恐劳役，则血气错乱，经脉不行，多致劳瘵等疾。

2．《女科经纶》引王子亨语云："寒温乖适，经脉则虚，如有风冷，虚则乘之，邪搏于血，或寒或温，寒则血结，温则血消，故月水乍多乍少，为不调也"。

3．《产孕集》：凡妊娠，起居饮食，惟以和平为上，不可太逸，逸则气滞，不可太劳，劳则气衰。

4．《女科经纶》引戴景元语云："妇人觉有妊，男即不宜与接，若不忌，主半产。"

【复习思考题】

1．为什么经期容易外感邪气？经期如何调护？

2．孕期有哪些注意事项？

3．产褥期及哺乳期卫生包括哪些内容？

4．如何顺利度过更年期及老年期？

〔陆　华〕

【目的要求】

1. 掌握妇科常用的治疗法则及临床运用。
2. 熟悉内治、外治法的临床意义和作用。
3. 熟悉妇科临床常用的治疗方法。

【自学时数】

12～16 学时。

第一节　内治法

经口服途径给药达到治疗目的的治法叫内治法。内治法是妇产科病证的主要治法。妇女的特殊生理功能是否正常发挥，取决于脏腑、气血、经络功能的协调与否，也与所感受邪气的性质与轻重程度密切相关，因此，妇科常用的内治法包括脏腑功能调节、气血调节、冲任调节、祛除病邪的治法。

一、调节脏腑功能

（一）滋肾补肾

1. 肾气不足：肾气不足，可影响天癸的泌至和冲任的充盈与通畅，导致肾－天癸－冲任－胞宫轴失常。治宜补益肾气，平调肾阴肾阳。常用药物有菟丝子、枸杞子、巴戟天、肉苁蓉、覆盆子、桑寄生、川断、山药、人参、黄芪等。常用方如肾气丸、寿胎丸、归肾丸、大补元煎、毓麟珠、补肾固冲丸等。

2. 肾阳不足：肾阳不足、命门火衰者，上不能温暖脾土，下不能温暖胞宫，并可致气化失常、水湿下注或泛溢肌肤，治宜温肾助阳。常用药物有肉桂、附子、巴戟天、肉苁蓉、淫羊藿、仙茅、鹿茸、菟丝子等。常用方有金匮肾气丸、右归丸、艾附暖宫丸、温胞饮、真武汤等。阳虚则阴寒内盛，可致冲任气血瘀滞，故临床温补肾阳法可与活血化瘀法联用。

3. 肾阴精不足：肾精亏损或肾阴不足，则天癸不充，冲任不通盛。治宜填补肾精，滋补肾阴。①填补肾精常用药物有熟地、菟丝子、黄精、紫河车、女贞子、何首乌、山茱萸、桑葚子等。常用方如六味地黄丸、杞菊地黄丸、左归丸、养精种玉汤等。②滋补肾阴的常用药物有生地、何首乌、女贞子、旱莲草、阿胶、龟板胶等。常用方如二至丸、左归饮、六味地黄丸等。阴虚阳亢常佐以珍珠母、龙骨、牡蛎、鳖甲、龟板等；心肾不交，常加麦冬、五味子、夜交藤、酸枣仁、百合、莲子心等；阴虚内热常加地骨皮、知母、黄柏、玄参等。因肝肾同源，故肾阴精不足可致肝阴血虚少，滋肾与养肝可并用。

（二）疏肝养肝

1. 肝气郁结：肝主疏泄，情志不畅则肝气郁结，治宜疏肝解郁。常用药物有柴胡、香附、青皮、郁金、延胡索、乌药、木香、枳壳、合欢皮、素馨花、玫瑰花、橘叶、八月札等。常用方如逍遥散、四逆散、柴胡疏肝散等。

2. 肝郁化火：肝郁化火，治宜疏肝泻火。常用药物如川楝子、青蒿、丹皮、栀子、黄芩等。常用方如丹栀逍遥散。

3. 肝阴血不足：

（1）肝阴不足，肝失濡养，治宜养血柔肝。常用药物如当归、白芍、生熟地、阿胶、何首乌、沙参、麦冬、枸杞子、女贞子等。常用方如四物汤、一贯煎、调肝汤、杞菊地黄丸等。

（2）肝血不足，肝阳上亢，治宜养血柔肝，平肝潜阳。常用药物如生地、白芍、玄参、女贞子、石决明、菊花、珍珠母、生龙骨、生牡蛎等。

4. 肝风内动：治宜镇肝熄风。常用药物阿胶、龟板、生地、白芍、石决明、代赭石、天麻、钩藤、羚羊角等。常用方如羚角钩藤汤、镇肝熄风汤等。

5. 肝经湿热：肝经湿热，肝胆火盛，治宜泻肝清热。常用方如龙胆泻肝汤。

（三）健脾和胃

脾胃为后天之本、气血生化之源，人体五脏六腑、四肢百骸皆赖血以养。

1. 脾胃虚弱：

（1）脾胃虚弱，治宜健脾和胃。常用药物如党参、白术、茯苓、山药、扁豆、陈皮、莲肉、砂仁、大枣等。常用方如参苓白术散。若中焦虚而积滞，当佐以山楂、谷芽、麦芽、神曲、鸡内金等健胃消积之品。

（2）脾虚血少，冲任血虚，治宜健脾养血。常用药物如黄芪、党参、白术、茯苓、炙甘草、当归、熟地、鸡血藤等。常用方如归脾汤、八珍汤等。

2. 脾气不足：脾虚中气不足，冲任不固，血失统摄，脏器下垂，治宜健脾益气。常用药物如黄芪、党参、白术、炙甘草、柴胡、升麻等。常用方如补中益气汤、举元煎之类。

3. 脾胃不和：脾胃不和，胃气上逆者，当辨其寒热。胃热而逆者，治宜清胃降逆。常用药物如竹茹、黄芩、黄连、大黄、代赭石等。常用方如苏叶黄连汤。胃阴不足，宜酌加沙参、石斛、麦冬、玉竹、芦根之类。胃寒而逆者宜温中降逆。常用药物如砂仁、蔻仁、干姜、生姜、吴茱萸、丁香、藿香、半夏等。常用方如小半夏加茯苓汤。

4. 脾阳不足：脾阳不振，运化失职，水湿内停，甚或湿聚为痰，治宜健脾利湿、化痰。常用药物如党参、白术、苍术、附子、干姜、半夏等。常用方如参苓白术散、完带汤、苍附导痰丸之类。

表 5-1　妇产科常见脏腑病证与治法

病　证	治　法
肾病病证	滋养肾精，补益肾气，滋肾养阴，温肾助阳
肝病病证	疏肝行气，舒肝解郁，清肝泻火，养血柔肝，平肝潜阳，镇肝熄风
脾病病证	健脾和胃，补中益气，清胃降逆，温中降逆，补脾养血，健脾利湿，健脾化痰
肝肾同病病证	滋肾养肝，调肝补肾
脾肾同病病证	温肾健脾，渗利水湿
肝脾同病病证	疏肝理脾

二、调节气血

气血是维持人体生命活动的基本物质与动力，凭借经络运行周身，循环不息，维持着人体正常的生理活动。妇人以血为本，血赖气行。气血调和，则五脏安和，经脉通畅，冲任充盛。

1. 调气之法：常用调气之法有补气、举陷、行气、降气。常用药物如党参、黄芪、升麻、香附、枳壳、厚朴、木香、乌药、川楝子、青皮、大腹皮、橘核、荔枝核等。常用方剂如加味乌药汤之类。气虚、气逆的治法，参见健脾和胃法项。

2. 调血之法：常用调血之法有补血、活血、凉血。补血常用药物如当归、熟地、白芍、制首乌、阿胶、枸杞、龙眼肉等。常用方如四物汤、归脾汤之类。活血法参见化瘀消癥项。凉血法参见清热解毒项。

现代研究发现，补益气血法具有促进人体代谢、改善血液系统功能、改善血液流变、改善胎盘微循环等药理效应。

三、祛除病邪

热（毒）、寒、湿邪侵袭人体，病程短者，未得以伤及脏腑气血，故临床以病邪入侵的表现为主，治疗当驱除病邪为主；多脏腑病变波及冲任气血而不以某脏腑功能失调为主，临床表现为脏腑气血功能失调后的病理产物堆积，当先治标祛邪，而后治本调理脏腑气血，均可用本法治疗。

1. 清热解毒：感受热邪，蕴结成毒，治宜清热解毒。常用药物有金银花、蒲公英、紫草根、紫花地丁、败酱草、鱼腥草、红藤、苦参、黄连、黄柏、土茯苓、野菊花等。代表方剂如五味消毒饮、银翘红藤解毒汤之类。

热邪伤人，最易劫阴，故在治疗中常常加入生地、熟地、玄参等养阴清热之品，使热去而阴不伤，常用方如保阴煎之类。

若热毒蕴结，以致煎熬阴血成块，宜在清热解毒中佐以活血化瘀、软坚散结之品，如当归、赤芍、川芎、丹皮、乳香、没药、鳖甲、昆布、海藻等。

若血分蕴热、热迫血行者，治宜清热、凉血、止血。常用药物如生地、白芍、麦冬、玄参、丹皮、黄芩、栀子炭、侧柏炭、地榆炭等。常用方如清经散、两地汤、清热固经汤等。

2. 清热除湿：湿邪郁久化热者，治宜清热利湿。常用药物如茵陈、龙胆草、木通、黄柏、赤茯苓、车前草、地肤子等。常用方如止带方、龙胆泻肝汤等。

3. 温经散寒：寒主收引、凝滞。寒邪客于胞中，则血行不畅，冲任受阻，常可引起月经方面的改变。

寒有实寒、虚寒。实寒者，治宜温经行滞；虚寒者，宜养血温经。常用药物如肉桂、附子、桂枝、细辛、艾叶、小茴香、吴茱萸、炮姜、补骨脂等。常用方如温经汤，艾附暖宫丸等。

4．温阳行水：脾虚失运，水湿停滞，治宜健脾升阳，淡渗利湿。常用药物如白术、茯苓、猪苓、车前、泽泻、通草、萆薢、薏苡仁等。常用方如白术散或完带汤。肾阳不振，不能温化水湿，治宜温肾化湿或温阳行水。常用药物如巴戟、茯苓、附子、肉桂、桂枝、仙灵脾等。常用方如健固汤或真武汤。

5．化痰除湿：肺脾肾功能失调，内生痰湿，易与气血相搏，阻滞气机，郁结成癥，治宜化痰除湿。常用药物如法夏、苍术、竹茹、厚朴、茯苓等，常用方如苍附导痰汤、萆薢胜湿汤等。

6．祛瘀消癥：瘀血内阻，治宜活血化瘀。常用药物如当归、川芎、益母草、蒲黄、红花、桃仁、丹参、泽兰、三七、芫蔚子等。常用方如桃红四物汤、少腹逐瘀汤之类。瘀久成癥，治宜破瘀消癥，软坚散结。常用药物如桃仁、三棱、莪术、牛膝、乳香、没药、刘寄奴、苏木、王不留行、鳖甲、牡蛎。常用方如大黄蛰虫丸、桂枝茯苓丸等。

7．杀虫止痒：湿热生虫或外感虫患，脉络阻塞，气血不畅，发为瘙痒，治宜杀虫止痒。常用药物如金银花、蒲公英、苦参、百部、白鲜皮、地肤子、蛇床子等。常用方如蛇床子散。

自 学 指 导

1．滋肾补肾法在临床应用时要注意邪实时暂停使用，先除实邪，后行补益。滋肾补肾的方剂配伍要注意肾阴、肾阳药物的适当相互渗透以利于阴平阳秘。祛除病邪的治法使用中需注意辨别正邪的标本主次。肝脾肾气血两两同病时，治法可联合使用。

2．现代研究发现：滋肾补肾法具有调节神经内分泌功能、抗衰老、增强免疫力等药理效应。活血祛瘀消癥法具有以下药理效应：①改善血液的"黏"、"浓"、"凝"、"聚"状态，加强卵巢、子宫血供；②抑制血小板聚集；③抗衰老；④调节免疫功能；⑤调节人体 Zn、Cu、Fe 等微量元素含量；⑥消炎、抗菌；⑦改善胎盘血循环；⑧兴奋子宫等。健脾和胃法具有提高免疫功能、改善血液流变、促进子宫收缩等药理效应。疏肝养肝法具有调节自主神经功能、类激素样作用、抗炎镇痛、提高机体免疫力、调节神经－内分泌－免疫网络作用等药理效应。

【复习思考题】

1．妇科常用的内治法有哪些？
2．与内科比较，妇产科调节脏腑功能的治法有什么特色？
3．调节气血的常用方药有哪些？
4．祛除病邪当从哪些方面着手？

〔陆　华〕

第二节 外治法

根据中医辨证论治理论，选择相应药物，实施口服给药以外的途径和方法达到治疗目的的一种治疗手段，一般多具有简便价廉的优点。如能正确掌握局部与整体的辨证关系，结合病情，或单独使用外治法，或在内治的同时辅以外治，有利于提高疗效，缩短疗程。

中医妇科外治法记载最早见于汉·张仲景《金匮要略》中的妇人病三篇，如以狼牙汤洗涤阴部治疗阴疮蚀烂、带浊淋漓；以蛇床子散和白粉，棉布裹如枣大纳阴中治疗寒湿带下等，开创了妇科外洗和阴道纳药的先河。自此以后，历代医家对妇科的外治法也有所发展，在传统外治药物成品化的基础上，随着各种治疗仪的出现，使外治法适应范围不断扩大。

目前外治法不仅在形式上更加多样化，而且疗效逐渐提高。报道的外治法主要有熏洗法、敷贴法、热熨法、针灸、冲洗、火熨、药物离子导入法、中药宫腔内注入、宫颈中药锥切、中药保留灌肠、中药穴位注射、激光穴位辐照等。

1. 熏洗法：将煎煮好的中药过滤后的滤液趁热用蒸汽向病变部位进行熏蒸，待温度适宜后对患部进行淋洗和浸浴的外治法。

〔适应证〕外阴、阴道及会阴部位的病变，如滴虫性、霉菌性、细菌性外阴阴道炎、子宫脱垂等。

〔常用药物〕银花藤、苦参、野菊花、黄柏、土茯苓、蒲公英、蛇床子、艾叶、鹤虱、地肤子、枯矾、川椒、白鲜皮。

〔功效〕清热燥湿，解毒杀虫。

〔方法〕用药物煎汤趁热熏洗患部，每日1~3次，数日为1疗程。

〔禁忌证〕经期、阴道流血者、溃疡感染重者慎用外阴阴道熏洗法。

2. 冲洗法：将煎煮好的中药过滤后的滤液冲洗阴道、外阴的方法。

〔适应证〕阴道及宫颈的病变，如滴虫性阴道炎、霉菌性阴道炎、细菌性阴道病、宫颈炎等。

〔常用药物〕银花藤、苦参、野菊花、黄柏、土茯苓、蒲公英、蛇床子、艾叶。

〔功效〕清热解毒，燥湿消肿，杀虫止痒。

〔方法〕将所用药物包煎，煮沸20~30分钟，待温度与体温基本一致时，将药液置阴道冲洗器内进行冲洗。每日1次，数日为1疗程。

〔禁忌证〕经期、阴道流血者禁用阴道冲洗，但可冲洗外阴。

3. 纳药法：将外用药物放置于阴道后穹隆或喷于阴道的方法。

〔适应证〕阴道及宫颈的病变，如滴虫性阴道炎、霉菌性阴道炎、细菌性阴道病、宫颈炎等。

〔常用药物〕白鲜皮、苦参、百部、龙胆草、黄柏、蒲公英、冰片。

〔功效〕清热解毒，燥湿止带，杀虫止痒，去腐生肌。

〔方法〕先清洗外阴、阴道后，将由以上药物制成的外治栓剂、膏剂、粉剂、喷雾剂等。置于阴道后穹隆或喷于阴道，每日或隔日1次，数日为1疗程。

〔禁忌证〕经期、阴道流血者禁用。

4．贴敷法：将外用药物用无菌纱布贴敷于患处的方法。

〔适应证〕外阴或乳房痈肿初起、外阴白色病变、痛经、小便淋痛等病症及腹部癥结、宫外孕保守治疗。

〔常用药物〕蒲公英、金银花叶、丝瓜叶、野菊花、紫花地丁、三棱、莪术、牡蛎、鳖甲、穿山甲、乳香、没药、土鳖虫。

〔功效〕清热解毒，活血化瘀，散结消肿，散寒止痛，托毒生肌。

〔方法〕①清热解毒多用新鲜药捣汁外敷；②活血化瘀、散结消肿多用生药共研细末，用酒或醋调敷患处；③水剂：无菌纱布浸满药水，贴敷于患处；④散剂：直接撒布于破溃之创面上；⑤膏剂：先将膏剂涂于无菌纱布上，贴敷于患处，然后覆盖纱布固定。每日或隔日1次，至痊愈为止。

〔禁忌证〕皮肤过敏、皮肤溃疡者、宫外孕破裂者禁用。

5．热熨法：药物加温后外敷患处的方法。

〔适应证〕寒邪所致痛证、输卵管病变所致不孕症。

〔常用药物〕千年健、续断、追地风、川椒、五加皮、白芷、桑寄生、艾叶、透骨草、羌活、独活、赤芍、归尾、血竭、乳香、没药、吴茱萸、桂枝。

〔功效〕温经通络，散寒止痛，活血化瘀，消癥散结。

〔方法〕药物共研细末，装入纱布袋中，每袋半斤装，封口。用时隔水蒸15～30分钟，趁热外敷，每日1～2次。也有于药末中加入制热物质，置袋中密封，用时抖动药袋，使之发热，敷于患部；或以针刺数十个小孔后，敷于患部，可持续发热4～6小时。使用时注意勿灼伤皮肤。

〔禁忌证〕皮肤溃疡者禁用，皮肤过敏者慎用。

6．导肠法：将药物制成栓剂经肛门纳入或以浓煎剂保留灌肠的方法。

〔适应证〕盆腔炎症、痛证、不孕症。

〔常用药物〕红藤、败酱草、蒲公英、鸭跖草、紫花地丁、三棱、莪术、桃仁、延胡索。

〔功效〕清热解毒，活血化瘀，润肠通腑。

〔方法〕①将药物共煎，取药液100mL，经插入肛门8～12cm左右的导尿管滴注并保留20～30分钟，每日1次。②将栓剂塞入肛门6cm左右，每日1次。

〔禁忌证〕急性肠炎、直肠肿瘤者忌用此法。

7．针灸和拔罐疗法：

（1）痛经：

〔常用穴位〕关元、气海、曲骨、三阴交、足三里等。

〔功效〕调和气血，温通经络，行气止痛。

〔方法〕先针后灸，留针15～30分钟。

（2）恶阻：

〔常用穴位〕中脘。

〔功效〕健脾和胃，降逆止呕。

〔方法〕常采用拔罐疗法，用胎头吸引器置于中脘穴，顶端套上橡皮管，并接上50mL针筒，将吸引器内空气抽出，产生负压，使局部皮肤有绷紧感为宜，随即用夹子将橡皮管夹紧，防止漏气，然后嘱患者进食，在食后15～20分钟，放开夹子，取下胎头吸引器。每次食前使用一次。

〔禁忌证〕先兆流产者禁用。

（3）胎位不正：

〔常用穴位〕至阴穴。

〔功效〕纠正胎位。

〔方法〕艾灸至阴穴，悬灸法每次15~30分钟，每日1次，数日后复查胎位。若未转正，可再灸如前法。若已转正，可不再灸。

〔禁忌证〕先兆早产慎用。

（4）滞产：

〔常用穴位〕合谷、三阴交。

〔功效〕催生。

〔方法〕针刺合谷、三阴交，强刺激，每5~10分钟行针1次，留针30分钟。

〔禁忌证〕头盆不称、脐带绕颈、胎位不正等不能经阴道分娩者禁用。

自 学 指 导

1. 外治法的治疗途径以皮肤窍道为主，根据治疗需要，外治法可单独使用，或与内治法联合使用，以提高疗效，缩短疗程。

2. 所有外用制剂必须按标准操作规程制备，消毒后使用；所有自煎外用药水，必须煮沸20~30分钟以上备用，当天药水最好当天使用。治疗部位常规清洁或消毒。

3. 月经期前后3天内不宜施用外治法，妊娠期、新产后宜少采用外治法，特殊需要者除外。外阴阴道疾病用外治法治疗期间，禁止房事或盆浴。

【参考文献摘要】

清·吴师机《理沦骈文》：外治之理，即内治之理；外治之药，亦即内治之药。所异者法耳。又：外治必如内治者，先求其本。本者何？明阴阳，识脏腑也。灵素而下，如伤寒论、金匮以及诸大家所著。

【复习思考题】

1. 常用中医外治法有哪些？

2. 妇产科哪些病症可使用外治法？

3. 使用外治法需注意哪些事项？

〔陆 华〕

各　论

第六章　月经病

【目的要求】

1．了解月经病的定义、范围及常见的几种月经病的概念。
2．了解月经病是妇科最常见的疾患，可致不孕。
3．熟悉常见月经病病因及其诊断。
4．熟悉月经病的发病机制。
5．掌握月经病的治疗原则、治疗大法及宜忌。
6．掌握几种临床常见月经病的辨证论治。

【自学总时数】

56～76 学时。

凡月经的周期、经期和经量发生异常，以及伴随月经周期出现明显不适症状的疾病，称为"月经病"，是妇科临床的多发病。

常见的月经病有月经先期、月经后期、月经先后无定期、月经过多、月经过少、经期延长、经间期出血、崩漏、痛经、闭经、经行吐衄、经行泄泻、经行乳房胀痛、经行头痛、经行眩晕、经行身痛、经行浮肿、经行口糜、经行发热、经行风疹块、经行情志异常、经断前后诸症、经断复来等。

月经病发生的主要机制是脏腑功能失常，气血失调，导致冲任二脉的损伤。其病因除外感六淫、内伤七情、房劳多产、劳倦过度、饮食不节之外，尚须注意体质因素对月经病发生的影响。

月经病的诊断要点，主要是月经的期和量的异常变化，特别要注意月经后期、闭经等与妊娠相鉴别；经期延长、月经过多、崩漏等与胎、产、杂病等下血证相鉴别；痛经与异位妊娠相鉴别。

月经病的辨证着重月经的期、量、色、质、臭气及伴随月经周期出现的症状，同时结合全身证候，运用四诊八纲进行综合分析，以辨其寒热虚实。

（1）以期而论：一般周期提前，多为血热或气虚；周期退后，多为血虚或血寒；周期先后无定，多为肝郁或肾虚；经期延长，多为气虚和血热。

（2）以量而论：量多者，以血热和气虚常见；量少者，以血虚或血寒较多；量或多或少者，以肝郁、肾虚多见。

（3）以色而论：色鲜红或紫红者属热，暗红者属寒，淡红者为虚，暗淡者为虚寒。

（4）以质而论：黏稠者属热属实，清稀者属寒属虚，有血块者属瘀，若兼气臭秽者多属热，气腥者多属寒，恶臭难闻者多属瘀血败浊成毒为患，病多险恶。尚须排除生殖道恶性病变。

（5）从经期伴随症状而论：在经前或经期初出现者，多属实证；在经后或经期末期出现者，多属虚证；平时出现，经期加重者，多属湿热蕴结或气滞血瘀。

月经病的治疗原则重在治本以调经。论治过程中，首辨他病、经病的不同，肖慎斋在《女科经论》中加按语说："妇人有先病而后致经不调者，有因经不调而后生诸病者，如先因病而后经不调者，当先治病，病去则经自调；若因经不调而后生病，当先调经，经调则病自除。"如因慢性消耗性或失血性疾病引起的月经量少或闭经等，则当先治病，病除经自调；反之，如因经量过多引起的心悸、失眠、浮肿等，当先调经，经调病自除。次辨标本缓急的不同，急则治其标，缓则治其本，如痛经剧烈，应以止痛为主，若经崩暴下，当以止血为先；缓则审证求因治其本，使经病得到彻底治疗。再辨月经周期各阶段的不同，经期血室正开，大寒大热之剂用时宜慎；经前血海充盛，勿滥补，宜予疏导；经后血海空虚，勿强攻，宜于调补，但总以证之虚实酌用攻补。此外，不同年龄的妇女有不同的生理特点，治疗的侧重点也不同，应予考虑。这是月经病论治的一般规律。

月经病常用的治法有补肾、扶脾、疏肝、调理气血等。

（1）补肾：肾为先天之本，主藏精气，是人体生长、发育、生殖的根本。"经水出诸肾"，肾气盛，天癸至，任通冲盛则经候如常。是故肾为月经之本，经水之源。故调经之本在肾。补肾在于益先天之真阴，以填精养血为主，佐以助阳益气之品，使阳生阴长，精血俱旺，则月经自调。即在淫邪致病的情况下，邪祛之后，也以补肾为宜。

（2）扶脾：脾胃为后天之本，气血生化之源。主运化，统血。扶脾在于益气血之源，以健脾升阳为主。脾气健运，则统摄有权，生化有常，气血充盛，血海充盈，月经的期、量便正常。然而用药不宜过用甘润或辛温之品，以免滞碍脾阳或耗伤胃阴，导致运化失常。

（3）疏肝：肝主藏血而司血海，肝气宜条达而恶抑郁，以愉悦舒畅为顺，忧郁忿怒为逆。肝气条达，则血海宁静，经脉流畅，月事按时而下。因此古有："治经肝为先，疏肝经自调"之说。疏肝在于通调气机，以开郁行气为主，佐以养肝之品，使肝气得疏，气血调畅，则经病可愈。用药切忌刚燥、滋腻之品，以免劫津伤阴，或困阻气机，碍血畅行。

（4）调理气血：女子以血为主，因月经为血所化，经行耗血，是以妇人血病者多。又气为血帅，血为气之母，气血相互滋生、相互为用，血病必累及气，气病必累及血。调理气血当辨气病、血病，病在气者当治气，佐以理血；病在血者当治血，佐以理气。气顺血和，其病自愈。

气血来源于脏腑，其补肾、扶脾、疏肝也寓调理气血之法。上述诸法，又常以补肾扶脾为要。如《景岳全书》说："故调经之要，贵在补脾胃以资血之源，养肾气以安血之室，知斯二者，则尽善矣。"

总之，月经病是常见病，病变多种多样，病证虚实寒热错杂，必须在充分理解肾主司月经的基础上，同时注意脾、肝以及气血等对月经的影响，全面掌握其治法，灵活运用。

第一节 月经不调

【自学时数】

16～21 学时。

凡是月经的周期、经期、经量、经色、经质等方面发生异常现象者称为"月经不调"。如《妇科玉尺》云："经贵乎如期，若来时，或前或后，或多或少，或月二三至，或数月一至，皆为不调。"又《圣济总录·妇人月水不调》云："月水不调者，经血或多或少，或清或浊，或先期而来，或后期而至是也。"所以月经不调有以月经周期改变为主的，如月经先期、月经后期、月经先后无定期，和以经量改变为主的月经过多、月经过少等。月经不调是常见的妇科疾病。若不及时治疗，往往可以因之而不孕。

月经不调虽有期、量的不同变化，但临床常见两者同时并见，如月经先期，常伴经量过多。经行后期，每可见经量过少。但亦有先期而量少，或后期而量多者。寒、热、虚、实均可导致月经不调。临证时既要重视期、量、色、质的变化，还须结合脉证，审证求因，辨证论治。治疗总以"调经"为要，施治则因证而异。正如《景岳全书》云："调经之法，但欲得其和平，在详察其脉证耳。若形气俱有余，方可用清、用利。"说明了调经之治详审脉证，损有余，补不足，实为临证法则。

一、月经先期

月经周期提前七天以上，甚或一月两潮，连续两个月经周期以上者，称为"月经先期"，亦称"经行先期"、"经一月再行"、"经早"等。

【病因病机】

多因气虚统摄无权，冲任失固；或热伏冲任，血海不宁。临床常见的证型有气虚、血热两型。

1. 血热：

（1）实热：素体阳盛，或过食辛辣助阳之品，或感受热邪，热伏冲任，迫血妄行，而致月经先期而至。《万氏女科》云："如曾误服辛热暖宫之药者，责其冲任伏火也。"

（2）虚热：素体阴虚，或大病久病，失血伤阴，或思虑过度，营阴暗耗，水亏火旺，虚热内扰，血海不宁，经血提前而至。《傅青主女科》云："先期而来少者，火热而水不足也。"

（3）肝郁化热：素性抑郁，或郁怒伤肝，肝气郁结，郁久化热，热伤冲任，下扰血海，迫血妄行，使月经先期而至。《万氏女科·不及期而经先行》云："如性急躁，多怒多妒者，责其气血俱热，且有郁也。"

2. 气虚：素体虚弱，或劳力过度，或饮食失节，或思虑过极，损伤脾气，中气虚弱，冲任不固，不能统摄经血，而致月经先期而至。《景岳全书·妇人规》云："若脉证无火，而经早不及期者，乃心脾气虚，不能固摄而然。"

【诊治要点】

1. 本病的临床特征以月经周期提前七天以上，并连续两个月经周期提前者，方为月经先期。若偶尔一次，不作先期论。

2．注意有无情志内伤史，盆腔感染病史，人工流产、药物流产等病史。

3．月经先期需与经间期出血、月经先后无定期、崩漏相鉴别，详见相应章节。

4．本病辨证，着重于经期的提前及经量、经色、经质的改变，结合兼证以辨虚实。一般来说，先期而量多，色紫红或深红，质稠，舌红脉数者，属实热；先期而量少，色鲜红，伴颧红，五心烦热者，属虚热；先期而量或多或少，色暗红，伴心烦喜怒，多属郁热。量多色淡质稀，伴气短者，为气虚。此言其大概，临证重在辨证求因，审证论治。

5．治疗上，应按其属性，分别论治。若属实热者，当清热凉血。属虚热者，当养阴清热。肝郁化热者，当舒肝清热。若气虚不固者，当补气摄血。用药切忌过用寒凉或温燥动血之品，而犯虚虚实实之戒。

6．月经先期可伴有月经量多，若不及时诊治或误治，往往可发展成崩中漏下，导致不孕，临证尤须重视。

【辨证论治】

1．血热型：

（1）实热型：

〔主要证候〕月经提前，量多，色深红或紫红，质黏而稠。心胸烦闷，面红口干，渴喜冷饮，尿黄便结。舌质红，苔黄，脉滑数。

〔证候分析〕热扰冲任，迫血妄行，故月经提前，量多；血为热灼，则经色深红或紫红，质黏稠；热扰心肝二经，故心胸烦闷而面红；热盛伤津，则渴喜冷饮；热灼膀胱，则小便短赤；大肠津少，则大便燥结。舌质红、苔黄，脉洪数，均为实热之象。

〔治疗原则〕清热凉血调经。

〔方药举例〕清经散（《傅青主女科》）其中熟地易生地。

丹皮　地骨皮　白芍　熟地　青蒿　黄柏　茯苓

方中丹皮、青蒿、黄柏清热泻火凉血；生地、地骨皮养阴清热凉血，使热去而不伤阴；白芍柔肝和阴；茯苓健脾宁心、行水泄热。全方虽属清热泻火之剂，但有养阴凉血之品，使热去而阴不伤，血安而经自调。

若经量过多者去茯苓之渗利，以免伤阴，酌加旱莲草、仙鹤草、炒地榆以养阴止血；若热甚伤津，口渴欲饮，则加玄参、知母、麦冬以清热、生津、止渴；若经来有块，小腹痛拒按者，为热邪灼血成瘀，加茜草、益母草以活血化瘀。

（2）虚热型：

〔主要证候〕经期提前，量少，色红质稠，颧红面赤。手足心热，咽干口燥，或口舌糜烂。舌红少苔，脉细数。

〔证候分析〕阴虚内热，热扰冲任，迫血妄行，故月经提前；水亏火旺，故量少、色红而质稠；虚火上浮，故颧红面赤或口舌糜烂；阴虚内热，则手足心热；阴虚津少，故咽干口燥；舌红少苔，脉细数，均为阴虚内热之征。

〔治疗原则〕养阴清热调经。

〔方药举例〕两地汤（《傅青主女科》）。

生地　玄参　白芍　麦冬　阿胶　地骨皮

方中生地清热凉血；地骨皮泻肾火，清虚热；玄参、麦冬养阴清热，壮水以制火；阿胶滋阴止血；白芍养血敛阴。全方重在滋水，使水盛而火自平，阴生而阳自秘，则经行如期。

若月经量多，加女贞子、旱莲草、炒地榆以滋阴清热止血；若月经量少者，加枸杞子、首乌滋肾以生精血；若手足心热甚，加白薇、生龟板育阴潜阳以清虚热。

（3）肝郁化热型：

〔主要证候〕经行先期，量或多或少，经色紫红，质稠有块，经行不畅。经前乳房、胸胁、小腹胀痛，心烦易怒，口苦咽干。苔薄黄，脉弦数。

〔证候分析〕肝郁化热，热扰冲任，迫血妄行，则月经先期；疏泄失常，血海失司，故经量或多或少；血为热灼，故经色紫红，质稠有块；气滞肝经，则见乳房、胸胁、小腹胀痛；肝郁化火，则心烦易怒，口苦咽干。苔薄黄，脉弦数，均属肝郁化热之象。

〔治疗原则〕舒肝清热调经。

〔方药举例〕丹栀逍遥散（《女科撮要》）去煨姜。

当归　白芍　柴胡　白术　茯苓　甘草　丹皮　山栀　煨姜　薄荷叶

方中丹皮、栀子、柴胡疏肝解郁清热；当归、白芍养血柔肝；白术、茯苓、甘草健脾和中；薄荷助柴胡疏达肝气。煨姜辛燥，非血热所宜，故去而不用。全方共奏舒肝清热之功，使肝气条达，郁去热清，则经事如期。

若月经过多者，经时去当归，酌加牡蛎、茜草根、炒地榆以固冲止血；经行不畅，夹有血块者，酌加泽兰、益母草以活血化瘀；经行乳房胀痛甚者，酌加瓜蒌、橘核、郁金以解郁行滞止痛。

2．气虚型：

〔主要证候〕经行提前，量多色淡，质清稀。神疲肢倦，气短懒言，纳少便溏，小腹空坠。舌淡苔薄白，脉弱无力。

〔证候分析〕脾虚气弱，统摄无权，冲任不固，则见经行提前，量多；气虚火衰，血失温煦，故色淡，质清稀；脾虚中气不足，不能提掣，则神疲气短，小腹空坠；脾虚失运，则纳少便溏。舌淡苔薄白，脉弱无力，均为气虚之征。

〔治疗原则〕补气摄血调经。

〔方药举例〕补中益气汤（《脾胃论》）。

人参　黄芪　甘草　当归　陈皮　升麻　柴胡　白术

方中人参、黄芪益气健脾为君；白术、甘草补中健脾为臣；当归补血，陈皮理气为佐；升麻、柴胡升举阳气为使。全方共奏益气补中、升阳举陷、摄血归经之效，使月经自调。

若月经过多者，去当归，重用黄芪、党参以益气摄血，酌加艾叶、阿胶、乌贼骨、龙骨、牡蛎以止血固摄；便溏者，酌加山药、砂仁、薏苡仁以扶脾止泻；若月经量少，色暗淡，质稀薄，或腰骶酸痛，为脾肾气虚，去升麻、柴胡、陈皮，加鹿角胶、菟丝子、杜仲以温肾阳，益精气。

若心脾两虚者，症见月经提前，心悸怔忡，失眠多梦，四肢倦怠，舌淡苔薄，脉细弱。治宜养心健脾，固冲调经，方用归脾汤（《校注妇人良方》）。

人参　黄芪　当归　白术　茯神　龙眼肉　远志　枣仁　木香　甘草　生姜　大枣

方中人参、黄芪、白术、甘草健脾补气固冲；当归、龙眼肉、大枣补血宁心；酸枣仁、茯神、远志养心安神；生姜、木香行气醒脾。

【预防保健】

1.调情志，保持心情舒畅，避免忧思郁怒，肝郁化火，扰及冲任而迫血妄行。

2.重视节制生育和节欲防病，作好计划生育，避免多次人工流产、药物流产，经期、产后余血未净，严禁交合，减少感染邪毒机会。

3.适劳逸，不宜过度劳累和剧烈运动，以免损伤脾气，导致统摄失职而为病。

4.节饮食，不宜暴饮暴食，或过食肥甘滋腻、生冷寒凉、辛烈香燥之品，以免损伤脾胃，或蕴热灼血，造成月经不调。

5.注意阴部卫生，避免外邪入侵。

【案例】

韦某，女，31岁，已婚，1977年1月30日初诊。婚后3年，迄今未孕育，常以嗣续为念。一年来，月事不经，一月二三至，颜色紫红，时夹血块，量一般。素多白带，间或色黄。刻诊正值经期，腰酸背楚，小腹胀坠，头晕，心烦，口干不欲饮，舌红少津。脉弦细数。诊为肝郁化热，蕴伏于血分，热迫血行，久损及肾。治拟清热凉血，兼益肝肾为法。

处方：秦当归、粉丹皮各12g，凌霄花4.5g，黄芩炭9g，细生地、东白薇各15g，刘寄奴12g，川茜草、香附米各9g，台乌药6g，海螵蛸、炒杜仲各12g，3剂，水煎服。

嘱经期过后，即服加味逍遥丸、六味地黄丸各1副，上午、下午分服。白带多则以蛇床子9g，淡吴萸3g，川黄柏6g，布包，泡水坐浴熏洗，日2次。

二诊（2月20日）

服上药后，诸症均感轻减，昨日月经来潮（距上次月经为20天），血块较既往减少，小腹胀坠亦较前为轻，白带已少，心烦、头晕悉减，惟血量仍多，膝胫酸软。舌红少苔，脉弦细。继守原意，并加重补益肝肾之品。

处方：秦当归、厚杜仲、桑寄生各12g，川续断、粉丹皮、乌梅炭、白僵蚕、香附米、赤芍药、刘寄奴、川楝子各9g，延胡索4.5g，川黄柏6g，4剂。药后仍服丸剂，并外用药，同前。

三诊（3月21日）

月汛再潮，此次为28天。月经周期已趋正常，无须再服汤剂，所谓"衰其大半而止"。令其做妇科检查，诸无异常，嘱服丸剂1个月，药同前。1年后，其母以原发性高血压来诊，谈及其女，喜形于色，谓自服药后月经一直正常，而今珠胎已结，期将6月矣。

〔按〕本例月经先期，色紫夹块，小腹胀坠，头晕心烦，显为肝郁化热，迫血妄行。血去频仍，不能归精于肾，肾精不充，致腰酸背楚；带脉失约，故带下量多。治用丹皮、生地、黄芩炭、东白薇、凌霄花等，清热凉血，正本清源，香附、陈皮、甘草、刘寄奴等，理气化瘀，以调经候；当归、杜仲养血补肾，兼顾其虚；海螵蛸固带止血，并以塞流。全方凉而不凝，止而不涩，调经养血，两为周全。二诊侧重补肝益肾，并以乌梅炭敛肝，僵蚕散肝，一敛一散，俾致和平。候经期匡正，复以丸剂收功。治疗过程中，或疏或调，或清或补，悉随病机以赴，遂得如愿以偿矣。

（《哈荔田妇科医案医话选》）

自 学 指 导

1.本病的临床特征以月经周期提前七天以上，并连续两个月经周期提前者，方为月经先期。若偶尔一次，不作先期论。如仅提前三五天，且无其他症状者，属正常范围。

2．本病每可伴有月经量多，若不及时诊治或误治，往往可发展成崩中漏下，导致不孕。

3．本病的病机有血热与气虚两大类。血热者，血扰冲任，迫血妄行；气虚者，气不摄血，冲任不固。血热又有实热、虚热、肝经郁热之别。

4．证候虚实根据经量、经色、经质的变化，并结合全身脉证进行辨证。

5．注意与经间期出血、月经先后无定期、崩漏进行鉴别。

6．疗效以月经周期恢复正常，维持 3 个月以上为治愈。

【参考文献摘要】

1．《景岳全书》：凡血热者，多有先期而至，然必察其阴气之虚实。若形色多赤，或紫而浓，或去多，其脉洪滑，其脏气饮食喜冷畏热，皆火之类也。

先期而至，虽曰有火，若虚而夹火，则所重在虚，当以养营安血为主。矧（shěn，况且）亦有无火而先期者，则或补中气，或固命门，皆不宜过用寒凉。

2．《傅青主女科》：夫同是先期之来，何以分虚实之异？……先期者火气之冲，多寡者水气之验。故先期而来多者，火热而水有余也；先期而来少者，火热而水不足也。倘一见先期之来，俱以为有余之热，但泻火而不补水，或水火两泻之，有不更增其病者乎！

【复习思考题】

1．什么叫月经先期？
2．月经先期的病因病机及辨证要点是什么？
3．月经先期有哪些证型？如何辨证治疗？
4．两地汤的方药组成及其主治、功用。
5．气虚所致的月经先期有哪些主症？试述其治疗原则和代表方药。

〔许丽绵　罗颂平〕

二、月经后期

【自学时数】

3～4 学时。

月经周期错后 7 天以上，甚至错后 3～5 个月一行，经期正常者，称为"月经后期"。亦称"经期错后"，"经迟"。

【病因病机】

多因营血不足或阳气虚衰，以致血海空虚，不能按时满溢；或因气郁血滞或寒凝血瘀，以致经脉不通，冲任受阻。

1．血寒：

（1）虚寒：素体阳虚，或久病伤阳，阳虚内寒，脏腑失于温养，生化失期，气弱血少，冲任空虚，血海不能按时满溢，以致经行后期。如《景岳全书·妇人规》云："亦惟阳气不足，则寒从中生而生化失期。"

（2）实寒：经产之时，感受寒邪，或过食生冷，或涉水感寒，寒邪乘虚搏于冲任，血为寒凝，经脉运行不畅，血海不能按时满溢，遂致经行错后。如《普济方》云："胞寒气冷，血不运行，经所谓天寒地冻，水凝成冰……而在月后。"

2．血虚：经行产后失血过多，或大病久病体虚，饮食减少，化源不足，冲任血虚，血海不能按时满溢，遂致经行后期。《医宗金鉴·妇科心法要诀》曰："若过期不至，并不胀痛者，乃无血可行，气血虚也。"

3．气滞：素性抑郁，情志不遂，气不宣达，血为气滞，冲任不畅，气血运行受阻，血海不能按时满溢，以致经行错后。《四圣心源》云："木不能泄，则后期而至"。

【诊治要点及预后】

1．月经周期延后 7 天以上，但经期基本正常，并连续两个月经周期以上者，方可诊断。若偶见一次，或仅后错三五天而无其他症状者，不作月经后期论。青春期月经初潮后、哺乳期、绝经前期出现月经数月一行，而无其他症状者，可视为生理现象。

2．注意有无先天不足，初潮来迟，或感寒饮冷、情志不遂等病史。

3．已婚育龄妇女，月经一向正常，突然月经周期延后十余天，伴量、色、质异常或小腹疼痛者，应与早孕、胎漏、胎动不安、异位妊娠等妊娠病相鉴别。

4．辨证上，重在经量、经色、经质，以辨其虚实。经色暗红而少，小腹冷痛者，为实寒；经色淡而量少，质清稀，为虚寒；色暗红，有块，小腹胀痛者，属气滞。

5．治疗上，虚则以养气血，补肝肾为主；实则以温通为主。但须谨守"补而不腻"、"温而不燥"的原则施治，以免滞血、动血。

6．月经后期多伴经量过少，若失治或误治，易转变成闭经，导致不孕，故应及时治疗。

【辨证论治】

1．血寒型：

（1）实寒型：

〔主要证候〕经期错后，量少，经色紫暗有块。小腹冷痛拒按，得热痛减，畏寒肢冷，面色苍白。舌暗，苔薄白，脉沉紧或沉迟。

〔证候分析〕寒邪客于冲任，血为寒凝，运行不畅，血海不能按时满溢，则月经后期而至，量少；寒凝血滞，故经色紫暗有块；寒邪客于胞中，气血运行不畅，"不通则痛"，故小腹冷痛，得热气血稍通，故小腹痛减；寒为阴邪，易伤阳气，故畏寒肢冷。舌暗，苔薄白，脉沉紧或沉迟，均为阴寒内盛之象。

〔治疗原则〕温经散寒，活血调经。

〔方药举例〕温经汤（《妇人大全良方》）。

人参　当归　川芎　白芍　肉桂　莪术　丹皮　甘草　牛膝

方中肉桂温经散寒，通脉调经；当归、川芎养血活血调经；人参益气扶正，助肉桂通阳散寒；莪术、丹皮、牛膝活血祛瘀；白芍、甘草缓急止痛。全方有温经散寒，活血调经之效。

若经行腹痛拒按，时下血块者，酌加蒲黄、五灵脂、香附、延胡索以散寒行滞，化瘀止痛；月经过少者，酌加丹参、益母草、鸡血藤养血活血调经；若经量多，则去莪术、牛膝，酌加炮姜、艾叶炭以温经止血。

（2）虚寒型：

〔主要证候〕经期延后，量少，色淡质稀，小腹隐痛，喜热喜按，腰酸无力，小便清长，面色苍白。舌淡，苔白，脉沉迟无力。

〔证候分析〕阳气不足,阴寒内盛,影响脏腑气血的生化与运行,冲任不能按时通盛,血海满溢延迟,故月经推迟而至,量少,色淡,质稀;阳虚不能温煦胞中,故经行小腹隐隐作痛,喜热喜按;阳虚肾气不足,外府失养,故腰酸无力;阳气不布,故面色苍白;肾阳虚,上不能温煦脾阳,脾失健运,湿渗大肠,则见大便溏薄;下不能温暖膀胱,则小便清长。舌淡,苔薄,脉沉迟无力,为虚寒之征。

〔治疗原则〕温经扶阳,养血调经。

〔方药举例〕大营煎(《景岳全书》)。

当归　熟地　枸杞子　炙甘草　杜仲　牛膝　肉桂

方中肉桂温经扶阳,通行血脉;熟地、当归、枸杞子滋补肝肾而养血;杜仲温补肾气;牛膝活血通经,引血下行。全方共奏温经扶阳,养血调经之效。

若寒甚者,则酌加巴戟天、补骨脂以温肾助阳;虚甚者,加人参扶正益气;经后小腹隐隐作痛者,加小茴香、艾叶以温经止痛;若大便溏薄者,去当归,加补骨脂、白术以温肾健脾。

2. 血虚型:

〔主要证候〕经期错后,量少,色淡,质稀。小腹空痛,头晕眼花,心悸失眠,皮肤不润,面色苍白或萎黄。舌淡,苔薄,脉虚细。

〔证候分析〕营血虚少,冲任不能按时通盛,血海不能如期满溢,故经期错后,量少,色淡,质稀;血虚胞脉失养,故小腹空痛;血虚上不荣清窍,故头晕眼花;外不荣肌肤,故皮肤不润,面色苍白或萎黄;内不养心,故心悸失眠;脑失所养,则头晕眼花;舌淡,苔薄,脉虚细,也为血虚之征。

〔治疗原则〕补血养营,益气调经。

〔方药举例〕人参养荣汤(《和剂局方》)。

人参　白术　茯苓　炙甘草　当归　白芍　熟地　肉桂　黄芪　五味子　远志　陈皮
生姜　大枣

方中当归、白芍、熟地补血养血;人参、黄芪、白术、甘草、大枣补中益气,以滋生化之源;陈皮、生姜理气和中;远志、五味子宁心安神;肉桂温中助阳。共奏补血养营,益气调经之效。

若月经过少者,去五味子,酌加丹参、鸡血藤、桑寄生以养血活血;若经行小腹隐隐作痛者,重用白芍,酌加首乌、香附养血行滞止痛。

3. 气滞型:

〔主要证候〕经期错后,量少,经色暗红或有血块。小腹胀痛,精神抑郁,胸闷不舒。舌苔正常,脉弦。

〔证候分析〕郁怒伤肝,气机郁结,血为气滞,冲任气血运行不畅,血海不能按时满溢,则经行后期,量少;气滞血瘀,故经色暗红或有血块;肝气郁结,经脉壅滞,故小腹胀痛,精神抑郁,胸闷不舒;因证属气滞,内无寒热,故舌苔正常;脉弦也为气滞之征。

〔治疗原则〕开郁行滞,活血调经。

〔方药举例〕乌药汤(《兰室秘藏》)。

乌药　香附　木香　当归　甘草

方中乌药理气行滞;香附理气调经;木香行气止痛;当归养血活血,行滞调经;甘草调和诸药。全方共奏行气活血调经之效。

若小腹胀痛甚者，酌加莪术、延胡索以行气活血止痛；乳房胀痛明显者，酌加柴胡、川楝子、王不留行以理气通络止痛；月经过少者，酌加鸡血藤、川芎、丹参以活血调经；若有癥瘕，加莪术、芫蔚子、丹参以活血散结。

【预防保健】

1. 调情志，要保持心情舒畅，避免抑郁忿怒，致使肝郁气滞，冲任欠通，血海不能按时满溢而为病。

2. 节饮食，不宜过食肥甘厚味、生冷寒凉、辛辣刺激之品，以免损伤脾胃，致生化不足而造成月经不调。

3. 适寒温，注意气候变化，适当增减衣被，以免感受外邪，血为寒凝，冲任不畅而为病。

4. 注意避孕，避免多次人工流产、药物流产，以致损伤精血、肾气，使冲任亏虚，不能按时满盈，发为月经后期。

【案例1】

覃某，女，22岁，某学院工人，未婚，1972年12月13日初诊。

长期以来，经行错后，2个月或3个月一行，量少而色红，经将行乳房及少、小腹胀疼，胀过于痛，按之不减，经行之后则舒。平时腰酸，入寐不佳，余无特殊。脉弦细，苔薄白，舌边尖有暗黑点。

诊断：月经不调。

辨证：肝气郁滞，血行不畅。

治则：疏肝理气，活血化瘀。

处方：当归9g，川芎6g，生地12g，赤芍9g，桃仁6g，红花2g，坤草9g，柴胡5g，香附9g。每日水煎服1剂，连服3剂。

二诊（1973年2月23日）：上方服后，经前诸症减轻，月经按期来潮，但感头晕耳鸣，脉沉细，苔薄白，舌质淡而边尖有紫暗点。恐化瘀攻伐太过，转以养血为主，处方如下：

鸡血藤、黄精各18g，艾叶6g，白芍、归身、阿胶各9g（烊化），柴胡2g，甘草5g，红枣10g。每日1剂，水煎服，连服3剂。

三诊（3月7日）：经行周期正常，色量一般，脉细缓，苔薄白，舌边尖瘀点。守上方加坤草、川杞子各9g。每日水煎服1剂，连服5剂，以巩固疗效。观察3个月，经行正常。

〔按〕肝藏血而主疏泄，肝气郁滞，则经脉不利，故经行错后而量少，少、小腹胀疼。以桃红四物汤加坤草活血化瘀，柴胡、香附调达肝气，疏通化瘀并用，故药到病除。二诊时患者头晕耳鸣，恐伐过用，故减去桃仁、红花、赤芍，以甘平微温之鸡血藤代之，取其既能行血，又能补血。三诊时之所以加入坤草、枸杞子，前者取其既能化瘀又能止血之功，后者甘平，能调养肝肾，从而达到养中有疏，补中有化，标本兼顾，巩固疗效的目的。

（《班秀文妇科医论医案选》）

【案例2】

黄某，女，36岁，已婚，1978年8月25日初诊。

一年前曾做人工流产，术后因调摄不慎，劳事过早，从此常感腰酸背痛，膝胫无力，头晕心慌，且汛水递少，周期延长，或四旬一至，或三月两潮，色淡、有块，经期小腹坠痛，俟血块既下，痛遂渐缓，现已匝月，经汛未行，带下秽浊，小溲涩滞不爽，阴道间或痒感，舌质淡，脉弦细。诊为血虚肝郁，冲任失调，拟养血舒肝，活血调经，兼利湿浊法。

处方：当归、女贞子、旱莲草、赤芍药、川茜草各10g，刘寄奴、紫丹参各15g，香附米、净苏木、怀牛膝各9g，川芎片6g，车前子、滑石块各10g（同布包），4剂。

外用蛇床子9g，吴萸3g，黄柏6g，布包，泡水，坐浴。

嘱汤剂服讫，可续服八宝坤顺丹，早晚各1副，以为缓图之计。

二诊（9月27日）

上方服至3剂，于8月28日月经来潮（此次为33天），色量均较既往为好，血块减少，腹痛亦轻，行经4天而净。今晨经汛又至（距上次为28天），量尚不多，色质淡薄、少腹胀坠而痛未作，腰酸膝软，小溲仍感不畅。正在经期，拟益肝肾而滋源流为治。

处方：川续断、广寄生、金毛狗脊（去毛）、女贞子、旱莲草各9g，杭白芍、云茯苓、夜交藤各12g，软柴胡9g，紫厚朴6g，广木香3g，车前子12g（布包），粉甘草6g，6剂，水煎服。

嘱药后仍服八宝坤顺丹，1个月，日2剂，以善其后。

〔按〕冲任通盛，血海盈满，月事始能按时而下。月经虽源于血，实则根于肾，若肾水不足，肝血虚少，太冲不盛，即难以推动月汛应期而至。本例人工流产术后，因调养不善，过劳于事，损伤肝肾，以致腰酸背楚、膝软头晕；血海不充，故月经届期不行。盖血虚则经脉不充，血行不畅，渐必瘀阻胞脉，一如江河水浅，不流则腐，故所下秽恶多块。癸水不足，肝失涵养则木郁；肝郁及脾，水湿不运，注于下焦，则致带下黏浊，小便滞涩不爽。综观脉证，系肝肾不足，兼夹瘀滞。是其治也，以二至、当归、川芎、益肝肾，养血和血顾其本，赤芍、刘寄奴、茜草、丹参、苏木、牛膝等，活血通经，推陈出新顾其标，再以香附行血中气滞而助血运，车前、滑石利水渗湿兼通地道。全方半疏半调，亦补亦通，皆随机以赴，因而一诊即获效机。二诊时，月经两下，杂芜删除，即转于填补，少佐宣通，以滋生机。

（《哈荔田妇科医案医话选》）

自学指导

1．月经周期延后7天以上，甚至三五月一行，但经期基本正常，并连续两个月经周期以上者。若偶见一次，或仅后错三五天而无其他症状者，不作月经后期论。

2．月经后期是以月经周期为改变的一种病证，往往伴发月经过少，若不及时治疗常可导致闭经、不孕。月经后期→量少→闭经，往往是疾病发展的过程，三者之间，有一定的内在联系。

3．本病辨证，主要以月经的量、色、质的变化，结合全身脉症以辨虚实，切忌一遇月经后期就误认为虚，误认为寒。

4．注意与早孕、胎漏、胎动不安、异位妊娠等妊娠病相鉴别。诊治时还要注意，在青春期月经初潮后、哺乳期、绝经前期出现月经数月一行，而无其他症状者，应视为生理现象。

5．疗效以停药后月经周期恢复正常，维持3个月以上为治愈。

【参考文献摘要】

1.《女科撮要》：其过期而至者，有因脾经血虚，有因肝经血少，有因气虚血弱。主治之法，肝脾血燥者，加味逍遥散；脾经郁滞者，归脾汤；肝经怒火者，加味小柴胡汤；血分有热者，加味四物汤；劳役火动者，补中益气汤；脾经血虚者，人参养荣汤；肝经血少者，六味地黄丸；气虚血弱者，八珍汤。盖血生于脾土，故云脾统血。凡血病当用苦甘之剂，以助其阳气而生阴血，俱属不足。

2.《邯郸遗稿》：经水过期而来，有血虚、血寒、血滞、血热。血虚者，腹不痛，微微身热，宜生血调气，用八珍汤加香附，或四物汤加黄芪、升麻、陈皮。血寒者，宜四物汤加木香、香附、陈皮、甘草、红花，或用归附丸、艾煎丸。血滞者腰腹疼痛，胸膈饱满，宜四物汤加醋炒香附、延胡索。腹不痛者为血热，宜四物汤加黄连、香附。过期而来，并色淡者，此痰多血少也，宜补血豁痰，治以川芎、当归、生地合二陈，或加参、芪、阿胶。肥人过期是气虚挟痰也，以二四汤去熟地，加香附、参、芪，或二陈加芎、归、苍、附、南星。（注：二四汤：橘红、半夏、茯苓、甘草、熟地、当归、川芎、芍药）

3.《景岳全书·妇人规》：血本热而亦每过期者，此水亏血少燥涩而然，治宜清火滋阴，以加味四物汤、加减一阴煎、滋阴八味丸之类主之。

凡血寒者，经必后期而至，然血何以寒？亦惟阳气不足，则寒从中生，而生化失期，是即所谓寒也。至若阴寒由外而入，生冷由内而伤，或至血逆，或为疼痛，是又血滞之证，非血寒经迟之谓，当详辨之。

凡阳气不足，血寒经迟者，色多不鲜，或色见沉黑，或涩滞而少，其脉或微或细，成沉、迟、弦、涩，其藏气形气必恶寒喜暖。凡此者皆无火之证，治宜温养气血，以大营煎、理阴煎之类加减主之。大约寒则多滞，宜加姜、桂、吴茱萸、荜茇之类，甚者须加附子。

4.《傅青主女科·调经》：妇人有经水后期而来多者，人以为血虚之病也。谁知非血虚乎，盖后期之多少，每有不同，不可执一而论。盖后期而来少，血寒而不足；后期而来多，血寒而有余。夫经本于肾，而其流五脏六腑之血皆归之，故经来而诸经之血尽来附益。以经水行而门启不遑迅阖，诸经之血乘其隙皆出也。

5.《刘奉五妇科经验》：月经后错是由气血运行不畅，冲任受阻所引起的。多因经期过食生冷，或冒雨涉水感受寒凉，寒邪乘虚侵入冲任，血为寒凝，经脉不通。或因素体阳虚寒盛，影响肝脾肾等脏腑功能，或因长期大量失血；或为重病久病伤血耗阴，以致冲任血虚，血海不能按时满盈。或因肝郁血滞，脾失健运，痰湿内生，阻滞冲任脉络，均可引起月经错后或稀发。

【复习思考题】

1. 什么叫月经后期？
2. 诊治月经后期初诊时应考虑一些什么问题？
3. 月经后期的主要机制和治疗要点是什么？
4. 从证治上如何辨别实寒和虚寒？
5. 试述气滞型月经后期的主证、治则及代表方。

〔许丽绵　罗颂平〕

三、月经先后无定期

【自学时数】

2 学时。

月经周期或前或后 1～2 周者，称为"月经先后无定期"。又称"经水先后无定期"、"月经惩期"、"经乱"。

青春期月经初潮后 1 年内及绝经前期，月经先后无定期者，如无其他证候，可不予治疗。

【病因病机】

主要机制是冲任气血失调，血海蓄溢失常。临床常见有肾虚和肝郁两型。

1. 肾虚：少年肾气未充，更年期肾气渐衰，或先天禀赋虚弱，素体肾气不足，或房劳多产，久病大病，损伤肾气，肾气不充，闭藏失职，冲任失调，血海蓄溢失常，遂致月经先后无定期。

2. 肝郁：素性抑郁，或忿怒过度，致使肝气逆乱，疏泄失司，冲任失调，血海蓄溢失常，遂致月经先后无定期。

【诊治要点及预后】

1. 月经提前或错后 7 天以上、2 周以内，但经期正常者。观察 3 个周期有诊断意义。

2. 注意有无七情内伤或劳力过度等病史。

3. 注意与崩漏、妊娠下血症相鉴别，详见相应章节。

4. 辨证上，除月经周期或长或短外，应结合月经的量、色、质及脉症辨其在肝在肾。一般来说，经量正常或少，色淡质稀，腰酸腿软，舌淡脉细弱者属肾虚；经量时多时少，行而不畅，或有血块，胸胁少腹胀痛，脉弦者为肝郁。

5. 治疗以调理冲任气血为原则，或疏肝解郁，或补肾益气，随证治之，使气顺血和，冲任相资，则经自如期。

6. 月经先后无定期若伴有经量增多及经期紊乱，常可发展为崩漏；若伴有月经量少，也可发展成闭经。

【辨证论治】

1. 肾虚型：

〔主要证候〕经行或先或后，量少，色淡，质稀。头晕耳鸣，腰酸腿软，小腹空坠，夜尿频数，大便不实。舌淡，苔薄，脉沉细。

〔证候分析〕肾气虚弱，封藏失职，开阖不利，冲任失调，血海蓄溢失常，故经行先后无定期；肾虚则髓海不足，孔窍失养，故头晕耳鸣；腰为肾之外府，肾主骨，胞脉系于肾，肾虚失养，则腰酸腿软，小腹空坠。肾司二便，肾虚则不能制约，故夜尿频数而大便不实。舌淡苔薄，脉沉细，均为肾虚之征。

〔治疗原则〕补肾益气调经。

〔方药举例〕固阴煎（《景岳全书》）加肉桂、附子、补骨脂。

人参　熟地　山药　山茱萸　菟丝子　远志　五味子　炙甘草

方中熟地、山萸肉、菟丝子、补骨脂补肾阳，益精气；人参、山药、甘草健脾和中，补后天以养先天；肉桂、附子补命门之火；五味子、远志交通心肾。全方共奏补肾益气调经之功。

若腰骶酸痛者，酌加杜仲、巴戟天；带下量多者，酌加鹿角霜、沙苑子、金樱子；月经量少，可加当归、鸡血藤以养血活血。

临床上往往是肝郁肾虚并见，如症见月经先后无定期，经量或多或少，平时腰痛膝酸头晕耳鸣，经前乳房胀痛，心烦易怒，舌暗红，苔白，脉弦细。治宜补肾舒肝，方用定经汤

（《傅青主女科》）。

当归　白芍　熟地　柴胡　山药　茯苓　菟丝子　炒荆芥

方中柴胡、炒荆芥疏肝解郁；当归、白芍养血柔肝调经；熟地、菟丝子补肾而益精血；山药、茯苓健脾和中生血。全方舒肝肾之郁气，补肝肾之精血，肝气舒而肾精旺，气血疏泄有度，血海蓄溢正常，则经水自能定期。

2. 肝郁型：

〔主要证候〕经行或先或后，经量或多或少，色暗红，有血块，或经行不畅。胸胁、乳房、少腹胀痛，精神抑郁，胸闷不舒，时欲太息，嗳气食少。舌质正常，苔薄，脉弦。

〔证候分析〕郁怒伤肝，肝郁气结，气机逆乱，冲任失司，血海蓄溢失常，故月经或先或后，经血或多或少；肝气郁滞，经脉不利，故经行不畅，色暗有块；肝郁经脉涩滞，故胸胁、乳房、少腹胀痛；气机不利，故精神郁闷，时欲太息；肝木侮土，脾气不舒，故嗳气食少；证属气滞，内无寒热，故舌苔正常。脉弦，也为肝郁之征。

〔治疗原则〕疏肝解郁，和血调经。

〔方药举例〕逍遥散（《和剂局方》）。

柴胡　当归　白芍　白术　茯苓　甘草　薄荷　煨姜

方中柴胡疏肝解郁，薄荷助柴胡疏达之力，当归、白芍养血调经，白术、茯苓、甘草和中健脾，煨姜温胃行气。全方重在疏肝理脾，使肝气得舒，脾气健旺，则经自调。

若肝血不足，肝阳偏盛而见头晕目眩，舌红口干者，宜去煨姜、薄荷之辛散，加钩藤、菊花、夏枯草以平肝潜阳；若经来小腹疼痛，血行不畅者，酌加香附，延胡索、桃仁以活血通经；夹有血块者，酌加泽兰、益母草；有热者，加牡丹皮、栀子；脘闷纳呆者，酌加枳壳、厚朴、陈皮；兼肾虚者，酌加菟丝子、熟地、续断。

亦有肝郁犯脾，以致统藏失职，而出现月经先后无定期者。临床见症，除经来或先或后外，还伴有经色淡红，四肢不温，倦怠懒言，便溏纳差，舌质淡，苔白腻，脉缓无力等症。治宜健脾益气。方用参苓白术散（《和剂局方》）。

人参　白术　茯苓　炙甘草　山药　扁豆　薏苡仁　莲肉　砂仁　桔梗　陈皮

【预防保健】

1. 调情志，避免忧思抑郁，肝气郁结，冲任失司，血海蓄溢失常而为病。

2. 节欲，避免房劳、多产，以免损伤肾气，封藏失职，血海蓄溢失常而为病。

【案例】

刘某，34岁。

初诊：多产体虚，已扎管，经期先后无定，本次迟10日而行，行则量少即止，隔10日又复行。胸闷腹胀，纳谷不香，周身骨节酸楚。按脉虚细而弦，舌苔薄白，证属肝郁脾虚，气血不调。治疗采用理气解郁，扶土益血法。

当归9g，川芎4.5g，白芍6g，制香附、郁金各9g，枳壳4.5g，合欢皮、丹参、巴戟天各9g，焦白术、汉防己各6g，秦艽9g。

复诊：用上方加减法治后，脉象虚细而数，舌质绛而苔薄黄。诊后认为多产伤肾，肾水不足以涵木，肝郁化火，阴虚内热，乃采用固肾舒肝，养血清热法。

当归、白芍、山萸肉、女贞子、玄参、合欢皮、制香附各9g，白术、陈皮各6g，柴胡4.5g，青蒿6g。

服药后，阴虚火旺的症状日减。而经水已调。

〔按〕月经不定期，病因不一，但以肝郁的因素占多数，上例即为典型病例。忽早忽迟，参差不一，盖肝郁能影响气血，气为血帅，气行则血行。气郁则血滞，治疗用香附、郁金、合欢皮以舒肝理气，归、芎、丹参调经养血，能使郁滞的经水得以通畅，以消除量少而腹痛的证象，更用白术健脾，防己、秦艽疏通经络、活血镇痛，解除因气血不调而引起的骨节酸痛。

服药后经水稍调，骨节疼痛已好，而阴虚火旺的脉象显著，因患者肝血亏虚，肾水不足，因而不能涵木，肝木郁而偏亢，发生咽干口燥现象，治疗以当归调经养血；芍、萸肉、女贞子以补肝阴；香附、合欢皮以理气解郁；术、陈皮健脾胃以充气血之源，复合玄参养阴津以清热，柴胡疏肝郁以清热，青蒿清肝经郁热，标本并治。

(《朱小南妇科经验选》)

自学指导

中医学对妇女月经病的认识，与西医有很大区别。表现为三：一是对其重要性的认识程度，二是对其发病机制在分析上的细致程度，三是在治病对策的多样性与个体化方面。中医治疗月经不调常常取得甚佳疗效，在某些时段远胜于现代医学所能达到的疗效，与上述三点有密切关系。

中医学对月经不调重要性的认识，首先来源于中华民族对于繁衍种族的重视，并因此而对可导致受孕、妊娠、分娩异常的问题均极为重视。明代楼英认为："求子之法，莫先调经。"(《医学纲目·调经》)强调通过调理月经，使气血平和，方能受孕。其次，中医认为，月经不调是导致妇女丛生疾病的重要原因。中医学强调女子"以气血为本"，月经不调则意味着气血失和，而气血失和则致胎孕、哺乳、癥瘕积聚等方面发生疾病。故认为"治妇人之疾，先须调经。"陈文昭《陈素庵妇科补解·调经门》)明代皇甫中还认为："女子之劳，始于经闭。"(《明医指掌·损劳瘵症》)第三，中医认为，月经情况是整体情况的表现。因为月经是妇女的常候，所谓"每月一信"，月经异常意味着整体发生异常，是其他疾病的先兆；而当治疗有效，"经调月信"之后，他族也已随之而安。

中医学对月经不调发病机制的分析，达到了十分细致的程度。一般认为，可粗分为血热、气虚两类，然后再细分，如对经期的认识，"阳太过则先期而至，阴不及则后期而至"(《校注妇人良方·调经门·王子亨方论》)。此处之"先期"、"后期"不可理解为惟一指标。先期为"大热而迫血妄行"，故同时有经血深红、质稠、量多；反之后时为"阴不及"即血虚，故经血不能按时溢满则后时而来，故同时有月经色淡、质稀、量少等证。又如"先期而来多者，火热而水有余。先期而来少者，火热而水不足。"(清·傅山《傅青立女科·调经》)可知月经先期虽属"火热"，但又分虚实。虚热者肾"水不足"，水不制火，热迫血行，故先期量少；实热者热亢而肾"水有余"，故先期量多。以上例证是关于月经先后期的，加上其他方面的分析，便可逐步细致入微了。

中医治疗月经不调的卓越疗效，来源于对个体情况的把握及多种复杂情况的应对。由于月经以气血为本，故强调调经以不损天然之气血为第一要义。进而提出，养血调气为调经之要法，如"调经莫先于养血，养血莫先于调气"(清·程本轩《医述月经门》)。对于如何养血调气，则强调"补先后二天"，即明·张介宾《景岳全书·妇人规》："调经之要，贵在补脾胃以资血之源，养肾气以安血之室，知斯二者，则尽善焉。"通常人们把肾脾称之为先天、后天之本，故可统称"补先后二天。"

自学者若能从以上三方面认真学习领会，则对于把握中医调经的理论精髓很有帮助，对树立专业思想也十分有利。

【参考文献摘要】

1.《景岳全书》：凡欲念不遂，沉思积郁，心脾气结，致伤冲任之源，而肾气日消，轻则或早或迟，重则渐成枯闭……儿女人血虚者，或迟或早，经多不调。此当察脏气，审阴阳，详参形证脉色，辨而治之，庶无误也。

2.《傅青主女科》：夫经水出诸肾，而肝为肾之子，肝郁则肾亦郁矣；肾郁而气必不宣，前后之或断或续，正肾之或通或闭耳；或曰肝气郁而肾气不应，未必至于如此。殊不知子母关切，于病而母必有顾复之情，肝郁而肾不无缠绵之谊。肝气之或开或闭，即肾气之或去或留，相因而致，又何疑焉。治法宜疏肝之郁，即开肾之郁也，肝肾之郁既开，而经水自有一定之期矣。方用定经汤。

【复习思考题】

1．什么叫月经先后无定期？
2．为什么肝郁和肾虚会导致月经先后不定期？
3．月经先后无定期如何辨证治疗？
4．试述定经汤的方药组成，主治及功用。　　　　　　　　〔许丽绵　罗颂平〕

四、月经过少

【自学时数】

3～4学时。

月经周期正常，月经血量较常量明显减少或明显少于既往，甚至点滴即净，或经行时间不足2天，经量亦少者，称为月经过少。

【病因病机】

多因精血亏少，血海失充，或经脉阻滞，血行不畅所致。临床常见的有血虚、肾虚、血瘀、痰湿四种证型。

1．血虚：素体虚弱，或大病久病之后，或暴崩失血，阴血不足，或饮食劳倦，思虑伤脾，脾虚不能运化水谷以生血，以致血海不足，月经过少。

2．肾虚：先天禀赋不足，少年肾气未充，或多劳房产，精血耗伤，或屡次堕胎，或胞宫手术后，冲任亏损，或避孕药物抑制冲任气血，以致血海不盈，月经过少。

3．血瘀：或因寒凝，或因气滞，瘀血内停，或湿热蕴结胞宫，与气血纠结，血行不畅，以致月经过少。

4．痰湿：素多痰湿，或饮食劳倦伤脾，脾失健运，聚湿成痰，痰湿阻滞胞宫胞络，血行不畅，以致月经过少。

【诊治要点及预后】

1．月经周期基本正常，与正常经量比较明显不足，或与既往经量比较明显减少，至少减少 1/2 以上。

2．注意有无失血病、经期、产后感染史；宫腔内冷冻、电凝术史；服用避孕药物及人工流产、药物流产、刮宫史、结核病及结核病接触史。

3．本病辨证，若经色淡质稀者，多属虚证。若经色紫暗红者，多属实证。

临床以虚证多见。

4．治疗上，血虚宜补血，肾虚宜补肾填精，血瘀则或温经活血，或行气活血，或清利湿热活血，但须谨守"补而不腻"，"温而不燥"，"攻不伤正"的原则，以免犯虚虚实实之戒。

5．月经过少需与经间期出血、激经、胎漏鉴别，详见相应章节。

6．月经过少往往与月经后期同时并见，若不及时治疗，可致闭经、不孕。

【辨证论治】

1．血虚型：

〔主要证候〕月经血量较常量明显减少或明显少于既往，甚至点滴即净，或经行时间不足 2 天，经量亦少，经色淡质清稀。面色萎黄，或面白而少华，或爪甲色淡，或头昏心悸，或失眠多梦。舌淡苔薄，脉虚细。

〔证候分析〕阴血虚少，血海不充，故经少色淡。血虚不能上荣于面，故或面色萎黄，或面白而少华。血虚不荣四末，则爪甲色淡。血虚心脑失养，则见或头昏心悸，或失眠多梦，舌淡脉虚细，均为阴血不足之象。

〔治疗原则〕补血养血。

〔方药举例〕滋血汤（《证治准绳·女科》）。

人参　黄芪　山药　茯苓　当归　熟地　白芍　川芎

　　方中当归、川芎活血调经，熟地、白芍养血敛阴，人参、黄芪、山药、茯苓益气健脾。

　　上方加太子参、鸡血藤、枸杞子、紫河车等可增加益气养血，补益冲任之力；若见腰痛，加枸杞、制首乌、山茱萸；心悸怔忡加桂圆肉、远志、炒枣仁；纳差加砂仁、木香。

2．肾虚型：

〔主要证候〕月经血量较常量明显减少或明显少于既往，甚至点滴即净，或经行时间不足 2 天，经量亦少，经血色暗淡。腰膝酸软，或头昏耳鸣，或小便频数。舌淡或暗红，苔薄，脉沉细。

〔证候分析〕肾气不足，精血亏虚，冲任气血衰少，故见月经量少，色暗淡，肾主骨生髓，脑为髓海，肾虚则腰膝酸软，头昏耳鸣，肾虚膀胱失于温固，故小便频数。舌淡或暗红，苔薄，脉沉细为肾虚之象。

〔治疗原则〕滋肾补肾，养血通经。

〔方药举例〕当归地黄饮（《景岳全书》）加味。

当归　熟地　山药　杜仲　牛膝　山茱萸　炙甘草

方中熟地、杜仲滋肾补肾，山茱萸滋养肝肾、益精髓；当归养血调经，牛膝强腰膝、通经血，山药、甘草健脾和中。

若形寒肢冷者，加肉桂、淫羊藿；夜尿频数者，加益智仁、桑螵蛸。

3．血瘀型：

〔主要证候〕月经血量较常量明显减少或明显少于既往，甚至点滴即净，或经行时间不足 2 天，经量亦少，经色紫黑有块。小腹胀痛，血块排出后腹痛稍减，或小腹冷痛拒按，得热痛减，或胸胁胀痛。舌紫暗，苔白或苔黄腻，尖边有瘀点，脉沉或涩。

〔证候分析〕瘀血内停，经脉受阻，故经量少，腹痛拒按。血块排出则瘀滞暂缓，故疼痛减轻，瘀血阻滞，气机不畅，故小腹、胸胁胀痛，舌紫暗，苔白或苔黄腻，尖边有瘀点，脉沉或涩为血瘀之象。

〔治疗原则〕活血化瘀。

〔方药举例〕桃红四物汤（《医宗金鉴》）。

当归　白芍　熟地　川芎　桃仁　红花

方中当归、白芍养血柔肝，桃仁、红花、川芎活血祛瘀，熟地滋阴补血。

若见胸胁乳房胀痛，加香附、台乌、延胡索、川楝子；若平时少腹疼痛，或伴低热不退，舌紫暗，苔黄而干，脉数者，加丹皮、栀子；小腹冷痛加肉桂、炮姜、小茴香。

4．痰湿型：

〔主要证候〕月经血量较常量明显减少或明显少于既往，甚至点滴即净，或经行时间不足 2 天，经量亦少，色淡红，质黏腻。形体肥胖，胸闷呕恶，或带下量多黏腻。舌淡，苔白腻，脉滑。

〔证候分析〕痰湿内停，与血相结，阻滞胞脉，气血运行不畅，血海不充，故月经量少。痰湿停聚肌肤，故见形体肥胖，脾失健运，痰湿阻于中焦，见胸闷呕恶，痰湿下注，任脉失约，带脉失固，故见带下量多，舌脉为痰湿内停之象。

〔治疗原则〕燥湿化痰。

〔方药举例〕苍附导痰丸（《叶天士女科·诊治秘方》）。

茯苓　法半夏　陈皮　甘草　苍术　香附　制南星　枳壳　生姜

方中二陈汤、胆南星化痰燥湿，苍术燥湿健脾，香附、枳壳理气行滞，神曲消食导滞，生姜温中和胃。

若肥胖明显，加白芥子、荷叶、生山楂；胸闷呕恶，加石菖蒲；若见舌紫暗，加鸡血藤、赤芍、丹参。

【预防保健】

1．经前保持精神愉快，经期忌过食生冷，游泳，盆浴。

2．积极避孕，减少人工终止妊娠次数，服用避孕药致月经减少明显者，改用其他避孕方法。

3．宫腔手术后，注意避免感染。

【案例】

张某，女性，18 岁，未婚，山东籍，地区京剧团工作。1977 年 4 月 14 日初诊。

主诉：近 2 月来月经量少，色淡，仅 1 天即干净，周期尚调，伴胸胁闷痛，少腹膨胀，腹部肠鸣，漉漉有声，舌质红，苔薄白，脉弦数。乃系肝郁脾虚。

治则：疏肝解郁，健脾养血。

方选：加味黑逍遥散主之。

方药：生地 12g，当归 6g，丹皮、焦栀各 9g，白术 6g，杭芍、云苓各 12g，香附 6g，甘草 3g，3 剂。

连服 3 剂后，复诊时患者诉经行血量有增加，嘱继续调服以善其后。

〔按〕此例为肝郁气滞，滞则血行不畅，气机不利，经脉壅滞，故胸闷不舒，小腹胀痛；木郁克土，脾虚化源不足，阴血虚少，不能达于胞宫而生经水，故经量少，色淡，舌红脉弦，为肝郁化热之象。立以疏肝解郁，健脾养血之法。选方加味逍遥散主之而获效。

（《中医妇科临床经验》）

自 学 指 导

1．月经过少有两层含义，一是经量与正常量比较，二是与既往自身经量比较，明显减少或经期不足2天。

2．本病常常与月经后期同时并见，常为闭经先兆，可致不孕。

3．证候虚实根据经色、经质及全身症状进行辨别。临床虚多实少。

4．注意与经间期出血及激经、胎漏进行鉴别。

5．疗效以停药后经量恢复正常或经期达3天及3天以上，连续2周期以上为治愈。

【参考文献摘要】

1．《证治准绳》：经水涩少，为虚为涩，虚则补之，涩则濡之。

2．《医学入门》：后期来少血不足……来少色和者，四物汤。点滴欲闭，潮烦脉数者，去芎地，加泽兰叶三倍，甘草少许，十味香附丸。内寒血涩来少，或日少五六日以上者，四物汤加桃仁、红花、牡丹皮、葵花。

3．《朱小南妇科经验选》：月经涩少，如无小腹胀痛及色紫黑瘀块的征象，多属血虚。……不宜用攻破之药，应以养癸水，充经源为治本之道。

【复习思考题】

1．月经过少的病因病机及治疗要点是什么？

2．月经过少有哪些证型？如何辨证治疗？

3．月经过少导致闭经、不孕的机制是什么？

〔陆 华〕

五、月经过多

【自学时数】

2～3学时。

月经周期正常，经量明显多于既往者，称为"月经过多"。亦称"经水过多"，或"月水过多"。

【病因病机】

主要病机是气虚统摄无权，或血热迫血妄行，使冲任不固，经血失于制约。常见的分型有气虚、血热。

1．气虚：素体虚弱，或饮食不节，劳倦过度，思虑过多，大病久病，损伤脾气，中气不足，冲任不固，血失统摄，以致月经量多。《证治准绳》云："劳伤气血，冲任虚损，月水过多"。

2．血热：素体阳盛，或嗜食辛燥，外感热邪，七情过极，五志化火，热扰冲任，迫血妄行，因而月经量多。《伤寒明理论·热入血室第四十五》谓："冲之得热，血必妄行。"

【诊治要点及预后】

1．以经量明显多于以往，月经周期正常为诊断要点。

2．注意有无大病久病，精神刺激，饮食不节，经期、产后感邪或不禁房事史；或宫内节育器避孕史，有无痛经、癥瘕病史。

3．月经过多需与崩漏相鉴别。并须排除血液病、心血管、内分泌疾患、肝功能损害等引起的月经过多。

4．辨证上，着重于经量的增多和经色、经质的改变，结合兼证以辨气虚、血热。一般来说，经量多，色淡，质清稀，心悸气短，属气虚；经量多，色红，质稠有块，面赤心烦，为血热。

5．治疗上，要注意经时和平时的不同，经时摄血止血为主，需标本同治；平时安冲固冲以治本。属血热者，当清热凉血，但清热不宜过于寒凉，以免有留瘀之弊；属气虚者，则宜益气固摄，使气升则血有所摄，但不宜过用温燥动血之品。

6．本病可与周期异常同时发生，如月经先期量多或月经后期量多，可伴有痛经、癥瘕等证。本病若治不及时，往往可发展成崩漏，导致不孕。

【辨证论治】

1．气虚型：

〔主要证候〕行经量多，色淡红，质清稀。小腹空坠，神疲体倦，气短懒言，心悸怔忡，面色㿠白。舌淡，苔薄润，脉缓弱。

〔证候分析〕气虚下陷，冲任不固，经血失于制约，故经行量多；气虚火衰不能化血为赤，故经色淡红，质清稀；气虚失于升提，故小腹空坠；气虚中阳不振，故神疲体倦，气短懒言；气虚阳气不布，故面色㿠白。气虚血少，则心悸怔忡；舌淡，苔薄润，脉缓弱，均为气虚之象。

〔治疗原则〕补气升提，固冲止血。

〔方药举例〕举元煎（《景岳全书》）。

人参　黄芪　白术　升麻　炙甘草

人参、黄芪、白术、炙甘草补中益气升阳，升麻助黄芪升阳举陷。全方补气升阳，气升则血升，不治血而自有摄血固冲之效。

若正值经期量多，可加阿胶、艾叶炭、炮姜、乌贼骨等以固涩止血；兼见经期延长，可加炒蒲黄、茜草根、益母草以活血止血；兼头晕心悸者，酌加制首乌、桂圆肉、五味子以补血养心；若失血伤津，兼见口干思饮者，加麦冬、五味子以生津止渴；若见腰骶酸痛者，加补骨脂、续断、鹿角霜、艾叶补肾固冲，温经止血；若经行有瘀块者，酌加三七、益母草以祛瘀止血。

2．血热型：

〔主要证候〕经行量多，色鲜红或深红，质黏稠。口渴饮冷，心烦多梦，小便短赤，大便秘结。舌红，苔黄，脉滑数。

〔证候分析〕阳热内盛，伏于冲任，扰及血海，经行之际，迫血下行，故经行量多；血为热灼，故经色深红而质稠；热邪伤津，则口渴饮冷，尿黄便结；热扰心神，故心烦多梦。舌红，苔黄，脉滑数，均为血热之象。

〔治疗原则〕清热凉血，固冲止血。

〔方药举例〕保阴煎（《景岳全书》）加炒地榆、槐花。

生地　熟地　黄芩　黄柏　白芍　山药　续断　甘草

方中黄芩、黄柏清热泻火止血；生地清热凉血，养阴生津；熟地、山药滋肾益阴固精；白芍益血敛阴；续断固肾止血；地榆、槐花凉血止血；甘草调和诸药。全方共奏壮水滋阴，泻火止血之效。

若经血黏稠有腐臭味，或平时黄带淋漓，下腹坠痛者，重用黄芩、黄柏，酌加马齿苋、败酱草、薏苡仁以清热祛湿；热甚伤津，口干欲饮者，酌加天花粉、玄参、麦冬以生津止渴。

若兼见倦怠乏力，气短懒言，或心悸少寐等证，乃失血伤气耗阴，气虚血热之象，治宜益气养阴，凉血止血，方用安冲汤（《医学衷中参西录》）加党参。

白术　黄芪　生龙骨　生牡蛎　大生地　生白芍　海螵蛸　茜草　川续断

方中白术、黄芪、党参补中益气摄血；生地、白芍养血敛阴；生龙骨、生牡蛎、海螵蛸收敛止血；川续断固肾安冲止血；茜草凉血止血而不留瘀。

【预防保健】

1. 经期应避免剧烈的运动，注意休息，以免耗气动血。

2. 保持心情舒畅，避免情志过激，五志过火，而扰动血海。注意生活调摄，以免感受湿热邪气。

3. 忌食辛辣燥热之品，以免伤津耗阴，血内蕴热而动血。

【案例】

刘某，女，34岁，已婚，1976年12月19日初诊。月经量多，行经日久，已数月。此次行经已7日，仍淋漓不止，量多色淡，清稀如水，小腹空坠，腰酸胫软，时或头晕，怔忡气短，神疲嗜睡，面色萎黄虚浮，下肢浮肿厥冷，舌质淡，苔薄白，脉沉细无力，两尺似有数象。证属脾肾两虚，血随气焰，冲任不固，带脉失约。尺脉似数，乃血海不宁，宜防血崩或血晕之变，亟拟益气固肾而摄奇经。

处方：野党参、炙黄芪各15g，山萸肉、炒杜仲、桑寄生各12g，陈阿胶（烊化冲服）、炒白芍、棕榈炭、海螵蛸、鹿角霜各9g，祁艾炭6g，炒地榆12g，益母草9g，4剂，水煎服。

二诊（12月23日）

经量显减，尚有点滴未净，腹坠痛已去，肢肿渐消，仍感腰酸，倦软无力，脉沉细无力，两尺亦弱，舌质淡，苔薄白，已获效机，继守前法。

处方：太子参24g，炒杜仲、桑寄生、菟丝子、川续断、山萸肉、淮山药、鹿角霜各12g，炙黄芪15g，乌贼骨12g，生侧柏9g，炒地榆12g，4剂，水煎服。

三诊（12月27日）

上方服2剂，经水即止，精神体力较前增加，四末已温，尚有腰酸及轻度浮肿，舌质淡红，脉仍沉细，但较前应指有力。再拟前法化裁。

处方：太子参24g，炙黄芪、淮山药各15g，炒杜仲、川续断、桑寄生、黄精各12g，山萸肉、秦当归、炒白术、菟丝子各9g，5剂，日隔1剂，水煎服。

嘱药后服六味地黄丸，早晚各1剂，半个月。

四诊（1977年1月26日）

服前药后于1月18日月经来潮，25日经净，带经六天，血量正常。刻诊气短，腰背略酸楚，下肢微有浮肿，夜寐差强，舌淡红，脉沉缓，拟补脾肾，益心神。

处方：太子参、炙黄芪各15g，炒杜仲、桑寄生、川续断、山萸肉各12g，秦当归、炒枣仁、夜交藤、乌贼骨、桂圆肉（另包）各9g，川芎片6g，坤草9g，4剂，水煎服。

嘱药后仍取丸药同前。

〔按〕本例月经量多，延期不止，色淡清稀，乃因脾肾气虚，冲任不固，命火不足，不能化血为赤所致。《女科经论》引朱丹溪说："经水不调，水色淡白者，气虚也。"《妇科玉尺》说："经水来而不止者，气虚不能摄血也。"所指均与本例证情洽合。其气虚下陷，阳气不布，则气短乏力，小腹空坠，肢肿不温；肾虚精亏，髓海不充，则腰膝酸软，头晕多睡；血虚于内，故心悸怔忡，舌淡脉细。方用杜仲、萸肉、寄生等补肾填精；参、芪、鹿角霜等温阳益气；阿胶、杭芍、艾炭、乌贼骨、棕榈炭、炒地榆等，育阴温经并以摄血，又佐坤草使无留瘀之弊。组方之旨，在于温而无燥，补而无滞，涩中有行，利中有止，务使洽合机宜。二三诊时效机已获，转补脾肾，且侧重在肾，末诊则重在心脾。但因血去已多，故温肾不用桂、附，防其辛燥；补脾不用苓、术，防其渗利。古人谓"先议病，后议药"，说明用药知其宜忌，方能守而无失。

（《哈荔田妇科医案医话选》）

自学指导

1．本病是以经量比以往明显增多，月经周期基本正常为特征的疾病。

2．本病可与周期异常同时发生，如月经先期量多或月经后期量多，可伴有痛经、癥瘕等证。本病若与经期延长或月经先期并见，治不及时，病程较长，每易发展成崩漏，导致不孕。

3．月经过多有气虚、血热之分，临床以血热为多见。一般从经色、经质的变化，结合全身脉症进行辨证。

4．注意与崩漏相鉴别。并须排除血液病、心血管疾病、内分泌疾患及肝功能损害等引起的月经过多。

5．疗效以停药后经量恢复正常，能维持3个月以上为治愈。

【参考文献摘要】

1．《妇科玉尺》：经水过多不止，平日肥壮，不发热者，体虚寒也。宜姜棕散。经水过多不止，平日瘦弱，常发热者，由火旺也。宜龟板丸。

妇人49岁，经当止，今每月却行过多，及五旬外，月事比少时更多者，血热或血不归经也。宜芩心丸、琥珀丸。

2．《傅青主女科》：妇人有经水过多，行后复行，面色萎黄，身体倦怠。而因乏愈甚者，人以为血热有余之故，谁知是血虚而不归经乎！夫血旺始经多，血虚当经缩。今日血虚而反经多，是何言与？殊不知血归于经，虽旺而经亦不多；血不归经，虽衰而经亦不少，世之人见经水过多，谓是血之旺也，此治之所以多错耳。倘经多果是血旺，自是健壮之体，须当一行即止，精力如常，何至一行后而再行，而困乏无力耶！惟经多是血之虚，故再行而不胜其困乏，血损精散，骨中髓空，所以不能色华于面也。治法宜大补血而引之归经，又安有行后复行之病哉！方用加减四物汤。

【复习思考题】

1. 月经过多的主要发病机制是什么？
2. 月经过多的诊治要点有哪些？
3. 月经过多应如何辨证论治？
4. 试述举元煎的药物组成及方药分析。
5. 试述保阴煎的药物组成。

〔许丽绵　罗颂平〕

六、经期延长

【自学时数】

3～4 学时。

月经周期正常，经期超过 7 天以上，甚或 2 周方净者，称为"经期延长"。又称"经事延长"、"月水不断"。

【病因病机】

发病机制主要是气虚冲任不固，经血失于制约；或虚热扰动血海，迫血下行；瘀血阻滞冲任，新血不得归经。临床常见的有气虚、血热和血瘀三种证型。

1. 气虚：素体虚弱，或饮食不节，劳倦过度，大病久病，损伤脾气，中气不足，冲任不固，不能制约经血，以致经期延长。《校注妇人良方》曰："妇人月水不断……或因劳损气血而伤冲任。"

2. 血热：素体阴虚，或病久伤阴，多产房劳，精血耗损，阴虚内热，热扰冲任，冲任不固，不能制约经血，以致经期延长。《妇科玉尺》云："经来数十日不止者，血热也。"

3. 血瘀：素性抑郁，或大怒伤肝，肝气郁结，气滞血瘀；或经期产后，余血未净，交合阴阳，邪客胞内，与血相搏成瘀，瘀阻冲任，血不归经所致。

【诊治要点及预后】

1. 本病月经周期正常，而行经时间超过 7 天以上，甚至 2 周才净者方属经期延长。

2. 注意有无盆腔感染史，有无使用宫内避孕环及输卵管结扎术史，有无子宫肌瘤、子宫内膜异位症病史。

3. 注意与崩漏、赤带相鉴别；注意与妊娠出血证的鉴别。

4. 本病辨证以月经的量、色、质为主。一般以量多，色淡，质稀者为气虚；量少，色鲜红，质稠者为血热；量时多时少，色紫暗有块者为血瘀。

5. 治疗以固冲调经为大法，气虚者重在补气升提，使气升则血有所统；阴虚血热者重在养阴清热，使热除则血安而经止；瘀血阻滞者以通为止，使瘀去则血归经。切不可不问原由，一概投以固涩之剂，致误犯虚虚实实之戒。

6. 本病常为崩漏之先兆，如合并月经过多则每易发展成崩漏，故须注意，及时诊治。

【辨证论治】

1. 气虚型：

〔主要证候〕经行时间延长，量多，色淡红，质稀，小腹空坠，肢倦神疲，气短懒言，面色㿠白。舌淡，苔薄，脉缓弱。

〔证候分析〕气虚冲任不固，经血失于制约，故经行时间延长，量多；气虚阳气不振，不能化血为赤，故经色淡而质稀；气虚无力系胞，故小腹空坠；中气不足，故肢倦神疲，气短懒言；气虚阳气不布，故面色㿠白。舌淡，苔薄，脉缓弱，也为气虚之征。

〔治疗原则〕补气固冲止血。

〔方药举例〕举元煎（方见月经过多）加阿胶、艾叶、乌贼骨。

若经量多者，酌加生牡蛎、五味子、棕榈炭；伴有经行腹痛，有块者，酌加三七、茜草根、海螵蛸、血余炭；兼血虚者，症见头晕心悸，失眠多梦，酌加制首乌、龙眼肉、熟地。

2. 虚热型：

〔主要证候〕经行时间延长，量少，色鲜红，质稠。咽干口燥，两颧潮红，手足心热，大便燥结。舌红，苔少，脉细数。

〔证候分析〕阴虚内热，热扰冲任，血海不宁，经血失约，故经行时间延长；血为热灼，故量少，色红而质稠；阴虚阳浮，故两颧潮红，手足心热；阴虚内热，津液亏少，故咽干口燥，大便燥结。舌红，苔少，脉细数，也为虚热之征。

〔治疗原则〕养阴清热止血。

〔方药举例〕两地汤（方见月经先期）合二至丸（《医方集解》）加茜草、乌贼骨、益母草。

女贞子、旱莲草

方中两地汤滋阴壮水以平抑虚火；女贞子、旱莲草滋养肝肾，凉血止血；乌贼骨固涩止血；茜草、益母草祛瘀止血，止血而不留瘀。全方共奏养阴清热，凉血止血之效。

若月经量少者，酌加熟地、丹参；潮热不退者，酌加白薇、地骨皮。

3. 血瘀型：

〔主要证候〕经行时间延长，量或多或少，色紫暗有块，经行小腹疼痛拒按，舌紫暗或有瘀点，脉涩有力。

〔证候分析〕瘀血阻于冲任，瘀血不去，新血难安，故经行时间延长，量或多或少；瘀血阻滞，气血运行不畅，"不通则痛"，故经行小腹疼痛拒按，经血有块。舌紫暗或有瘀点，脉涩有力，也为血瘀之征。

〔治疗原则〕活血祛瘀止血。

〔方药举例〕棕蒲散（《陈素庵妇科补解》）。

棕榈炭、蒲黄炭、归身、炒白芍、川芎、生地、丹皮、秦艽、泽兰、杜仲

方中归身、川芎、泽兰活血祛瘀；丹皮、生地、白芍凉血和阴，清泄血分之热；秦艽、杜仲壮腰补肾，固摄冲任；蒲黄炭、棕榈炭活血止血。全方活血祛瘀，凉血止血，故月经可调。

若有癥瘕者，可加牡蛎、益母草以活血化瘀，软坚散结。

【预防保健】

1. 经行之际勿过度疲劳、持重，避免剧烈运动，以免耗气动血。

2．经期产后注意调摄，经血恶露未净，禁房事、盆浴，以免发生盆腔炎症。

3．调节精神生活，保持心情愉快舒畅，心情平和，气机调顺，则经候如常。

4．饮食有节，经期忌食辛辣、燥热之品，以免伤津耗阴，虚热内生。

5．避免房劳多产，人工流产、药物流产及其他宫腔手术后，注意避免感染。

6．合并月经过多者，宜卧床休息。

【案例】

林某，女，32岁，已婚，教师，1983年3月15日初诊。

主诉：患者于1982年10月正常分娩一女婴，1982年12月8日行人工流产术，术后每月行经均淋漓不净达半月之久，经色暗红，伴小腹闷痛，痛而拒按。本月月经于前天来潮，量少色暗，并见左少腹闷痛。平常时感头晕腰酸，夜寐多梦，食纳尚可，二便正常。舌质淡红，苔薄白，脉细弱、左脉带弦。

辨证：瘀阻冲任，血不归经。

治法：活血化瘀，止血调经。

处方：北楂炭、百草霜、泽兰各9g，益母草15g，当归、川芎各5g，延胡索、川楝、黑蒲黄、五灵脂各9g。

服药3剂经净，只是左少腹闷痛虽减未解，瘀血已去八九，遂改养血益肾，佐以理气活血善后。药用当归、白芍各10g，菟丝子9g，续断12g，川楝、延胡索、茜草、泽兰各9g。

〔按〕患者新产之后即合阴阳，血络受伤，精血相结；复行人工流产，冲任受损，瘀血内停，新血不得归经而致经漏不止。治当活血化瘀、止血调经。陈老以北楂、百草霜为主治疗瘀血所致产后恶露不绝、人工流产术后出血不止、不全流产出血、经漏淋漓不净等，屡获良效。以其北楂能行气行血，炒炭又能止血；百草霜固涩止血，使气行瘀化血止而不伤正。兼腹痛者加川楝、延胡、蒲黄、五灵脂；经色黯者加泽兰；兼血虚者加当归、白芍、川芎等。

（《经带证治·陈雨苍妇科经验》）

自学指导

1．经期延长是指月经周期正常而月经持续的天数增加，超过7天以上，甚至2周才净。

2．本病若合并经量增多对健康影响较大，并有转成崩漏之势，应予重视。

3．证候虚实根据经量、经色、经质及全身脉症进行辨别。一般以经量多，色淡，质稀者为气虚；经量少，色鲜红，质稠者为血热；经量时多时少，色紫暗有块者为血瘀。

4．注意与崩漏、赤带及妊娠出血证进行鉴别。

5．疗效以行经期恢复正常3个月以上为治愈。

【参考文献摘要】

1．《陈素庵妇科补解》：妇人经行，多则六七日，少则四五日，血海自净。若迟至半月或一月，尚淋漓不止，非冲任内虚，气不能摄血，即风冷外感，使血滞络经，故点滴不已，久则成经漏，为虚劳、血淋等症。若经行合房，以致血漏，尤为难治。

2．《沈氏女科辑要笺正》：经事延长，淋漓不断，下元无固摄之权，虚象显然。

3．《校注妇人良方》：妇人月水不断，淋沥腹痛。或因劳损气血而伤冲任，或因经行而合阴阳，以致外邪客于胞内，滞于血海故也。但调养元气，而病邪自愈。若攻其邪，则元气反伤矣。

【复习思考题】

1．什么叫经期延长？
2．经期延长与漏下如何鉴别？
3．哪些原因可导致经期延长？
4．试述经期延长各型的主证、治则及代表方。

〔许丽绵　罗颂平〕

第二节　闭　经

【自学时数】

6～8学时。

女子年逾16周岁，月经尚未来潮，或月经来潮后又中断6个月以上者，称为闭经。前者称原发性闭经，后者称继发性闭经，古称"女子不月"、"月事不来"、"经水不通"、"经闭"等。

妊娠期、哺乳期或更年期的月经停闭属生理现象，不作闭经论。有的少女初潮2年内月经后期，甚至出现暂时的月经停闭现象，可不予治疗。

因玉门闭塞（处女膜闭锁）或阴道阻隔以致经血不得下行者，属于"隐经"，手术方可矫治，而非药物所能取效。

若因先天禀赋缺陷，生殖脏器缺如，因而无月经来潮者，不属本节讨论范围。

【病因病机】

发病机制主要是冲任气血失调。有虚、实两个方面。虚者由于冲任精血亏虚，无血可下；实者因邪气阻隔冲任，经血不通。导致闭经的病因复杂，有先天和后天因素，可由月经不调发展而来，也有因他病致闭经者。

临床常见的有肝肾不足、气血虚弱、气滞血瘀、痰湿阻滞四种证型。

1．肝肾不足：先天禀赋不足，肾气未盛，精气未充，肝血虚少，或房劳多产，久病伤肾，以致肾精亏损，肝血亦虚，精血匮乏，源断其流，冲任亏损，胞宫无血可下，遂致月经停闭。

2．气血虚弱：脾胃素弱，或饮食劳倦，思虑过度，损伤脾气，气血化源不足；或大病久病，或堕胎小产、吐血下血，数伤于血，或因久患虫疾伤血，以致冲任气血虚少，血海空虚，而致月经停闭。

3．气滞血瘀：七情内伤，素性抑郁，或忿怒伤肝，肝气郁结，气机不利，血滞不行；或经产之时，血室正开，调摄失宜，外感寒邪，内伤生冷，血为寒凝成瘀；或因热邪煎熬而成瘀。气滞则成瘀，血瘀必气滞，二者相因而致。瘀阻冲任，胞脉壅塞，经血阻隔不行，遂致月经停闭。

4.痰湿阻滞：肥胖之人，脾失健运，湿聚成痰，痰湿、脂膏壅塞冲任，胞脉闭塞，气血运行受阻，遂致月经停闭。

【诊治要点及预后】

1.女子年逾16周岁，月经尚未来潮，可伴有形体矮小、瘦削，如同幼女；或月经来潮后又中断6个月以上，肥胖，多毛，或溢乳，不孕，或出现绝经前后诸证，或虚痨潮热等症状。

2.临证时需详问病史，注意月经初潮时间，了解有无月经后期病史，反复刮宫史或宫腔电凝术史，产后出血史，结核病史和使用避孕药等；有无生活环境改变，或不良的饮食嗜好，或其他疾病史。

3.一向月经正常，月经突然停闭者，要注意与妊娠相鉴别。

4.辨证上，重在辨虚实，或虚实夹杂的不同情况。虚证闭经，其症多见面色萎黄或苍白，头晕目眩，或有潮热，脉多软缓无力；实证闭经，多见胸腹胀满，少腹疼痛，按之不减，或反增剧，脉多有力。临床上以虚证或虚实夹杂证为多，纯实证者较少。

5.治疗上应遵循虚则补之、实则通之的原则，虚证治以补肾滋肾，或补气益血，以滋养经血之源；实证者治以行气活血，或祛邪行滞，以疏通冲任经脉。切忌妄行攻破之法，误犯虚虚实实之戒。因他病致经闭者，先治他病然后调经。如因虫证而致血枯经闭，治宜先驱其虫，虫净后再以益气养血之剂，月经可通。

6.闭经有时可与崩漏交替出现，主要导致不孕症。若伴有绝经前后诸证，为天癸将竭之征，多属于卵巢早衰。本病为难治之证，病程较长者，疗效较差。

7.因先天性生殖器官缺如，或后天器质性损伤致无月经者，药物治疗难以奏效，应向患者说明预后。

【辨证论治】

1.肝肾不足型：

〔主要证候〕年逾16周岁尚未行经，或初潮较迟，月经后期量少，色红或淡，渐至停闭，头晕耳鸣，腰膝酸软，口干咽燥，五心烦热，潮热汗出，面色暗淡或两颧潮红。舌质红或舌淡苔少，脉沉细或细涩。

〔证候分析〕禀赋素弱，肾气不足，天癸未至，冲任未通，故月经迟迟未潮；或肾气不足，精亏血少，肝肾不足，冲任虚损，故月经初潮来迟，或后期量少，渐至停闭；肾主骨生髓，脑为髓海，肾虚则头晕耳鸣，腰膝酸软；阴虚生内热，则口干咽燥，五心烦热，潮热汗出，两颧潮红；肾气不足，肝血不荣，故面色暗淡。舌红苔少，脉沉细为肝肾阴虚之象。舌淡，脉细涩是为肝血不足之征。

〔治疗原则〕补肾养肝调经。

〔方药举例〕归肾丸(《景岳全书》)加龟板、阿胶、鸡血藤。

熟地　杜仲　菟丝子　枸杞子　当归　山茱萸　山药　茯苓

方中熟地、山茱萸、枸杞滋养肝肾；杜仲、菟丝子补益肾气；当归养血调经；山药、茯苓健脾和中，以助生化之源。加龟板、阿胶血肉有情之品滋阴养血，鸡血藤养血活血通经。全方治肾而兼顾肝脾，使精充血足，冲任得养，则经自调。

若见形寒肢冷，神倦纳差，小便清长，大便不实，脉沉弱者，乃属肾阳虚之候。宜于上方加巴戟、补骨脂、仙灵脾、紫河车、川椒、鹿角霜以温补肾阳。

若手足心热，咽干口燥，舌红苔少，脉细数等阴虚火旺者，可去杜仲，加丹皮、知母、生地、麦冬养阴清热凉血之药。

若肝血肾精不足，阴虚火旺，灼肺伤津，而见皮肤干燥，咳血唾血，咳痰不爽，气短或喘促不安者，宜养阴清热、润肺止咳。可用百合固金汤（《医方集解》引赵蕺庵方）。

生地　熟地　麦冬　百合　玄参　桔梗　贝母　当归　白芍　生甘草

2．气血虚弱：

〔主要证候〕月经由后期量少，色淡质薄而渐至停闭。面色苍白或萎黄，头晕目眩，心悸怔忡，气短懒言，神倦肢软，或纳少便溏。唇舌色淡，脉细弱或细缓无力。

〔证候分析〕脾虚气血生化不足，或因失血、虫疾，致气血两亏，冲任失养，血海不能按时满溢，故月经由后期量少、色淡而渐至停闭不行；血虚不能上荣清窍，则头昏目眩；外不荣于肌肤，则面色苍白或萎黄；内不养心神，则心悸怔忡；脾虚中阳不振，则气短懒言，神疲肢软；脾虚失于运化，故纳少便溏。唇舌淡，脉细弱或细缓，均为气血俱虚之象。

〔治疗原则〕补气养血调经。

〔方药举例〕人参养荣汤（《和剂局方》）。

人参　黄芪　煨白术　茯苓　炙甘草　当归　熟地　白芍　远志　陈皮　五味子　桂心

方中人参大补元气，配以黄芪、白术、茯苓、陈皮、甘草补中益气；当归、白芍、熟地养血调经；五味子益心气，远志宁心安神，桂心温阳和营。全方补气可以生血，养血可以益气。待气血渐复后，再酌加泽兰、茺蔚子、鸡血藤、丹参、山楂、牛膝等活血通经之品。

若因产后大出血所致的经闭，除见气血虚弱的证象外，还可见神情淡漠，阴道干涩，毛发脱落，性欲减退，生殖器官萎缩等，此乃精血亏败，肾气虚惫，冲任虚衰之证，可于上方加鹿茸、鹿角霜、紫河车等血肉有情之品，长期服用。

如营阴暗耗，心火偏亢，而见心悸，失眠多梦，宜养心阴，和血脉。方用柏子仁丸（《济阴纲目》）。

柏子仁　牛膝　卷柏　泽兰　续断　熟地

方中柏子仁、熟地养心滋肾，以济心火；续断补肾，强腰膝。牛膝、卷柏、泽兰通经活血。

如症见低热口干，舌尖红或口舌生疮，脉细数者，则宜凉血泻火。方用芩连四物汤（《医宗金鉴》）。

黄芩　黄连　当归　熟地　川芎　白芍

如因虫积引起的血虚经闭，临床常可伴见多食善饥，面色淡黄，皮肤不润，或喜食泥土、生米等异物，脘腹时痛，或按之有块。在治疗上当先治虫，继以扶脾胃，补气血而治经闭。

3．气滞血瘀：

〔主要证候〕月经数月不行。精神抑郁，嗳气叹息，烦躁易怒，胸胁胀满，少腹胀痛或拒按。舌紫暗或有瘀点，脉沉弦或沉涩。

〔证候分析〕七情内伤，气机郁滞，不能行血，气滞血瘀，冲任不通，则经闭不行；气机不畅，则精神郁闷，烦躁易怒，胸胁胀满，少腹胀痛；瘀血内停，胞脉受阻，则少腹胀痛拒按。舌质紫暗，有瘀点，脉沉弦或沉涩，均为瘀滞之象。

〔治疗原则〕理气活血，祛瘀通经。

〔方药举例〕血府逐瘀汤(《医林改错》)。

当归 川芎 赤芍 生地 红花 桃仁 柴胡 枳壳 桔梗 牛膝 甘草

方中桃红四物汤活血祛瘀，柴胡、枳壳疏肝理气，桔梗开胸散结，牛膝引血下行，甘草缓急和中。共奏活血祛瘀，理气通经之效。

若偏于气滞，见胸胁、少腹胀痛甚者，加柴胡、郁金、青皮、莪术以行气活血止痛。若因热灼而瘀，见小腹灼痛、带下色黄、口干、便结、脉数者，加败酱草、黄柏、丹皮、大黄以清热，活血祛瘀。

如寒凝血瘀者，则见四肢不温、小腹冷痛，白带量多，苔白，脉沉紧。治宜温经散寒，活血通经。可用温经汤（方见月经不调·月经后期）。

4．痰湿阻滞型：

〔主要证候〕月经停闭。胸胁满闷，呕恶痰多，神疲倦怠，形体肥胖，或面浮肢肿，带下量多，色白质稠。舌淡胖，苔白腻，脉滑。

〔证候分析〕肥胖之人，多痰多湿，痰湿阻滞经络，气血不畅，冲任壅塞，故月经停闭；痰湿内盛，故形体肥胖；痰湿困脾，故胸闷呕恶，神疲倦怠；湿浊下注，故带下量多色白质稠；痰湿困阻脾阳，脾失健运，水湿泛溢肌肤，故面浮肢肿。舌淡胖，苔白腻，脉滑为痰湿内阻之象。

〔治疗原则〕豁痰除湿，活血通经。

〔方药举例〕苍附导痰丸(《叶天士女科》)合佛手散(《普济本事方》)。

茯苓 半夏 陈皮 甘草 香附 苍术 南星 枳壳 生姜 当归 川芎

方中半夏、南星、苍术、茯苓化痰燥湿健脾，陈皮、香附、枳壳行气解郁，生姜、甘草和中止呕，当归、川芎养血活血调经。使痰湿去，则冲任、血海自无阻隔，而获通经之效。

若胸脘满闷者，酌加瓜蒌、枳壳；肢体浮肿明显者，酌加益母草、泽泻、泽兰。

【其他治疗】

1．单方：

(1) 益母草 30～60g，红糖适量，水煎服。

(2) 山楂 50g，水煎服。

(3) 胎盘 1 个，焙干，研末，每次 15g，每日 2 次，黄酒调服。

(4) 大黄末 10g，黄酒调服。

2．针灸：体针取足三里、三阴交、神阙，虚证配关元、血海、气海、肾俞；实证配太冲、中极。耳针取子宫、内分泌、卵巢、皮层下、神门、交感。

【预防保健】

1．注意月经期、分娩及产褥期保健，勿受寒湿，以免寒凝血结。

2．饮食有节，经行之时忌食生冷寒凉之物，以免损伤脾阳或凝滞气血。

3．情志和调，避免恐惧、焦虑、抑郁及强烈的精神刺激。

4．劳逸结合，加强锻炼，增强体质。实行计划生育，落实避孕措施，减少人工流产术，避免手术损伤。

5．积极治疗月经后期、月经过少、崩漏，及时治疗慢性疾病及寄生虫病，消除导致闭经的因素。

【案例】

余某，女，35 岁，成都望江化工厂。

一诊：1979 年 5 月 21 日。

症状：病因人流刮宫，夫妇争论，当时有情绪，停经 7 个月，腹痛拒按，带下腥臭，精神疲乏，食欲差，胸痞心悸。前医屡治无效。脉弦数，苔薄，舌质淡。

诊断：停经。

辨证：气虚血瘀，湿热蕴结，兼见肝郁。

治则：益气化瘀，活血清湿，佐以柔肝。

自制方：党参 30g，鸡血藤 18g，生黄芪 60g，补骨脂 12g，地鳖虫 10g，水蛭 6g，红泽兰 12g，益母草 24g，当归 10g，川芎 6g，炒蒲黄 10g，红藤、蒲公英各 24g，槟榔 10g，琥珀末 6g。

1 周 6 剂，连服 2 周。

疗效：部分好转，月经未至。

二诊：1979 年 6 月 5 日。

症状：上方服 12 剂后，精神大见好转，食欲恢复，腹不拒按，带下减少，无腥臭气，但因月经未至，患者焦灼，肝郁之气尤增，因此，胸胁痛感更盛。脉弦数，苔光色红。但心悸较好。

治则：侧重柔肝养阴，清湿活血。

自制方：沙参 20g，鸡血藤 18g，生黄芪 30g，女贞子、旱莲草各 24g，夏枯草 15g，薤白 12g，炒川楝 10g，生白芍 12g，覆盆子 24g，当归 10g，川芎 6g，生蒲黄 10g，水蛭 6g，广木香 10g。

1 周 6 剂，连服 2 周。加服银甲丸。

疗效：兼证悉解，月经已至，量多（用卫生纸 3 包）。

三诊：1979 年 6 月 20 日。

症状：服上方 12 剂，同时投以银甲丸 2 周，病情显著好转。月经虽至，经量稍大（用纸 3 包）。但由于月经已至，患者欣然色喜，因之肝气郁结，已消失无余。总觉经量还大，幸脉已平缓，舌色正常，拟再予调冲，益气，清湿（原经西医查有盆腔炎），以期巩固。

自制方：太子参 20g，鸡内金 9g，仙鹤草 30g，鸡血藤 18g，生黄芪 30g，益母草、覆盆子各 24g，何首乌 30g，槟榔、砂仁各 6g，广藿香 8g。

1 周 6 剂，连服 2 周。同时配合服银甲丸 2 周，以清除下焦蕴结之湿热，而治带下。并嘱两周后，停药观察。至 8 月 26 日，因腹泻就诊。问其月经情况，她说：已经行 3 次，与往日周期 28 天一样，并且经前后有带，毫无黄带象，从停经恢复后一切如常。

〔按〕停经即闭经，闭经证病因较多，有六淫之感和七情之伤。也有产后肾虚，波及奇恒之腑，而导致月经紊乱而停经。更有气虚血滞，虚中夹实，湿热蕴结下焦，而影响停经，原因尚多，不胜枚举。

本证既因人工流产，也等于产后肾虚，况还有情绪关系。因此，出现气虚夹瘀，肝气郁结，湿热蕴结多方面原因，而形成停经。阅七月前医，屡治无效之病候。方中以参、芪益气，并采取鳖甲煎丸和化癥回生丹中主要虫类药，以疏络通经，及失笑散、一贯煎、滋水清肝饮中所选适当药物。所以，治疗数周后，逐步恢复正常，得到良好效果。如果不结合病因和病情转化趋势，专用桃仁四物汤强通硬治，收效反不显著。"

（《王渭川妇科治疗经验》）

自 学 指 导

1．女子年逾16周岁，月经尚未来潮，或月经来潮后又中断6个月以上者，称为闭经。前者称原发性闭经，后者称继发性闭经。但应排除生理性闭经和因先天性生理缺陷所致的闭经。

2．本病常伴有多毛、溢乳、不孕、肥胖，或绝经前后诸证，或结核病症状；可与崩漏交替出现。

3．闭经有虚实之分，必须抓住辨证要点进行辨别，临床以虚多实少。治疗上，虚证宜补，实证宜通。切不可一见经闭，不分虚实，滥用通利之法。若月经停闭日久，必要时应采用多种方法的综合治疗，如西药黄体酮诱导的撤退性子宫出血及雌、孕激素序贯治疗等，使经血得以导下，再配合中药调整周期，以提高疗效。

4．注意与妊娠及妊娠病相鉴别。

5．疗效判断以月经来潮连续3次以上，周期正常者为治愈。

【参考文献摘要】

1．《景岳全书·妇人规》：血枯之与血隔，本自不同……凡妇女病损至旬月半载之后，则未有不闭经者。正因阴竭，所以血枯。枯之为义，无血而然，故或以羸弱，或以困倦，或以咳嗽，或以夜热，或以食饮减少，或以亡血失血，及一切无胀无痛，无阻无隔，而经有久不至者，即无非血枯经闭之候。欲其不枯，无如养营；欲以通之，无如充之，但使雪消则春水自来，血盈则经脉自至，源泉混混，又孰有能阻之者？奈何今之为治者，不论有滞无滞，多兼开导之药，其有甚者，则专以桃仁、红花之类，通利为事。岂知血滞者可通，血枯者不可通也。血既枯矣，而复通之，则枯者愈枯，其与榨干汁者何异？为不知枯字之义耳，为害不小，无或蹈此弊也。

2．《校注妇人良方》：妇人月水不通，或因醉饱入房，或因劳役过度，或因吐血失血，伤损肝脾，但滋其化源，其经自通。……

夫人之生，以气血为本，人之病，未有不先伤其气血者。若室女童男，积想在心，思虑过度多致劳损，男子则神色消散，女子则月水先闭……宜用柏子仁丸、泽兰汤，益阴血，制虚火。

3．《万氏妇人科》：妇人女子，闭经不行，其候有三：乃脾胃损伤。饮食减少，气耗血枯而不行者，法当补其脾胃，养其血气，以待气充血生，经自行矣。不可妄用通经之剂，则中气益损，阴血益干，致成痨瘵之疾而不可救。所谓索千金于乞丐，箠楚日加，徒毙其生而已。一则忧愁思虑，恼怒怨恨，气郁血滞，而经不行者，法当开郁气，行滞血而经自行。苟用补剂，则气得补而益结，血益凝聚，致成癥瘕胀满之疾。所谓养虎自遗患也。一则躯肢迫塞，痰涎壅滞，而经不行者，法当行气导痰，使经得行。斯谓之良工矣。

4．《济阴纲目》引朱丹溪云：经不通，或因堕胎及多产伤血，或因久患潮热销血，或因久发盗汗耗血，或因脾胃不和饮少进而不生血，或因痢疾失血。治宜生血行血，除热调和之剂，随证用之。或因七情伤心，心气停结，故血闭而不行，宜调心气，通心经，使血生而经自行矣。

【复习思考题】

1．什么叫原发性闭经和继发性闭经？

2．闭经的病因病机是什么？

3．闭经有哪些证型？如何辨证治疗？

4．闭经应与哪些病相鉴别？

5. 试述归肾丸的药物组成及主治功用。

〔罗颂平　许丽绵〕

第三节　崩　漏

【自学时数】

10～12学时。

崩漏是指经血非时暴下不止或淋漓不尽，前者称为崩中或经崩；后者称漏下或经漏。崩与漏出血情况虽不同，但两者常相互转化，故概称为崩漏。崩漏是月经周期、经期、经量严重失常的一种月经病。

【病因病机】

本病的主要发病机制是冲任损伤，不能制约经血。引起冲任损伤的原因很多，可归纳为虚、热、瘀。气虚则经血失统，热则经血妄行，瘀则经血离经。临床常见的有肾虚、脾虚、血热、血瘀四种类型。

1. 肾虚：

(1) 肾阳虚：少女先天禀赋不足，天癸初至，肾气稚弱，肾阳不足，冲任未充；或大病久病，穷及于肾；或房劳多产，损伤肾气肾阳；或年老肾衰，肾阳虚损，封藏失职，冲任不固，不能制约经血而致崩漏。

(2) 肾阴虚：素禀不足，或房事不节，早婚多产，耗伤真阴，或久病及肾，肾精暗耗，或于七七之年，肾气渐虚，因故重虚，肾阴亏损，阴虚失守，虚火动血，迫血妄行而致崩漏。

2. 脾虚：素体脾虚，或忧思过度，或饮食劳倦，损伤脾气，脾虚气陷，统摄无权，冲任不固，不能约制经血而致崩中漏下。

3. 血热：素体阳盛，或素性抑郁，郁久化火，或情志过激，肝火内炽，或感受热邪，或过服辛辣助阳之品，酿成实火，热伤冲任，迫血妄行，致经血非时妄行。

4. 血瘀：七情所伤，气机不畅，冲任瘀滞，或经期、产后余血未净，又感寒、热、湿邪，邪与血结而成瘀，或久病气虚，运血无力而留瘀，瘀阻冲任，血不循经而发为崩漏。

【诊治要点及预后】

1. 月经周期、经期、经量均严重紊乱。已无周期可言，经血或量多如注，暴下不止，或淋漓不尽，逾半月不净，或两者交替出现。前者称为崩中或经崩，后者称漏下或经漏。

2. 应了解患者的年龄、月经史、产育史、避孕方法，一般健康情况，有无慢性病史，如肝病、血液病、高血压、代谢性疾病等，有无精神紧张、情绪激动、环境变迁等影响正常月经的因素。详询阴道出血情况，如出血时间、出血量、持续时间、出血性质、出血前有无停经等病史。

3. 与月经不调、经间期出血、上环后出血、外伤出血、全身性疾病引起的阴道出血相鉴别；与胎漏、异位妊娠、产后出血、赤带等相鉴别；与药物（皮质激素、性激素、避孕

· 73 ·

药）所致的出血相鉴别。

4. 辨证上，主要依据其出血时间、血量、血色、血质及兼证、舌脉，结合必要的辅助检查，审证求因，辨其虚实属性。一般来说，经血非时暴下，量多势急，色淡质稀，多属气虚；暴下不止或淋漓不尽，血色深红或紫红，质稠多属血热；若淋漓不止，色鲜红质稠多属虚热；淋漓不断，或时来时止，或时闭时崩，色暗有块，多属血瘀；若血色暗淡质稀，多属虚寒证。

辨证时尚需结合不同年龄的生理特点，详审病机，辨证求因。青春期患者往往是因肾气初盛，发育尚未臻完善，肾气不足，冲任未充；育龄期患者多因肝脾功能失常，或血热蕴结，经产留瘀，以致冲任失调；更年期患者则多因肾气渐衰，肾中阴阳偏盛偏衰，封藏失职，冲任失约所致。

5. 治疗上，多根据发病的缓急和出血久暂的不同，以"急则治其标，缓则治其本"为原则，灵活掌握塞流、澄源、复旧三法治之。

6. 本病可与闭经交替出现，并可导致不孕。崩漏是妇科的重证，从疗效来说，止血稍易，调理周期较难，但如果治疗得当，并能坚持调理，预后也良好。

【辨证论治】

崩漏的证候有虚有实，临床以虚证多而实证少，而且多为虚中夹实；热证多而寒证少，而且热证中多为虚热。

（一）治法

崩漏的治疗多根据发病的缓急和出血久暂的不同，以"急则治其标，缓则治其本"为原则，灵活掌握塞流、澄源、复旧三法治之。

1. 塞流：即止血。暴崩之际，急当止血防脱，即"留得一分血，便是留得一分生机"之意。如不迅速止血，就会造成虚脱。止血之法，又以固气为先。"气为血帅，血为气母"，"有形之血不能速生，无形之气所当急固"。一般采用固气摄血法，如用独参汤大补元气，或生脉散气阴双补，并配伍与证候相应的止血药。若见四肢厥逆，脉微欲绝等证，则可用参附汤加炮姜炭以回阳救逆，温经止血。配合针灸止血，也可选用一些止血中成药。若血势不减，宜输血救急或刮宫止血。

2. 澄源：即辨证求因、澄清本源，为治崩的重要阶段。一般经止血治疗后待血势稍缓，则审证求因，辨证施治，根据不同证型，针对病因进行调治。血热者，宜清热凉血；虚寒者，宜温经养血；气虚者，宜益气摄血；血瘀者，宜活血化瘀。切忌不问原由，概投寒凉或温补之剂，专事止涩，致犯虚虚实实之戒。

3. 复旧：即善后调理，以调整月经周期和月经量。调治之法当视其发病原因之异同和各年龄阶段生理特点的差异，或补肾，或疏肝，或扶脾。然月经之本在于肾，故总宜益肾固冲调经，本固血充则月经可复正常。

塞流、澄源、复旧三法分步论治，但又不可截然划分，往往是塞流需澄源，复旧当固本。

（二）分型证治

崩与漏在临床中的治疗侧重不同，久崩多虚，久漏多瘀，一般来说，治崩宜固摄升提，不宜辛散，以免动血；治漏宜养血止血，不可偏于固涩，以免留瘀。

1. 血热型：

〔主要证候〕经血非时突然大下，或淋漓日久不净，忽又增多，色深红或紫红，质黏稠，夹有少量血块。或有小腹、少腹疼痛，面赤头晕，烦躁不寐，口干喜饮，便秘尿赤。舌红，苔黄，脉弦数或滑数。

〔证候分析〕热伤冲任，迫血妄行，故见经血非时而下；血为热灼，故色深红或紫红，质黏稠；热邪上扰，故面赤头晕，烦躁不寐；邪热内炽，津液耗损，故口干喜饮，尿赤便秘。舌红，苔黄，脉弦数或滑数均为血热之征。

〔治疗原则〕清热凉血，固冲止血。

〔方药举例〕清热固经汤（《简明中医妇科学》）加沙参。

生黄芩　焦栀子　大生地　地骨皮　地榆　阿胶（烊化）　生藕节　陈棕炭　炙龟板　牡蛎粉　生甘草

方中黄芩、栀子清热泻火；生地、地骨皮养阴清热；地榆、藕节凉血止血；阿胶养血止血；龟板、牡蛎养阴敛血；陈棕炭收涩止血。全方共奏清热凉血，固冲止血之效。

崩中加益母草、贯众、侧柏叶；漏下加田七、茜草根；大便干结加大黄；挟有湿热，症见少腹疼痛，舌苔黄腻者，加败酱草、黄柏、蚕砂；肝经郁热，症见胸胁、少腹胀痛，心烦易怒，时欲叹息，脉弦数等，加柴胡、丹皮、夏枯草，或用丹栀逍遥散加益母草、炒蒲黄、血余炭以平肝清热止血。

2. 脾虚证：

〔主要证候〕经血非时而至，暴下不止，或淋漓不尽，血色淡而质稀。神疲乏力，面色萎黄，动则气促，气短懒言，四肢不温，纳呆便溏。舌淡胖或边有齿印，苔薄润，脉芤或细弱。

〔证候分析〕脾虚气陷，冲任不固，血失统摄，故见经血非时暴下或淋漓不尽；脾虚气弱，血失温煦，故血色淡质稀；中气不足，故神疲乏力，气短懒言；脾阳不运，则四肢不温，纳呆便溏。舌淡胖，边有齿印，苔薄润，脉细无力，均为脾虚之征。

〔治疗原则〕健脾益气，固冲止血。

〔方药举例〕固本止崩汤（《傅青主女科》）去当归，加升麻、海螵蛸。

人参　黄芪　白术　熟地　当归　黑姜

方中人参、白术、黄芪补气健脾，固冲止血；熟地滋阴养血；黑姜温中止血；当归养血活血，因药性温行，崩中下血量多时，暂不宜用。加升麻升提摄血，海螵蛸固涩止血。

崩中下血，可加煅牡蛎、煅龙骨、棕炭；漏下日久，气虚挟瘀，少腹胀痛者，加黑荆芥、田七、木香。

3. 肾虚证：

(1) 肾阴虚：

〔主要证候〕经乱无期，淋漓不净或量多，或停经数月又暴下不止，经色鲜红，质稍稠。头晕耳鸣，腰膝酸软，五心烦热，夜寐不宁。舌红或有裂纹，苔少或无苔，脉细数。

〔证候分析〕肾阴不足，虚火内炽，热伏冲任，迫血妄行，故见经乱无期，量时多时少，淋漓不断；阴虚生内热，血为热灼，故血色鲜红，质稍稠；肾阴不足，精血衰少，不能上荣空窍，故头晕耳鸣；不能濡养外府，故腰膝酸软；阴虚不能敛阳，虚阳外浮，故五心烦热，夜寐不宁。舌红苔少，脉细数，均为阴虚之征。

〔治疗原则〕滋补肝肾，固冲止血。

〔方药举例〕左归丸(《景岳全书》)去牛膝,合二至丸(《医方集解》)。

熟地　山药　枸杞　山茱萸　川牛膝　菟丝子　鹿胶　龟胶　女贞子　旱莲草

方中熟地、山药、枸杞子、山茱萸滋肾阴而填精血;菟丝子补肾气益肾精,取阳生阴长之意;龟胶育阴止血;鹿胶补肾填精,取其阳中有阴之义。合用女贞子、旱莲草滋养肝肾,养阴止血。牛膝有活血引血下行之弊,故去之。全方共奏滋肾益阴,固冲止血之功。

崩中加鹿角霜,重用旱莲草30~50g;漏下加海螵蛸、牡蛎、血余炭;肝阴不足见头晕耳鸣者,加制首乌、白芍、夏枯草;心阴不足见心烦失眠者,加五味子、酸枣仁、柏子仁。

下血量多,热随血去,气随热泄,即使为阴虚血热而致崩者,经大量出血后,一般都有不同程度的气虚表现,故止血必先固气,用滋阴固气汤(《罗元恺论医集》)。

菟丝子　山萸肉　党参　黄芪　白术　炙甘草　阿胶　鹿角霜　何首乌　白芍　续断

(2) 肾阳虚:

〔主要证候〕经乱无期,出血量多或淋漓不尽,或停经数月又暴下不止,血色淡红或淡暗,质稀。精神不振,面色晦暗,肢冷畏寒,腰膝酸软,大便溏薄,小便清长,夜尿多。舌淡嫩,苔白润,脉沉细无力,尺脉尤甚。

〔证候分析〕肾阳虚衰,冲任不固,血失封藏,故见经乱无期,出血量多,或淋漓不尽。肾阳不足,经血失于温煦,故血色淡红或淡暗;阳气不充,故精神不振;肾阳不足,命门火衰,失于温煦,则畏寒肢冷,面色晦暗;外府失荣,故腰膝酸软;膀胱失于温化,故小便清长;不能上温脾土,故大便溏薄。舌淡嫩,苔白润,脉沉细无力,均为肾阳不足之征。

〔治疗原则〕温肾助阳,固冲止血。

〔方药举例〕右归丸(《景岳全书》)去肉桂、当归,加黄芪、覆盆子、赤石脂。

制附子　肉桂　熟地　山药　山茱萸　枸杞子　菟丝子　鹿角胶　当归　杜仲

方中制附子、杜仲、菟丝子温补肾阳;鹿角胶温肾气养精血,固冲任;熟地、山萸肉、枸杞子补养精血,阴中求阳;山药补脾固气。加黄芪补气摄血;覆盆子、赤石脂温肾固涩止血。肉桂虽能温中补阳,但可通行经血,当归辛温动血,故二药宜去之。

崩中加鹿角霜、补骨脂、炮姜;漏下加艾叶、荆芥炭、炒小茴香;若出血量多色暗红有块,小腹疼痛者,为寒凝致瘀,可酌加乳香、没药、灵脂以温经活血;脾肾两虚见浮肿、泄泻、纳呆、四肢欠温者,加党参、云苓、砂仁、炮姜以健脾温中;青春期患者加紫河车、仙茅、仙灵脾以加强补肾益冲之功。

若肾阴阳俱虚,可综合上述二法,灵活运用。

4. 血瘀证:

〔主要证候〕经血非时而下,淋漓不净,或时下时止,或停闭日久又突然暴下,继而淋漓不断,色紫暗,有血块。小腹疼痛拒按,血块排出痛减。舌紫暗或有瘀斑,脉沉涩或弦紧。

〔证候分析〕瘀滞冲任,新血不守,血不循经,故见经血非时而下,淋漓不尽,或时下时止;冲任阻滞,经血运行不畅,故血色紫暗,有血块;瘀血阻滞,胞脉不通,故小腹疼痛拒按;血块排出,瘀滞稍通,故血块排出痛减。舌暗或有瘀斑点,脉沉涩或弦紧均为瘀血阻滞之象。

〔治疗原则〕活血化瘀,固冲止血。

〔方药举例〕逐瘀止崩汤(《安徽中医验方选集》)。

当归　川芎　三七　没药　五灵脂　丹皮炭　炒丹参　炒艾叶　阿胶（蒲黄炒）　龙骨　牡蛎　乌贼骨

方中没药、五灵脂活血祛瘀止痛；三七、丹皮炭、炒丹参活血化瘀止血；当归、川芎养血活血；阿胶、炒艾叶养血止血；乌贼骨、龙骨、牡蛎固涩止血。

出血量多去当归、川芎，加益母草、血余炭；漏下加茜草根、桃仁；气滞血瘀加柴胡、郁金、川楝子；寒凝血瘀加炮姜、乌药；热灼成瘀加生地榆、贯众炭；久病气虚加黄芪、党参、白术。

【其他治疗】

1．厥脱的救治：因大量出血而出现头晕、汗出等虚脱症状者，即针刺人中、合谷，灸百会。独参汤（《景岳全书》）煎服。或使用生脉散（《内外伤辨惑论》），可用生脉注射液或参麦注射液加 10% 葡萄糖静脉滴注。若四肢厥逆，脉微欲绝者，可用参附汤（《妇人大全良方》）加炮姜炭。失血严重者，应输血抢救。

独参汤：人参（吉林红参或高丽参）

生脉散：人参　麦冬　五味子

参附汤：人参　附子

2．止血方法：

（1）中成药：血热可用紫地宁血散、宫血宁；血瘀可选用云南白药；脾虚可用益妇止血丸。

（2）针灸：取断红穴（第二、第三掌骨之间，指端下 1 寸），先针后灸。脾虚、肾阳虚可艾灸神厥、隐白；耳针可取子宫、内分泌、皮质下。

【预防保健】

1．出血期要避免过度疲劳和剧烈运动，宜避炎暑高温，不宜冒雨涉水，出血多时应卧床休息，或住院治疗。

2．忌服辛辣刺激或生冷寒凉之品，以防动血凝血。加强营养，增强体质。

3．保持乐观情绪，避免精神刺激，如暴怒、恐惧、忧伤、紧张等。

4．阴道出血未净者，应注意局部卫生，严禁房事，以防并发他症。

5．对患月经先期、月经先后不定期、月经过多、经期延长等病者，应积极治疗，以免发展成本病。

【案例】

司徒某，女，19 岁，工人，未婚，1977 年 11 月 19 日住院。

主诉：阴道流血已一个多月，伴眩晕心悸。

患者一向月经紊乱，14 岁初潮，周期一般为 28～40 天，偶见 2～5 个月一潮，持续时间 7～30 天不等，量多。用卫生纸 3 至 10 包。1974 年 4 月曾因月经过多住院治疗。

前次月经为 1977 年 5 月，停五个月后于 10 月 20 日阴道流血，开始时量多如崩，继则或多或少，以后血量渐次减少，色淡红，无瘀块，但淋漓不断，至 11 月 19 日住院观察治疗。症见面色黄暗，眼眶暗黑，头晕目眩，心悸失眠，短气纳呆，腰酸无力，下肢时有挛急，舌淡嫩，苔薄微黄稍干，脉弦细虚数。

实验室检查：红细胞 1.24×10^{12}/L（124 万），血色素 3.8g。

肛门检查：子宫大小正常，活动好，无压痛，双侧附件未扪及包块。

诊断：崩漏。

辨证：脾肾两虚兼气血不足。

治则：补肾健脾，益气养血。

处方：党参、制首乌、黄芪各30g，白术25g，川断15g，鹿角霜20g，棕炭12g，阿胶12g（烊服），砂仁3g（后下）。每日1剂，再煎。

吉林参12g（另炖服）。

连服5剂后，阴道流血减少，因重度贫血，输同型血300mL。以后按上方去棕炭、鹿角霜、首乌，加菟丝子、桑寄生、乌豆衣、五味子等药，终于1977年11月9日阴道流血完全停止，精神好转，胃纳增进，眩晕心悸等均改善，依上法再投培脾补肾益气养血之品以调经。1977年12月21日月经复潮，经量中等，6~7天干净，取得较好的近期疗效。

以后继续门诊中药治疗四个多月，在观察治疗期间，患者月经周期建立在28~32天，经量中等（一包卫生纸左右）。追踪观察一年余，月经一直正常，精神面色均可。

（《罗元恺医著选》）

自 学 指 导

1. 本病表现为月经不按周期而妄行，出血量多势急或量少淋漓不断。出血时间长短不一，血量时多时少，流血时断时续，或骤然大量出血，继而淋漓不断，或淋漓连月不休，也有停经数月又暴下或淋漓的。崩与漏可互相转化，久崩不止，气血耗损可转为漏；久漏不止，病势日进，可转为崩。

2. 崩漏是妇科之急证、重证，若治不及时，由于大量出血不止，导致气随血脱，甚至阴阳离决而出现厥证、脱证而危及生命。崩漏可与闭经交替出现，可导致不孕。

3. 崩漏病机，主要是冲任损伤，不能固摄经血。引起冲任损伤的原因很多，可归纳为虚、热、瘀。气虚则经血失统，热则经血妄行，瘀则经血离经。然而发病原因常非单一，如气虚不摄血之崩漏，气随血泄，病发之后，其气更虚，运血无力，致气虚血滞，久则成瘀，若治一不及时，瘀留冲任，使新血不得归经，此时病理产物又可成为致病因素，使病情进一步发展，病情更复杂。但无论何种原因导致的崩漏，由于失血耗气，可转化为气血俱虚或气阴两虚，或阴阳俱虚。所以崩漏为病，即使是由于单一原因引起，但在发病过程中，常是因果相干，气血同病，多脏受累，"穷必及肾"，病势反复，难以治愈。故崩漏属妇科之疑难重证。

4. 辨证主要依据其出血时间、血量、血色、血质及兼证、舌脉，辨其虚实属性。一般来说，经血非时暴下，量多势急，色淡质稀，多属气虚；暴下不止或淋漓不尽，血色深红或紫红，质稠多属血热；若淋漓不止，色鲜红质稠多属虚热；淋漓不断，或时来时止，或时闭时崩，色暗有块，多属血瘀；若血色暗淡质稀，多属虚寒证。

5. 治疗上，正确运用塞流、澄源、复旧三法。故暴崩之际，急当止血防脱，必要时应中西医结合，采取有效止血措施。

对止血药物的选用，应根据寒、热、虚、实证候，酌情选用。常用的止血药物有：

清热止血药：地榆、侧柏炭、贯众炭、旱莲草、炒槐花、仙鹤草、藕节、莲房炭等。

收涩止血药：陈棕炭、乌梅、五味子、山萸肉、赤石脂、禹余粮、龙骨、牡蛎、血余炭。

温阳止血药：炮姜炭、破故纸、伏龙肝、艾炭等。

祛瘀止血药：三七、蒲黄、茜草炭、血见愁、花蕊石、血竭、大小蓟等。

益气摄血药：黄芪、党参、升麻等。

养血止血药：阿胶、龟胶、熟地、女贞子、旱莲草。

出血期间，慎用当归、川芎等辛香走窜之品。

6. 注意与月经不调、经间期出血、上环后出血、外伤出血、全身性疾病引起的阴道出血相鉴别；与胎漏、异位妊娠、产后出血、赤带等相鉴别；与使用药物（皮质激素、性激素、避孕药）的影响鉴别。

7. 疗效以经量、经期、周期恢复正常，能维持 3 个月经周期以上，或更年期妇女血止绝经者为治愈。

【参考文献摘要】

1. 《诸病源候论·妇人杂病诸候》：漏下之病由劳伤气血……冲任之脉虚损，不能约制其经血。故血非时而下，淋漓或漏也。

崩中者……脏腑俱伤，而冲任之气虚，不能约制其经血，故忽然暴下，谓之崩中。

崩而内有瘀血，故时崩时止，淋漓不断，名曰崩中漏下。

2. 《景岳全书·妇人规·崩淋经漏不止》：崩漏不止，经乱之甚者也，盖乱则或前或后，漏则不时妄行，由漏而淋，由淋而崩，总因血病，而但以其微甚耳。

崩漏之病，有暴崩者，有久崩者。暴崩者，其来骤，其治亦易；久崩者，其患深，其治亦难。且凡血因崩去，势必渐少，少而不止，病则为淋，此等证候，未有不由忧思郁怒，先损脾胃，次及冲任而然者。崩淋既久，真阴日亏，多致寒热咳嗽，脉见弦数或豁大等证，此乃元气亏损，阳虚假热之脉，尤当用参地归术甘温之属，以峻培本源，庶可望生。

若素多忧郁不调之患，而见此过期阻隔，便有崩决之兆。若隔之浅者，其崩尚轻；隔之久者，其崩必甚。此因隔而崩者也，当预服四物八珍之类以调之，否则恐其郁久而决，则为患滋大也。

3. 《济阳纲目·血崩门》方氏曰：血属阴也，静则循经荣内，动则错经妄行。盖人之七情过极，则动五志之火，五志之火力甚，则经血暴下。失期而来，久而不止。谓之崩中，如风动木摇，火燃水沸类也。治崩次第，初用止血以塞其流，中用清热凉血以澄其源，末用补血以还其旧。

4. 《医学心悟》：阴虚阳搏谓之崩。此言热迫血而妄行也。又曰：阳络伤，则血外溢，阴络伤，则血内滋。外溢者。从上出，内溢者，从下流也。病人过于作劳，喜怒不节，则络脉伤损而血妄行矣。前症，若因热迫血而妄行者，用加味四物汤。若因络脉伤损者，用八珍汤。若瘀血凝积，佐以独圣丸。若因肝经火旺，不能藏血者，加味逍遥散。若因脾气虚，不能统血者，四君子汤加归、芍主之。若因思虑伤脾，不能摄血归经者，归脾汤。若气血两亏，血崩不止，更用十全大补汤。丹溪云：见血证，须用四君子之类以收功。若大吐、大下，毋以脉论，当急用独参汤救之。若潮热、咳嗽、脉数，乃元气虚弱假热之象，尤当用参术调补脾土。若服参术不相安者。即专以和平饮食调理之。此等证候，无不由脾气先损，故脉息虚浮而大，须令脾胃健旺，后天根本坚固，乃为可治。设或过用寒凉、复伤胃气，反不能摄血归经，是速其危也。

5. 《医宗金鉴·妇科心法要诀》：妇人经行之后，淋漓不止，名曰经漏。经血忽然大下不止，名为经崩。若其色紫黑成块，腹胁胀痛者，属热瘀；若日久不止，及去血过多而无块痛者，多系损伤任、冲二经所致。更有忧思伤脾，脾虚无能摄血者；有中气下陷不能固血者；有暴怒伤肝，肝不藏血而血妄行者。临证之时，须详审其因，而细细辨之。虚者补之，瘀者消之，热者清之。治之得法，自无不愈。

【复习思考题】

1. 什么叫崩漏？

2．崩漏的主要病机是什么？

3．试述如何运用治崩三法。

4．崩漏临床的常见证型有哪些？试述各证型的主证、治疗原则及代表方。

5．清热固经汤有哪些药物组成？

6．固本止崩汤有哪些药物组成？

7．崩漏与月经先期、月经先后无定期、月经过多、经期延长如何鉴别？

〔罗颂平　许丽绵〕

第四节　经间期出血

【自学时数】

2 学时。

在两次月经中间，即絪缊乐育之时，出现周期性的少量阴道出血，称为"经间期出血"。

所谓经间期，包含两个方面的意义：第一，时间概念。一般指正常月经中间，即月经来潮后的第 14、15 天，但有的妇女月经周期短，有的周期长，因而经间期也相应偏前或偏后；第二，絪缊状态。经间期有特殊的变化，即有气血显著活动的"絪缊状态"，才能命名之。没有絪缊状态出现，真正的经间期尚未到来。

【病因病机】

经间期出血的主要机制是由于絪缊期阴精充实，阳气内动，因肾阴不足，或湿热瘀阻，动血伤络所致。临床常见的有肾阴虚、湿热瘀阻两种证型。

1．肾阴虚：禀赋素弱，肾阴不足，或失血伤阴，或因房劳多产，耗损精血，或抑郁忿怒，思虑过度，欲火偏炽，损伤阴液，以致精亏血损，于絪缊之时，阴不敛阳，阳气内动，冲任不固，因而出血。

2．湿热瘀结：经期产后，胞脉空虚，摄生不慎，湿热之邪乘虚而入，与血搏结；或因七情内伤，肝郁化热，肝木侮脾，脾虚生湿，肝热与脾湿相合，酿生湿热；或情怀不畅，气滞血瘀；或手术损伤，瘀血内停，絪缊之时，阳气内动，湿热瘀血随之而动，损伤冲任，故见出血。

【诊治要点与预后】

1．发生在两次月经中间，约在月经周期的第 12～16 天出现阴道出血，血量少于正常月经量，常持续 2～7 天，可自止，且呈周期性发作。有的伴有下腹部一侧作胀作痛，腰酸不适，带下增多，色白黏如蛋清，或呈赤白带下。

2．注意有无宫颈炎、盆腔炎，或宫内节育环等病史。

3．注意与月经先期、月经过少、经漏、赤带的鉴别（参见有关章节）。

4．本病辨证着重出血时间及色质的辨别，如果临床无症状者，则按肾阴虚型进行论治。

5．本证的病理特点是肾阴较虚，阴阳转化不利，因此，治疗上，补阴是前提，促使阴阳顺利转化非常重要。故应以滋肾养血为主，佐以利湿化瘀。但应注意补阴不忘阳，选择适当的补阳药物，也是非常重要的。

6.本病可导致不孕症。

【辨证论治】

1.肾阴虚型：

〔主要证候〕经间期阴道出血量少，色鲜红，质黏，无血块。无腹痛，头晕腰酸，或失眠多梦，咽干口燥，大便干结，小便短黄，舌红苔少，脉细数。

〔证候分析〕肾阴亏损，于絪缊之时，阴不敛阳，阳气内动，冲任不固，因而经间期出血；阴虚内热，因而出血量少，色鲜红，质稠，无血块；肾阴不足，脑髓、外府失养，故头晕腰酸；肾水亏虚，不能上济于心，故失眠多梦；阴液不足，故咽干口燥，便结尿黄。舌红苔少，脉细数均为肾阴不足之征。

〔治疗原则〕滋阴止血。

〔方药举例〕两地汤（方见月经先期）合二至丸（方见经期延长）加菟丝子、续断。

出血多时加炒地榆、龟胶、阿胶；血中有块者，加丹皮、赤芍、丹参；挟肝郁者，加醋柴胡、栀子炭、合欢皮；腰酸耳鸣者，加金樱子、炙龟板；舌红少津加沙参、知母。

2.湿热瘀结型：

〔主要证候〕经间期阴道出血，量少或稍多，色暗红，质稠或有块。或赤白带下，或有臭气，少腹刺痛或胀痛，胸闷烦躁，小便短赤，或平时带下量多，色黄白，质黏腻。舌暗红或有瘀点，苔黄或黄腻，脉弦数或滑数。

〔证候分析〕絪缊之时，阳气内动，湿热瘀血随之而动，损伤冲任，故见经间期阴道出血，量少或稍多，色暗红，质稠或有块，或赤白带下，或有臭气；湿热瘀阻，胞脉不通，故少腹刺痛或胀痛；湿热流注下焦，带脉失约，故带下量多，有臭气，或赤白带下；瘀血内阻，气机不利，故胸闷烦躁。舌暗红或有瘀点，苔黄或黄腻，脉弦数或滑数均为湿热瘀阻之象。

〔治疗原则〕清热利湿，化瘀止血。

〔方药举例〕清肝止淋汤（《傅青主女科》）去阿胶、红枣合失笑散（《和剂局方》）加茯苓、炒地榆。

当归　白芍　生地　阿胶　丹皮　黄柏　牛膝　制香附　红枣　黑豆　蒲黄　五灵脂

方中当归、白芍、黑豆滋肾养血柔肝；丹皮清肝泻火；香附疏肝解郁；黄柏、茯苓清热解毒，利水除湿；生地、炒地榆凉血止血；蒲黄、五灵脂活血祛瘀止痛；牛膝引药下行。

出血多时，加马齿苋、益母草；少腹胀痛加延胡、川楝子；腰酸楚者，加续断、狗脊；湿热盛者，加车前草、木通、滑石；带下量多加马齿苋、土茯苓；食欲不振或食后腹胀者，加厚朴、麦芽。

【预防保健】

1.普及宣教相应的卫生生理知识，注意情志调节，解除思想顾虑，保持心情舒畅，避免七情过度刺激。

2.饮食宜清淡而富有营养，不宜过食香辣辛燥、滋腻之品，以免伤阴生热动血，或伤脾生湿蕴热。

3.加强身体锻炼，增强体质。

4.出血期间应避免过度劳累和紧张，适当注意休息，保持局部卫生，严禁性交、盆浴，以防感染。

【案例】

张某，女，25 岁，未婚，1973 年 9 月 12 日初诊。

半年来月经过多，每次行经 7 天，用纸 2 包余。月经周期尚准，惟两次月经中期，阴道有少量出血，色红，每次持续约五六天始净。刻诊正值月经中期，阴道出血已 2 天，并见腰酸乏力，烦热口干，小腹略觉坠胀，舌边尖红，苔薄白，脉沉细数。辨证为阴虚火旺，冲任不固，治拟滋阴泻火，凉血固冲法。

处方：细生地 15g，粉丹皮、女贞子、旱莲草、云茯苓各 9g，怀山药 12g，知母 9g，川柏 6g，山萸肉 9g，炒地榆 15g，棕榈炭 9g，3 剂，水煎服。

二诊（9 月 25 日）

上方服后，阴道出血已止，烦热亦除。昨日月经届期来潮，量多如涌，经色殷红，烦躁少寐，头晕耳鸣，腰部酸胀，脉弦细数，舌红，苔薄黄。此热迫血行，冲任气盛，拟清热固经，凉血止血。

处方：细生地、败龟板各 15g，陈阿胶 9g（烊化冲），地骨皮、女贞子各 9g，条黄芩、焦山栀各 6g，乌贼骨 12g，川茜草 9g，炒地榆 15g，制香附 6g，粉丹皮 9g，粉甘草 6g，3 剂。

三诊（9 月 29 日）

药后经量渐次减少，现尚未净，脉细略数，拟养血固经，以继其后。

处方：秦当归、大生地各 12g，杭白芍 9g，川芎片 6g，陈阿胶 9g（烊化冲服），女贞子、旱莲草、桑寄生、川续断各 9g，条黄芩 6g，棕榈炭 12g，粉甘草 3g，3 剂。

嘱月经过后 10 天，仍服一诊方 5 剂，下次经期服二诊方 3～5 剂，经后仍服三诊方。如此调治 3 个月，经量正常，经间出血现象迄未反复。

〔按〕本例经量过多，经间出血，腰酸乏力，烦热不安，头晕耳鸣，乃因肝肾阴虚，相火激动，冲任失固所致。初诊予滋阴泻火稍佐固涩，以使水火互济，阴平则阳秘；二诊正值经期，热迫血行，量多如涌，用清热固经，凉血止血之法，俾热势得戢无以肆虐，则冲任得固血不妄溢。经后补益肝肾，养血固经，专务其本，使精血得充，则亢阳自潜，所谓"伏其所主而先其所因"耳。

（《哈荔田妇科医案医话选》）

自 学 指 导

1. 本病的特点是在两次月经中间，即细缊乐育之时，出现周期性的少量阴道出血，出血量少于月经量，持续 2～7 天，可自止，呈周期性发作。经间期的出血量与正常出血量形成一次少与一次多相间隔的表现。

2. 本病可导致不孕。

3. 本病根据出血的血色、血质，全身兼证和舌象、脉象进行辨证。如果临床无其他兼证者，则按肾阴虚型进行论治。

4. 注意与月经先期、月经过少、经漏、赤带的鉴别。

5. 疗效以出血停止，观察 3 个月无复发为治愈。

【参考文献摘要】

1.《女科准绳》引袁了凡说：天地生物，必有细缊之时，万物化生，必有乐育之候……凡妇人一月经行一度，必有一日细缊之候，于一时辰间，气蒸而热，昏而闷，有欲交接不可忍状，此的候也。……顺而施之，则成胎矣。

2．《哈荔田妇科医案医话选》：经间出血，多见于经后 10～16 天，阴道有少量出血……《竹林女科》有"……一月再行"的记载，庶已近似之……。据临床体会，本病多以血海不宁，冲任气盛为主要关键，发病具体原因，则或因阴虚火伏，或因肝经郁热，或因湿热蕴积困扰血海，加以月经中期时冲任二脉之气逐渐旺盛，激动脉络，以致血不循经……治疗大法，则阴虚火伏者以养阴清热为主，如知柏地黄丸之类；肝经郁热者以清热凉血为主，如丹栀逍遥散化裁；湿热内蕴者以清肝利湿为主，如八正散化裁。

3．《刘奉五妇科经验》：排卵期出血，多发生于两次月经的中期，即月经后期第 12～16 天。……认识到月经中期出血，实属湿热下注，热伤血络所致，故用清热利湿，行气活血的法则进行治疗。

【复习思考题】

1．什么叫经间期出血？

2．经间期出血的主要病机是什么？

3．经间期出血有哪些证型？如何辨证论治？

〔许丽绵　罗颂平〕

第五节　痛　经

【自学时数】

6～8 学时。

凡在经期或经行前后，出现周期性小腹疼痛，或痛引腰骶，甚至剧痛晕厥者，称为"痛经"。亦称"经行腹痛"。

【病因病机】

本病的发生与冲任、胞宫的周期性变化有关。主要病机在于邪气内伏或精血亏虚，正值经期前后冲任二脉气血的生理变化急骤，导致胞宫的气血运行不畅，"不通则痛"；或胞宫失于濡养，"不荣则痛"，遂致痛经。

1．气滞血瘀：素体抑郁，或忿怒伤肝，肝郁气滞，血行不畅，滞而成瘀；或经期产后，余血内留，蓄成而瘀，瘀滞冲任，血海气机不利，经血运行不畅，发为痛经。

2．寒湿凝滞：经期冒雨涉水，感受寒邪，或过食寒凉生冷，寒湿客于冲任、胞中，与血搏结，以致气血凝滞不畅，血滞不行，留聚而作痛。

3．气血虚弱：素体虚弱，气血不足，或大病久病，耗伤气血或脾胃虚弱，化源不足，气虚血少，经行之后，血海空虚，胞脉失养，而致痛经。

4．肝肾亏损：禀赋素弱，肝肾本虚，或因多产房劳，损及肝肾，以致精亏血少，冲任不足，经行之后，精血更虚，血海空虚，不能滋养冲任、胞宫，而致痛经。

【诊治要点及预后】

1．每逢经期或经行前后小腹疼痛，随月经周期性发作，甚者疼痛难忍，或伴有呕吐汗出，面青肢冷，以致晕厥者。也有部分患者，经期小腹疼痛连及腰骶，放射至肛门或两侧股部。

2．注意了解情志因素、生活因素，如经期或产后冒雨涉水、过食寒凉生冷或不节房事等情况，或人工流产、诊刮等宫腔手术史。

3．痛经是以伴随月经来潮而周期性小腹疼痛发作为特点。若平素并无痛经史，腹痛较剧而伴阴道出血，应注意月经有无衍期，如有停经及性交史，必须与妊娠病相鉴别，包括异位妊娠、胎动不安、堕胎等，妊娠试验、妇检、B超等有助鉴别。

4．本病的辨证要点在于根据疼痛的时间、部位、性质，然后结合全身证候及舌脉，正确判断其寒、热、虚、实。本病以实证居多，虚证较少，也有虚实夹杂者。

一般来说，经前、经期疼痛者多属实，或虚中夹实。经后痛者多属虚。胀甚于痛者，多以气滞为主。痛甚于胀者，多以血瘀为主。剧痛多为实证，隐痛多为虚证。痛在小腹正中者，多为血瘀或血虚。痛在小腹两侧者，多为气滞。此言其大概，尚须结合月经期、量、色、质的改变及伴随的全身症状参见舌脉，详细分辨。

5．治疗上，根据通则不痛的机制，重在调理气血，视其寒、热、虚、实之不同，分别采用温、清、补、攻四法随证施治。实证宜在经前3～7天用药，气血通调，则疼痛自消；虚证宜在经期及经后调理，胞脉得养，则无痛经之虞。治疗应以3个周期为一疗程，使疗效得以巩固。

6．青春期女子之痛经多无生殖道器质性病变；而育龄期才出现痛经，尤其是堕胎、人工流产后出现痛经，并有逐渐加重的倾向者，常因盆腔炎、子宫内膜异位症所致，临床上常与不孕症、带下病并见。

【辨证论治】

1．气滞血瘀型：

〔主要证候〕经前或经期小腹胀痛，经量少，淋漓不畅，血色紫暗有血块，或呈腐肉片样物，块下则疼痛减轻。胸胁、乳房胀痛，烦躁，舌质紫暗，或有瘀点。脉弦或弦涩有力。

〔证候分析〕肝郁气滞，血行不畅，瘀滞冲任，经前经时，气血下注冲任，胞脉气血更加壅滞，气血运行不畅，故经前、经时小腹胀痛，月经量少而淋漓不畅。由滞而瘀，则经色紫暗有块，块下则瘀滞稍通，故疼痛暂减。肝气郁滞，故胸胁、乳房胀痛。舌紫暗，或有瘀点，脉弦或弦涩有力均为气滞血瘀之象。

〔治疗原则〕理气活血，祛瘀止痛。

〔方药举例〕膈下逐瘀汤（《医林改错》）。

当归　川芎　赤芍　桃仁　红花　枳壳　延胡索　五灵脂　丹皮　乌药　香附　甘草

方中枳壳、乌药、香附行气调肝；当归养血和血；川芎、赤芍、桃仁、红花、丹皮活血行瘀；延胡索、五灵脂化瘀止痛；甘草和中缓急，调和诸药。气调血顺则疼痛自止。

若证偏气滞者，侧重用枳壳、乌药、香附以行气为主。若偏血瘀者，则重用桃仁、红花、五灵脂、延胡索以活血化瘀为主。

若痛甚伴有恶心呕吐者，酌加吴茱萸、半夏、生姜以和胃降逆止呕；若肝郁侮脾，症见胸闷、纳少者，可加炒白术、茯苓、陈皮以健脾和中；若兼前后二阴坠胀者，加川楝子、柴胡以疏肝理气；若兼寒者见小腹冷痛，酌加艾叶、小茴香以温经散寒止痛。

若挟热者，症见经色深红而有块，苔黄脉数者，酌加栀子、黄柏、夏枯草、益母草以清热凉血，化瘀止痛，或用清热调血汤（《古今医鉴》）。

当归　川芎　白芍　生地　黄连　香附　桃仁　红花　莪术　延胡索　丹皮

方中生地、黄连、丹皮清热凉血；当归、川芎、桃仁、红花、莪术、延胡索活血化瘀止痛；香附理气行滞；白芍和营敛阴。热清气行，则痛自止。

2．寒湿凝滞型：

〔主要证候〕经前或经行小腹冷痛，甚则牵连腰背疼痛，得热则舒，经行量少，经色暗有血块，畏寒便溏。苔白腻，脉沉紧。

〔证候分析〕寒湿之邪伤于下焦，客于冲任、胞中，与血搏结，使经血行而不畅，故经前经时小腹冷痛，经行量少；血为寒凝，故经色暗有血块；因胞脉系肾，故痛甚则连及腰脊；血得热则行，故得热痛减；寒湿停滞，困阻脾阳，脾阳失运，故畏寒便溏。苔白腻，脉沉紧均为寒湿内阻、气血瘀滞之象。

〔治疗原则〕温经化瘀，散寒利湿。

〔方药举例〕少腹逐瘀汤(《医林改错》)加苍术、茯苓。

小茴香　干姜　延胡索　没药　当归　川芎　官桂　赤芍　蒲黄　五灵脂

方中官桂、小茴香、干姜温经散寒除湿，当归、川芎、赤芍活血行瘀，延胡索、蒲黄、五灵脂、没药化瘀止痛，苍术、茯苓利湿化浊。全方共奏温经散寒，活血祛瘀止痛之功。

若痛甚而厥，症见手足不温或冷汗淋漓，可加附子以温壮阳气而运血行。

3．气血虚弱型：

〔主要证候〕经期或经净后，小腹绵绵作痛，按之痛减，月经量少色淡，质清稀，面色苍白，精神倦怠，头晕心悸，失眠多梦。舌淡，苔薄，脉细弱。

〔证候分析〕气血不足，冲任亦虚，经行之后，血海更虚，胞宫、胞脉失于濡养，故经期或经后小腹绵绵作痛，喜揉喜按；气血虚弱冲任不足，血海满溢不多，故经水量少，色淡质稀。气虚阳气不振，故精神倦怠；血虚不养心神，故心悸、失眠多梦；气血虚少，不能上荣头面，则头晕、面色苍白。舌淡苔薄，脉虚细，均为气血两亏之象。

〔治疗原则〕益气养血止痛。

〔方药举例〕圣愈汤(《兰室秘藏》)加香附、甘草。

党参　黄芪　当归　熟地　白芍　川芎

方中党参、黄芪补中益气，当归、川芎养血活血调经，熟地养血，香附理气，白芍、甘草缓急止痛。气血充盈，血脉流畅则疼痛自除。

若血虚甚，症见心悸、失眠、多梦者，可加鸡血藤、桂圆肉、大枣、柏子仁以养血安神。

4．肝肾亏损型：

〔主要证候〕经期或经后小腹隐痛，喜按，经来量少，色淡质稀。腰膝酸楚，头晕耳鸣，小便清长，面色晦暗。舌淡红，苔薄，脉沉细。

〔证候分析〕肝肾亏损，精血不足，经行之后，精血更虚，冲任俱损，胞宫、胞脉失于濡养，故经行或经后小腹隐痛，喜按；肝肾亏损，冲任不足，血海满溢不多，故月经量少、色淡、质稀；肾虚则腰腿失养，故腰膝酸楚；肾精不足，不能上养清窍，故头晕耳鸣；肾虚不能温煦膀胱，气化失常，故小便清长。面色晦暗，舌淡红，苔薄，脉沉细，均为肝肾亏损之候。

〔治疗原则〕益肾养肝止痛。

〔方药举例〕调肝汤(《傅青主女科》)。

山药　阿胶　当归　白芍　山茱萸　巴戟　甘草

方中当归、白芍养血柔肝；山茱萸补肝肾、益精气；巴戟温肾、益冲任；阿胶滋阴补血；山药、甘草补脾肾，生精血。全方共奏益肾养肝，缓急止痛之功。

若月经量少者，酌加鹿角胶、熟地以补养精血；腰骶痛甚者，加杜仲、寄生、续断以补肾壮腰。若小腹两侧痛或两胁疼痛者，酌加小茴香、橘核、川楝子、郁金以疏肝行气止痛。夜尿频数清长者，加益智仁、桑螵蛸固涩止溺。

【其他治法】

1．单方与成药：①云南白药 3g，每日 2～3 次，温水调服。②田七末 3g，每日 2～3 次，冲服。③田七痛经胶囊，每次 3～5 粒，每日 3 次。④复方益母草口服液，每次 1 支，每日 3 次。⑤鲜益母草 100g，红糖适量，水煎服。

2．针灸：体针取三阴交、足三里，配中极、地机。耳针取子宫、内分泌、交感。

3．外敷：

（1）坎离砂或热敷散（或煎药后的药渣，置纱布袋中）热敷小腹，以皮肤耐受为度。

（2）麝香痛经膏或麝香风湿膏 1 片，贴敷于下腹部。

【预防保健】

1．注意精神调养，切勿在经前有畏惧感，保持心情舒畅，以利气血运行。

2．饮食起居须有常，经期忌生冷寒凉或刺激性饮食，忌涉水、游泳、坐卧湿地，注意保暖；忌食生冷寒凉、滋腻之品。

3．配合医嘱，坚持周期性治疗。

【案例】

朱某，女，29 岁，已婚，1971 年 5 月 7 日初诊。

12 岁月经初潮，因惊惧泣啼，遂致经来腹痛，逐年加重。每痛辄剧烈难耐，辗转床第，服一般止痛药无效，须注射哌替啶（度冷丁）之类针剂方能止痛，因之婚后三载无娠。某院妇科检查，诊为子宫后倾，子宫骶韧带处触到两粒黄豆大小结节，触痛明显，诊刮与输卵管造影均未见异常，诊为子宫内膜异位症，拒绝手术治疗。询之月经周期尚准，量一般，色紫有块，块下痛可稍减。素日腰背酸楚，胁肋苦撑，乳房作胀，手心内热，带下黏稠，舌质偏紫，脉现弦细。证属气滞血瘀，冲任为病。周期将近，拟予疏肝理气，活血行瘀之法。

秦当归 15g，赤芍药 12g，刘寄奴、三棱、莪术各 10g，苏木 12g，茜草、牛膝、红花各 9g，醋香附 9g，广木香 7g，川芎片 8g，川萆薢 7g，醋柴胡 6g。4 剂，水煎服。

二诊（5 月 13 日）：服未尽剂，经至量多，下紫黑块。虽仍有腹痛，但已能耐受。病势得减，再予原法，制重其剂，以荡窠臼。

秦当归、赤芍药各 15g，刘寄奴、紫丹参各 18g，三棱、莪术、怀牛膝各 10g，醋香附 9g，醋柴胡、川芎片、川萆薢各 8g，台乌药 9g，粉甘草 5g。3 剂，水煎服。

三诊（5 月 16 日）：药后腹痛渐减，精神渐振，纳谷渐增，惟经尚未净，腰背仍感酸楚，拟养血调经法。

秦当归 15g，川续断、炒杜仲各 9g，赤芍药、醋香附、川楝子各 9g，延胡索 4g，五灵脂 7g，柴胡、木香、萆薢、粉甘草各 6g。4 剂，水煎服。

上方服后，月经已止，腰酸已除，带下淋漓。嘱日服加味逍遥丸一剂，连服 10 天。外用蛇床子 9g，黄柏 6g，吴萸 3g，布包、泡水、坐浴熏洗，每日 2 次，连续 10 天。此后经前一周予三诊方服至经行，恪守不移，经后交替服用舒肝和营、养血调经之加味逍遥丸、坤顺丹等丸剂。调理间月，痛经未发，复经妇检，宫骶韧带处结节消失。再两月竟已妊娠。

〔按〕举例因月经初潮时，惊愕疑惧，遂致气机逆乱，血滞胞中，发为痛经。血瘀气滞，肝脉不畅，故乳胀胁痛，下血紫黑有块；血块既下，气机暂通，故腹痛稍减，久瘀生热，阴血为伤，故手心内热，腰背酸楚无力。证属血实气滞，治须"留者攻之"之法，仿《金鉴》琥珀散之意，以三棱、莪术行气破血，刘寄奴、草红花、苏木破瘀通经止痛，赤芍、茜草清热凉血，柴胡、香附、木香、川芎舒肝理气，牛膝引血下行，当归养血和血。诸药合用，功具行气活血，祛瘀止痛，用治瘀血内阻之痛经，较为洽情。二诊制大其剂，使能功专力伟，荡其窠白，以杜覆辙；三诊采以剿抚并用，意在行气和血，兼益肝肾，以扶正祛邪。本例用药，始终以破瘀通经为要务，意在去腐生新，不破不立，若攻之手软，投鼠忌器，裹足不前，反致贻误病机，延长病程。

（《哈荔田妇科医案医话选》）

自 学 指 导

1．痛经以经行腹痛为主证，伴随月经周期反复发作，是妇科痛证之一。尤以青年女性多见。

2．本病可伴发不孕症、带下病。

3．痛经有虚实之分，不可以"不通则痛"一概论之。凡实痛者，因气血凝滞，胞脉受阻，不通则痛；虚痛者，乃气虚不足以运血，或血虚不足以配气，以致胞脉失养、虚而作痛。诊治痛经，宜抓住腹痛这个主要特征结合疼痛的性质、程度、部位、时间以及经量、经色、经质、全身脉证进行分析，切忌见痛止痛，如不辨证，则欲速而不达。

4．治疗上，根据虚者补而调之，寒者温而调之，实证攻而调之，热者清而调之的原则，以期达到调理气血、活血止痛的目的。学习痛经一证治疗，还要掌握用药时机。一般从经前3天左右始用药，虚性痛经可用丸药缓以图之，经前改用汤剂，连用2～3个周期，可望收效。

诊治痛经，在辨证论治的同时，常选择相应的止痛药配伍以协助止痛。如寒者，选用艾叶、小茴香、炮姜、肉桂、台乌、吴茱萸等温经止痛药；气郁者，选用香附、川楝子、延胡索、姜黄、木香、枳壳、槟榔等行气止痛药；瘀者，选用川芎、乳香、没药、三七、延胡索、蒲黄、五灵脂、血竭等活血止痛药；热者，选用川楝子、丹皮、赤芍等清热止痛药。

5．注意与异位妊娠、胎动不安相鉴别。

6．本病疗效以疼痛消失，停药3个月经周期未见复发为治愈。

【参考文献摘要】

1．《景岳全书·妇人规》：经行腹痛，证有虚实。实者，或因寒滞，或因气滞；或因热滞；虚者，有因血虚，有因气虚。然实病者，多病于未行之前，经通而痛自减；虚痛者，于既行之后，血去而痛未止，或血去而痛益甚。大都可按可揉者为虚；拒按拒揉者为实。有滞无滞，于此可察，但实中有虚，虚中亦有实，此当于形气禀质兼而辨之，当以察意，言不能悉也。

2．《医宗金鉴·妇科心法要诀》：凡经来腹痛，在经后痛，则为气血虚弱；经前痛，则为气血凝滞。若因气滞血者，则多胀满；因血滞气者，则多疼痛。更当审其凝滞作胀痛之故，或因虚、因实、因寒、因热而分治之也。

3．《傅青主女科》：妇人有少腹疼于行经之后者，人以为气血之虚也，谁知是肾气之涸乎！夫经水者，

· 87 ·

乃天一之真水也，满则溢而虚则闭，亦其常耳，何以虚能作疼哉？盖肾水一虚则水不能生木，而肝木必克脾土，木土相争，则气必逆，故尔作疼。治法必须以舒肝气为主，而益之以补肾之味，则水足而肝气益安，肝气安而逆气相顺，又何疼痛之有哉？方用调肝汤。

【复习思考题】

1．什么叫痛经？
2．痛经产生的原因有哪些？其病机如何？
3．痛经的诊治要点是什么？与辨证各型有何联系？
4．试述痛经的各型辨证要点以及治疗原则和主方。

〔罗颂平　许丽绵〕

第六节　经行吐衄

【自学时数】

3～4学时。

每值经前或经期，出现有规律的吐血或衄血者，称"经行吐衄"。又称"倒经"、"逆经"。

【病因病机】

发病机制主要为血热而冲气上逆，迫血妄行而发生经行吐血、衄血。临床常见的有肝经郁火、胃热炽盛、阴虚肺燥三种证型。

1．肝经郁火：素性抑郁，忿怒伤肝，肝郁化火，冲脉隶于阳明而附于肝，经期冲脉气盛，冲气挟肝气上逆，火炎气逆，灼伤阳络，血随气升，发为经行吐衄。《类证治裁》云："按月倒经，血出鼻口，此由肝火上迫，不循常道。"

2．胃热炽盛：嗜食辛辣之品或过服辛温香燥之剂，致胃火炽盛，血中蕴热，冲脉隶于阳明，经期血海满盈之时，胃热挟冲气上逆，损伤血络而发为经行吐衄。《叶氏女科证治》说："此由过食椒姜，辛热之物，热伤其血，则血乱上行。"

3．阴虚肺燥：素体阴虚，或大病久病，耗损精血，阴虚内热；或忧思不解，积念在心，心火偏亢，经期冲脉气盛，气火上逆，灼肺伤津，肺络受损，发为经行吐衄。《沈氏女科辑要笺正》曰："倒经一证，亦曰逆经……多由阴虚于下，阳反上冲。"

【诊治要点及预后】

1．本病特点是每值行经前或经期即出现有规律的吐血或衄血，也有少数在经后吐衄，血量多少不一，吐衄随月经干净而停止，下次行经又再复发。常伴月经量明显减少，甚或月经闭止不行。

2．注意有无精神刺激史或鼻咽部炎症病史。

3．本病需与消化性溃疡、肝硬化、支气管扩张、肺结核等病或鼻咽部炎症、息肉、肿瘤等病引起的内科、五官科的吐血、衄血相鉴别。内科、五官科的吐血、衄血与月经周期无关，不会同步于月经同期发生，即使有经期加重的趋势，但在非月经期亦会出现吐血、衄血，且伴有其他全身症状和体征，本病吐衄只发生在经期，且能在一定时间内停止，借助鼻咽部检查，肺、胃X线，纤维内窥镜检查及活体检查等，常可鉴别。

4．辨证时应从出血的时间、血量、色泽、质地的变化，并结合兼证进行分析。经前或经初吐血、衄血，量多，多为实热；经行后吐血、衄血，量少，多属虚火。

5．本病的主要病机，为血热气逆，治疗则以清热降逆，引血下行为主。但热有实热、虚热之分，实热者，宜清热凉血，引血下行；虚热者，则宜养阴清热。但不可过用苦寒克伐之剂，以免耗伤气血。切忌辛温香燥，劫津伤阴之剂，以犯虚虚实实之戒。

6．本病常伴发月经过少甚或闭经。

【辨证论治】

1．肝经郁火型：

〔主要证候〕经前或经期吐血、衄血，量较多，色深红。头晕目眩，心烦易怒，两胁胀痛，口苦咽干，小便短赤，大便秘结。月经可见提前，经量减少，甚或无月经。舌红，苔黄，脉弦数。

〔证候分析〕肝经郁火，伏于冲任，经前或经期冲气偏盛，冲气挟肝火上逆，损伤阳络，血随气升，故经行吐血、衄血，色深红，量较多；热扰冲任，故经期也屡超前；经水上行由口鼻溢出，冲任气血因而不足，血海满溢不多甚或无血可下，故经量减少或无月经；两胁为肝经所布，肝气郁结，故两胁胀痛；肝郁化火，则心烦易怒，口苦咽干；郁火上扰清窍，故头晕目眩；火热伤津，则小便短赤，大便秘结。舌红，苔黄，脉弦数，也为郁火之征。

〔治疗原则〕疏肝清热，引血下行。

〔方药举例〕清肝引经汤（《中医妇科学》四版教材）。

当归　白芍　生地　丹皮　栀子　黄芩　川楝子　茜草　白茅根　牛膝　甘草

方中当归、白芍养血柔肝；生地、丹皮清热凉血；栀子、黄芩清热降火；川楝子疏肝理气；茜草、白茅根凉血止血；牛膝引血热下行；甘草调和诸药。

若吐血，加白及、海螵蛸；鼻衄，加黄连、藕节以清热凉血止血；小腹疼痛者，加桃仁、红花以活血祛瘀止痛。

2．胃热炽盛型：

〔主要证候〕经前或经期吐血、衄血，量多色红。口干咽燥欲冷饮，尿黄便结。舌红，苔黄，脉洪大或滑数。

〔证候分析〕素嗜辛辣或过服辛温香燥之剂，致使胃热炽盛，盖冲脉附于阳明，经期冲脉血盛，胃热挟冲气上逆，遂致经行吐衄，量多色红；胃热炽盛，灼伤津液，故口干咽燥，欲喜冷饮，尿黄便结。舌红苔黄，脉洪大或滑数，均为胃热炽盛之象。

〔治疗原则〕清胃泻火，凉血止血。

〔方药举例〕玉女煎（《景岳全书》）加丹皮、白茅根、鲜芦根。

熟地　石膏　知母　牛膝　麦冬

方中知母、石膏、芦根清热生津，直折阳明胃热；丹皮清热凉血；牛膝、白茅根清热，引血下行；麦冬、熟地滋阴养液。

3．阴虚肺燥型：

〔主要证候〕经前或经期吐血、衄血，量少，色鲜红。头晕耳鸣，手足心热，潮热干咳，咽干口渴，月经量少，或无月经，颧赤唇红。舌红或绛，苔花剥或无苔，脉细数。

〔证候分析〕素体阴虚，忧思积念，心火偏亢，经期冲脉气盛，气火上逆，灼肺伤津，损伤肺络，故血上溢而为经前经期吐血、衄血，量少，色鲜红；阴虚精血亏少，冲任空虚，故月经量少或无月经；阴虚精血耗伤，髓海失养，故头晕耳鸣；阴虚内热，故手足心热；虚热上浮，故颧赤唇红；虚热灼肺伤津，肃降失职，故咽干口渴，潮热干咳。舌红或绛，苔花剥或无苔，脉细数，也为阴虚肺燥之征。

〔治疗原则〕滋阴润肺，引火下行。

〔方药举例〕顺经汤（《傅青主女科》）加麦冬、牛膝。

当归　熟地　沙参　白芍　茯苓　黑芥穗　丹皮

方中沙参、麦冬养阴润肺；熟地、白芍、当归养血调经；丹皮清热凉血；茯苓健脾宁心益肺；黑芥穗引血归经；牛膝引血下行。全方使阴液足而虚火清，肺燥除则吐衄自止。

若咳痰、咳血甚者，可加白茅根、浙贝母、桔梗以滋肺止咳止血；月经量少或闭止不行者，可加枸杞子、桑葚子以养血；潮热盗汗，可加鳖甲、龟板以育阴潜阳。

【预防保健】

1．平时应保持心情舒畅，精神愉快，避免七情过极，五志化火。

2．饮食宜清淡，多食含维生素C丰富的水果、蔬菜，禁食辛辣香燥之品；平时用药宜滋阴凉血。

3．注意生活起居，保持大便通畅。

4．注意经期摄生调护，月经期不宜过分劳累，保持情绪稳定。

【案例】

蔡某，女，25岁，未婚，工人。1975年12月17日初诊。

患者13岁月经初潮后，周期基本正常，但有痛经史。自23岁至24岁，偶有几次经前鼻衄，几滴而止，诊为"倒经"，经服中药而愈。1975年9月25日（经前）下夜班午睡后，突然大量鼻衄，从口鼻中涌出，色鲜红夹有血块，即到广州某医院急诊。一昼夜中经注射药物和填塞鼻腔处理未能止血，入该院五官科住院。检查所见："鼻中隔左侧前下方有糜烂面，有多量血液涌出。"内科会诊认为鼻衄与内科关系不大。入院后6天，共鼻衄约2 000mL，输血600mL。住院18天鼻衄暂止而出院，出院诊断为"倒经"。出院后不久来我院妇科门诊治疗。自诉从9月大量鼻衄后至今未愈，月经周期不定，经量减少，经色深红，痛经。昨天（12月16日）下午鼻衄少量，月经现未净，量不多。睡眠欠佳，纳差，疲倦，面色晦黄，唇暗，舌暗尖红，边有瘀斑，苔白微黄厚腻，脉弦滑。此为"经行吐衄"，属肝郁化火，火气上逆，兼有脾虚湿郁所致。治宜引血下行为主，佐以健脾化湿。

处方：丹参12g，怀牛膝15g，丹皮、赤芍各9g，生地15g，佛手12g，山楂肉15g，黑栀子9g，藿香6g，绵茵陈15g。3剂，每天1剂。

12月27日二诊：服药后胃纳转佳，睡眠好。月经12月25日来潮，暗红色，量与前次差不多。自觉头晕，舌暗红稍淡，苔薄白，唇暗，脉滑略弦。服上方脾湿稍化，除继续引血下行外，并兼养血和肝。

处方：丹参12g，怀牛膝15g，黑栀子12g，干地黄25g，白芍、山楂子各15g，赤芍9g，云苓、桑寄生各20g，香附9g。4剂。

1976年1月14日三诊：月经9日来潮，现未净，12日衄血20mL左右。面色仍稍晦黄，唇暗红，舌有瘀斑，苔白微黄腻，脉弦滑。仍守前法，并加强舒肝之品。

处方：柴胡6g，白芍12g，云苓25g，白术12g，黑栀子、丹皮各9g，丹参、怀牛膝各12g，桑寄生15g。3剂。

2月11日四诊：末次月经2月6日至10日，量较前几次稍多，色暗红，有血块。经期中仅有少许血丝从鼻孔流出，心烦不安，胃纳欠佳，舌尖红，边有瘀点，苔白略厚，脉弦滑。治则如前。

处方：怀牛膝、丹参各15g，云苓、怀山药各20g，白术12g，黑栀子9g，白芍、佛手各12g，桑寄生15g，干地黄20g。4剂。

3月15日五诊：月经将潮，近日来自觉喉中有血腥味，但未见鼻衄，自觉胸臆和小腹胀痛，夜寐不宁，小便短赤。舌淡暗，边有瘀点，苔白略腻，脉弦滑。肝气尚郁，兼有瘀滞，治法除继续引血下行外，加强解郁行气化瘀之品，以巩固疗效。

处方：丹参12g，川牛膝15g，黑栀子、郁金各12g，白芍15g，云苓20g，山楂肉15g，桃仁、丹皮各12g，青皮9g。4剂。

6月12日六诊：末次月经5月25日，5天干净，量中等，色深红，痛经减轻，无鼻衄，仅于经后自觉喉中有血腥味，舌尖红，质淡暗，苔白，脉细弦略滑数。守前法为治。

处方：丹参12g，怀牛膝15g，黑栀子9g，云苓25g，白芍20g，怀山药、车前子各15g，生地20g，香附9g。5剂。

9月22日七诊：近几个月来已无鼻衄，亦无自觉喉中血腥味。痛经减，已无腰痛。精神好，胃纳可，月经正常。本次月经9月16日，量中等。面色已较红润，舌质淡暗尖稍红，苔白略腻，脉弦滑。

处方：丹参15g，怀牛膝15g，黑栀子9g，云苓25g，怀山药15g，甘草3g，北沙参、女贞子、旱莲草各15g。4剂。

〔按〕本例经行吐衄，鼻衄量曾达2 000mL，持续6天，需要住院输血600mL，出血量之多，持续时间之长，是较为罕见的。经五官科和内科会诊，已排除该科的病变，均认为属于妇科的"倒经"，诊断是比较明确的。后经门诊中药治疗，收到较满意的效果，且经观察一年，已无复发，月经正常，疗效比较稳定。

经行吐衄一证，中国医学文献多认为肝郁化热，气逆上冲，不能下注冲任所致。……一般主张用犀角地黄汤加减化裁。本例衄血多而经量少，舌暗尖红，烦躁不安，脉弦滑，此为气郁化热之证，治法必须以养阴清热引血下行为主；故处方始终以丹参、牛膝、黑栀子、干地黄、丹皮等味为主药，以达到养阴清热和引血下行之目的，佐以舒肝行气解郁，适当选用柴胡、郁金、青皮、佛手、白芍之品，同时因其出血过多，故间用桑寄生以养血和肝。但由于患者面色黄晦，胃纳欠佳，肢体疲倦，舌苔厚腻，故亦佐以茯苓、淮山、茵陈、藿香等以健脾化湿，使脾胃调顺，月经通畅，而逆经之患可除。

（《罗元恺医著选》）

自 学 指 导

1. 本病是每逢经前或经期，出现吐血、衄血，经净后便逐渐停止。

2. 经血上行由口鼻而出，必致下注冲任者少，甚或全无，故经行吐衄时，常同时伴有月经过少，甚或闭经。

3．辨证时应从出血的时间、血量、色泽、质地的变化，并结合兼证进行分析。治疗上，主要是本着"热者清之"、"逆者平之"的原则，以清热降逆，引血下行为主。

4．注意与内科、五官科疾病引起的吐血、衄血相鉴别。其鉴别要点在于与月经周期有无关系。

5．疗效以经行吐衄消失，无周期性发作为治愈。

【参考文献摘要】

1．《沈氏女科辑要笺正》：倒经一证，亦曰逆经，乃有升无降，倒行逆施，多由阴虚于下，阳反上冲，非重剂抑降，无以复其下行为顺之常。甚者且须攻破，方能顺降，盖气火之上扬，为病最急。

2．《医宗金鉴》：妇女经血逆行，上为吐血、衄血，及错行下为崩血者，皆因热盛也，伤阴络则下行为崩，伤阳络则上行为吐衄也。

3．《女科证治准绳》：妇人鼻衄者，由伤动血气所致也。见血气调和则循环表里经络，涩则不散。若劳伤损动而生热，气逆流溢入于鼻者，则成鼻衄也……凡鼻衄虽多因热而得此疾，亦有因怒气而得之者。

4．《傅青主女科》：妇人有经未行之前一二日，忽然腹疼而吐血，人以为火热之极也，谁知是肝气之逆乎！夫肝之性最急，宜顺而不宜逆，顺则气安。逆则气动；血随气为行止，气安则血安，气动则血动，亦勿怪其然也。或谓经逆在肾不在肝，何以随血妄行，竟至从口上出也，是肝不藏血之故乎？抑肾不纳气而然乎？殊不知少阴之火急如奔马，得肝火直冲而上，其势最捷，反经而为血，亦至便也，正不必肝不藏血，始成吐血之症，但此等吐血与各经之吐血有不同者。盖各经之吐血，由内伤而成，经逆而吐血，乃内溢而激之使然也，其症有绝异，而其气逆则一也。治法似宜平肝以顺气，而不必益精以补肾矣。虽然，经逆而吐血，虽不大损夫血，而反复颠倒，未免太伤肾气，必须于补肾之中，用顺气之法始为得当。方用顺经汤。

【复习思考题】

1．什么叫经行吐衄？
2．试述经行吐衄的主要病机及治疗原则？
3．试述经行吐衄常见证型的主证、治疗原则及代表方药。
4．顺经汤有哪些药物组成？并解释其方义。

〔许丽绵　罗颂平〕

〜〜〜〜〜〜〜〜〜〜
第七节　月经前后诸证
〜〜〜〜〜〜〜〜〜〜

【自学时数】

11～18学时。

每逢经期或行经前后，出现一系列全身症状，如乳房胀痛、发热、头痛、身痛、口糜、眩晕、浮肿、泄泻、风疹块，甚或情志异常等，称为月经前后诸证。在古医籍中，根据不同的症状，分别称为"经行泄泻"、"经行乳胀"、"经行头痛"、"经行浮肿"、"经行口糜"、"经行发热"、"经行风疹块"等。

其特点是症状周期性出现。一般以经前或经期出现较多，有的症状于月经来潮前7～14

天开始出现，逐渐加重，经前 1～2 天达到高峰，行经后明显消失。月月如此，反复发作。症状因人而异，可突出以某一症状为主，也可以数症同时出现。

月经前后诸证的发生，是由于在经期前后冲任气血变化急骤，在致病因素与体质因素的影响下，导致阴阳平衡失调，气血失和，脏腑功能失常，而出现各种症状。

常见的证型有肝郁气滞、血热、血瘀、气血虚弱、肝肾阴虚、脾肾阳虚等。

本病以青壮年妇女发病率高。严重者可以影响学习和工作。

一、经行泄泻

【自学时数】

2～3 学时。

每值经前或经期，大便溏薄，甚至清稀如水，日解数次，而经净自止者，称为"经行泄泻"。亦称"经来泄泻"。

【病因病机】

主要发病机制是脾肾阳气不足，运化失司，每值经期血气下注冲任，脾肾愈虚，不能温运，水湿内停，湿邪下注而发生泄泻。临床常见的有脾气虚和肾阳虚两种证型。

1. 脾虚：素体脾虚，或忧思劳倦，饮食不节，损伤脾气，经行之际，气血下注冲任，脾气更虚，运化失司，故水湿内停，下走大肠，遂致泄泻。《傅青主女科》云："经水将动，而脾先不固，脾经所统之血，欲流注于血海，而湿气乘之，所以先泄水而后行经也。"

2. 肾虚：素体肾阳不足，或房劳多产，命门火衰，经行之际，气血下注冲任，肾气益亏，命火愈衰，不能温煦脾土，脾失健运，遂致泄泻。

【诊治要点及预后】

1. 经前或经期，大便次数增加，大便溏薄，甚或水样，经后恢复正常，下次经前再复发，连续发生 2 个月经周期以上者。临床见有的患者平时有慢性腹泻，遇经行而加重，亦可按本病辨治。

2. 注意有无过度劳累、房劳多产或七情内伤病史。

3. 注意要与内科泄泻相鉴别。内科泄泻可发生在任何时候，且与月经周期无关，多需用药物治疗后泄泻才能停止。而经行泄泻只发生在月经前或经行期间，不经治疗，泄泻也多能在月经净后自然停止，值下次月经又再复发。

4. 本病以每逢月经来潮即发生泄泻为辨证要点，属虚证者多，辨证时应着重观察大便的性状及泄泻的时间，参见全身脉症而辨之。一般来说，脾虚者，便多溏稀，兼脘腹胀满；肾虚者，多五更泄泻或清稀如水，兼腰酸肢冷；亦有肝强侮脾，出现虚实夹杂的证候者。

5. 治疗上以温肾健脾为大法，使脾健湿除，肾气得固，则泻自止。

6. 本病若不经治疗，很难自愈。

【辨证论治】

1. 脾虚型：

〔主要证候〕经前或经期，大便泄泻，脘腹胀满，神疲肢倦，面色萎黄。经行量多，色淡质稀，平时带下量多，色白质黏，无臭气，或面浮肢肿。舌淡胖，苔白腻，脉濡缓。

〔证候分析〕脾气素虚，经前或经期，气血注于冲任，脾气更虚，运化失职，水湿不化，下走大肠，则生泄泻，脘腹胀满；脾虚中阳不振，化源不足，则面色萎黄，故神疲肢倦；水湿泛溢肌肤，故面浮肢肿；脾气虚失于统摄，冲任不固，故经行量多，色淡质稀；脾虚生湿，流注下焦，损伤带脉，带脉失约，故带下量多，色白质黏。舌淡胖，苔白腻，脉濡缓，也为脾气虚之征。

〔治疗法则〕健脾益气，除湿止泻。

〔方药举例〕参苓白术散（方见月经先后无定期）。

方中以人参、白术、茯苓、甘草、山药健脾益气；扁豆、莲肉、薏苡仁健脾化湿；砂仁和胃理气；桔梗载药上行。全方共奏补气健脾，和胃渗湿之功。

若月经过多，可加炮姜、陈棕炭以温经止血。

若脾阳虚衰，泄泻澄澈清冷，腹中冷痛，得热则减，手足不温，舌淡，苔白而滑，脉沉迟无力者，宜温中散寒，健脾益气。方用理中汤（《伤寒论》）酌加附子温肾暖脾。

人参　白术　甘草　干姜

方中以人参、白术、甘草补气健脾，干姜、附子温中扶阳散寒，使脾气健旺，中阳得振，则泄泻自愈。

若肝旺乘脾者，症见经行之际，腹痛即泻，泻后痛止，或两胁胀痛，烦躁易怒。治宜疏肝健脾，方用痛泻要方（《丹溪心法》）。

白术　白芍　陈皮　防风

方中白术健脾燥湿，陈皮理气和中，白芍柔肝缓急止痛，防风舒脾升清止泻。全方有扶脾抑肝之功，使土旺脾健，则痛泻自止。

2.肾虚型：

〔主要证候〕经前或经期，大便泄泻，或五更而泻，腰酸腿软，畏寒肢冷，头晕耳鸣。月经量少，色淡，平时带下量多，质清稀如水，面色晦暗。舌淡，苔白滑，脉沉迟无力。

〔证候分析〕素体肾阳不足，经前、经时气血下注，肾阳益虚，命火不温脾土，运化失职，水湿并走大肠，故经行泄泻；肾阳虚不能温养外府，故腰膝酸软；髓海失养，故头晕耳鸣；肾阳虚阳气不布，故畏寒肢冷；肾阳虚，湿浊下注冲任，故带多质稀；肾虚，精血不充，血海不盈，故月经量少，色淡。面色晦暗，舌淡，苔白薄，脉沉迟无力，也为肾阳虚衰之征。

〔治疗原则〕温肾健脾，除湿止泻。

〔方药举例〕健固汤（《傅青主女科》）合四神丸（《校注妇人良方》）。

人参　白术　茯苓　薏苡仁　巴戟天

补骨脂　吴茱萸　肉豆蔻　五味子　生姜　大枣

方中巴戟天、补骨脂温肾扶阳；吴茱萸温中散寒；人参、白术健脾益气；茯苓、薏苡仁健脾渗湿止泻；肉豆蔻、五味子固涩止泻。全方使肾气温固，脾气健运，湿浊乃化，泄泻遂止。

【预防保健】

1.注意饮食调理，经期慎食生冷瓜果之类，以防湿滞更伤脾阳。

2.经前注意劳逸结合，避免过度劳累，以免损伤中气。

3.经前避免忧思郁怒，保持心情舒畅。

4.房事有节，以免损伤肾气。

【案例】

翟某，女，27 岁，门诊简易病历。初诊日期：1972 年 6 月 18 日。

主诉：经前腹泻 3～4 年。

现病史：患者既往月经周期正常，色淡、质稀，经期小腹剧痛，有血块。近 3～4 年来，每于经前 5～7 天，即出现腹泻下利，每日 3 次，腹痛必泻，泻后痛减，饮食欠佳，面色苍白，结婚 2 年未孕。

舌象：舌质淡。

脉象：沉缓。

西医诊断：经前期紧张症。

中医辨证：脾虚肝旺，湿热内蕴。

治法：健脾抑肝，清热除湿。

方药：焦白术 9g，茯苓 15g，防风、陈皮各 6g，白芍 12g，黄芩 9g，甘草 6g，川断、菟丝子各 9g。

治疗经过：8 月 29 日复诊，上方服 10 余剂，月经于 8 月 18 日来潮，经前泻利未作，大便成形，日解 1 次。1972 年 12 月曾经随访称，自上次治疗后一直未出现经前泻利现象，月经正常。

> 〔按〕本例属于肝郁抑脾而致，脾虚则胃肠湿热内蕴，以致痛必腹泻，胃纳差。脾虚不能充养肌肤，则面色㿠白。脾虚湿盛，故经血色淡、质稀。治以抑肝健脾为法，用痛泻要方与黄芩芍药甘草汤加减。方中白术、茯苓健脾除湿，陈皮理气醒脾，均为补脾。白芍养血抑肝，防风升阳除湿，均为和脾；川断、菟丝子补肾和肝；黄芩、白芍、甘草清理胃肠湿热。

（《刘奉五妇科经验》）

自 学 指 导

1．本病以每逢经前或经期出现大便泄泻，经净自止，呈周期性发作为特点。

2．本病若不经治疗，很难自愈。

3．本病虽以脾虚、肾虚为主，但临床往往两脏合病者多。如脾肾两虚或脾虚肝旺等，其中以脾肾两虚者多见。学习时既要抓住本脏之主症，又需熟悉脏与脏之间传变、生克的关系。治疗以温肾健脾为大法，使脾健湿除，肾气得固，则泻自止。

4．注意与内科泄泻相鉴别，鉴别要点在于有无随月经周期而发作。

5．疗效以经行大便正常，无周期性发作为治愈。

【参考文献摘要】

1．《陈素庵妇科补解》：经正行忽病泄泻，乃脾虚。亦有外感风冷、内伤饮食而致脾气不实者。虚者补之，风冷所感则温之，饮食所伤则消之……

2．《沈氏女科辑要笺正》：脾阳不振，最多此候，宜加乾葛少许，以升清气。王氏所谓肝木侮土者，则左脉当弦，而右脉当弱，宜扶土而柔肝。亦有左关反软，而右关反劲者，则所谓木乘土位。肝尤横而土德益衰，宜参芪升陷。而参用柔驯肝木之法。

3．《医宗金鉴·妇科心法要诀》：经来泄泻，乃脾虚也，宜用参苓白术散。鸭溏清澈冷痛，乃虚寒也，宜用理中汤。肌热渴泻，乃虚热也，宜用七味白术散。呕饮痰水，乃虚湿也，宜用香砂六君子汤。

【复习思考题】

1．经行泄泻与一般内科泄泻有何不同？

2．经行泄泻的主要病机是什么？

3．脾虚经行泄泻与肾虚经行泄泻临床主证有何不同？。

4．脾虚肝旺经行泄泻的临床特征是什么？

5．健固汤有哪些药物组成，主治何种经行泄泻？

二、经行乳胀

【自学时数】

2～3学时。

每值经前或经期，乳房作胀，甚至胀满疼痛，或乳头痒痛，甚至不能触衣者，称"经行乳胀"。亦称"经行乳房胀痛"。

【病因病机】

本病的主要病机为肝郁气滞，乳络不畅；或肝肾阴虚，乳络失养所致。临床常见的有肝郁气滞、肝肾阴虚两种证型。

1．肝郁气滞：素性抑郁，或忿怒伤肝，疏泄失司，经前或经期冲脉气血充盛，冲脉隶于阳明而附于肝，肝脉挟乳，肝脉气血郁滞，乳络不畅，遂致乳房胀痛或乳头痒痛。

2．肝肾阴虚：素体阴虚，或久病失血伤津，经行时阴血下注，精血益亏，肝肾精血益感不足，乳络失于濡养，遂致乳胀。

【诊治要点】

1．经行乳胀，一般在临经前3～7天发生，亦有甚者，在行经前半个月左右即感乳房作胀，至经前2～3天乳胀明显加重，经行或经净后乳胀渐消失，于下次经前重复发作，颇有规律，呈周期性发作。

2．注意有无精神过度紧张或大怒病史。

3．乳胀，若兼乳头溢液或溢血者，尚须排除器质性病变。注意与乳癖、乳痈、乳癌相鉴别。

4．乳胀一证，有虚有实。一般实者，多痛于经前、经期，乳房按之有块，触之即痛。虚者多痛于行经之后，乳房比较柔软。

5．治疗上，实者宜疏肝理气通络，常于经前开始用药；虚者宜滋肾养肝，并须注意平时调治。

6．本病可合并月经后期、闭经，导致不孕症。

【辨证论治】

1．肝郁气滞型：

〔主要证候〕经前乳房胀硬作痛，或乳头痒痛，痛甚不可触衣，经行不畅，色暗红。经行小腹胀痛，胸闷胁胀，精神抑郁，时欲叹息。苔薄白，脉弦。

〔证候分析〕肝气郁结，疏泄失司，气血不畅，冲脉隶于阳明，经前冲气偏盛，冲气循肝脉上逆，肝经气血壅盛，乳络不畅，则见乳房作胀硬痛，或乳头痒痛，甚或痛不可触衣；肝郁气滞，冲任阻滞，故经行不畅，色暗红；肝气宜于条达而恶抑郁，肝郁不舒，则精神抑郁，时而叹息，胸闷胁胀。苔薄白，脉弦，均为肝郁之象。

〔治疗原则〕疏肝理气，通络止痛。

〔方药举例〕柴胡疏肝散(《景岳全书》)。

柴胡 枳壳 炙甘草 芍药 川芎 香附 陈皮

方中柴胡、香附疏肝解郁调经，枳壳、陈皮理气行滞消胀，川芎行血中之气，芍药、甘草缓急止痛。全方合用，使肝气得舒，枢机得运，则乳胀自消。

若乳房胀硬，有结块者，则加橘叶、路路通、海藻以理气通络，软坚散结；若情志不畅，加郁金、素馨花以行气解郁；若伴有溢乳，可加炒麦芽、山楂以回乳。

若见心烦易怒，口苦口干，尿黄便艰，舌苔薄黄，脉弦数者，乃为肝郁化热之象，治以疏肝清热，方用丹栀逍遥散（方见《月经病·月经先期》），加夏枯草以助清肝热。

2. 肝肾阴虚型：

〔主要证候〕经行或经后两乳作胀，腰膝酸软，两目干涩，咽干口燥，五心烦热。舌红少苔，脉弦细而数。

〔证候分析〕素体肝肾不足，经行之际则阴血愈虚，肝血肾精益感不足，乳络失于滋养，故见经行或经后两乳作胀，按之柔软无块。腰为肾之府，肝开窍于目，肝肾精血不足，则见腰膝酸软，两目干涩。阴津不足，津液不能上承咽喉，则口燥咽干。阴虚不能敛阳，阳气不足，蕴阳浮越，故五心烦热。舌红少苔，脉弦细而数，均为肝肾阴虚之候。

〔治疗原则〕滋肾养肝。

〔方药举例〕一贯煎(《柳州医话》)。

沙参 麦冬 当归 生地 川楝子 枸杞

方中生地、枸杞以滋养肝肾，配以沙参、麦冬养胃生津以助滋阴养液之功，当归以养血柔肝，少佐川楝子以疏肝理气，使肝体得养，气机条达，则乳胀自除。

若五心烦热，可加地骨皮、鳖甲以退虚热。

【预防保健】

1. 认识月经卫生知识，减少对月经的恐惧和焦虑心理，正确对待经前出现的症状，保持心神愉悦，戒暴怒，避免情志过度刺激。

2. 禁食辛辣之品，戒烟酒。多食清淡的蔬菜、水果等食物。

3. 生活起居有规律，劳逸结合。

4. 上身内衣宜柔软，宽松，并应勤换洗，减少对乳房的刺激。

【案例】

程某，女，31岁，工人。经前10天，两乳胀痛，且有硬块，经行胀减，块仍不消；经来时准，色泽正常，量少腹痛，左侧为显。病起年余，患者平素情怀抑郁，经前烦躁易怒，夜寐不宁。舌红脉弦。治宜疏肝理气，解郁调冲。

处方：八月扎、婆罗子、丝瓜络、浙贝、芍芎丸（包）各9g，橘叶15g，橘络4.5g，昆布、海藻、老鹤草各12g，路路通7个。10剂，经前半月起服药。

药后乳块消失，乳胀时间缩减，仅3～4天。续服疏理药物，症状全消。

〔按〕胸胁乳房为厥阴肝经所隶，古人又认为乳房属胃，乳头属肝，经前乳胀多属肝胃之气横逆。本法摹学朱丹溪疏解六郁立论，临床化裁，主以疏郁疏肝，遂其曲直之性，使肝木得以条达；理气和胃，顺其和降之机，横逆之气畅消，遂使胀痛之症自除。经治后，症状缓解，辛香药物即宜慎用。以免损伤阴血。如经前胸乳稍有胀满，属正常现象，不需服药。经前乳胀伴有经行异常，或先或后，或腹痛难忍，又需辨证选用他法论治。

（《何子淮女科经验集》）

自 学 指 导

1. 经行乳胀是指每值经前或经期，乳房作胀，甚至胀满疼痛，或乳头痒痛，甚至不能触衣者。一般在临经前3~7天发生，亦有甚者，在来经前半个月左右即感乳房作胀，至经前2~3天乳胀最明显，经行或经净后乳胀渐消失，于下次经前重复发作。多见于年青女性。

2. 可合并月经后期、闭经，每可导致不孕症。

3. 本病以乳房胀随月经周期性发作作为辨证要点。一般实者，多痛于经前、经期，乳房按之有块，触之即痛。虚者多痛于行经之后，乳房比较柔软。治以调肝为主。实者，宜疏肝理气通络以消其胀；虚者，宜柔肝养血为法。虚实之治，勿容混淆，免犯虚虚实实之戒。

4. 若兼乳头溢液或溢血者，尚须排除器质性病变。注意与乳癖、乳痈、乳癌相鉴别。

5. 疗效以乳房胀痛消失，无周期性发作为治愈。

【参考文献摘要】

《上海老中医经验选编》：经前乳胀的病机，主要为肝郁，盖肝为将军之官，性喜条达，如受情志刺激，气郁滞留，难于疏泄，横逆犯胃，于是肝郁胃阻，两经经络相应地受到影响。乳头属肝，乳房属胃。故症见乳头疼痛，乳房作胀。以临证间可以证实肝气郁结和乳胀有着密切的关系。

乳胀之症与肝经关系最密切，治疗一般以疏肝理气为主。思《瑞竹堂方》四制香附丸及《奇效良方》一品丸，两方都以单味香附为主。此因香附能理气调经，为妇科要药，朱老医生配合郁金、合欢皮，二味皆能理气解郁，郁金又能活血消胀，合欢皮更可解愁，三品相配，相得益彰。再加白术、陈皮、枳壳健脾和胃，以增进食欲，取指迷宽中丸之意。苏噜子、路路通疏通经络，余常以两药同用，服后上易暖气，下则放矢，因而乳胀、腹胀俱减，效颇显著。乌药则香窜散气，能消胀止痛。全方有疏肝开郁，疏通经络，调经止痛，健脾和胃之功用。

【复习思考题】

1. 什么是经行乳胀？

2. 试述经行乳胀的病因病机。

3. 试述经行乳胀虚、实二型的主证、治疗原则及代表方。

三、经行头痛

【自学时数】

2~3学时。

每值经期或行经前后，出现以头痛为主的病症，称为"经行头痛"。

【病因病机】

本病的主要发病机制是气血、阴精不足，清窍失养；或气滞血瘀，脑络不通；或痰湿之邪，上扰清窍所致。临床常见的有气血虚弱、阴虚肝旺、气滞血瘀和痰湿上扰四种证型。

1. 气血虚弱：素体虚弱，或大病久病，耗伤气血；或饮食劳倦，忧思伤脾，脾虚气血化源不足，经行之际，气血下注冲任，气血更虚，不足以濡养清窍，以致头痛。

2. 阴虚肝旺：素体阴虚，或房劳多产，耗伤精血，血不养肝，经行则冲任阴血外泄，致肾阴更虚，而肝阳益亢，风阳上扰清窍，而致头痛。

3. 气滞血瘀：情志不畅，气滞而血瘀，或经期产后，感受寒热之邪，与血搏结成瘀，或因跌扑外伤，瘀血内阻，经前冲气偏盛，冲气挟瘀血上逆，阻滞脑络，故致头痛。

4. 痰湿上扰：肥胖之人，痰湿内盛；饮食劳倦伤脾，痰湿内生，痰湿滞于冲任，经行之际，冲脉气盛，冲气挟痰湿上逆，阻滞脑络，遂致头痛。

【诊治要点及预后】

1. 经前经期出现明显的头痛，严重者剧痛难忍，有时则似偏头痛，月经后症状消失，下次月经又复发作。

2. 注意有无精神刺激、病后体弱史。

3. 本病需与外感头痛、高血压头痛相鉴别。

4. 临床上根据头痛的时间、性质辨其虚实。一般来说，实者多痛于经前或经期，且多胀痛或刺痛；虚者，多痛于经净时或经后呈空痛或头晕头痛。以头痛部位定脏腑经络，如前额痛多属足阳明胃经；两侧偏头痛，属足少阳胆经；头顶痛属足厥阴肝经；脑后痛属足太阳膀胱经。

5. 治疗以调理气血为大法，实证者行气活血，虚证者补气养血，使气血和顺，清窍得养，则痛自止。头为清阳之会，用药宜以轻清上行之品，不可过用重镇潜藏之剂，以免重伤阳气。

6. 本病可合并带下病、痛经、不孕症等。

【辨证论治】

1. 气血虚弱型：

〔主要证候〕经期或经后，头晕头痛，心悸少寐，神疲体倦，气短懒言，面色苍白。月经量少，色淡质稀。舌质淡，苔薄白，脉虚细。

〔证候分析〕气血素虚，或脾虚经血化源不足，遇经行则其气血更虚，清窍失养，故见头晕头痛；血不养心，则心悸少寐；气虚，则神疲体倦，气短懒言；血虚冲任不足，则月经量少；气虚血失温养，则血色淡质稀。面色苍白，舌淡苔薄白，脉虚细，均为气血虚弱之候。

〔治疗原则〕益气养血。

〔方药举例〕八珍汤(《正体类要》)酌加枸杞、首乌。

当归　川芎　白芍　熟地　人参　白术　茯苓　炙甘草

方中当归、白芍养血和血；熟地、枸杞、首乌以养阴补血；人参、白术、炙草益气健脾，以益气血生化之源；茯苓健脾宁心安神。全方共奏养血益气之功，使气旺血足，则自无经行头痛之疾。

若头晕痛明显者，加乌豆衣、白芷以养血祛风止痛。

2．阴虚肝旺型：

〔主要证候〕经前或经期头胀痛，以巅顶尤甚，头晕目眩，心烦易怒，口苦咽干，腰酸耳鸣，手足心热。月经量少，色鲜红。舌红，苔薄黄，脉弦细数。

〔证候分析〕肾阴不足，阴不济阳，肝阳上亢，经行血泄，肾阴更虚，肝阳益亢，则见经前或经期头胀痛，头晕目眩；阴虚肝火内炽，则见心烦易怒，口苦咽干；腰为肾之府，肾虚则见腰酸；肾开窍于耳，肾精不能上承则见耳鸣；肾阴不足，精血亏损，冲任亏虚，血海满溢不多，则月经量少；虚热灼血，则血色鲜红。舌红，苔薄黄，脉弦细数，均为阴虚肝旺之象。

〔治疗原则〕滋阴养血，柔肝熄风。

〔方药举例〕杞菊地黄丸(《医级》)酌加夏枯草、钩藤、白蒺藜。

熟地　山萸肉　山药　泽泻　丹皮　茯苓　枸杞　菊花

方中以六味滋肾养肝，枸杞、菊花养血平肝，酌加夏枯草、钩藤、白蒺藜以助清肝熄风之力，使肝肾得养，肝火自平，则头痛自除。

若兼肾虚腰痛者，酌加续断、桑寄生以补肾壮腰。

3．气滞血瘀型：

〔主要证候〕经前或经行，头痛剧烈，痛如锥刺，胸闷不舒，经行不爽，色紫暗，有血块，腹痛拒按。舌暗或边尖有瘀点，脉细涩或弦涩。

〔证候分析〕瘀血内停，经期冲气偏盛，冲气挟瘀血上逆，阻滞脑络，络脉不通则头痛剧烈，痛如锥刺；血瘀而致气滞，气机不利，则胸闷不舒；瘀血阻滞冲任，气血运行不畅，则经行不爽，经色紫暗，有血块，腹痛拒按。舌暗有瘀点、脉涩均为气滞血瘀之征。

〔治疗原则〕调气活血，化瘀通络。

〔方药举例〕通窍活血汤(《医林改错》)。

赤芍　川芎　桃仁　红花　老葱　麝香　鲜生姜　大枣

方中赤芍、桃仁、红花直入血分，活血化瘀，川芎行气活血；取老葱、麝香香窜以温通上下之气，使气行则血活，通窍而止痛；生姜、大枣调和营卫，共奏调气活血，化瘀通络之功。

若头痛如锥，可加地龙、全蝎以通络止痛；伴经量少者，可加泽兰、丹参、川牛膝以活血通经；若经量偏多者，可加茜草根、大小蓟以清热祛瘀止血。

4．痰湿上扰型：

〔主要证候〕经前或经期头晕头重如裹，胸脘满闷，纳呆腹胀，大便不爽。平日带下量多，色白质黏，伴经行后期，量少，甚或不孕。舌淡胖，苔厚腻，脉濡滑。

〔证候分析〕痰湿内盛，经行之际，冲气挟痰湿上扰清窍，故头晕头重如裹。痰湿困脾，中阳不振，故胸脘满闷，纳呆腹胀，大便不爽；痰浊下注，损伤带脉，带脉失约，故带下量多，色白质黏；痰浊阻于冲任，壅塞胞脉，气血运行不畅，故伴经行后期、量少，甚至不孕。舌淡胖，苔厚腻，脉濡滑，均为痰湿内阻之征。

〔治疗原则〕燥湿化痰，通络止痛。

〔方药举例〕半夏白术天麻汤(《医学心悟》)加石菖蒲。

半夏　天麻　茯苓　橘红　白术　甘草　生姜　大枣　蔓荆子

方中半夏、白术、茯苓化痰降逆，天麻祛风止痛，橘红宽胸理气化痰，石菖蒲芳香化浊开窍，甘草、大枣、生姜补虚和中，使中州得运，痰浊乃化，其病自愈。

【预防保健】

1．本病的发生与情志因素有关，因此，情志的调节很重要，尤其是在经期，要避免急躁和郁怒，必须保持情怀舒畅，心情愉快，使气调血和。

2．注意饮食调节，避免食用辛辣、生冷等刺激性食物，经前控制水盐的摄入。

3．经期充分休息，避免过度疲劳。平时注意身体锻炼，增强体质，提高抗病能力。

4．居住环境宜清静，光线切勿过强。

【案例】

杜某，女，39岁，已婚，本院职工。于1973年6月29日初诊。

患者曾足月顺产两胎。近年余经前后头顶痛，口舌生疮，经后面目虚浮，胃纳差，平素血压偏低，曾患梅尼埃（美尼尔）综合征。月经周期常提前四五天，量中等。末次月经6月24日。现经水适净，面色较黄，舌质淡红，苔薄白，脉细弱。

辨证：血虚肝旺，虚火上炎，兼有脾虚之征。

治则：滋肾养肝为主，佐以健脾益气。

处方：熟地、生地、女贞子各15g，怀山药25g，党参、太子参各15g，甘草6g，生龙骨30g。3剂，每日1剂。

另：冰棚散一瓶，蜜调外涂口舌溃烂处。

7月27日二诊：本次月经刚净2天，口舌生疮较前减轻，但头痛仍剧，至今未止，舌心红，脉弦细。

治则：滋肾益阴，佐以平肝潜阳。

处方：熟地、生地各15g，黄精30g，杞子15g，白芍12g，怀山药15g，杭菊花10g，钩藤15g。4剂，每日1剂。

8月10日三诊：月经将潮，烦躁，口微苦，唇舌各有一溃疡面，巅顶痛稍减，舌苔微黄，脉弦细。

治则：滋肾柔肝养血。

处方：生地25g，黄精30g，桑葚15g，怀山药20g，白芍15g，郁金12g，桑寄生20g，制首乌15g。4剂，每日1剂。

10月5日四诊：近两月来，经前服上方加减五六剂，经前后头顶痛显著减轻，口舌生疮已除，仍守前法。

处方：熟地20g，黄精30g，女贞子15g，白芍12g，制首乌25g，天麻、白芷各9g，怀山药20g，陈皮5g，生龙骨30g。4剂，每日1剂。

追踪至今5年无复发。

〔按〕（月经前后诸证）从临床症状来看，其发病机制大概有三种：一是肝郁气滞，平素肝郁恚怒，情志不舒，经期阴血下注血海，肝失血养而更郁，出现烦躁易怒，经前乳胀，甚或悲伤欲哭，失眠多梦等。二是脾虚或肝气横逆犯脾，可致经前浮肿、泄泻等。三是血虚肝旺，或因肝郁化火所致，或因肾虚血少不能涵养肝木致阴虚肝旺，出现头痛、口糜烂等。……（本例）以阴血虚肝气旺为主，故始终以滋肾养血柔肝之生地、熟地、黄精、桑葚、女贞子、白芍之属为主，佐以龙骨、钩藤、杭菊之类以祛风而镇摄浮阳，滋水涵木，故头痛、口糜烂诸症悉除。

（《罗元恺医著选》）

自 学 指 导

1．本病以经前经期出现明显的头痛，月经后症状消失，下次月经又复发作为特点。

2．本病可合并带下病、痛经、不孕症等。

3．经行头痛是月经病中常见病证之一。临床以头痛发生的时间及性质辨虚实，头痛部位定脏腑经络。一般来说，实证多痛于经前或经期，且多胀痛或刺痛；虚证多痛于经净时或经后，呈空痛或头晕头痛。

前额痛多属足阳明胃经；两侧偏头痛，属足少阳胆经；头顶痛属足厥阴肝经；脑后痛属足太阳膀胱经。用药时适当加入引经药收效尤捷。如前额痛加葛根、白芷；两侧偏头痛加柴胡、蔓荆子；头顶痛加吴萸、川芎；脑后痛加羌活、藁本。

4．注意与外感头痛、高血压头痛相鉴别。

5．疗效以经行头痛消失，无周期发作为治愈。

【参考文献摘要】

1．《张氏医通》：每遇经生，辄则头疼，气满，心下怔忡，饮食减少，肌肤不泽，此痰湿为患也，二陈加当归、炮姜、肉桂。

2．《中国妇科学·经行头痛》：感冒性者，恶寒发热，无汗，脉紧。内热者，面赤心烦，口渴唇紫，心跳气短，自汗，脉弱。治法：感冒性者用加味菊花散。内热者，用玉女煎。血虚者，用当归补血汤或人参养荣汤。

【复习思考题】

1．试述经行头痛的主要病机。

2．试述经行头痛的辨证要点。

3．试述经行头痛各证型的主证和治疗。

四、经行浮肿

【自学时数】

1～2 学时。

每值经行前后或正值经期，出现以四肢、面目浮肿为主症，而经净渐消者，称为"经行浮肿"。亦称"经来浮肿"。

【病因病机】

主要病机是脾肾阳虚，水湿运化不良，或肝郁气滞，水湿宣泄不利，值经期气血下注冲任，脾肾愈虚，或气血壅滞，水湿泛滥肌肤而浮肿。

临床常见的有脾肾阳虚、肝郁气滞两种证型。

1．脾肾阳虚：素体脾肾两虚，或思虑、劳倦过度伤脾；房劳多产、久病伤肾，脾肾阳虚，经水将行气血下注冲任。血虚气弱，脾肾益虚，脾虚不能运水，肾虚不能化气行水，水湿不运，溢于肌肤，而致浮肿。

2. 肝郁气滞：七情内伤，肝失条达，疏泄无权，气行不畅。经水将行，气血下注冲任，气血壅盛，气机更加郁滞，水湿宣泄不利，溢于肌肤，遂致浮肿。

【诊治要点及预后】

1. 经行浮肿是每值经行前后或正值经期，出现以四肢、面目浮肿为主症的一种病证，经净则浮肿渐消。连续发生2个月经周期以上者，方可诊断。

2. 注意有无七情内伤史或过度劳累史。

3. 注意与与心、肾、肝疾患或营养不良引起的浮肿相鉴别。后者浮肿的发作与月经周期无关，同时伴有其他疾病的相关症状和体征，实验室检查可见心、肝、肾功能的损害，心性水肿者尚有心电图等方面的改变。经行浮肿必发生在经前或经时，经净后自然消退，除浮肿外，无心、肝、肾等功能的损害。

4. 辨证重在辨其虚实，若见面浮肢肿，形寒肢冷，腰膝酸软，大便溏薄等症，其证属虚；若经前面部四肢肿胀，经行不爽，少腹胀痛，其证属实。临床以虚证多见。

5. 治疗上往往以温补取效。谨防专投攻逐峻利之品，更伤正气。

【辨证论治】

1. 脾肾阳虚型：

〔主要证候〕经前或经期，面浮肢肿，腰膝酸软，疲倦乏力，腹胀纳少，大便溏薄。经行量多，色淡质稀。舌淡，苔白或腻，脉沉缓或濡细。

〔证候分析〕脾阳虚不能运化水湿，肾阳虚水失气化，水湿内留，经前及经期气血下注冲任，脾肾益虚，水湿不化，泛滥肌肤，故面浮肢肿；肾虚外府失养，故腰膝酸软；脾虚失运，故腹胀纳少，大便溏薄；脾虚统摄无力，肾虚封藏失固，脾肾两虚，冲任不固，故经行量多，色淡质稀。舌淡，苔白或腻，脉沉弱，也为脾肾阳虚之征。

〔治疗法则〕温肾健脾，化气行水。

〔方药举例〕苓桂术甘汤（《金匮要略》）加熟附子、仙灵脾。

茯苓　桂枝　白术　炙甘草

方中白术、茯苓健脾利水，桂枝、附子、巴戟温阳化气行水，川芎理血中之滞，甘草调和脾胃。全方共奏温肾健脾，化气利水之功。

若浮肿甚者，可加黄芪、泽泻以益气行水；月经量多者，可加炮姜、艾叶以温阳止血。

2. 肝郁气滞型：

〔主要证候〕经前或经期，面浮肢肿，经前小腹胀满，脘闷胁胀，乳房胀痛，善叹息。月经量少，色暗红，或有小血块。舌质正常，苔白，脉弦滑。

〔证候分析〕情志不舒，气机郁滞，经前、经期气血下注，冲任气血壅盛，气机更加不畅，气滞血行不畅，络脉受阻，故面浮肢肿；气机不利，肝气不舒，故经前小腹胀满，脘闷胁胀，乳房胀痛；肝气不舒，则善叹息；气滞冲任，血行不畅，故月经量少；气滞血瘀，故经色暗红，或有小血块。舌苔白，脉弦滑，也为肝郁气滞之征。

〔治疗原则〕理气行滞，活血消肿。

〔方药举例〕八物汤（《济阴纲目》）去熟地，加茯苓皮、泽兰。

当归　川芎　熟地　赤芍　延胡索　川楝子　木香　槟榔

方中川楝子、木香、延胡索疏肝理气行滞；当归、川芎、赤芍养血活血；槟榔、茯苓皮行气利水化湿；泽兰活血行水消肿。全方共奏理气行滞，活血消肿之效。

若月经量少者，可加丹参、益母草以活血通经。

【预防保健】

1. 注意饮食调理，经前经期慎食生冷瓜果或肥甘厚味，以防损伤脾阳。经前注意水盐的摄入。

2. 经前避免忧思郁怒，消除思想顾虑，保持心情舒畅。

3. 经前注意劳逸结合，避免过度劳累，以免损伤中气。

4. 房事有节，以免损伤肾气。

【案例】

宁某，女，26岁，南宁某局干部，已婚。1976年11月19日初诊。

月经周期基本正常，色量一般，但经将行头晕目眩，经行之时面目浮肿，平时带下量多，色白质稀，阴痒，夜寐不稳，能寐而易醒，口淡，吐涎沫，大便不和，时结时溏，小便时多时少。脉虚弦，苔薄白，舌质淡，舌边有齿痕。现经行第二天，眼面浮肿。

诊断：经行浮肿。

辨证：脾气虚弱，运化失职。

治则：健脾益气，化湿消肿。

处方：党参、云苓各12g，白术、当归各9g，川芎5g，白芍9g，莲肉12g，炒怀山药、炒薏苡仁各15g，陈皮、炙甘草各5g。每日水煎服1剂，连服3剂。

二诊（11月22日）：药已面目浮肿消退，精神好，但仍阴痒，带下未减，脉细，舌苔如上。仍本上方去云苓、薏苡仁，加土茯苓15g，槟榔9g。每日水煎服1剂，连服3剂。

三诊（11月26日）：服上方之后，阴不痒，带下正常。脉细缓，苔薄白，舌质淡，舌边有齿痕，仍守健脾法以善后。药用：党参15g，云苓、白术各9g，陈皮、法半夏、炙甘草各5g。每日水煎服1剂，连服6剂。

四诊（12月16日）：本次经行，于8日开始，11日干净。色量一般，经行前后面目不肿，但经中肢体乏力，腰膝酸软，脉虚细，苔薄白，舌质淡，拟益气养血治之，宗圣愈汤加味。归身9g，川芎、白芍各5g，熟地、党参、炙北芪、骨碎补各15g，狗脊9g，柴胡2g。每日水煎服1剂，连服3剂。

〔按〕患者平时带下量多，色白质稀，口淡，时吐涎沫，大便不和，舌质淡，舌边齿痕，此为脾气虚弱，运化升清失常之征；湿浊郁滞下焦，故不时阴痒；脾虚则气血生化之源不足，心神失养，故夜寐不稳而易醒；经将行相火内煽，上冲精明苗窍，故头晕目眩；经行之时，气血偏注于胞宫，脾土已虚，同时又受相火内煽克乘，脾气更虚，水湿运化障碍愈甚，故经行之时眼面浮肿。证属脾气虚弱，运化失职。故以健脾益气，化湿消肿之法治之。一诊时之所以在健脾化湿药中加用归、芍、芎补血活血，旨在防其"水与血俱结在血室"之患。药后虽见初效，面目浮肿消退，但带下、阴痒未减，故加用燥湿祛秽，解毒杀虫之土茯苓、槟榔。三四诊均从根治着眼，但因病情变化不同，一则专用健脾燥湿之法，一则肝脾肾并治，从而收到全功之效。

（《班秀文妇科医论医案选》）

自 学 指 导

1. 经行浮肿是每逢经行而出现头面四肢浮肿，经净则退的一种病证。

2. 本病的病机，主要责之于脾肾二脏，因脾主运化，肾司开阖，若脾肾运化、开阖的功能失调，水湿不化，溢于肌肤，遂发为浮肿。脾肾两脏乃精血生化之源，为月水之本，若生化之源不足，复因经行阴血下注血海，则脾肾益虚，此为每逢经行浮肿之理。

3. 治疗上，多采取温肾健脾之法。对于肝郁气滞者，治疗则以疏肝理气为主。因此，必须熟悉本病虚实证候的辨治。

4. 本病需要注意与心、肾、肝疾患或营养不良引起的浮肿相鉴别，鉴别要点在于浮肿的发作与月经有无关系。

5. 疗效以经行浮肿消失，无周期性发作者为治愈。

【参考文献摘要】

《叶天士女科诊治秘方》：经来遍身浮肿，此乃脾土不能运化水变为肿，宜服木香调胃汤。

【复习思考题】

1. 为什么说经行浮肿与脾肾两脏关系密切相关？
2. 试述肝气郁结引起的经行浮肿的主要机制。
3. 试述经行浮肿的辨证论治。

五、经行口糜

【自学时数】

1～2 学时。

每值经前或经期，口舌生疮、糜烂者，称"经行口糜"。

【病因病机】

本病的发病机制主要是火热内蕴，每值经期冲脉气盛，气火上逆，灼伤口舌而致。临床常见的有心火上炎和胃热炽盛两种证型。

1. 心火上炎：素体阴虚，或忧思过度，营阴暗耗，或热性病后，阴津耗损，阴虚火旺，经前或经期冲气偏盛，冲气挟虚火上炎，灼伤口舌，致口舌生疮、糜烂。

2. 胃热炽盛：嗜食辛辣香燥或膏粱厚味，胃中蕴热，经前或经期冲气偏盛，冲气挟胃热上炎，灼伤口舌，致口舌生疮、糜烂。

【诊治要点及预后】

1. 经前或经期在舌体、齿龈、颊部或口唇等部位黏膜，发生基底部潮红，表面被覆白色膜状物的痛性溃疡，严重时可因溃疡疼痛而影响进食。月经过后，溃疡自然愈合，下次经期又复发。

2. 注意有无劳累过度，睡眠不足或热性病史。

3. 本病应与狐惑病的鉴别。狐惑病与现代医学的白塞病相似。白塞病是以虹膜睫状体炎、滤泡性口腔溃疡、急性女阴溃疡为主要特征。非特异性皮肤过敏反应阳性有助诊断，发作时，实验室检查可有白细胞中度增加，红细胞沉降率加快等血液生化改变。经行口糜的溃疡病仅发生在口腔内，且与月经周期相关，实验室检查无明显异常改变。

4．本病以热证为主，或因虚热，或因实热。一般以口干口臭，尿黄便结，舌红苔黄腻，脉实大有力者，属实；口干咽燥，五心烦热，舌红苔少，脉数无力者，属虚。

5．治疗总以清热泻火为原则，具体治疗上或滋阴泻火，或清热泻火。药宜甘寒之品，使热除而无伤阴之弊。

【辨证论治】

1．心火上炎型：

〔主要证候〕经前或经期，口舌生疮，糜烂疼痛，心中烦热，颧红潮热，口燥咽干，失眠多梦。月经量少，色鲜红。舌红，苔少，脉细数。

〔证候分析〕舌为心之苗窍，心火本旺，经前冲气偏盛，冲气挟心火上炎，灼伤口舌，故口舌生疮，糜烂疼痛；心阴不足，内热炽盛，故心中烦热，颧红潮热，故口燥咽干；虚火内扰神明，故失眠多梦；虚火伏于冲任，阴亏血少，血被热灼，故月经量少，色鲜红。舌红，苔少，脉细数，也为心火上炎之征。

〔治疗原则〕清热泻火，导热下行。

〔方药举例〕导赤散（《小儿药证直诀》）。

生地　竹叶　木通　甘草梢

方中生地清热凉血；木通、竹叶、甘草清心火，利小便，使热从小便出。可酌加花粉、麦冬清热生津，使热去而不伤阴。

若月经量少者，可加丹参、牛膝活血通经，引火归元。

若兼五心烦热、口燥咽痛、头晕耳鸣者，为虚火上炎，治宜养阴清热，方用知柏地黄丸（《医宗金鉴》）。

知母　黄柏　熟地　山药　山茱萸　茯苓　泽泻　丹皮

方中熟地、山萸肉、山药滋肝肾之阴；丹皮、知母、黄柏滋阴清热降火；泽泻、茯苓引热从小便而出。

2．胃热炽盛型：

〔主要证候〕经前或经期，口舌生疮，糜烂疼痛，口气秽臭，口渴饮冷，尿黄便结。舌红，苔黄厚，脉滑数。

〔证候分析〕口为胃之门户，胃热本盛，经前冲气偏盛，挟胃热上逆，灼伤口舌，故口舌生疮，糜烂疼痛，口气秽臭；胃热伤津，故口渴喜饮，尿赤便结。舌红，苔黄厚，脉滑数，也为胃热炽盛之征。

〔治疗原则清〕清热泻火，涤荡胃热。

〔方药举例〕凉膈散（《和剂局方》）。

大黄　朴硝　甘草　山栀子　薄荷　黄芩　连翘　淡竹叶

方中朴硝、大黄清热泻下；连翘、栀子、竹叶、黄芩清热解毒；薄荷辛散通窍；甘草和中。全方共奏清热泄下之功，使胃热得清，口糜自愈。

（1）若烦渴引饮者，加石斛、麦冬、天花粉以生津止渴。

（2）若兼脾经湿热者，症见唇疱疹，口舌糜烂，纳食不香，脘腹胀满，大便泄泻，苔黄腻，脉濡缓。治宜清热利湿，芳香醒脾，方用甘露消毒丹（《温热经纬》）。

滑石　茵陈　黄芩　射干　石菖蒲　川贝母　木通　藿香　连翘　薄荷　白豆蔻

方中藿香、石菖蒲、薄荷、白豆蔻芳香化浊，宣泄气机；黄芩、连翘清热解毒；滑石、木通、茵陈利湿清热；射干、贝母散结泻火；全方共奏清热利湿，芳香醒脾之效。

（3）若胃火伤阴者，症见经行口糜，牙龈肿痛，或牙龈出血，烦热口渴，大便燥结，舌红苔干，脉细滑而数。治宜滋阴清胃火，方用玉女煎（《景岳全书》）。

熟地　牛膝　石膏　知母　麦冬

方中石膏清泻胃火；熟地、麦冬、知母滋阴降火；牛膝引热下行。

【其他治疗】

1．中成药：

（1）知柏地黄丸每次口服 6～9g，每日 3 次。

（2）龙胆泻肝颗粒每次口服 6g，每日 3 次。

2．局部用药：

（1）双料喉风散喷涂糜烂处，每日 2～3 次。

（2）冰硼散涂抹糜烂处，每日 2～3 次。

【预防保健】

1．经前经期注意休息，保证足够睡眠时间。

2．注意饮食调节，经前经期忌食辛辣刺激之品，戒烟酒。

3．慎起居，适时增减衣被，避免感受寒热邪气。

4．节房事，避免房劳多产，以免耗伤肾精。

【案例】

于某，女，26 岁，未婚，工人。1980 年 3 月 11 日初诊。半年来，每当经期来潮，环唇青紫肿胀痒痛，甚至起疱，言语纳食不便，半月不消。方有好转，下次经期又复发，近 3 个月更甚，前来就医。追问月经情况，经或正常，经色紫黑或褐色。量少有块，少腹冷坠绞痛难忍。面色青紫，齿龈紫黑，舌质紫暗，舌边有瘀斑。舌苔薄白，脉沉细涩。证属冲任（虚）寒凝，瘀血内阻。治以温经活血，散瘀止痛。选用少腹逐瘀汤加味：

小茴香 3g，干姜 6g，官桂 3g，没药 6g，延胡 10g，全当归 6g，蒲黄、五灵脂、赤芍、桃仁、红花各 10g。

服药 3 剂，环唇肿胀痛痒消除，唇面部分紫色已转红润。继进 9 剂。经期已到，月经来潮，经色转红，量多块少，少腹冷坠绞痛及环唇肿胀痒痛未出现。唇齿龈及面部颜色已红润。随访经水调畅，诸症均未复发。

（《新中医》1981 年 10 月）

自 学 指 导

1．经行口糜是指每逢经前或经期，发生口舌生疮、糜烂者。

2．本病多属心、胃之火上炎而致。因舌为心之苗窍，口为胃之门户。心火上炎，或胃热炽盛，值月经期冲脉气盛，随冲气上逆，灼伤口舌而致。

3．本病辨证结合全身症状进行辨别。临床以热证为主，或因虚热，或因实热。治疗总以清热泻火为原则，药宜甘寒之品，使热除而不伤阴。

4．注意与狐惑病鉴别。

5．疗效以经行口糜消失，无周期性发作者为治愈。

【复习思考题】

1．经行口糜的主要病机是什么？

2．经行口糜的常见证型有哪些？如何辨证治疗？

六、经行发热

【自学时数】

2～3学时。

每值经期或经行前后，出现以发热为主的病证，称"经行发热"。又称"经来发热"。

【病因病机】

主要发病机制是气血营卫失调，伴随月经周期而出现发热。临床常见的有阴虚、气虚和血瘀三种证型。

1．阴虚：素体阴虚，或房劳多产，或久病热病，耗血伤阴，或思虑过度，营阴暗损，经期或经后，阴血益虚，阴不维阳，阳气外越，营卫失调，因而发热。《女科经论》慎斋按："……若经后发热，则是血脉空虚，阴虚不足，为有虚而无实也。"

2．气虚：素体气虚，或劳倦过度，或久病失养，气血内耗，经行气随血泄，其气益虚，营卫失谐，因而发热。

3．血瘀：宿有湿热之邪内蕴，与血搏结成瘀；或经期产后，人工流产术后，余血未净，伤于生冷或因外感内伤，瘀血留滞胞中，经行之际，瘀阻气滞，营卫不和，因而发热。《叶天士女科证治》云："经来一半，遍身潮热，头痛口渴，小腹作痛，此因伤食生冷，故血滞不行，内有余血……"

【诊治要点及预后】

1．本病以月经来潮而出现周期性发热为特征。

2．注意有无产褥或流产感染史、带下病史、精神刺激等病史。

3．本病当与热入血室相鉴别。热入血室不随月经周期而作，且多伴神志症状，昼则明了，暮则谵语。

4．辨证上，以发热的时间、性质辨阴阳、虚实。一般来说，阴虚者多潮热，气虚者多低热怕冷，瘀热者多乍寒乍热。实热一般在经前或经行1～2天发生，虚热在经行后期或经净时出现，经净后均逐渐消退。

5．治疗以调气血，和营卫为原则。阴虚者，以养阴清热调经为主；气虚者，以益气养血，甘温除热为主；血瘀者，以活血化瘀为主。总宜扶正祛邪，注意清热不宜过用寒凉，祛瘀不可攻破，以免克伐正气。

6．可伴有下腹部疼痛或月经失调。严重者可导致不孕。

【辨证论治】

1．阴虚型：

〔主要证候〕经行或经后，午后潮热，两颧潮红，五心烦热，头晕头昏，心烦少寐，口干咽燥。伴月经先期，量少色红。舌红少苔，脉细数。

〔证候分析〕经行之际，阴血下注，营阴益虚，阴不敛阳，虚阳外越，营卫失调，故见午后潮热，颧红，五心烦热；阴血不足，脑海失养，故头晕头昏；阴虚生内热，热扰心神，故心烦少寐；阴虚津亏，故口干咽燥；阴虚内热，热迫血行，故月经先期，量少色红。舌红少苔，脉细数，乃为阴虚内热之象。

〔治疗原则〕养阴清热，养血调经。

〔方药举例〕两地汤（方见月经先期）。

2. 气虚型：

〔主要证候〕经行或经后发热，形寒畏冷，恶风自汗，神疲肢软，少气懒言，月经提前，量多色淡。舌淡苔薄、脉细弱。

〔证候分析〕气血虚弱，经行时气血愈虚，气虚阳气不布，故形寒畏冷，恶风自汗；气虚中阳不振，故神疲肢软，少气懒言；气不摄血，则月经提前，量多色淡。舌淡苔薄、脉细弱为气血虚弱之候。

〔治疗原则〕补中益气，甘温除热。

〔方药举例〕补中益气汤（《脾胃论》）加防风。

黄芪　人参　白术　炙甘草　升麻　柴胡　陈皮　当归

方中黄芪补气固表，升麻、防风升阳达表，助黄芪益气御风之力，党参、炙甘草、白术、陈皮健脾益气，当归养血调经。全方补中益气，甘温除热。

3. 血瘀型：

〔主要证候〕经行乍寒乍热，小腹疼痛，按之痛甚，经色紫暗有块，伴胸闷烦躁，口渴不欲饮。舌紫暗或舌尖边有瘀点，脉沉涩。

〔证候分析〕瘀血内阻，经行之际气血下注，冲任气血壅阻，营卫失调，故经行乍寒乍热；瘀血阻滞，气机不畅，故小腹疼痛，按之痛甚，或伴胸闷，烦躁，经色紫暗有块；瘀血阻滞，津液不能上承，口渴不欲饮。舌紫暗或尖边有瘀点，脉沉涩，均为血瘀之象。

〔治疗原则〕活血化瘀。

〔方药举例〕血府逐瘀汤（《医林改错》）。

当归　川芎　赤芍　生地　红花　柴胡　牛膝　枳壳　甘草　桃仁　桔梗

方中四物养血活血，桃仁、红花活血化瘀；柴胡疏肝解郁；桔梗、枳壳一升一降，宣通上下气机；牛膝通经引血下行；甘草调和诸药。全方共奏理气活血祛瘀之功，使气调则血和，瘀去则新生，其热自除。

【预防保健】

1. 注意饮食有节，经前经期忌嗜辛辣香燥、生冷寒凉之品。

2. 情志调适，保持心情舒畅，避免忧思郁怒。

3. 注意经期、产后卫生，以免外邪乘虚入侵。

【案例】

梁某，女，20岁，广西某学校学生，未婚，1983年4月25日初诊。

16岁月经初潮，经行前后不定，量多，色暗红。现行经第二天，发热（37.5～38℃左右），右少腹胀疼，头晕而痛，咽喉疼痛，平时带下量多，色白或黄，无特殊气味。胃纳一般，大便难解，小便淡黄。脉细数，苔薄白，舌尖红。

诊断：经行发热。

辨证：肝肾阴虚，相火内动。

治则：滋养肝肾，甘润清热。

处方：太子参20g，玄参、生地各15g，地骨皮、白芍、麦冬、茺蔚子各9g，怀山药15g，白薇、丹皮、甘草各5g。每日水煎服1剂，连服3剂。

二诊（5月2日）：服上方之后，发热已退，头晕痛、咽痛消失，经行停止。精神好，但昨天月经又来，量少，色暗红，脉虚细，苔薄白，舌尖红。仍守上法出入，药用：鸡血藤15g，地骨皮、丹皮、丹参、白芍各9g，生地、旱莲草各15g，女贞子、坤草各9g，白薇、甘草各5g。每天水煎服1剂，连服3剂。

三诊（5月9日）：本次经行6天干净，全过程无发热，精神好。脉沉细，苔薄白，舌质淡。拟温养善后。药用：菟丝子15g，归身、白芍各5g，覆盆子9g，党参12g，白术、茺蔚子各9g，淫羊藿、淮山药、莲肉各15g，大枣9g。每日水煎服1剂，连服3剂。

四诊（7月1日）：6月6日经行，量少，色暗红，淋漓不尽，迄今未净。伴头晕、低热（37.3℃），阴道胀疼。脉细数（96次/分），苔少，舌质淡红。证属阴亏火动，仍宜养阴清热，药用：鸡血藤15g，地骨皮、丹参各9g，丹皮6g，白芍9g，生地15g，旱莲草20g，女贞子、坤草各9g。每日水煎服1剂，连服3剂。

五诊（7月5日）：药已，发热消退，阴道出血停止。胃纳可以，大便干结。脉虚细，苔薄白，舌质淡红，仍守养阴法以善后。

旱莲草15g，女贞子9g，玄参15g，生地、麦冬各12g，益母草9g，甘草5g。每日水煎服1剂，连服6剂。

以后观察半年，病不再发，经行正常。

〔按〕肝肾同源，内寄相火。肝肾阴虚，水亏不济火，相火不潜，故经行前后不定，量多而色暗红，少腹胀疼，经行发热；火冲于上，则咽痛、头晕痛；大便难解、小便淡黄、脉细数、舌尖红，均为阴虚内热之状。故以太子参、麦冬、生地、玄参、白芍、甘草滋养肝肾之阴以治本；地骨皮、丹皮、白薇甘苦微寒，凉血而清虚热；更以辛甘微温之茺蔚子为佐，取其益精活血，行中有补，以为调经之用，故药能中病。以后根据病情的不同变化，在用药上虽有所增减，但始终坚守以养肝肾之阴为主，故能获全功。

（《班秀文妇科医论医案选》）

自学指导

1. 经行发热，是经前或经期体温升高，经后自行消退，每伴随且经周期而作。

2. 可伴有下腹部疼痛、带下病或月经不调。严重者可导致不孕。

3. 临床常见有阴虚、气虚、血瘀等证型。学习时，尤须掌握其不同证型的主证差别，一般而言，阴虚者，遇经行则潮热汗出，五心烦热；气虚者，经行时低热自汗，形寒肢冷，倦怠乏力；血瘀者，经行寒热时作，腹痛拒按。

4. 经行发热，一般以内伤发热者居多，故本证除药物治疗外，还应注意饮食、情志方面的调适，使气血充实、精力充沛，自无发热之患。

5．疗效以经行发热消失，无周期性发作为治愈。

【参考文献摘要】

1．《叶天士女科证治秘方》：经来潮热气痛，经来一半，遍身潮热，头痛口渴，小便作痛，凡因伤食生冷，故血滞不行，内有余血，忌服补剂。宜服莪术汤。

2．《济阴纲目》：经水适来适断，或有往来寒热者，先服小柴胡，以去其寒热，后以四物汤和之。

3．《医宗金鉴·妇科心法要诀》：经行发热，时热潮热之病，若在经前则为血热之热，经后则为血虚之热。发热时热，多是外感，须察客邪之热。午后潮热，多属里热，当审阴虚之热也。

经来发热有表邪证者，用桂枝四物汤等发之。若内热者，用地骨皮饮加胡连清之，名加味地骨皮饮。经后发热，乃血虚内热，用四物汤加黄芪、地骨皮补而凉之，名六神汤。若脾虚肝热，用逍遥散理脾而清之。

【复习思考题】

1．试述经行发热的临床表现。
2．经行发热与热入血室在临床上如何鉴别？
3．试述经行发热的病机及治疗原则。
4．试述经行发热常见证型的辨证治疗。

七、经行风疹块

【自学时数】

1～2 学时。

每值经前或行经期间，周身皮肤突起红疹，或起风团，瘙痒异常，经净渐退者，称"经行风疹块"或称"经行瘾疹"。

【病因病机】

本病多因风邪为患，于经期气血变化急骤之际，或因血虚生风化燥，肌肤失养；或因风邪乘虚而入，与热相搏。

1．血虚：因素体血虚，或因多产失血，久病失养，营阴暗损，经行时阴血益感不足，血虚生风化燥，肌肤失养而发风疹。

2．风热：素体阳盛，或过食辛辣之品，血分蕴热，经前冲气偏盛大，气热相加，血热风动；或经行时气血俱虚，风邪乘虚而入，与热相搏于肌肤腠理之间，遂发风疹。

【诊治要点及预后】

1．本病发作与月经周期密切相关，其特点为全身起红疹或有疙瘩，并伴瘙痒，或痒痛难忍，每随经行则发，经净渐消。并无其他诱因。

2．注意有无过敏体质史。

3．本病须与杂病的风疹或荨麻疹相鉴别。风疹或荨麻疹者，皮肤也起风团、瘙痒，多有药物、食物等致敏因素，与月经周期无关，不随月经周期反复发作。

4．本病有虚实之分，血虚生风化燥者，皮肤干燥，瘙痒难忍，入夜尤甚；风热者，皮肤红热，瘙痒异常，口干喜饮，尿黄便结。

5. 治疗上，应结合月经特点，以养血祛风为主。用药慎用辛温香燥之品，以犯虚虚实实之戒。

6. 本病常与月经不调并见。

【辨证论治】

1. 血虚型：

〔主要证候〕经行风疹频发，瘙痒难忍，入夜尤甚，面色不华，肌肤枯燥，头晕眼花，心悸怔忡。舌淡红苔薄，脉虚数。

〔证候分析〕营阴不足，经行阴血愈虚，血虚生风，风胜则痒，故风疹频发；因血属阴，故入夜痒甚；血虚不能上荣头面、清窍，则面色不华，头晕眼花；不能外荣肌肤，故肌肤枯燥；血不养心，故心悸怔忡。舌淡红，苔薄，脉虚数，均为血虚生风之象。

〔治法〕养血疏风。

〔方药〕当归饮子（《证治准绳》）。

当归 川芎 白芍 生地 防风 荆芥 黄芪 甘草 白蒺藜 何首乌

方用四物汤加首乌养血滋阴；荆芥、防风祛风止痒；白蒺藜疏肝祛风；黄芪、甘草益气生血，固表祛邪。全方共奏养血祛风止痒之功。

若风疹瘙痒难眠者，加蝉蜕加强祛风止痒。

2. 风热型：

〔主要证候〕经行身发红色风团、疹块，瘙痒不堪，感风遇热，其痒尤甚，口干喜饮，尿黄便结。舌红苔黄，脉浮数。

〔证候分析〕风热相搏，邪郁肌腠，则身起红色风团，瘙痒异常，感风遇热瘙痒更甚；热甚伤津，则口干喜饮，尿黄便结。舌红苔黄，脉浮数，均为风热内盛之象。

〔治法〕疏风清热。

〔方药〕消风散（《外科正宗》）。

荆芥 防风 当归 生地 苦参 炒苍术 蝉蜕 木通 胡麻仁 生知母 熟石膏 生甘草 牛蒡子

方中荆芥、防风、牛蒡子、蝉蜕清热祛风；当归、生地、胡麻仁养血润燥；苦参、苍术清热除湿止痒；知母、石膏清热泻火；木通、甘草清火利尿，导热由小便下行。

【预防保健】

1. 饮食有节，禁辛辣香燥之品，戒烟酒，忌食鱼虾之类。

2. 慎起居，随气候变化，适时增减衣被，慎防风热、风寒之邪入侵。

【案例】

于某，女，19岁，未婚，工人，1975年7月12日初诊。

两年多来，每因汗出被风而发作荨麻疹，且经期发作尤甚。发作时周身泛发风疹块，瘙痒无度，烦闷难忍，常持续数天至十数天，经服用抗过敏药可减轻，下次经潮又复如是。就诊时正值经期，荨麻疹已发作3天，四肢、躯干及头面部出现大小不等，形状不一之粉红色风团块，扁平，稍有隆起，周围红晕，间有皮疹突出皮表，四肢见有抓痕及血痂，眼睑、环唇明显肿胀，瘙痒难耐，伴有头晕、恶心、胸闷、纳差、便秘、溲黄等症状。月经先期，量较少，色红，脉弦细数，苔白薄腻，舌边尖红，西医诊为慢性荨麻疹急性发作。此因湿热内蕴血分，郁于皮肤，风邪外束所致，治拟清热利湿、凉血解毒、疏风止痒为法。

处方：荆芥穗、防风各6g，苦参9g，银花、细生地各15g，鲜茅根30g，徐长卿、紫浮萍、紫荆皮、地肤子各9g，苍耳子6g，赤芍、丹皮各9g，川军6g（后下）、甘草3g，2剂，水煎服。

二诊（7月14日）：药后大便畅行，疹块消退大半，仍头晕、恶心、肤微痒，苔白，脉沉弦。予消风止痒，平肝和胃之法。

处方：荆芥穗、防风、钩藤、菊花各9g，白鲜皮12g，苦参6g，徐长卿9g，紫荆皮、陈皮各6g，赤芍、丹皮、淡竹茹各9g，甘草3g，2剂，水煎服。

三诊（7月17日）：药后诸症悉除，月经于15日已净。现觉乏力，纳差，带下绵绵，脉象沉缓，苔薄白。拟予理脾胃、益气血、和营卫之法。

处方：野党参、炒白术、云茯苓各9g，广陈皮、荆芥穗各6g，焦稻芽15g，全当归12g，赤白芍各9g，鸡血藤12g，粉丹皮6g，炒枳壳9g，粉甘草3g，3剂，水煎服。

另用蛇床子9g，吴萸3g，黄柏6g，布包，泡水，坐浴熏洗，每日2次。

嘱下月经潮前3天，服一诊方3剂。兹后观察半年，不仅经期未再发作荨麻疹，且平时也未发作。

〔按〕本例现代医学诊为荨麻疹，每在经期举发，瘙痒无度，辨证为湿热内蕴，风邪外袭所致。盖湿热困遏脾胃，气机升降不利，故见胸闷、纳呆、泛恶、便秘；湿热蕴蓄血分，煎灼营血，迫血妄行，故月经先期，量少，舌边尖红。多在经期发作者，乃因经血下脱，肤腠空虚，风邪外袭，郁于肌肤之故。初予清热利湿，凉血解毒，消风止痒之剂，用治其标，以缓解症状为主；末诊理脾胃，益气血，和营卫，以增强抗病拒邪之力，防其反复。方中苍耳子一味，辛甘苦，有小毒，有发汗、排毒、解痉、镇痛等作用，诸家本草均载其治一切风湿气，用于过敏性皮肤病常有较好疗效。但本品有小毒，用量不宜过大亦不宜久服。

（《哈荔田妇科医案医话选》）

自 学 指 导

1. 每值经前或经期，全身皮肤突起疹块，疹形大小不一，瘙痒异常，经净渐退者。每伴随月经周期反复发作而无明显诱因。

2. 本病常伴发月经不调。

3. 本病总的病因，乃是风邪为患，因体质的不同而有血虚、风热之异。本病治疗以祛风为主。因于血虚者，则宜养血祛风；因于风热者，则宜疏风清热。用药不宜过用辛温香燥之品，以免劫津伤阴，使虚者愈虚，病缠难愈。

4. 本病需与风疹、荨麻疹相鉴别。鉴别要点在于与月经周期有无关系，及有无过敏因素。

5. 疗效以经行风疹消失，无周期性发作。

【参考文献摘要】

《诸病源候论·风瘙身体隐疹候》：邪气客于皮肤，复逢风寒相袭，则起风瘙隐疹。若赤疹者，由凉湿折于肌中之热，热结成赤疹也。得天热则剧，取冷则灭也。白疹者，由风气折于肌中热，热与风相搏所为。白疹得天阴雨冷则剧，出风中亦剧，得晴暖则灭，著衣身暖亦瘥也。脉浮而洪，浮即为风，洪则为气强。

风气相搏，隐疹，身体为痒。

【复习思考题】

1. 经行风疹块为什么随月经周期反复发作？
2. 经行风疹块的病邪特点是什么？
3. 血虚经行风疹块的主证有哪些？其治疗原则是什么？并列举其方药。
4. 消风散适用于哪种证型经行风疹块，其主证有哪些？

〔许丽绵　罗颂平〕

第八节　经断前后诸证

【自学时数】

2～3学时。

妇女在绝经期前后，出现烘热汗出，眩晕耳鸣，心悸失眠，烦躁易怒，五心烦热，或腰背酸痛，浮肿泄泻，或月经紊乱，情志不宁等与绝经有关的证候，称为"经断前后诸证"。这些证候往往轻重不一，参差出现，病程长短不一，短者一年半载，长者迁延数年以至十几年不等。甚者可影响生活和工作。

【病因病机】

绝经前后，肾气渐衰，天癸将竭，阴精、肾气渐见不足，冲任二脉虚衰，生殖能力逐渐衰退，由于素体差异及生活环境等的影响，有些妇女不能适应这个阶段的生理过渡，脏腑阴阳失其平衡而出现一系列证候。由于肾气虚弱，精血不足，加之饮食劳倦、七情伤损，房事不节，导致肾阴亏损，阳失潜藏；或肾阳虚衰，经脉失于温养。

临床常见的有肾阴虚、肾阳虚两个证型，并可累及心、肝、脾。

1. 肾阴虚：经断前后，天癸渐竭，若素体阴虚，或房劳多产，或忧思失眠，或失血大病，耗伤精血，致肾阴更虚，阳失潜藏；或脏腑失养，遂出现经断前后诸证。

2. 肾阳虚：绝经之期，肾气渐衰，若素体阳虚，或房事不节，或过用寒凉及过度贪凉取冷，可致肾阳虚惫，经脉失于温养，而致经断前后诸证。

【诊治要点及预后】

1. 本病诊断，主要是根据病人的自觉症状，如烘热汗出，烦躁易怒，心悸失眠，五心烦热，浮肿便溏，腰酸腿软，心神不宁，多伴有月经紊乱，发病时间是在绝经前后。证候往往因人而异，多少不一，轻重不一，其中仅需有二三症状出现，即可诊断，不必悉具。

2. 若在40岁前发病者，应考虑为"卵巢功能早衰"。应注意有无精神创伤史，或双侧卵巢切除术或放射治疗史。

3. 经断前后的年龄为癥瘕好发之期，如出现月经过多或经断复来，或有下腹疼痛，或带下五色，气味臭秽，或身体骤然明显消瘦等症者，应结合现代医学的检查方法，排除子宫内膜癌、宫颈癌等器质性病变，以免贻误病情。此外，其症状表现如眩晕、心悸、水肿等与某些内科病相类似，临证时应注意与糖尿病、高血压、冠心病、动脉硬化、肺心病等疾病鉴别。

4. 本病以肾虚为其根本，辨证以肾阴阳之虚为主。肾阴阳失调，可波及其他脏腑，而其他脏腑病变，久则必然累及肾脏，如肾水不能上济心火，可致心肾不交；肾阴不足以涵养肝木，或情志不畅，郁而化热，灼烁真阴，可致肝肾阴虚，肝阳上亢；肾阳不足而不能温煦脾阳，或劳倦过度，过食寒凉，伤脾及肾，也可出现脾肾阳虚之候。

5. 治疗上以调治肾阴阳为主，以平为期，若涉及他脏者，则兼而治之。应注重维护肾气，清热不宜过于苦寒，祛寒不宜过于辛热，更不可妄用克伐之剂，以免犯虚虚实实之戒。

【辨证论治】

1. 肾阴虚型：

〔主要证候〕经断前后，头晕耳鸣，烘热汗出，五心烦热，心悸失眠，腰膝酸疼。或伴月经先期或先后不定，经色鲜红，量或多或少，或皮肤干燥、瘙痒，口干咽燥，大便干结，尿少色黄。舌红少苔，脉细数。

〔证候分析〕经断前后，天癸渐竭，肾阴不足，精亏血少，不能上荣于头目脑髓，故头晕耳鸣；阴不维阳，虚阳上越，故烘热汗出，五心烦热；水亏不能上济心火，心神不宁，故心悸失眠；肾虚外府失养，则腰膝酸痛；肾阴虚冲任失调，则月经先期或先后、多少不定；阴虚血燥生风，故皮肤干燥或瘙痒。口干咽燥，便秘尿赤，舌红少苔，脉细数，均为阴虚内热之象。

〔治法〕滋养肾阴，育阴潜阳。

〔方药〕左归饮（《景岳全书》）加制首乌、龟板、生牡蛎。

熟地　山药　枸杞　山茱萸　茯苓　炙甘草

方中熟地、枸杞、山茱萸、制首乌滋肾阴，养肝血；山药、茯苓、炙甘草健脾和中，补后天以养先天；龟板、牡蛎育阴潜阳，补益冲任。

（1）如皮肤瘙痒者，可酌加蝉蜕、防风、乌豆衣、玉竹以润燥疏风；头痛眩晕甚者，可酌加天麻、钩藤、石决明以平肝熄风，或再加牛膝引火归元。腰腿酸痛明显者，加续断、桑寄生以补肾壮腰强筋骨。

（2）若因肾水不涵肝木，以致肝肾阴虚，而兼烦躁易怒，胁痛口苦，头晕耳鸣者，宜滋肾柔肝，育阴潜阳，方用左归饮合二至丸（方见经期延长）加龟板、龙骨、郁金、白芍。

若因肾水不能上济心火，以致心肾不交，而见心悸怔忡，失眠多梦，头晕健忘，甚或情志失常者，宜滋肾宁心安神，可兼服补心丹（《摄生秘剖》）。

生地　玄参　麦冬　天冬　党参　丹参　茯神　枣仁　远志　五味子　柏子仁　桔梗　当归　蜜丸，朱砂为衣。

方中生地、玄参养阴清热，丹参、当归补血养心，人参、茯苓益心气，远志、柏子仁养心神，天冬、麦冬增阴液，枣仁、五味子酸敛心气，桔梗载药上行，辰砂为衣，以安心神。全方滋阴清热，养心安神。

2. 肾阳虚：

〔主要证候〕经断前后，腰膝冷痛，腹冷阴坠，形寒肢冷，面浮肢肿，大便溏薄，夜尿多或尿频失禁，面色晦暗，精神委靡。或伴经行量多，或崩中暴下，色淡或暗，有块，或带下清稀。舌淡，或胖嫩边有齿印，苔薄白，脉沉细无力。

〔证候分析〕经断前后，肾气渐衰。肾阳虚惫，命门火衰，阳气不能外达，故腰膝冷痛，腹冷阴坠，形寒肢冷，面色晦暗，精神委靡；肾阳不足，不能温煦脾阳，脾失健运，故大便溏薄；肾阳虚则膀胱气化无力，水道莫制，故小便频或失禁，夜尿多，面浮肢肿；气化失常，水湿内停，下注冲任，损伤带脉，故带下量多；肾虚冲任不固，则经行量多或崩中暴下；舌质淡或胖嫩，苔薄白，脉沉细无力，均为肾阳虚之象。

〔治法〕温肾扶阳，佐以温中健脾。

〔方药〕右归丸（方见崩漏）加党参、白术、补骨脂。

方中附子、肉桂、补骨脂温补肾阳，引火归元；杜仲、菟丝子补肾气；鹿角胶补肾精，益冲任；熟地、山茱萸、枸杞子滋养肝肾，阴中求阳；党参、白术、山药健脾益气；当归养血调经，如便溏者，可去之，酌加肉豆蔻以温涩止泻。

附子、肉桂较温燥，温肾阳可用仙茅、仙灵脾、覆盆子等药替代。

若浮肿明显者，肉桂易桂枝，加黄芪、茯苓以健脾行水；若夜尿多或尿失禁，可加桑螵蛸、金樱子、益智仁以收敛固涩止遗。

若肾阳虚不能温运脾土，致脾肾阳虚者，症见腰膝冷痛，食少腹胀，四肢倦怠，或四肢浮肿，大便溏薄，舌淡胖，苔薄白，脉沉细缓。治宜温肾健脾，方用健固汤（《傅青主女科》）加补骨脂、仙灵脾、山药。

人参　茯苓　白术　巴戟　薏苡仁

如肾阴阳俱虚，症状错杂并见，时而见畏寒，时而烘热汗出，头晕耳鸣，腰酸乏力，五心烦热，舌苔薄，脉沉细。治宜补肾扶阳，滋肾益阴。方用二仙汤（《中医方剂临床手册》）合二至丸加熟地。

仙茅　仙灵脾　当归　巴戟　黄柏　知母

方中以仙茅、仙灵脾、巴戟天温补肾阳，熟地、女贞子、旱莲草滋养肾阴，黄柏、知母泻相火而益阴，当归温润养血而调冲任。全方肾阴阳并补，使肾中阴阳恢复平衡，经断前后诸症自除。

【预防保健】

1．进行保健咨询，使患者认识到绝经期是一正常生理过程，消除恐惧与忧郁心理。要关心、理解及同情患者，鼓励病人对治疗充满信心，保持乐观愉快的心情，提高自我调节和自我控制能力，适应社会和家庭的变化。通过夫妻、子女、婆媳三种较复杂的关系，提高心理耐受阈值，家庭成员尤其是丈夫要充分理解与爱护患者，提供一个平静温馨的环境。良好的精神状态可通过垂体使内分泌保持适度平衡，有助于增强机体抵抗力。

2．适当避免过重的工作负担，注意协调好周围的人际关系，量力担负一定的工作，安排好休息与工作的关系。

3．注意劳逸结合，坚持体育锻炼，增强体质。体育锻炼还能使人的心情舒畅，保持旺盛的精力。妇女应从青壮年开始注意身体和精神健康的锻炼，这有助于预防、减轻或推迟经断前后诸证的发生。

4．饮食宜选择高蛋白、低脂肪、低糖类饮食，进食富含维生素及微量元素的新鲜蔬菜、水果，并注意补充钙剂和摄入足量的纤维素。避免过食辛辣或生冷食物。

5．经常保持外阴清洁，应用温开水洗涤，勤换底裤，避免用刺激性的肥皂或药物洗外阴。

6．定期防癌检查，对经断复来者，采用诊断性刮宫排除子宫内膜癌，或用 B 超、CT、

MRI、宫腔镜等检查，排除盆腔恶性肿瘤。

自 学 指 导

1. 经断前后诸证是妇女绝经前后常见的一种病证，是指妇女经断前后，出现烘热汗出，眩晕耳鸣，心悸失眠，烦躁易怒，五心烦热，或腰背酸痛，浮肿泄泻，或月经紊乱，情志不宁等与绝经有关的证候。这些证候往往三三两两出现，表现有轻有重。少数妇女症状明显，甚至严重影响工作和生活。病程长短不一，短者数月半载，长者可达数年以至十几年不等。

2. 其主要病机是妇女年届七七，肾气渐衰，天癸将竭，阴精、肾气渐见不足，生殖功能逐渐衰退，若体质有所偏盛偏虚，或受各种致病因素的影响，脏腑阴阳失去平衡而致。本病是以肾虚为主，或偏于阴虚或偏于阳虚，或阴阳两虚而出现不同证候。并可累及心、肝、脾，而出现心肾不交、肝肾阴虚、脾肾阳虚等证候。

3. 经断前后的年龄为癥瘕好发时期，如出现月经过多或经断复来，或带下五色，气味臭秽，或身体骤然明显消瘦等症者，应结合现代医学的检查方法，排除子宫内膜癌、宫颈癌等器质性病变，以免贻误病情。此外，经断前后诸证的临床表现可与某些内科病如眩晕、心悸、水肿等相类似，临证时应排除内科的病变。

4. 疗效是以烘热汗出、情志异常等症状消除为治愈。

【案例】

曾某，女，49 岁，南宁市某公司，干部，已婚，1983 年 4 月 6 日初诊。

自 1981 年开始经行紊乱，往往 2～3 个月一行，量或多或少，色暗淡，经将行头晕目眩，肢软乏力，行路不稳，夜难入寐，心烦易躁，似热非热，偶或汗出，胃纳尚可，大小便正常。脉细数，苔薄白，舌尖红。

诊断：经绝前后诸证。

辨证：肝肾阴虚，相火不潜。

治则：滋养肝肾，佐以祛风。

处方：北沙参、麦冬、归身各 9g，生地 15g，川杞子 9g，熟地 15g，白蒺藜 9g，沙蒺藜 9g，夜交藤 15g，蝉衣 2g，甘草 5g。每日水煎服 1 剂，连服 3 剂。

二诊（4 月 16 日）：药已，诸症减轻，脉舌如平。仍守上方出入。药用：太子参 20g，麦冬、当归、川杞子、桑葚各 9g，黄精、怀山药、夜交藤各 15g，沙蒺藜 9g，蝉衣 2g，甘草 5g。每日水煎服 1 剂，连服 3 剂。

三诊（4 月 20 日）：除夜寐多梦之外，余无不适。守上方加浮小麦 20g，再服 3 剂。

〔按〕肝肾是精血的来源，肝肾阴虚，则精血亏少，故经行错后，量或多或少，色泽暗淡；阴虚水亏则不能济火，相火煽动，故头晕目眩，四肢乏力，心烦易躁，夜难入寐；似热非热，偶或汗出，脉细数，舌尖红，均是肝肾阴虚，相火不潜之变。故用沙参、麦冬、归、地、杞子、沙蒺藜滋养肝肾之阴；夜交藤苦涩甘平，养心宁神，白蒺藜、蝉衣苦涩咸寒以祛风；甘草缓肝而调和诸药。方以柔润肝肾之阴为主，阴血恢复，则刚悍之气自平，相火自潜。二、三诊药有增减，但始终以养为主，以柔驯刚。

（《班秀文妇科医论医案选》）

【参考文献摘要】

《哈荔田妇科医案医话选》：女子到绝经年龄，由于肾气衰，天癸竭，全身功能相对减弱，只是本病发生的一个内在条件，而发病与否也还与某些人的特异体质、精神状态、生活环境等因素有关。因此，本病的发生主要由于患者禀赋不充，或久病失养，兼之七情所伤，饮食失节，劳倦失度，或外邪侵扰等因素，从而导致脏腑功能失和，进一步损伤冲任二脉的结果……

对于更年期综合征的治疗要以调冲任为本，而调冲任又当调脏腑、和气血，其中尤须注重肝、脾、肾三脏。因肝主藏血，为女子之先天；肾主藏精，为精血之根本；脾主运化，为气血生化之源泉。三脏功能调和，则气血自滋，冲任自调，诸病不起。

【复习思考题】

1. 试述绝经前后诸证的临床表现。
2. 经断前后诸证的病机特点是什么？
3. 经断前后诸证诊断时须排除哪些疾病？
4. 经断前后诸证有哪些证型？如何辨证论治？

〔许丽绵　罗颂平〕

【目的要求】

1．了解带下有生理、病理之分；有广义、狭义之别。本章主要讨论狭义带下。
2．了解带下病的产生多因"湿"所致。
3．熟悉带下病的发生与脾肾二脏及任带二脉的关系。
4．熟悉带下病的临床表现。
5．掌握临床常见带下病的辨证论治。

【自学时数】

14～20 学时。

带下病是妇科常见多发病，民间有"十女九带"之谚，属经、带、胎、产四大疾病之一。

带下量明显增多，色、质、味异常或伴全身或局部症状者，称带下病。带下有广义和狭义之分。广义带下是泛指一切妇科病包括经、带、胎、产、杂病。因为这些病都发生在束带以下，有所谓经脉所过，疾病所生。如《史记扁鹊仓公列传》记载"扁鹊名闻天下，过邯郸，闻贵妇人，即为带下医"。即指妇科医生。狭义带下是指妇女阴中流出的黏液，如唾如涕，绵绵不断。取名带下，一说取名于病理，因由带脉失约所致，傅青主说"而以带名者，因带脉不能约束而有此病，故以名之"。一说取名于症状，因其所下绵绵不断，有如带状。《邯郸遗稿》云"带如下带，不断者是也"。狭义带下又有生理性带下和病理性带下的区别：生理性带下是女子自青春期开始，肾气充盛，脾气健运，任脉通调，带脉健固所产生的一种润泽于阴道的无色、透明、质黏、无臭的阴液。正如王孟英说"带下，女子生而即有，津津常润，本非病也"。生理性带下通常在月经期前后，或妊娠期可相应增多。病理性带下是指带下病，是本章讨论的重点。

【病因病机】

本病病因均与湿密切相关，"夫带下俱是湿证"。其病机是湿邪流注下焦，影响任带二脉，以致任脉失约，带脉失固，而发为带下。湿有内湿和外湿之分。外湿主要是外感湿邪、湿毒。如因经期、产后，血室正开，风寒、寒湿、湿热、湿毒之邪，乘虚而入，皆可导致该病。内湿是脏腑功能失常，影响水液代谢失调，或脾虚湿盛，或肝郁克脾，或肾虚精关不固，其病变脏腑主要是肝、脾、肾以及肺。因人体水液代谢主要是肺、脾、肾三脏。肺通调水道，脾运化水湿，肾化气行水。其重点是脾，脾虚失运，水谷精气不能化为精微，反聚为湿，湿浊内停，流注下焦，始为带下。与肾肝二脏关系密切。肾为水火之脏，主藏精气，化气行水，且胞脉系于肾。若肾气不固，不能藏精，或肾阳虚，不能化气行水，湿浊不化，而为带下。肝为刚脏主疏泄，若疏泄太过或不及，皆可犯脾，脾虚肝郁，则湿气聚之而发病。损伤的经脉主要是任带二脉。任脉主司阴液，带下是阴液的一部分，受任脉司约。带脉又约束冲、任诸脉，隶属于脾。若带脉松弛，固约无力，水湿下注，而发带下。因此临床常见证型有脾虚、肾虚、阴虚夹湿、湿热、热毒蕴结。

1. 脾虚：素体脾虚，或思虑、劳倦过度，饮食失调，损伤脾气，运化失常。水谷之气不能化为精微，反聚为湿，流注下焦，损伤任带，而发为白带。或脾虚湿盛，反侮于肝，肝郁化热或湿蕴日久而致湿热下注。

2. 肾虚：素禀肾虚，命火不足或恣情纵欲，肾阳虚衰，精关不固，任带失约，精液滑脱而下。

3. 阴虚夹湿：多产房劳，肾精亏损，相火偏旺，阴虚失守，下焦复感湿热之邪，损及任带，约固无力而发为带下。

4. 湿热：脾虚失运，湿浊蕴遏，久而化热，湿与热合，或情志不畅，肝郁化火，肝热脾湿，湿热互结，流注下焦，损伤任带，发为带下。

5. 热毒：经行产后，胞脉空虚，或因摄生不洁，或因久居湿地，或因手术损伤，以致湿热、毒邪乘虚而入，损伤任带，发为带下。

【诊治要点及预后】

1. 带下病的诊断要点有三：一是带下量明显增多；二是带下量多，伴色、质异常，或量虽不多，但色、质异常，并有异味；三是前两者中伴有全身与局部症状。主要是通过四诊，了解带下量之多寡，色之变化，质之稀稠，气味之腥臭、腐秽，从而进行诊断与辨证。一般而言，辨质、量的变化定其寒热，若带下量多，色白质稠，如唾如涕，绵绵不断属脾虚。若量多质薄，清稀如水，腰膝酸软属肾虚。若量多质稠，色黄或黄白相兼属湿热。若兼外阴瘙痒，乃湿热蕴结生虫。辨带色，古代文献中载有白、黄、赤、青、黑之五色带。结合临床辨证，色白者多属虚属寒，病变涉及脾、肾。色黄者，属湿热蕴结，乃肝郁脾湿下注。若带下黄绿如脓，此湿热尤甚。色赤乃心火炽盛所致，亦有因肝火内炽使然。带下色黑者，临床少见偶或有之，尤宜审慎。此外，还有赤白相兼者多属湿热或虚热为患。湿热者，少腹坠胀，阴户瘙痒；虚热者，多伴五心烦热或兼潮热盗汗等。若带下五色并见，多为内脏虚损，秽液下注所致。闻气味，正常带下，无色、无臭。若带下腥臭多属寒证；若酸秽臭气，则为热证；若带下恶臭难闻，为热毒内炽之象。带下脉象，带下多属脾虚，故脉多濡滑。濡脉主虚主湿，滑脉主痰。若脉濡数，多属脾虚湿热下注；若脉滑数或弦数，多属热属实，或痰湿为患，或肝经实热下注；若脉沉迟，多属虚属寒，为下元不固；若脉虚细而数，则为虚热之证。

2. 妇科部分疾病，如性病及肿瘤等，都可出现带下量多，以及色、质、味异常等，必要时进行妇科检查及有关化验，以明确诊断，排除性病及恶性病变，以免延误病情。带下尚须与白浊相鉴别，白浊是从尿道中流出的秽浊如脓的液体，且在发病之初有小便淋沥涩痛，以此与带下病区别。赤带尚须与经间期出血、经漏以及淋证相鉴别。

3. 带下俱是湿证，治宜祛湿为主。祛湿又当辨其寒热，分别采取温化或清利。因于寒湿者，当温阳扶脾以化湿；因于湿热者，当清热利湿。但治疗用药尤应注意，带下病虽是湿邪为患，但它耗伤的是人体的阴液，一味祛湿，用大量的祛湿药，恐有进一步耗伤阴液之嫌，所以应灵活掌握祛湿的方法，或补脏祛湿，或扶正祛湿，或先祛湿清热、后补虚扶正。补脏重在脾肾。治湿，其治在脾，其次在肾。补脾宜升，宜燥。治肾，宜补，宜涩。属于湿热、湿毒、感染阴道滴虫者，又当清热利湿、解毒杀虫，不可过用收敛固涩，以免留邪。有时尚须配合外治法，才能提高疗效。一般说凡是出现带下异常，经检查未合并他病者，预后一般良好。

【辨证论治】

1. 脾虚型：

〔主要证候〕带下量多，色白或淡黄，质黏稠，无臭气，绵绵不断。面色㿠白或萎黄，四肢不温，精神疲倦，纳少便溏，或眼睑浮肿。舌淡，舌体胖嫩有齿痕，苔白腻，脉缓弱。

〔主证分析〕脾气虚弱，不能运化水湿，水湿之气下陷而为带下。脾虚中阳不振，面色不荣故㿠白或萎黄，四肢不温，精神疲乏。脾虚失运则纳差便溏，两足浮肿。舌淡，苔白或腻，脉缓弱，均为脾虚中阳不振之象。

〔治疗原则〕健脾益气，升阳除湿。

〔方药举例〕完带汤（《傅青主女科》）。

白术　山药　人参　白芍　苍术　甘草　陈皮　黑芥穗　柴胡　车前子

方中白术、山药为君，白术健脾燥湿，山药补肺、脾、肾三脏，共同达到补脏利湿的目的。苍术苦温，温阳升散，燥湿和胃。再以人参补益中气，甘草和中，陈皮醒脾理气，得此则中州之气自举，湿邪有制。佐疏肝之品，故稍加柴胡、黑芥穗取二味气味清芬，疏肝达郁，升提肝木之气。因肝为刚脏，木郁达之，但不宜太过，恐风木鸱张，故加白芍养血柔肝，使其柔而不滞，敛中有散。仅用一味车前子，利下焦湿邪，分消水气。全方脾、肾、肝三脏同治。寓补于散之中，寄消于升之内。补、散、升、消都为湿邪开路。

若脾虚气陷，气短无力，腰腹下坠明显，可加黄芪、升麻，升阳补气。脾虚夹寒湿，纳差，便溏，加扁豆、生薏苡仁、炮姜温中健脾燥湿。兼腰痛，加杜仲、菟丝子、续断补肾壮腰。小腹疼痛加香附、艾叶理气止痛。带下日久不止，可酌加固涩止带之金樱子、龙骨、牡蛎、芡实等。

若湿郁化热，证见带下黏稠、色黄，治宜清热利湿止带。方用易黄汤（《傅青主女科》）。

山药　芡实　黄柏　车前子　白果

方中山药、芡实为君，山药入肺、脾、肾三脏。芡实入肺、肾。水液代谢赖此三脏，三脏平调，水气自利，并非两药真能利水，而是补脏达到利湿目的。白果固湿止带，直补任脉，上三药重在扶正。但毕竟有邪，故用黄柏清肾火，车前子清渗散利，如是则湿热得清，黄带可止。临床运用本方可守其法，而不泥于方，若湿郁化热，可去芡实、白果；口苦加炒栀子、丹皮清泻肝火；小便热赤或色黄，加茵陈、木通，利湿泻火祛热；伴有阴痒，加苦参、地肤子、炒荆芥，利湿止痒；带中带血丝，加生地、赤芍清热凉血；带下腥臭气甚，加椿根白皮、忍冬藤、土茯苓清热泻火解毒止带。

2. 肾虚型：

（1）肾阳虚：

〔主要证候〕白带清冷量多，质稀薄，或淋漓不断。腰痛如折，小腹冷痛，小便频清长，夜尿多，大便溏冷。舌淡，苔薄白，脉沉迟。

〔证候分析〕肾阳不足，阴寒内盛，带脉失约，任脉不固，故带下清冷，量多，滑脱而下。肾阳不足，命门火衰，下不能温煦膀胱，故小便清长；上不能温煦脾阳，故大便稀溏。腰为肾府，肾虚失养，故腰痛如折。小腹乃胞宫所居之处，胞络系于肾，肾阳虚不能温煦胞宫，故小腹冷痛。舌淡苔薄，脉沉迟，均为肾阳不足之象。

〔治疗原则〕温肾培元，固涩止带。

〔方药举例〕内补丸(《女科切要》)。

鹿茸　菟丝子　潼蒺藜　黄芪　肉桂　桑螵蛸　肉苁蓉　制附片　白蒺藜　紫菀茸

方中鹿茸为君，功能大补元气，生精髓，益督脉。菟丝子补肝肾。肉桂、附子壮阳，潼蒺藜温肾止腰痛，白蒺藜疏肝泻风，紫菀茸温肺益肾。桑螵蛸收涩固精。全方温肾壮阳，益精固涩。

〔临床运用〕因鹿茸价格昂贵，可用鹿角或鹿角霜代替。若便溏者去肉苁蓉，加补骨脂、肉豆蔻、白术健脾祛湿。小腹冷痛，带下清冷如水，加艾叶、补骨脂、赤石脂温肾固涩。小便频数加益智仁、山药滋肾涩尿。腰痛如折加桑寄生、续断、杜仲补肾壮腰。因肾阳虚带下导致的是精液滑泄不尽，损伤的是阴液，因此壮阳时要照顾到阴液，往往配以熟地、枸杞、菟丝子滋补肾精。

(2) 肾阴虚：

〔主要证候〕带下赤白，质黏气臭，阴部灼热。头晕目眩，或面部烘热，五心烦热，失眠多梦，尿黄便结。舌红少苔，脉细数。

〔证候分析〕肾阴不足，相火偏旺，损伤络脉，任带失固，故带下赤白，质黏。阴部灼热，阴虚不能潜阳，虚阳上扰则头晕目眩，面部烘热，五心烦躁。肾水亏损，不能上济于心，则失眠多梦。尿黄便结，舌红少苔，脉细数，均为肾阴亏损之象。

〔治疗原则〕益肾滋阴，清热止带。

〔方药举例〕知柏地黄汤加芡实、金樱子、白芷补肾固涩止带。

若失眠甚者加柏子仁、桑葚子、夜交藤养心安神。潮热口干明显者加地骨皮、银柴胡、天花粉清虚热生津液。腰痛耳鸣者加枸杞、桑寄生、白蒺藜滋补肝肾。便秘尿赤者加生首乌、通草润肠通便，清热利尿。兼有臭味者加车前子、土茯苓、贯仲清热解毒。

3．湿热型：

〔主要证候〕带下量多，色黄或黄白，质黏腻，有臭气。胸闷口腻，纳食差或小腹胀痛，或带下色白，质黏如豆腐渣状，阴痒，小便黄少。舌苔黄腻或厚，脉濡略数。

〔证候分析〕湿热蕴结于下，损伤任带二脉，故带下量多，色黄或黄白，质黏腻，有臭气。湿热内阻，故胸闷口腻，纳食差。湿热伤津，则小便黄少。舌苔黄腻或厚，脉濡略数，均为湿热之象。

〔治疗原则〕清热利湿止带。

〔方药举例〕止带方(《是世补斋·不谢方》)。

猪苓　茯苓　车前子　泽泻　茵陈　赤芍　丹皮　黄柏　栀子　牛膝

方中猪苓、茯苓、车前子、泽泻利水除湿。茵陈、黄柏、栀子、丹皮清热泻火解毒。牛膝引药下行。若胸胁胀闷，腹痛腹胀加川楝、延胡索、柴胡疏肝解郁，理气止痛。若口苦咽干，阴部灼热，溲黄者加龙胆草、败酱草、车前草清泻肝经湿热。纳差，便溏者，加茯苓、薏苡仁健脾燥湿。阴痒者，加白鲜皮、苦参清热止痒。

若肝经湿热下注，症见带下色黄或黄绿，质稠或呈泡沫状，有臭味，阴部瘙痒，头晕痛，烦躁易怒。治宜清泻肝经湿热。方用龙胆泻肝汤（《医宗金鉴》）。

龙胆草　山栀　黄芩　车前子　木通　泽泻　生地　当归　甘草　柴胡

4．热毒型：

〔主要证候〕带下量多，或黄白相兼或五色杂下，质黏腻，或如脓样，有臭气或腐臭难闻。小腹作痛，烦热口干，头晕昏，午后尤甚，大便干结或臭秽，小便黄少。舌红，苔黄干，脉数。

〔证候分析〕热毒损伤任带气血，秽浊下流，故带下量多。热毒蕴蒸，损伤脉络，则带色或黄绿如脓，或赤白相兼，甚或五色杂下，状如米泔，臭秽难闻。湿热蕴结，瘀阻胞络，故小腹疼痛。热毒伤津则口干、烦躁、便结、尿黄。热毒伤正，阴血大耗，则头昏，午后尤甚。舌红，苔黄，脉数均为热毒之征。

〔治疗原则〕清热解毒除湿。

〔方药举例〕五味消毒饮（《医宗金鉴》）加白花蛇舌草、椿根白皮、白术。

方中蒲公英、金银花、野菊花、紫地丁、天葵子均为清热解毒之品，白花蛇舌草既清热解毒且能利湿，椿根白皮清热利湿且有止血之功，白术健脾利湿。

若正气不足可加黄芪、党参、茯苓扶正健脾。腹胀痛明显可加川楝、香附、荔枝核行气止痛。带下夹血丝或五色带，气味恶臭，加半枝莲、白茅根、生地榆清热解毒利湿。若口干便秘明显，可加全瓜蒌、知母、丹皮清热凉血通便。

【案例】

崔某，女，42岁。1982年7月5日初诊。

诊查：既往无其他病史可循，育两胎已绝育，月经尚可。平时眩晕不已，少腹胀满，带下频频，纳差。脉细数，苔薄舌光。

辨证：肝肾同病，带脉不固，脾胃不和，运化无权。

治法：先予调和营气主治。

处方：山药、蒺藜各15g，白术、白芍各10g，莲须15g，续断10g，海螵蛸15g，楂曲10g，云苓15g，孩儿参20g，黄芪10g，炙甘草5g，青陈皮、当归各10g，5剂。

二诊：7月11日。髀痛不已，头痛眩晕，脘腹胀满，带下频频。脉细数，苔薄。再予调气和营，通络为法。

处方：续断、狗脊各10g，蒺藜、鸡头子、龙牡各15g，骨碎补、西黄芪、当归各10g，石决明15g，半夏10g，桂枝5g，白术、白芍各10g，炙甘草5g，明党参10g，5剂。

另方：金鸡虎丸1瓶。

三诊：7月29日药后诸恙均减。脉细数，苔薄。再予调气和营、通络治之。

处方：蒺藜15g，当归10g，生熟地、云茯苓各15g，党参、续断、黄芪、骨碎补各10g，老鹳草20g，辰麦冬、威灵仙各10g，黄精30g，桂枝、炙甘草各5g，7剂。

另方：归脾丸2瓶。

〔按〕带下一证，有属湿热者，有属脾虚者，有属肝肾不足者。此例带下因脾虚运化不健，肾虚带脉失约所致，兼有肝气郁滞之象，故以参、芪、术、草、山药、云苓健脾利湿，白蒺藜、青皮疏肝气，当归、白芍养血柔肝，续断益肾，海螵蛸、莲须固涩。使脾气足，运化健，水湿化，同时肝血足，肝气疏泄正常，无以犯脾，气血得充，肾精得养，封藏固摄才能约束带脉。二诊仍守前意，益气用参芪，固涩加龙牡与芡实。因有髀痛之兼症，加桂枝配白芍以和营通络。待至三诊，诸症已显著好转，仍守前法，益气养血加祛风通络之品治之。从中亦可看出，治疗慢性病，若辨证正确，守法是非常重要的，若有兼症可以随症加减，但应不失原意，才能取效。

（《中国现代名中医医案精华（二）》）

自学指导

1. 带下病是妇科常见病、多发病。虽然带下病俱是湿证，治以祛湿为主，但它耗伤的是人体的阴液，因此要灵活掌握祛湿的方法。如完带汤治脾虚带下，重在补脏，使脏腑的功能健运、水液代谢正常，则湿邪自去。全方立足祛湿，重在补脏，不专于利湿，而湿邪自去。制方用药思路巧妙，值得借鉴。但同时应特别注意，补脏利湿用药不宜过于滋腻，以碍祛湿。

2. 近几十年，我国带下病有增多趋势，特别是外感湿热、湿毒、感染滴虫等，相当于西医常见的阴道炎症有：滴虫性阴道炎、念珠菌性阴道炎、老年性阴道炎，细菌性阴道病、女性淋病以及宫颈糜烂等。这些女性生殖器官炎症常表现带下增多，或色、质、味的异常，但又有各自的特点，鉴别如表7-1：

表7-1 带下病鉴别诊断

病 名	带下症状	伴 症	检 查
滴虫	灰黄色泡沫状，质稀，有臭味	外阴瘙痒	阴道壁有出血点，镜检下可见滴虫
霉菌	乳白色，豆腐渣样	外阴瘙痒	阴道壁有白膜，不易擦去，镜检可见霉菌
老年	黄水样，有时带中带血	外阴瘙痒或灼热感	阴道黏膜薄而光滑，可有小出血点及小溃疡
细菌	带下呈灰白色，质稀，有鱼腥气味，性交时加重	外阴轻度瘙痒及灼热感	阴道充血不明显，镜检下可见线索细胞
淋病	急性脓性阴道分泌物；慢性带下量多，色黄	尿频，尿急，尿痛，阴部红肿，疼痛，灼热感，可引起内外生殖器炎症症状	分泌物涂片及培养有淋病双球菌
宫颈糜烂	或白或黄或脓性或稠黏夹血	腰痛或无症状	宫颈有不同程度的糜烂面

3. 带下病除治疗外，主要是预防与保健，保持外阴清洁卫生，特别是经期、产褥期、流产后尤应注意，提倡淋浴，注意性生活卫生。治疗期间禁止性生活，同时注意饮食护理，禁辛辣。

4. 对湿热、热毒型带下病，要注意配合局部用药，如外阴熏洗、阴道冲洗、阴道纳药等。外治主要以清热解毒杀虫止痒立法。

【参考文献摘要】

1. 宋·《妇人大全良方·调经门·带下方论》：带下之病，妇人多有之，赤者属热，兼虚兼火治之。白者属湿，兼虚兼痰治之。年久不止者，以补脾肾为主兼升提。大抵瘦人多火，肥人多痰。

2.《沈氏女科辑要笺正》云：所思不遂，龙相之火，因而外越，是即亢火疏泄太过之带下；入室太甚，则冲任不守，是为虚脱之带下。

3.《兰室秘藏》：妇人白带久下不止，脐腹冷痛，阴中亦然……此病皆寒湿乘其胞内。

隋·《诸病源候论·妇人杂病诸候》：带下病者，由劳伤气血，损伤冲脉任脉，致令血液秽液兼带而下也……五脏之色，随脏不同，伤损经血，或冷或热，而五脏俱虚损者，故其色随秽液而下，为带下五色俱下。

4.《医学心悟》卷五：大抵此症不外脾虚有湿，脾气壮旺，则饮食之精华生气血而不生带；脾气虚弱则五味之实秀，生带而不生气血。

【复习思考题】

1．什么是广义带下？什么是狭义带下？什么是生理性带下？什么是病理性带下？

2．带下病的病因是什么？病机特点是什么？带下病的主要病变脏腑与经络有哪些？

3．完带汤的组方原则是什么？

4．怎样对带下病进行辨证？

5．怎样理解带下病俱是湿证？

6．脾虚带下与湿热带下的主症、治则及代表方是什么？

〔梅乾茵〕

第八章 妊娠病

【目的要求】

1. 了解妊娠病的定义范围。
2. 掌握妊娠诸病的发病机制。
3. 了解妊娠诸病的临床表现。
4. 熟悉孕妇用药禁忌。
5. 掌握妊娠病常见病的辨证论治及诊治要点。

【自学总时数】

49~68 学时。

妊娠期间发生与妊娠有关的疾病，称妊娠病，又称胎前病。首见于《诸病源候论》。妊娠病不但影响孕妇的身体健康，还可妨碍胎儿的正常发育，甚至造成堕胎、小产，关系到优生优育等家庭及社会问题。所以必须注意平时预防和发病后的治疗。

妊娠常见的疾病有因妊娠而发生的，如恶阻、妊娠腹痛、胎漏、胎动不安、滑胎、堕胎、小产、胎死不下、胎萎不长、宫外孕、子烦、子肿、子晕、子痫、子悬、子满等，还有因妊娠体虚、外感六淫而发者，如妊娠痢疾、妊娠疟疾等。

【病因病机】

素体虚弱，气血不足，或外感六淫，或情志内伤，以及劳役过度，房事不节，跌仆闪挫等。其发病机制有三：一是孕后阴血下注养胎，易致阴血偏虚，阳气偏旺；二是胎儿逐渐长大，胎体上升，影响气机的升降，形成气滞、气逆、痰郁等；三是因素体脾胃虚弱，生化之源不足，胎失所养或因先天肾气不足，胞失所系，以至胎元不固。正如《沈氏女科缉要笺正》云："妊娠病源有三大纲，一曰阴亏，妊娠阴血有限，聚以养胎，阴分必亏。二曰气滞，腹中增一障碍，则升降之气必滞。三曰痰饮，妊娠脏腑接壤，腹中遽增一物，脏腑之机括为之不灵，津液聚为痰饮。知此三者，庶不为邪说所惑。"

【诊断】

诊断妊娠病，首先要诊断妊娠，古称"候胎"。诊断根据停经史，早孕反应，乳头、乳晕着色，腹中线加深，孕 4 个月有胎动，脉滑、尺脉尤甚等。还结合一些化验与检查，如妊娠试验、基础体温、黄体酮试验、B 超以及妇科检查等。确诊妊娠后，再诊断属哪种妊娠病。妊娠病的诊断要注重母体和胎儿双方的诊断。同时要分辨哪些是妊娠早期出现的疾病，哪些是妊娠晚期出现的疾病。

【治疗原则】

治病与安胎并举。具体法则：一是当分清母病、胎病。因病而致胎动不安者，重在治病，病去则胎自安。因胎动不安而致母病者，重在安胎，胎安则病自愈。二是安胎的具体方法是补肾培脾、清热养血。补肾是固胎之本，培脾是益血之源，本固血充则胎自安。又孕后血聚养胎，阴血偏虚，阴虚生内热，热盛血不循经，胎失所养或热扰胎元使之不安。清热养血使血能循经以养其胎。三是若胎元不正，胎堕难留或子死腹中则安之无益，宜速下胎以宜母，但应审慎用之，切勿损害母之正气。

【妊娠用药】

首先不宜乱投药，用药宜慎重。可用、可不用的药一般不用。其次是不能因怀孕而讳疾忌药。须知"有病则病当之"的道理。凡峻下、滑利、祛瘀、破血、耗气、散气以及一切有毒药品都应慎用或禁用。如果病情确实需要亦可适当选用，所谓"有故无殒，亦无殒也"，但须严格掌握剂量，掌握"衰其大半而止"的原则，以免动胎伤胎。妊娠慎用或禁用的药物如下：

峻下类：大黄、芒硝、巴豆。

破瘀类：桃仁、红花、三棱、莪术、虻虫、水蛭、蛴螬、乳香、没药、槐角、泽兰、益母草、土鳖虫、干漆、苏木、刘寄奴、当归尾、茜根。

逐水类：黑丑、白丑、商陆、甘遂、大戟、芫花。

催吐类：常山、藜芦。

通利类：麝香、王不留行、白茅根、生薏苡仁、冬葵子、牛膝、皂荚。

有毒类：马钱子、生附子、侧子、生草乌、生川乌、生南星、生半夏、蜈蚣、两面针、水银、雄黄、硫黄、硇砂。

其他：鸦胆子、地胆头、九里香、漏芦等。

〔梅乾茵〕

第一节　妊娠恶阻

【自学时数】

6～8学时。

妊娠早期出现恶心呕吐、头晕厌食，甚则食入即吐者，称为"妊娠恶阻"，又称"妊娠呕吐"、"子病"、"病儿"、"阻病"等。本病是妊娠早期最常见的疾病之一。反应轻者，一般对生活和工作影响不大，不需特殊治疗，以其所思之物，任意食之，一般3个月后可逐渐消失；反应重者，则影响孕妇的身体健康，甚至威胁生命，故需及时治疗。《万氏妇人科》云："轻者不服药无妨，乃常病也。重者需药调之，恐伤胎也。"

【病因病机】

发生恶阻的主要机制是冲气上逆，胃失和降。因冲脉起于胞中，孕后经血不泻，阴血下注养胎，冲脉之气较甚，上逆犯胃而成本病。常见的病因有胃虚、痰滞和肝郁三种，现分别讨论如下：

1．胃虚：平素胃气虚弱，受孕以后，血海不泻，冲脉气盛，冲脉隶于阳明，其气循经上冲犯胃，胃失和降而致恶心呕吐。如《妇人大全良方》云："妊娠呕吐恶食，体倦嗜卧，此胃气虚而恶阻也。"

2．痰滞：素体脾虚不运，痰湿内生，孕后冲脉气盛，挟痰饮上逆以致呕恶。《证治要诀》曰："恶阻者，盖其人宿有痰饮，血壅遏而不行，故饮随气上。"

3．肝郁：恚怒忧思，郁结伤肝，肝失条达，孕后血聚养胎，肝血愈虚，肝气愈旺，肝旺侮胃，火升气逆，发为呕吐。如《沈氏女科辑要笺正》引丹溪曰："有妊二月，呕吐，眩晕，脉之左弦而弱，此恶阻因怒气所致。肝气既伤，又挟胎气上逆。"

【诊治要点】

1．本病以孕后反复呕吐或食入即吐为特征。根据病史及有关检查，确定是否妊娠，并排除葡萄胎引起剧吐的可能。

2．对恶阻的辨证，常以呕吐物的性质作为辨证要领。胃虚者，多呕吐清水；痰滞者，则呕吐痰涎；肝郁者，常呕吐苦水或酸水。

3．其治疗以"治病与安胎并举"为原则，治宜"调气和中，降逆止呕"为主，佐以安胎。用药应避免升散、重坠之品，恐有堕胎之虞。若恶阻严重，食入即吐而成气阴两亏之严重证候，宜采取中西医合治。经系统治疗后，病情不见好转，体温增高38℃以上，心率超过120次/分，或出现黄疸时，则应"下胎益母"，考虑终止妊娠。

4．恶阻以"吐"为主，服药时宜频频少少与之，徐徐将药服下，不宜急服多饮，以防药入即吐，而不能发挥药力作用。

【辨证论治】

1．胃虚型：

〔主要证候〕呕吐清水或食物，甚则食入即吐，脘腹胀闷，不思饮食，神疲思睡。舌淡苔薄，脉缓滑无力。

〔证候分析〕平素胃虚，孕后阴血下聚养胎，胃气愈虚，失其和降，反随冲气上逆而致呕恶，或食入即吐。脾与胃相表里，胃虚则脾气亦虚，脾胃虚弱，运化失司，是以脘腹胀闷，不思饮食。中阳不振，清阳不升，则神疲思睡。舌淡，苔白，缓滑无力，均为脾胃虚弱之征。

〔治疗法则〕健胃和中，降逆止呕。

〔方药举例〕香砂六君子汤（《名医方论》）。

人参　白术　茯苓　甘草　半夏　陈皮　木香　砂仁　生姜　大枣

方中四君以健脾和胃，益气调中；生姜、半夏降逆止呕；砂仁、木香、陈皮醒脾和胃，理气行滞；大枣健脾。全方补脾胃之气而降上逆之气，使呕吐得止。偏寒者可酌加干姜、吴萸以温中止呕。兼热证而见口干喜饮者，则加黄芩、竹茹清胃止呕。吐久伤阴，出现口干便秘者，党参改为玄参，白术换用山药，去木香、砂仁、茯苓等温燥或淡渗之品，加玉竹、石斛养阴和胃。

2．痰滞型：

〔主要证候〕呕吐痰涎或黏沫，晨起尤甚。胸膈满闷，口中淡腻，头晕且重，倦怠嗜卧。舌淡胖，苔白腻，脉濡滑。

〔证候分析〕痰湿之体，或脾虚饮停，孕后血聚养胎，冲气上逆，痰湿随逆气上冲犯胃，是以呕吐痰涎，胸膈满闷。痰湿中阻，清阳不升，故头晕且重。痰湿困脾，则口中淡腻，倦怠嗜卧。舌淡胖、苔白腻、脉濡滑乃为脾虚痰滞之象。

〔治疗原则〕化痰祛湿，降逆止呕。

〔方药举例〕小半夏加茯苓汤（《金匮要略》）加白术、砂仁、陈皮、茯苓、生姜、半夏。

方中茯苓、白术健脾祛湿；生姜、砂仁、半夏温胃醒脾，豁痰止呕；陈皮化痰理气，行滞止呕。诸药合用，则痰化湿祛，逆气得降，呕吐自平。若痰湿较重，可加用枇杷叶祛痰止呕；痰湿化热，症见吐黄水，苔黄腻，则加黄芩、竹茹清热化痰，降逆止呕；食少纳呆，加苏梗宽中理气。

3．肝郁型：

〔主要证候〕呕吐酸水或苦水，胸胁满闷。嗳气叹息，头晕目眩，口苦咽干。舌暗滞，苔薄白，脉弦滑。

〔证候分析〕素体肝气偏旺，或恚怒伤肝，肝失疏泄，肝脉挟胃贯膈，肝气上逆犯胃，且肝与胆互为表里，肝逆则胆火亦随之上升而见呕吐苦酸，口苦咽干。肝气不舒，则两胁胀痛，嗳气叹息。肝气逆走空窍，故头晕目眩，舌暗滞，苔薄白，脉弦滑为肝郁气滞之征。

〔治疗法则〕抑肝和胃，降逆止呕。

〔方药举例〕苏叶黄连汤（《温热经纬》）加橘皮、竹茹、乌梅、苏叶、黄连。

方中苏叶、陈皮和胃理气，降逆止呕；竹茹清热止呕；黄连苦寒以降胃气；乌梅味酸抑肝，共奏抑肝和胃、降逆止呕之效。若口干而渴，心烦不得眠，加枣仁、炒栀子、花粉安神除烦；头晕甚，加竹茹、钩藤清热平肝；舌红口干，呕甚伤津者则加沙参、石斛以养胃阴；便秘加生首乌润肠通便。

以上三型都可因呕吐不止，不能进食，而导致阴液亏损，精气耗散，出现精神委靡，形体消瘦，眼眶凹陷，双目无神，四肢无力。严重者，呕吐带血样物，发热口渴，尿少便秘，唇舌干燥，舌质红，苔薄黄而干或光剥，脉细滑数无力等气阴两虚的证候（查尿酮体呈强阳性反应）。治宜益气养阴，和胃止呕。方用生脉散（《内外伤辨惑论》）合增液汤（《温病条辨》）加陈皮、竹茹、天花粉。

生脉散：人参　麦冬　五味子

增液汤：生地　玄参　麦冬

方中生脉散益气生津，增液汤增液补阴，清热除烦、降逆止呕，陈皮和胃止呕。呕吐带血样物者，加白及、藕节凉血止血。

【其他疗法】

1．穴位吸引法：用负压壶、穴位吸引器或中号火罐吸附中脘穴约10～20分钟，能抑制呕吐感，帮助进食。

2．香开蒸汽法：鲜芫荽（俗名香菜）一把，加苏叶、藿香各3g，陈皮、砂仁各6g，蒸沸后倾入大壶内，将壶口对准患者鼻孔，令吸其气。

【案例】

许某，女，28岁，某中学教员，1975年秋初诊。该患者妊娠2月个左右开始恶心呕吐，逐渐发展到食入即吐，不食亦吐酸苦，呕吐黄绿或夹有血液，虽经中西医多方治疗，然病势不减。中医多以为是脾虚胃弱，中阳不振，痰水潴留而致，投以健脾和胃祛痰降逆之方药。亦有诊为肝气郁滞，升降失常，冲气上逆而致呕吐，投以调肝理气降逆之品。治疗数日，呕吐反而加剧。该患者痛苦难忍，欲求人工流产，其婆母不允，经人介绍前来求诊。余望其神情郁闷，形体消瘦，面红，舌赤，苔黄燥；闻其语声高亮，又时时太息。问其病情，经闭两月余，半个月前开始呕吐酸苦、心烦、易怒、胸胁胀满、喜冷饮和酸咸果食，经治疗无效。又服偏方藕汁、白梨汁等，服后暂安，但不过半日，仍然呕吐。十余日米粥不入，大便秘结，小便短赤，切其脉象弦滑有力。根据四诊分析，该患者属性躁多火，肝经血燥且失条达，肝气益急，气火越上逆而致呕吐，非脾虚痰滞之呕吐。施以调肝清热通秘降逆之方：黄连、芦根、麦冬、竹茹、黄芩、陈皮、枳实各9g、大黄2g。嘱其水煎服2剂。

3日后复诊，服药后呕吐稍止，大便已通，小便红赤，日进半碗米粥，脉弦滑稍缓。其病势渐退，仍以上方加白芍、生地各9g以敛阴生血，嘱其再服3剂。

一周后又复诊。观其精神如常，问其现状，诸症消失，饮食如常，察其脉象弦滑和缓，知其胃气已复，勿需服药。告戒房事，可保万全。于1976年安然分娩一男婴。

（《百灵妇科》）

自学指导

1. 学习本病主要掌握其病机特点为，呕吐与妊娠之间存在内在联系。即孕后血聚养胎，冲气较甚，冲气上逆，胃失和降所致。胃弱是其根本，总与损伤胃气有关。

2. 本病以"吐"为特征，临床以呕吐物的性质作为辨证要领，常见的有胃虚、肝郁、痰滞三种证型。在治疗上以降逆止呕为主，视其不同病机，分别采用健脾和胃、抑肝和胃、豁痰和胃等法。然因其有妊，不同寻常呕吐，故应慎用重镇降逆之品。

3. 掌握本病的转归，若治疗及时，辨证无误，用药得当，往往疗效显著。若治不及时，或失治误治，而呕吐反复发作，致成气阴两亏的严重证候，需中西医结合治疗（予以输液，纠正酸中毒和电解质平衡紊乱），必要时下胎益母。

4. 恶阻一证，除药物治疗外，尚须调情志，在饮食上也宜清淡而易于消化的食物，切忌油腻、炙煿、辛辣之物，以免重伤胃气，劫津伤阴或困阻脾胃。

【参考文献摘要】

1.《万氏妇人科》：恶阻者，谓有胎气恶心，阻其饮食也。其证：颜色如故，脉息平和，但觉肢体沉重，头目昏眩，择食，恶闻食气，好食酸咸，甚者或作寒热，心中愦闷，呕吐痰水，胸膈烦满，恍惚不能支持。轻者不服药无妨，乃热病也。重者须药调之，恐伤胎气，专主行痰，以二陈汤为主。但半夏有动胎之性，不可轻用。

2.《景岳全书·妇人规》：凡恶阻多由胃虚气滞，然亦有素本不虚，而忽受胎妊，则冲任上壅，气不下行，故为呕逆等证。及三月余而呕吐渐止者，何也？盖胎元渐大则脏气仅供胎气，故无暇上逆矣。宜以半夏茯苓汤、人参橘皮汤之类，随宜调理，使之渐安，必俟及其期，方得帖然也。

【复习思考题】

1. 何谓恶阻？其发生的主要机制如何？为什么？
2. 试述恶阻的辨证及治疗要点。
3. 恶阻临床常见证型有哪些？如何治疗？
4. 为什么说气阴两亏是恶阻的严重证候？
5. 恶阻与一般呕吐的治疗有何不同？

〔徐　谦〕

第二节　妊娠腹痛

【自学时数】

3~4学时。

妊娠期间出现以小腹疼痛为主的病症，称为"妊娠腹痛"，亦称"胞阻"。妊娠腹痛，古人所论范围较广，凡痛在心腹之间均谓妊娠腹痛，如《诸病源候论》根据疼痛发生的部位不同，分别有"妊娠腹痛候"，"妊娠心痛候"、"妊娠腰腹痛候"、"妊娠小腹痛候"等记载。《医宗金鉴》在此基础上根据孕妇腹痛的部位审因论治。本节则重点讨论以因妊娠而以小腹疼痛为主的病症。

【病因病机】

妊娠腹痛的主要机制不外虚实两端。虚乃胞脉失养，不荣作痛；实者，系胞脉阻滞，不通则痛。常见的病因有虚寒、血虚和气郁三种。

1．虚寒：素本阳虚，阴寒内生。受孕以后，胎赖肾中精气以养，肾阳益虚，寒虚相搏，血行受阻，胞脉失于温养，因而小腹作痛。如《金匮要略》曰："妇人怀娠六七月，腹痛恶寒者，少腹如扇。所以然者，子脏开故也。"

2．血虚：素体血虚，或失血过多，或脾虚化源不足，孕后血聚养胎，阴血益感不足，血虚则胞脉失养，不荣则痛。《金匮心典》云："胞阻者，胞脉阻滞，血少而气不行故也。"

3．气郁：素性抑郁，或为情志所伤，致肝郁气滞。孕后血以养胎，肝血不足，肝气愈郁，气郁则血行不畅，胞脉阻滞，不通则痛。《女科经纶》云："妊娠四五月后，每常胸腹间气滞满痛，此由愤怒忧思过度。"

【诊治要点及预后】

1．妊娠腹痛的病变部位在胞脉，尚未损及胎元，故以小腹疼痛为主，痛时多腹软而不拒按，或见喜温喜按而痛减，且不伴有下血证。其他如宫外孕、胎动不安、堕胎、小产也有腹痛，宜细鉴别。特别对骤然急剧腹痛的患者，更应重视，及时做出正确的诊断。

2．其辨证，主要以腹痛的性质为依据。因于虚寒者，必见小腹冷痛，喜温喜按；因于血虚者，则小腹绵绵作痛，按之痛减；因于气郁者，症见小腹胀痛。

3．本病的治疗以调理气血为主，佐以安胎。务使胞脉流畅，痛止胎安。但不宜过用辛温香燥行血耗气之品，以免伤胎。

4．妊娠腹痛，如不及时治疗，会发展成胎漏、胎动不安，甚或引起堕胎、小产。

【辨证论治】

1．虚寒型：

〔主要证候〕妊娠期间，小腹冷痛，喜温喜按，伴形寒肢冷、面色㿠白。舌淡，苔白，脉沉迟或沉弦。

〔证候分析〕素体阳虚，孕后胞脉失于温煦，是以小腹冷痛，喜温喜按。阳气不能外达，故形寒肢冷，面色㿠白。舌淡，苔白，脉沉迟或沉弦，为虚寒之征。

〔治疗原则〕暖宫止痛，养血安胎。

〔方药举例〕胶艾汤(《金匮要略》)。

阿胶　艾叶　当归　川芎　白芍　干地黄　甘草

方中艾叶暖宫止痛；四物、阿胶养血安胎，其中川芎、当归性温味辛，走而不守，能行血中之滞；白芍、甘草缓急止痛。诸药和用，使阴寒得散，气血流畅，则腹痛缓解。若肾阳虚衰，兼腰痛者，加菟丝子、川断、补骨脂以补肾安胎；火不温土而食少便溏者，配白术、砂仁健脾除湿。

2.血虚型：

〔主要证候〕妊娠期间，小腹绵绵作痛，按之痛减，伴头晕心悸、失眠多梦、面色萎黄。舌质淡，苔薄白，脉细滑。

〔证候分析〕素体血虚，孕后血聚养胎而愈虚，血虚胞脉失养，是以小腹绵绵作痛，按之痛减。血虚头目诸窍失养，故头晕。心失所养，则心悸，失眠多梦。血不能上荣于面而面色萎黄。舌淡，苔薄白，脉细滑，均为血虚之征。

〔治疗法则〕益气养血，止痛安胎。

〔方药举例〕当归芍药散(《金匮要略》)去泽泻，加党参。

当归　白芍　川芎　茯苓　白术　党参

方中当归、川芎养血和血，其中川芎为血中气药，能行血中之滞；白芍养血和中，缓急止痛；党参、白术、茯苓健脾和中，以益生化之源，源盛流畅，则腹痛自除。若血虚甚者，酌加枸杞、制首乌、桑寄生滋肾养血，濡养胞脉。心悸失眠、不能入寐者，加酸枣仁、龙眼肉养血宁心安神。

3.气郁型：

〔主要证候〕妊娠期间，小腹胀痛，伴情志抑郁，或烦躁易怒、胸胁胀满。舌红，苔薄，脉弦滑。

〔证候分析〕素性抑郁，肝失条达，气机不畅，孕后血聚养胎，肝失所养，肝气愈郁，致胞脉阻滞，故胸胁小腹胀满疼痛。气郁无以宣达，则情志抑郁；郁而化热，是以烦躁易怒；舌红，苔薄，脉弦滑，为肝郁气滞之征。

〔治疗法则〕疏肝解郁，止痛安胎。

〔方药举例〕逍遥散加苏梗。郁而化热者，加黄芩、栀子清热安胎。

【案例】

顾某，30岁，已婚。

初诊：1959年7月。患者于28岁结婚，怀孕三月余。时值盛暑，最近数日，内热头晕外，兼有腰腹痛，小腹坠胀感，略有白带。食欲不振，近日纳食很少，大便尚属正常。乃按其腹，腹部并不胀，而疼痛在小腹，并有下坠感，知其并非饮食积滞。头晕，时有头痛，面部有升火，小溲短热。参以脉象滑数，舌苔薄黄，头晕属于肝旺。本证属肾亏肝旺。治用固肾安胎，平肝清热法。

生地黄、山萸肉、杜仲、续断、女贞子、焦白术、茯苓、淡子芩各9g，钩藤12g（后下），苎麻根9g，新会皮6g。

复诊：据述腹痛已好，腰酸白带亦瘥，头晕心烦，次第即愈，刻尚有小腹下坠感，精神疲乏。治用固肾益气兼清头目法。

孩儿参 4.5g，黄芪 9g，白芍、陈皮各 6g，杜仲、女贞子、生地黄各 9g，钩藤 12g，南瓜蒂 2 枚。

（《朱小南妇科经验选》）

自 学 指 导

1. 妊娠腹痛，又名胞阻，是因胞脉阻滞或胞脉失养所致的以小腹疼痛为主的一种病证。鉴于孕期而小腹疼痛的原因复杂，所涉疾病范围甚广，临证务须审慎，特别对于小腹反复隐痛伴有阵发性剧痛，甚或晕厥者，宜严密观察，详审病史，结合 B 超，排除因异位妊娠破裂或流产所致的腹痛。不可轻率做出妊娠腹痛的诊断，以免贻误病情变生不测。

2. 辨证时需根据腹痛的性质、程度，结合伴随证、舌、脉进行综合分析。治疗以尽快止痛为首务。在分清虚实论治之时，还应注意疾病发展过程中虚实间的转化与并存而调治，勿犯虚虚实实之戒。

3. 掌握妊娠腹痛的转归。本病属西医先兆流产范畴，一般预后多良好。若病情发展，出现胎漏、胎动不安征象时，则按其辨证施治。病势日进，损伤胎元而成堕胎、小产者，当下胎益母。

【参考文献摘要】

1. 《医宗金鉴》：孕妇腹痛，名为胞阻。须审其痛，或上在心腹之间者，多属食滞作痛；或下在腰腹之间者，多属胎气不安作痛；若在少腹之间者，则必因胞血受寒，或停水尿难作痛也。

2. 《傅青主女科》：妊娠少腹作痛，胎动不安，如有下堕之状，人只知带脉无力也，谁知是脾肾之亏乎？夫胞胎虽系于带脉，而带脉实关于脾、肾，则带脉无力，胞胎即无以胜任也。

【复习思考题】

1. 何谓妊娠腹痛？为什么又有胞阻之称？
2. 妊娠腹痛病机何在？如何辨证治疗？

〔徐　谦〕

第三节　胎漏、胎动不安

【自学时数】

6～8 学时。

妊娠期间阴道不时少量下血，时下时止，或淋漓不断而无腰酸腹痛、小腹坠胀等现象称为胎漏，亦称为胞漏或漏胎。若妊娠期间腰酸、腹痛下坠或伴有少量阴道出血者，称胎动不安。

胎动不安与胎漏有别，胎动不安病症名首见于《诸病源候论》，胎漏则首见于《脉经》。其区别在于胎漏仅见出血，胎动不安则腰腹疼痛加阴道出血，以其有无腰腹疼痛为其鉴别要点。《胎产心法》卷上云："胎动、胎漏皆能下血。胎动腹痛，胎漏腹不痛，大抵以此为别。"

胎漏、胎动不安都损及胎元，本病进一步发展会导致堕胎、小产，现代医学称为先兆流产。胎漏、胎动不安的临床表现往往不能截然分开，其病因病机、辨证论治亦基本相同，故本节一并进行讨论。

【病因病机】

胎漏、胎动不安病因有胎元、母体两方面。隋·《诸病源候论》指出有"其母有疾以动胎"和"胎有不牢固"等母体、胎元两大病理因素。

胎元方面：夫妻之精气不足，虽能两精相合，但很难摄精成胎，或成胎后胎元不固，甚或胎元有缺陷，胎多不能成实。明·《景岳全书·妇人规胎漏》曰："父气薄弱，胎有不能全受而血之漏"。

母体方面：有素体因素和感受外邪两方面。《胎产心法·胎动不安论》有"子宫久虚，血海虚羸"之病因。或因外来因素如《诸病源候论·妊娠胎动候》云："胎动不安者，多因劳役气力，或触冒冷热，或饮食不适，或居处失宜，轻者致转动不安，重者便致伤胎"。

综历代医家之说，结合今人认识，导致胎漏、胎动不安的原因有肾虚、气血虚弱、血热、父母精气不足以及跌仆损伤等，均可导致冲任不固，不能摄血养胎所致。

1. 肾虚：先天禀赋不足，肾气虚弱或多产房劳，或孕后不节房事，肾虚冲任不固，胎失所养而致胎动不安。《女科经论·嗣育门》引《女科集略》云："女子肾脏系于胎，是母之真气，子所赖也"。

2. 气血虚弱：素体气血虚弱或劳倦过度，饮食不节，忧思气结，大病久病之后或孕后恶阻所伤，致脾虚气弱，化源不足。孕后，赖血以养胎，气以载胎。气血虚弱则提摄不固，灌溉不周而致胎漏、胎动不安。《陈素庵妇科补解·胎前杂证门》云："妊娠胎动不安，大抵冲任二经血虚，胎门子户受胎不实也。"《万氏妇人科·胎产章·胎动不安》云："脾胃虚弱不能管束其胎，气血素衰不能滋养其胎。"《石室密录》云："胎漏乃气血不足之故"。

3. 血热：素体阳盛或肝经郁热，或素体阴虚生内热，孕后血聚养胎，生理上阳气偏旺易助热化火，如这时过食辛辣，外感热邪，七情内伤致热扰冲任，迫血妄行而致胎漏，胎动不安。《女科经纶》引朱丹溪云："胎漏多因于血热"。

4. 外伤：孕后起居不慎，跌仆闪挫，举重提挈或劳累过度致气血紊乱，气乱不能载胎，血乱不能养胎，或因伤直损冲任，内扰胎气致胎动不安。《医学入门》卷六云："孕妇或从高坠下，重物所压致动胎元"。

【诊治要点】

1. 要诊断胎漏、胎动不安，首先要诊断妊娠，其次根据临床表现：妊娠期间出现阴道不规则的少量出血，时下时止，而无腰酸腹痛症状可以诊断为胎漏。下腹坠胀或伴少量阴道出血者，可诊断为胎动不安。

2. 妇科检查：在常规消毒下进行妇科检查，阴道少许出血来自宫腔，宫颈口关闭，羊膜囊未破，子宫大小与妊娠月份相符，妊娠实验阳性。

3. 本病要与激经、妊娠腹痛、宫外孕、葡萄胎以及堕胎、小产相鉴别（表8-1）：

【辨证论治】

本病治疗以安胎为主，根据肾系胎、气载胎、血养胎的机制，以及胎前多火、热迫血行的见解，以固肾、扶脾、养血、清热诸法随证施治。

有因母病而胎动者，治母病则胎自安。有胎病而致母病者，当安胎则母病自愈。

胎动不安有可安者，有不可安者。经过治疗出血仍多或经久不止，腰腹疼痛阵阵加剧，甚或胎儿已死腹中不宜再安者，宜及时促其流产，下胎以益母。若胎已堕出，则按产后处理。

1. 肾虚型：

〔主要证候〕妊娠期间阴道少许出血，色暗淡，质稀，腰膝酸软，小腹坠痛，或伴头晕、耳鸣、小便频数、夜尿多甚至失禁，或曾屡次堕胎。舌淡，苔白，脉沉滑，尺弱。

〔证候分析〕胞脉系于肾，肾虚则冲任不固，胞失所养而致胎动不安、阴道下血。腰者，肾之腑，主下焦，肾虚则腰膝酸软，肾虚髓海不足，脑失所养，则头晕耳鸣。肾与膀胱相表里，肾虚膀胱失约，故小便频数甚则失禁。尺脉主肾，尺脉弱为肾虚之典型脉象。

表 8-1　胎漏、胎动不安的鉴别诊断

病　名	症　状		检　查	转　归
	阴道出血情况	腹痛情况		
胎漏、胎动不安	阴道不规则出血、量少	腰酸、腹痛下坠	hCG 定性阳性，B 超提示胎儿存活，子宫大小与妊娠月份相符	治疗不及时可致堕胎、小产
激经	孕初月经依时而下、量少	有孕而按月行经，一般无腰腹痛	hCG 定性阳性	3 个月以后不经治疗血可自止
妊娠腹痛	孕后无阴道出血	小腹疼痛反复发作，一般不伴腰酸、胎动下坠	hCG 定性阳性	病在胞脉未损及胎元，进一步发展可致胎动不安
宫外孕	间断或持续的阴道出血、量少	未破损型：一侧少腹隐痛　破损型：一侧少腹剧痛波及全腹甚至休克	hCG 定性阳性或弱阳性。未破损型：一侧附件有包块，压痛，宫内未见孕囊　破损型：下腹压痛，反跳痛，有移动性浊音，子宫颈摇举痛，子宫有飘浮感	手术或保守治疗
葡萄胎	阴道不规则出血或伴水泡样物	小腹胀痛或不痛	hCG 定量高于正常妊娠，子宫大于妊娠月份，可触及黄素囊肿，B 超无心脏、血管搏动	2～3 次吸宫后，追查hCG 直至恢复正常
堕胎、小产	阴道出血多，超过月经量	阵发性腹痛下坠逐步加剧	hCG 由阴转阳	下胎益母

〔治疗原则〕固肾安胎，佐以益气。

〔方药举例〕寿胎丸（《医学衷中参西录》）加党参、白术。

菟丝子　桑寄生　续断　阿胶

方中菟丝子补肾养精，益阴而固阳。桑寄生、川断固肾强腰系胎；阿胶滋阴补血且能止血；党参、白术健脾益气以载胎元。全方重在补肾益气，固摄冲任，则胎自安。

若小便失禁者加益智仁以温肾固摄，偏气虚加黄芪补气升阳，偏血虚加熟地、山萸肉大补精血，偏寒加艾叶暖宫安胎，偏热，加黄芩清热安胎。大便干加生首乌、肉苁蓉润肠通便。若血量多，出血时间长，偏热，可酌加旱莲草、生地炭、地骨皮、仙鹤草、黄芩炭、贯仲炭等；偏寒可酌加艾叶炭、莲房炭、乌贼骨等。若偏于肾阳虚，兼有腰酸如折，畏寒肢冷，大便溏，小便清长，舌淡、苔白，脉沉滑尺弱，治宜温补脾肾，固冲安胎，方用补肾安胎饮(《中医妇科治疗学》)。全方由人参、白术、杜仲、川断、益智仁、阿胶、艾叶、菟丝子、补骨脂、狗脊组成。若偏于肾阴虚，兼有五心烦热、口燥咽干，舌红少苔，脉细数，治宜滋阴补肾，固冲安胎，方用寿胎丸加生地、山萸肉、旱莲草、地骨皮、女贞子、太子参等。

2.气血虚弱型：

〔主要证候〕妊娠初期，胎动下坠，阴道少量流血，色淡红，质稀薄，神疲肢倦，腰酸腹胀，面色㿠白，心悸气短。舌淡，苔薄白，脉细滑无力。

〔证候分析〕气虚不能载胎，血虚不能养胎，致胎动不安，胎漏下血。气虚阳气不布，故神疲肢倦，心悸，气短，面色㿠白。气虚下陷，冲任不固，胎失所载故腰酸腹胀。舌淡、苔薄白，脉细滑无力均为气血两虚之象。

〔治疗原则〕补气养血，固肾安胎。

〔方药举例〕胎元饮(《景岳全书》)去当归加黄芪、阿胶。

人参　当归　杜仲　白芍　熟地　白术　陈皮　炙甘草

方中人参、白术、炙甘草、黄芪健脾益气；白芍、熟地、阿胶补精养血；杜仲固肾安胎；陈皮理气和中，使熟地、阿胶补而不滞。方中当归虽能养血，但以行为养，恐有加重出血之嫌，故去而不用。全方补气又养血，固肾而安胎。

若偏于气虚，证见妊娠期腰腹酸痛，小腹空坠或阴道少许出血，色淡质稀，神疲肢软，少气懒言，面色㿠白，舌淡、苔薄，脉缓滑。治宜益气固冲安胎，方用举元煎加川断、寄生、阿胶，全方由人参、黄芪、升麻、白术、炙甘草、川断、寄生、阿胶组成。如用党参应重用至 30g 以固气摄血安胎。若偏于血虚，症见妊娠期腰酸腹痛，胎动下坠，阴道少许出血，头昏眼花，心悸失眠，面色萎黄，舌淡，苔少，脉细滑；治宜补血固冲安胎，方用苎根汤(《妇人大全良方》)加川断、寄生，全方干地黄、苎麻根、当归、白芍、阿胶、甘草。

3.血热型：

〔主要证候〕妊娠期阴道下血，色鲜红或腹痛下坠，心烦不安，手心灼热，口干咽燥，大便秘结。舌红，苔黄而干，脉弦滑或滑数。

〔证候分析〕热伏冲任，迫血妄行，以致血海不固，故胎漏下血，色鲜红，或腰酸腹痛、胎动下坠。热扰心神，故心烦不安。热伤阴津，故手足心热，口干咽燥，大便秘结。舌红苔黄而干，脉弦滑均为阴虚血热之象。

〔治疗原则〕滋阴清热，养血安胎。

〔方药举例〕保阴煎(《景岳全书》)加苎麻根。

生地　熟地　黄芩　黄柏　白芍　川断　甘草　山药

方中生地滋肾养阴，凉血止血；熟地补肾填精，生、熟地同用既补肾养精又凉血止血。黄芩、黄柏清热泻火。白芍养血敛阴。山药补脾益肾。川断固肾安胎。甘草清热解毒又调和诸药。苎麻根凉血止血，且能安胎。全方养阴清热，凉血安胎，对阴虚血热之胎漏、胎动不安最为相宜。若阴道出血多加阿胶、旱莲草、侧柏炭养阴清热止血。出血时间长，可加贯仲炭、仙鹤草、地榆炭清热解毒止血。胎动甚加菟丝子、桑寄生固肾安胎。

4.外伤型：

〔证候证候〕胎动下坠，腰酸腹痛，甚或胎漏下血。舌正常，脉滑无力。

〔证候分析〕跌仆闪挫或劳累强力，损伤冲任，扰乱气血。气乱不能载胎，血乱不能养胎，冲任损伤，胎元不固，故腰酸、小腹疼痛下坠。气血紊乱，不能循经，故见阴道出血。

脉滑无力为气血损伤之征。

〔治疗原则〕益气和血，固摄安胎。

〔方药举例〕圣愈汤(《兰室秘藏》)加菟丝子、桑寄生、川断。

当归　川芎　熟地　白芍　党参　黄芪

方中四物汤养血和血以养胎，人参、黄芪补气载胎，川断、桑寄生、菟丝子固肾安胎。全方补气和血，固肾安胎。

若阴道出血量多，去当归、川芎辛窜动血之品，酌加阿胶、艾叶炭养血止血，或加茜草炭、乌贼骨祛瘀止血。

若胎动难留，证见阴道出血量多，超过月经量，阵发性下腹疼痛逐渐加剧，检查宫口已开大，甚或有胎物嵌顿，治宜温通活血行气，引血下行。方用决津煎(《景岳全书》)加益母草、枳壳。

当归　川牛膝　肉桂　乌药　泽泻　熟地　益母草　枳壳

【案例】

李某，女，30岁，门诊简易病历。初诊日期：1972年1月22日。

主诉：妊娠48天，近3天来腰腹疼痛，阴道流血。

现病史：患者妊娠48天，近3天来腰腹痛，阴道有血性分泌物，妊娠免疫试验阳性。

舌象：舌质红。脉象：细滑。

西医诊断：先兆流产。

中医诊断：脾虚血热。

治法：健脾清热，凉血安胎。

方药：生山药24g，石莲、黄芩、马尾连、椿根白皮、侧柏炭各9g，阿胶块15g(烊化)。

治疗经过：1月26日，服上方3剂后，阴道血性分泌物已止，腰腹痛缓解，继服上方3剂巩固疗效。

〔按〕先兆流产，中医称为"胎漏"或"胎动不安"。刘老医生认为胎漏多因肾气不足或脾胃虚弱，以致胎元不固或因素体阳盛热迫血行所致。脾气虚弱，血气伤胎者，多见身热，喜冷饮，食少，尿黄便干，少腹坠胀痛，腰酸痛，阴道出血色鲜红，舌质红，脉弦滑稍数。治以健脾清热，凉血安胎，常用经验方凉血安胎饮进行治疗。出血量多者，加贯众炭、棕榈炭、生地、旱莲草。

(《刘奉五妇科经验》)

自 学 指 导

1. 胎漏、胎动不安是妊娠常见病，都可见阴道出血。以其有无腰腹疼痛为鉴别要点，属西医先兆流产范畴，若治疗不及时可发生堕胎、小产。本病涉及的脏器主要是肝、脾、肾，尤其是肾，病在冲任、气血。病机是冲任不固，不能摄血养胎所致。

2. 本病的治疗以安胎为主。因肾主生殖，肾者系胎，热迫血行，胎前多火等理论，临床以肾虚、血热型多见。因此在诸多治法中，固肾、清热最常用，尤其是固肾。不管哪一型治疗中都应兼顾到肾，很多治疗先兆流产的报道都以寿胎丸为基本方加减治疗，均获得满意疗效。临床常用补肾育胎药有菟丝子、川断、寄生、枸杞、杜仲、巴戟、补骨脂、肉苁蓉、生首乌等。补血养胎药有熟地、阿胶、白芍、山萸肉、桑葚子等。补气载胎的药有党参、黄芪、白术、山药、太子参等。顺气安胎的药有砂仁、木香、苏梗。清热安胎的药有黄芩。止血安胎的药有旱莲草、仙鹤草、贯众炭、生地炭、荆芥炭、地榆炭、艾叶炭、侧柏炭、苎麻根等。

3．临床观察：一是阴道出血情况，一是腹痛情况，因为治疗本病有胎可安或不可安两种情况。因此整个治疗过程中始终存在着胎元已殒、未殒的确定。一些有价值的检查和观察指标例如 B 超、hCG 定量的动态观察，基础体温、早孕反应。其中早孕反应是最简单而颇具临床意义的观察指标。如出血时间过长，出血量过多，确属胚胎停止发育，急应下胎以益母。

【参考文献摘要】

1．《校注妇人良方》：夫人的胃气壮实，冲任荣和，则胎得所，如鱼处渊。若气血虚弱，无以滋养，其胎终不能成也，宜下之，以免其祸。

2．《医宗金鉴·妇科心法要诀》：孕妇气血充足，形体壮实，则胎气安固。若冲任二经虚损，则胎不成实，或因暴怒伤肝，房劳伤肾，则胎气不固，易致不安。或受孕之后，患生他疾，干犯胎气，致胎不安则亦有之。或因跌仆筑磕，从高坠下，以致伤胎、堕胎者亦有之。

3．《诸病源候论》：胎动不安者，多因劳役气力，或触冒冷热，或饮食不适，或居处失宜，轻者致转动不安，重者便致伤堕。

4．《邯郸遗稿·妊娠》：胎茎之系于脾，犹钟之系于梁也，若栋柱不固，栋梁必挠，所以安胎先固两肾，使肾中和暖始脾有生气。若如肾中无水胎不安，用六味地黄丸壮水；肾中无火，用八味地黄丸益火。

5．《沈氏女科辑要笺正》卷上沈尧封语：妊娠经来，与胎漏不同，经来是按期而至，来亦必少，其人血气必衰，体必肥壮，胎漏或因邪风所迫，或因房事不节，血来未必按期，体亦不必肥壮。

6．《景岳全书·妇人规·妊娠卒然下血》云：妊娠突然下血，其证有四：或因火热迫血妄行，或因郁怒气进则动血，或因损触胎气，胞宫受伤而下血，或因脾肾气虚，命门不固而脱血。

【复习思考题】

1．何谓胎漏、胎动不安？两者的异同点是什么？
2．胎漏、胎动不安的辨证论治是什么？
3．寿胎丸由哪些药组成？功能主治如何？
4．为什么说肾者系于胎？

【附】堕胎、小产、滑胎

妊娠 12 周内胚胎自然殒堕者称为堕胎。妊娠 12 到 28 周内，胎儿已成形而自然殒堕者，称为小产，亦称半产。《医宗金鉴·妇科心法要诀》云："五六月已成形象者，名为小产；3 个月未成形象者，谓之堕胎。"在堕胎中亦有 1 个月而堕，或月经仅逾期数天而堕，且不易为患者所知者，则称"暗产"。堕胎首载于《脉经》，小产首见于《金匮要略》。本病相当于西医学的早期流产和晚期流产。

堕胎、小产主要证候是阴道出血和腹痛。堕胎者一般先有阴道出血，继而阵发性小腹疼痛。小产者先有阵发性腹痛，后有阴道出血，过程与足月产相似。

堕胎、小产的发病机制，基本与胎漏，胎动不安相同，常从胎漏、胎动不安发展而来。也有不经过胎漏、胎动不安而直接成为堕胎、小产的。本病病机主要是冲任不固，受胎不实。治疗应下胎益母，尽快促胎外出。若殒堕不全者，当尽快清除宫腔内残余组织，除采取活血逐瘀、佐以去胎外，亦可选用吸宫、钳刮或引产术去胎。若堕胎、小产完全，可按产后调护处理。这期间最危急莫过于已堕又不全堕，而致阴道大出血而晕厥，甚或阴血暴亡、阳无所附的阴阳离绝之候，这时需中西医结合抢救，配合输血、抗休克等，同时清除宫内容物。堕胎、小产后再次受孕，应至少隔半年以上。

堕胎、小产连续发生 3 次或 3 次以上，称为滑胎，即屡孕屡堕，亦称"数堕胎"。本病首见于《经效产宝》，其特点是应期而堕，现代医学称为"习惯性流产"。其病因病机主要是肾虚，冲任损伤，胎元不固。或因脾肾两虚，胎失所系，或因气血虚而胎失载养。但最根本是肾虚，因肾主生殖，肾为冲任之本，肾者系胎。肾虚导致胎漏、胎动不安，甚至堕胎、小产。每次流产、吸宫都直接损伤到冲任，累及到肾，周而复始，恶性循环，流产次数越多对肾损伤越大。肾损伤越大，越容易引起流产。

滑胎的诊断：根据病史，堕胎、小产连续发生 3 次或 3 次以上者，即可诊断。一般孕前多有腰酸乏力，孕后无症状，或有腰酸腹痛，或有少许阴道出血，也有一开始就表现为胎殒难留，以致堕胎、小产。

治疗：应以补肾为主，具体方法分两步：

第一步，孕前检查。治疗与调护。多次流产死胎以后，应在下一次妊娠以前进行详细体检和必要化验检查，包括卵巢功能检查、男女双方染色体核型分析、男方精液常规检查、甲状腺功能检查等。感染因素检查包括：风疹病毒、支原体、衣原体、巨细胞病毒、弓形虫、单纯疱疹病毒等的检查以及 B 超显像、子宫输卵管造影，排除子宫肌瘤、宫腔粘连、子宫畸形以及子宫颈松弛等。以便查出原因，针对性治疗。中医预防调摄，多在未孕之前开始服药，常以补肾健脾养血固冲为法。可用补肾固冲丸，也可用泰山磐石散（具体用法及药味组成附后）。同时在堕胎、小产后一年内不能复孕。

第二步，滑胎者一经受孕，即便无胎漏、胎动不安征象，亦应积极予以保胎，按胎漏、胎动不安治疗，绝对卧床休息，禁止性生活。一般保胎应超过上次妊娠流产、堕胎的时间。

补肾固冲丸《中医学新编》（偏于肾虚）菟丝子、续断、巴戟天、杜仲、当归、熟地、鹿角霜、枸杞子、阿胶、党参、白术、大枣、砂仁。

方中菟丝子、续断、巴戟、杜仲、鹿角霜补肾固冲，当归、熟地、枸杞、阿胶滋阴补血，党参、白术、大枣补气健脾，砂仁理气温中。全方有补肾固冲、益气养血之功。

服法：1 日 3 次，每次 6g，月经期停服，2 个月为 1 疗程。可用 1～3 个疗程。

泰山磐石散《景岳全书》（偏于气血不足）人参、黄芪、当归、续断、黄芩、川芎、白芍、熟地、白术、炙甘草、砂仁、糯米。

方中人参、黄芪、白术、甘草补中益气载胎，当归、白芍、川芎、熟地补血养胎，砂仁、糯米养胃安胎，续断补肾强腰固胎，白术配黄芩乃安胎圣药。全方有补气养血、固冲安胎之功。

〔梅乾茵〕

第四节　胎萎不长

【自学时数】

3～4 学时。

妊娠腹型小于相应妊娠月份，胎儿存活而生长迟缓者，称为"胎萎不长"。亦称"胎不长"、"妊娠胎萎燥"。本病有两种发展趋势，一是经过精心调治可继续顺利发育生长，足月分娩；另一是调治不当影响胎儿生长发育，甚至妊娠中止胎死腹中。如《女科百问》云："胎之在胞，以气血滋养，若冷热失宜，气血损弱，则胎萎燥而不育，或过年久而不产。"

【病因病机】

主要机制是夫妇双方禀赋不足，或孕后将养失宜，以致脏腑气血不足，胎失所养，而生长迟缓。常见病因有气血虚弱和脾肾阳虚两种。

1．气血虚弱：气血乃长养胎元之本，若素体气血不足，或素患宿疾，气血暗损；或因胎漏下血日久耗损气血，血不养胎，以致胎不长养。如《诸病源候论》云："胎之在胞，血气资养。若血气虚损，胞脏冷者，胎则翳燥，萎伏不长。"

2．脾肾阳虚：素体脾肾阳虚，或因孕后过食寒凉生冷之品，损及阳气，致精血化源不足，胞脉失养，而成胎萎不长。《景岳全书·妇人规》曰："妇人多脾胃病者有之，仓廪薄则化源亏而冲任穷也。"

【诊治要点及预后】

1．胎萎不长一般在妊娠中、晚期才能发现，主要特点是腹形明显小于正常妊娠月份，子宫底高度与孕期不符，低于正常第 10 个百分位数时，孕妇体重不增加或反而减少，但胎心、胎动存在，以此与胎死不下相鉴别。可借助 B 超测定和胎儿成熟度的检查以确诊。

2．其辨证主要依据伴随的全身证候，结合舌、脉等确定证型，指导治疗。治疗越早，效果越好。

3．本病的治疗原则，当审其病因以治其疾，积极治疗宿有痼疾。重在补脾肾，养气血，益胎元。在治疗过程中，若发现畸胎、死胎情况时，则应下胎益母。

【辨证论治】

1．气血虚弱型：

〔主要证候〕妊娠腹型小于妊娠月份，胎儿存活。头晕心悸，少气懒言，面色萎黄或㿠白，身体羸弱。舌淡，少苔，脉细弱无力。

〔证候分析〕胎赖气血以养，血虚气弱，则胎元失养，故胎虽存活，但生长迟缓，而腹型明显小于正常月份。血虚心脑失养，是以头晕心悸。气虚阳气不布，则少气懒言。气血亏虚，肌肤、肌体失于充养，故面色萎黄或㿠白，身体羸弱。舌淡，少苔，脉细弱无力，均为气血虚弱之征。

〔治疗法则〕益气养血育胎。

〔方药举例〕八珍汤（方见经行头痛）。

方以四君子益气健脾和胃，培其生化之源；四物养血和血，使气生血长，则胎有所养，促其生长。若血虚甚者，重用当归，酌加枸杞、山萸肉养血安胎；兼气滞，加苏叶、陈皮理气行滞；伴肠燥便秘，加玄参、生首乌润肠通便。

2．脾肾阳虚型：

〔主要证候〕妊娠腹形明显小于妊娠月份，胎儿存活。腰腹冷痛，或形寒畏冷，手足不温，倦怠无力。舌淡，苔白，脉沉迟。

〔证候分析〕胞脉系于肾，脾肾阳气不足，胞脉失于温养，故胎元存活但生长迟缓，是以孕母腹形小于妊娠月份。脾肾阳虚，腰腹失于温养，则腰腹冷痛，倦怠无力。阳虚不能温养四肢经脉，故形寒畏冷，四肢不温。舌淡，苔白，脉沉迟，均为脾肾阳虚之征。

〔治疗法则〕温肾补脾养胎。

〔方药举例〕温土毓麟汤（《傅青主女科》）去神曲。

巴戟　覆盆子　人参　白术　山药·神曲

方用巴戟、覆盆子温肾暖胞以养胎；人参、白术、山药健脾益气以资化源，使源盛流畅，则血有所生，胎有所养；神曲乃消食导滞之品，有碍胎元，故去之。

〔预防〕加强产前检查，定期测量腹围、宫高、体重，怀疑胎萎不长者，做进一步检查，做到早诊断、早治疗。加强对宿有痼疾的防治，避免有毒物品接触，禁烟酒，以免影响胎儿生长发育。

【案例】

谈某，35岁，女。住院号：331444，入院日期：1992年7月。

病史摘要：患者停经2个月，少量阴道出血伴少腹疼痛。妇科检查：子宫小于孕月，约孕45天大小而住院治疗。既往妊娠5次，第1、3、4胎均于3个月行流产刮宫术；第2胎孕39周足月顺产一子，出生体重2 000g（足月小样儿），因吸入性肺炎死亡。第5胎孕35周，顺产，出生体重1 500g，生后16小时死亡。

检查：血型：女方A型、男方B型，双方RH均阴性；双方染色体正常；血巨细胞病毒阴性；血KPTT 53/53、封闭抗体30%；细胞毒抗体10%；B超：胚芽11mm（<孕月）。

诊断：中医：胎动不安、胎萎不长（脾肾虚弱、胞络瘀阻）。

　　　西医：先兆流产，胎儿宫内发育迟缓。

治疗：患者曾两次晚期妊娠，分娩均为低体重儿，属中医胎萎不长范畴。此次入院妇科体征、妊娠子宫及胚芽发育均小于孕月15天，有胎儿发育迟缓倾向。根据孕期证候属脾肾虚、胞脉瘀阻，故予益气补肾、活血化瘀法治之。药用党参15g，炒白术9g，炙黄芪12g，炒条芩15g，寄生、川断、菟丝子各12g，当归9g，丹参15g，白芍、川芎各9g。每日1剂煎服，1日2次。孕4个月时，B超示双顶径37mm，略小于孕月。孕33周，胎儿双顶径81mm；孕36周，双顶径88mm；孕38周，双顶径91mm。均与孕月相符。

疗程疗效：中药服至38周，行剖宫产术，分娩一女，体重3 035g，评分9分。现小儿健康。

（《妇科名医证治精华》）

自 学 指 导

1.胎萎不长，属西医高危妊娠范畴之一。如不及时治疗，不仅影响胎儿的发育，也影响儿童期及青春期的体能与智能发育，或导致过期不产，甚或胎死腹中，临证时尤须重视。

2.本病的形成，主要原因在于胎失所养而生长迟缓，故其临床表现为其腹型明显小于妊娠月份，治疗以补益气血为主，但脾肾是气血生化之源，且胞脉系于肾，因此补脾益肾，资其化源是其根本。

3.孕妇应加强营养，不可偏食，多食富含蛋白质、维生素的食物；注意休息吸氧，左侧卧位，可使肾血流量和肾功能恢复正常，从而改善子宫胎盘的血供，使胎有所养而自长。

4.本病经系统治疗后，若效果不佳，胎盘功能持续低下，估计胎儿继续留在宫内较危险，可考虑剖宫产终止妊娠，但手术前要排除胎儿畸形。

【参考文献摘要】

1.《景岳全书·妇人规》：妊娠胎气本乎气血，胎不长者，亦惟血气之不足耳。故于受胎之后而漏血不止者有之，血不归胎也；妇人中年血气衰败者有之，泉源日涸也；妇人多脾胃病者有之，仓廪薄则化源亏而冲任穷也；妇人多郁怒者有之，肝气逆则血有不调，而胎失所养也。或以血气寒而不长者，阳气衰则生气少也；或以血热而不长者，火邪盛则真阴损也。凡诸病此者，则宜补、宜固、宜温、宜清。但因其病而随机应之，则或以及期，或以过月，胎气渐充，自无不长。惟是年迈血衰而然者，数在天矣，有非可以人力为也。

2.《胎产心法》：胎气本乎血气而长，其胎不长者，亦惟气血之不足，故有受胎之后而漏血不止，则血不归胎者；有妇人中年血气衰败，泉源日涸者；有因脾胃病，仓廪薄，化源亏而冲任穷者；有多郁怒，肝气逆，血不调而胎失所养者；有血气寒而不长，阳气衰，生气少者；有血热而不长，火邪甚，真阴损者。种种不一，凡治此病，则宜补、宜固、宜温、宜清，因其病而随机应之，胎气渐充，自无不长。然又有妊母气血自旺，而胎不长者，此必父气屡弱，又当大剂保元，专保其气，不得杂一味血药助母，则子气方得受益。总之，胎之能长而旺者，全赖母之脾土，输气于子。凡长养万物，莫不由土，故胎元生发虽主乎肝肾，而长养实关乎脾土。所以治胎气不长，必用八珍、十全、归脾、补中之类，助其母气以长胎。

【复习思考题】

1．如何诊断胎萎不长？

2．胎萎不长的主因有哪些？如何辨证治疗？

3．治疗胎萎不长为什么要温肾健脾？

〔徐　谦〕

第五节　子死腹中

【自学时数】

3～4 学时。

胎死腹中，历时过久，不能自行产出者，称为"子死腹中"。亦称"胎死不下"、"胎死腹中"。本病可发生在妊娠期，也可出现在临产期，是临床常见病之一，确诊后应及时处理，以免影响孕妇生命安全。如《圣济总录》云："子死腹中，危于胎之未下。"

【病因病机】

子死腹中，主要病机乃气血运行不畅，不能促胎外出。究其发病原因，无外虚实两端，虚者气血虚弱，无力运胎外出；实者瘀血阻滞，碍胎外出。现分述如下：

1．气血虚弱：素体虚弱，或孕后久病体虚，以致气血亏损，胎失所养而死于胞中；又因气虚失运，血虚不润，不能促胎外出遂为胎死不下。

2．血瘀：孕期跌仆外伤，或寒凝血滞，瘀阻冲任，损及胎元；复因瘀血内阻，产道不利，碍胎外出，故而胎死不下。

【诊治要点及预后】

1．子死腹中的诊断，从症状、体征上来看，如发生在妊娠早期，孕妇可自觉早孕反应、乳胀等逐渐消失，乳房变小，子宫小于妊娠月份，但宫口未开；发生在中、晚期，孕妇还可自觉胎动停止，腹部不再继续增大。若胎儿死亡时间较长，孕妇可出现口中恶臭，有时阴道出血或流出赤豆汁样分泌物、脉涩等症。如在临产时，除胎动停止外，可伴有腹满急痛、喘闷等现象。此外，尚须结合现代医学的检查方法，如妊娠试验、超声波检查方能确诊。

2．死胎一经确诊，急当下胎益母。下胎之法必须根据母体的强弱，审慎用药，不宜概行猛攻峻伐，损伤孕妇正气。如孕妇本身气血已虚，则宜先固本元，补气养血，然后再行下胎。

3．辨证时要根据妊娠月份、胎死时间、全身症状、舌脉和妇科检查及辅助检查的结果，综合分析，做出判断，指导治疗。

4．下死胎时，如伴有阴道突然大量出血，而死胎衣不能排尽者，则需中西医合治，尽快取出胎物，迅速止血，以免重伤气血，变生他证。

【辨证论治】

1．气血虚弱型：

〔主要证候〕胎死腹中，小腹疼痛或有冷感，或阴道流淡红血水，伴头晕眼花，心悸气短，精神倦怠，面色苍白。或口有恶臭。舌淡，苔白，脉细涩。

〔证候分析〕孕妇气血虚弱，气虚运送无力，血虚产道失于濡润，是以胎死腹中，久不产下。死胎内阻，气血运行不畅，胞脉失于温养，故小腹疼痛或有冷感；气血虚弱，冲任不固，则阴道流淡红色血水。气血不足，内不荣脏腑，外不荣肌肤，上不荣清窍，故头晕眼花，心悸气短，精神倦怠，面色苍白。胎死日久，腐臭之气随冲气上逆，则口出恶臭。舌淡，苔白，脉细涩，亦为气虚血少，运行不畅之象。

〔治疗法则〕养血活血，益气养胎。

〔方药举例〕救母丹(《傅青主女科》)。

人参　当归　川芎　益母草　赤石脂　芥穗（炒黑）

方中人参大补元气，以助运胎之力；当归、川芎、益母草养血活血，以濡润产道，使滑胎易产；赤石脂化恶血，使胎死腹中，恶血去而胎自下；炒荆芥引血归经，使胎下而不致流血过多。全方有补气血、下死胎之效。气血虚甚者，酌加黄芪、丹参补益气血；小腹冷痛者，加吴萸、乌药、艾叶温暖胞脉而行气下胎。

2．血瘀型：

〔主要证候〕胎死腹中，小腹疼痛，或阴道流血，紫暗有块，口出恶臭，面色青暗，口唇色青。舌紫暗，脉沉涩。

〔证候分析〕瘀血内阻，碍胎排出，则胎死不下。瘀血阻滞冲任，不通则痛，故小腹疼痛；瘀血内阻，血不循经而外溢，是以阴道出血，色紫暗或有血块；胎死瘀久故口臭。面青，唇暗，舌紫，脉涩，均为血瘀之征。

〔治疗法则〕行气活血，祛瘀下胎。

〔方药举例〕脱花煎(《景岳全书》)加芒硝。

当归　川芎　肉桂　车前子　牛膝　红花

方中当归、川芎活血，川芎又能行血中之气；肉桂温通血脉，红花祛瘀，牛膝引血下行；合而用之，瘀血通而死胎下。更助芒硝、车前软坚滑利以下胎。出血多者，加血余炭、炒蒲黄、茜草根以祛瘀止血。

【案例】

邓某，妊娠7个月，胎动消失20天，诊断为过期流产。入院后曾先后用新针疗法，蓖麻油灌肠，奎宁内服，高压温水灌肠，垂体后叶素穴位注射（30 U/d），胎膜剥离等法治疗。用某些方法时，曾有轻微宫缩，入院已10多天，情况比较紧急。若手术治疗，出现感染则属可虑，故用中药治疗。诊察其舌苔，黄兼白腻，舌质红，脉沉稍数有力。此实证实脉，故按一般常法用平胃散加芒硝，更加枳实。

方用：苍术 9g，厚朴、陈皮、枳实各 12g，甘草 4.5g，玄明粉 12g（后下），水煎服

1剂。

下午 2 时左右服药，6 时开始宫缩，9 时 30 分产程开始，后排出完整死胎。

（《广东老中医经验选·邓铁涛医案》）

自 学 指 导

1. 子死腹中原因颇多，不仅与惊恐跌仆，感染温疫、伤寒，邪毒入于胞脏等因素有关，且与胎孕及母体本身有疾也密切相关，也可因临产产难而致者。确诊死胎后，宜从速下胎以益母。胎死 3 周以上者，应做凝血功能检查，如出现异常，应在纠正后方能下胎。

2. 古医籍对子死腹中的诊断依据，以孕妇面赤色青，口出秽气为凭，但从临床来看，并非如此，仅供参考。须结合西医的有关检查，才能确诊。

3. 子死腹中，虽分气血虚弱、血瘀两种证型讨论，但临床疗效不甚理想；古法用平胃散加芒硝，下死胎有效，也只能作为临证参考。当药物治疗无效时，可以手术治疗。子宫小于 3 个月妊娠者，直接行钳刮术；子宫大于 3 个月妊娠者，可行人工引产。术前均需备血。

【参考文献摘要】

1.《景岳全书·妇人规》：凡子死腹中者，多以触伤，或犯禁忌，或以胎气薄弱，不成而孕。或以胞破血干，持久困败。但察产母，腹胀舌黑者，其子已死……宜速用下死胎方下之。

2.《女科辑要》：有因种子软弱，成胎后胎儿萎缩而成者。有因母病，病毒侵及胎儿而致死者。有因跌损、脐带胎盘震动受伤而死者。有因难产而死者。

【复习思考题】

1. 胎死不下的诊断依据是什么？如何处理？

2. 胎萎不长和胎死不下如何鉴别？

3. 胎萎不长和胎死不下的治疗原则是否相同？为什么？

〔徐　谦〕

第六节　异位妊娠

【自学时数】

8～12 学时。

凡孕卵在子宫体腔外着床发育称异位妊娠，俗称宫外孕。但两者的含义稍有不同，宫外孕指子宫以外的妊娠，如输卵管妊娠、卵巢妊娠、腹腔妊娠、阔韧带妊娠。异位妊娠指孕卵位于正常着床部位以外的妊娠，还包括宫颈妊娠及子宫残角妊娠，因此异位妊娠含义更广。中医无此病名，但在妊娠腹痛、胎动不安、癥瘕等病证中有类似症状的描述。

异位妊娠中以输卵管妊娠最为多见，约占 95% 左右。故本节主要以输卵管妊娠为例论述。输卵管妊娠破裂后，可引起急性内出血，发病急，病情重，如治疗不及时或处理不当，可危及生命。近年来宫外孕发病率有增高趋势，是妇科常见的急腹症之一。以往一经确诊，立即手术。近几十年来开辟了一条中西医结合非手术治疗宫外孕的新路，使很多患者免除了手术痛苦，保存了生育能力。

【病因】

1. 慢性输卵管炎：慢性炎症使输卵管黏膜粘连，管腔变窄，使孕卵运行受阻。

2. 输卵管发育不良或功能异常：输卵管过细、过长、弯曲，或管壁有憩室、管壁肌肉发育差、黏膜纤毛缺如，不利于输卵管输送。功能异常指雌孕激素之间平衡失调、精神因素引起的输卵管痉挛等。

3. 输卵管子宫内膜异位症：可位于输卵管间质部，使管腔变窄影响孕卵的运行。同时异位于盆腔的子宫内膜，对孕卵可能有趋化作用，促使其在宫外着床。

4. 孕卵外游：一侧卵巢排卵受精后，进入对侧输卵管，移行时间长，孕卵发育大，通过输卵管受阻而着床。

5. 输卵管手术后：输卵管绝育术形成输卵管瘘管或输卵管绝育后复通术或成形术，均影响输卵管通畅。

6. 输卵管周围的肿瘤有时可压迫阻碍输卵管通畅。

【病机】

1. 输卵管妊娠时由于管腔窄，管壁薄，又缺乏完整的蜕膜，不能适应胎儿的生长发育，当输卵管膨胀到一定限度，就可以导致下列结果。

(1) 输卵管妊娠流产：多发生于输卵管伞部和壶腹部妊娠，其生长发育多向管腔内突出，终致突破包膜而出血，囊胚也可与管壁分离而出血。如整个胚囊剥离，落入管腔经伞部流入腹腔，形成输卵管完全流产。出血一般不多。如胚囊剥离不完整，则为输卵管不完全流产，此时残留绒毛的滋养叶细胞继续侵蚀输卵管壁，使之反复出血，又因管壁薄弱收缩力差，血管开放，出血多，形成输卵管内、盆腔、腹腔血肿。

(2) 输卵管妊娠破裂：常见于峡部和间质部妊娠，孕卵绒毛向管壁侵蚀肌层及浆膜，最后穿过浆膜，形成输卵管妊娠破裂，输卵管肌层比黏膜血管丰富而粗大，因而破裂时出血猛且量多，严重时可引起休克甚至危及生命。

2. 子宫的变化：输卵管妊娠具有与子宫内妊娠相同的内分泌变化，子宫增大变软，但小于停经月份，子宫内膜呈蜕膜变化，无绒毛。孕卵死亡后蜕膜即退行性变与坏死，有时互见，蜕膜整块脱落，呈片状或三角形，由阴道排出呈蜕膜管型，或呈细小碎片脱落。但在不少的病例中蜕膜排出前即已分解，看不到明显的蜕膜组织排出。

中医学对本病发病机制的认识仍处于探讨中。根据其临床症状及中西医结合治疗的确切疗效，认为大多数是宿有少腹瘀滞，冲任胞络通而不畅，或与先天肾气不足有关。其实质是血瘀少腹实证。输卵管妊娠未破损型及包块型均属癥证。已破损型属少腹蓄血证，甚至出现气血暴脱阴阳决离危候。

【临床表现】

输卵管妊娠未破损时，有停经史及早孕反应，有一侧少腹隐痛或酸胀，或有不规则阴道出血。妇检：子宫稍大，软，但与停经时间不符，还可触及一侧附件有肿块、压痛。妊娠试验阳性或弱阳性。

输卵管妊娠一旦破裂，起病急，发展快，出现典型的临床症状。

1. 停经史：有短暂停经史，除输卵管间质部妊娠停经较长外，大约 6～8 周，有时无明显的停经史。

2. 腹痛：患者突感下腹一侧撕裂样剧痛，持续或反复发作，常伴恶心呕吐，疼痛范围与出血量有关，可波及下腹及全腹。有时还可引起肩胛部放射性疼痛。血液积聚在子宫直肠窝时，可引起肛门坠胀及排便感。腹痛、盆腔积血是输卵管妊娠破裂的主要症状。

3. 不规则阴道出血：输卵管妊娠常有不规则阴道出血，量少、色暗、淋漓不净。病灶消除后，出血方能完全停止。出血是因子宫蜕膜剥脱所致。

4. 晕厥与休克：由于腹腔内急性出血，血容量急剧减少及剧烈腹痛，可出现晕厥与休克，其程度与出血的量与速度有关，但与阴道出血不成正比。

腹部检查：下腹部有明显压痛及反跳痛，以患侧为甚，但腹肌紧张常不明显，出血多时，腹部叩诊有移动性浊音。

盆腔检查：有少许阴道出血，后穹隆饱满，触痛，子宫颈有明显摇举痛，子宫稍大，软，比停经月份小，出血多时子宫有飘浮感，子宫一侧或后方可触及肿块，边界不清，触痛明显。陈旧性宫外孕时肿块的边界稍清楚，且不易与子宫分开。

【诊治要点】

输卵管妊娠未破损期诊断：除以上未破损时的临床表现外，一般无特殊征象，诊断较困难，因此临床遇有：早孕可能触及附件软块边界不清有压痛，且随孕期的延长逐渐增大时；B 超显像子宫稍大但子宫内无妊娠的声像特征；或诊断早孕，行人工流产时附件可触及软块，吸出物未见绒毛及胚胎；或人流后妊娠反应仍存在或加重，排出漏吸后；或阴道偶有管型组织排出，病理检查为蜕膜组织，未见绒毛者。以上情况均应首先考虑本病的可能。必要时可做腹腔镜检查：可见输卵管肿块，呈蓝紫色，并可见腹腔有少量血液。

输卵管妊娠破损期的诊断：根据病史，症状和体征诊断一般并不困难。如病史、症状不典型，需严密观察病情变化，如阴道出血，腹部疼痛，腹部肿块大小、硬度的变化，以及血红蛋白的下降情况，必要时可做后穹隆穿刺，或腹部穿刺和超声检查，诊断性刮宫，腹腔镜检查等协助诊断。

【鉴别诊断】

输卵管妊娠应与宫内妊娠流产、急性输卵管炎、卵巢囊肿蒂扭转、子宫内膜异位、囊肿破裂、黄体破裂以及急性阑尾炎相鉴别。

【辨证论治】

中医认为异位妊娠主要是血瘀少腹实证，治疗以活血化瘀为主。非手术治疗关键是杀胚，判断胚胎死活是至关重要的。根据临床实践以下几点可作为参考。①是否存在早孕反应，早孕反应存在，应考虑胚胎存活。②阴道出血情况，如无阴道出血，应考虑胚胎存活。如有阴道出血，胚胎可能死亡。但有的病人虽胚胎存活，也有少许出血。阴道出血是输卵管妊娠时输卵管滋养层细胞活力降低，蜕膜变质，自阴道排出。③妊娠试验：追踪查血、尿 hCG 定量，逐步下降或由阳转阴，可考虑胚胎死亡。反之则胚胎存活。④B 超显像如显示包块有孕囊或胎心搏动，说明胚胎存活。

1. 未破损型：

〔主要证候〕患者或有早孕反应，或有一侧下腹隐痛，双合诊一侧附件有软块，压痛，妊娠试验阳性或弱阳性，脉弦滑。

〔证候分析〕停经妊娠，故有早孕反应，孕卵在输卵管着床发育，胞络瘀阻，故患者附件有包块，压痛，脉弦滑为瘀阻之征。

〔治疗原则〕活血化瘀，消癥杀胚。

〔方药举例〕宫外孕Ⅱ号（山西医学院第一附属医院）加杀胚药。丹参、赤芍各15g，桃仁9g、三棱、莪术各3～6g。

方中丹参、赤芍、桃仁活血化瘀。三棱、莪术消癥散结。

输卵管妊娠尚未破裂，胚胎存活，非手术治疗关键是杀胚。纯中药制剂天花粉蛋白注射液杀胚作用是肯定的。但必须严格使用程序：首先皮试，观察20分钟，若为阴性，再肌内注射天花粉试探剂量0.05mg，2小时后无不良反应，再用天花粉2.4mg肌内注射，如无效，可重复使用一次。有效率达93.8%（湖北中医学院附属医院）。观察副反应：①过敏反应如过敏性休克甚至危及生命（严格使用程序后，近十余年未发生过严重过敏反应）。②咽痛，发热、全身肌肉、关节酸痛。③注射部位红肿疼痛。为了减轻上述反应，可在肌内注射天花粉同时，用地塞米松10mg肌内注射，每日1次，连用3日。有的学者认为中药蜈蚣、全蝎有杀胚作用，尚需进一步观察证实。西药MTX广泛应用于异位妊娠，有多种给药途径，其中最简便而又有效的是单次肌内注射50mg/d，若效果不佳，可重复给药一次。或20mg/d肌内注射，连续5日，无效可重复1疗程。

2．已破损型：指输卵管妊娠流产或破裂者。有休克型、不稳定型及包块型。

（1）休克型：输卵管妊娠破裂后引起急性大量出血，临床上有休克体征者。

〔主要证候〕突发下腹剧痛，面色苍白，四肢厥逆或冷汗淋漓，恶心呕吐，血压下降或不稳定，有时烦躁不安，脉微欲绝，或细数无力，并有腹部及妇科检查的体征（见诊断部分的有关内容）。

〔证候分析〕孕卵停滞于胞宫之外，胀破脉络，故突发下腹剧痛，络伤内崩，阴血暴亡，气随血脱则面色苍白，四肢厥逆，冷汗淋漓，亡血伤阴，心神失养，故烦躁不安。脉微欲绝或细数无力均为阴血暴亡，阳气暴脱之征。

〔治疗原则〕回阳救逆，活血化瘀。

〔方药举例〕参附汤（方见崩漏）、生脉散（方见崩漏）合宫外孕Ⅰ号（山西医学院第一附属医院）。

人参、附子补气回阳救逆。人参、麦冬、五味子益气敛汗、养阴生津。赤芍、丹参、桃仁活血化瘀。

首先吸氧，输液，必要时输血，同时服参附汤、生脉散，补充血容量，纠正休克后加服宫外孕Ⅰ号，并及早防治兼证。这种病人需绝对卧床，勿过早活动，严格控制饮食，禁止灌肠和不必要的盆腔检查。

（2）不稳定型：输卵管妊娠破裂后时间不长，病情不够稳定，有再次发生内出血的可能。

〔主要证候〕腹痛拒按，腹部有压痛及反跳痛，但逐步减轻，可触及界限不清包块，时有少许阴道出血，血压平稳，脉细缓。

〔证候分析〕络伤血溢，血不循经成瘀，瘀阻不通，则腹痛拒按。瘀血内阻，新血不能归经，则阴道出血。气血俱虚，脉道不充，故脉细缓。

〔治疗原则〕活血化瘀，佐以益气。

〔方药举例〕宫外孕Ⅱ号加党参、黄芪。

此型病人常见有气虚象，用药宜平和，勿伤正气，又因此型有再次内出血的可能，应做好抢救准备。

（3）包块型：指输卵管破损时间较长，腹腔内血液已形成血肿包块者。

〔主要证候〕腹腔血肿包块形成，腹痛逐步减轻，可有下腹坠胀或便意感。阴道出血逐渐停止，脉细涩。

〔证候分析〕络伤血溢于少腹成瘀，瘀积成癥，故腹腔血肿包块，癥块阻碍气机，则下腹坠胀，脉细涩为瘀血内阻之象。

〔治疗原则〕破瘀消癥。

〔方药举例〕宫外孕Ⅱ号。

若病人兼有虚象，食欲不振，脉虚弱可酌加党参、黄芪补气。为了加速包块吸收，可用消癥散湿热外敷下腹部及红藤汤保留灌肠。

消癥散：千年健60g，续断120g，追地风、花椒各60g，五加皮、白芷、桑寄生各120g，艾叶500g，透骨草250g，羌活、独活各60g，赤芍、归尾各120g，血竭、乳香、没药各60g，上药共末。每250g为1份，纱布包，蒸30分钟，趁热外敷，每日2次，10日为1疗程。

红藤灌肠汤（湖北中医学院附属医院）：红藤、败酱草、蒲公英、丹参各30g，延胡索20g煎水250mL，每晚1次，保留灌肠。

外敷、灌肠外治法的实施，一定在包块形成，渗血、出血已停止的前提下，越早进行越利于包块的吸收。

非手术治疗输卵管妊娠，经常遇到一些兼证，严重影响治疗效果。最多的兼证是腑实证，证见腹痛拒按，大便秘结，肠鸣音减弱或消失。根据临床辨证，腑实证有属热实、寒实及寒热夹杂之分。若属实热者主方加大黄、芒硝清热泻下。属寒实者用九种心痛丸（《金匮要略》）附子9g，干姜、吴萸、狼毒、巴豆霜各3g共研细面炼蜜为丸如豌豆大。用量可根据病人体质及病情决定，一次服3～10丸，热开水送下。如寒热夹杂可在主方中加大黄、芒硝，佐以肉桂。在疏通胃肠的同时一般可加枳实、厚朴各3～9g宽肠理气消胀。

【手术治疗】

输卵管妊娠手术治疗指征：

1．停经时间长，疑为输卵管间质部或胚胎继续存活者。

2．休克严重，内出血量多或继续出血，虽经抢救而不易控制。

3．妊娠试验持续阳性，包块继续长大，杀胚药无效者。

4．愿意同时施行绝育术。

【案例】

孙某，女，30岁，初诊时间1998年6月13日。

1996年患宫外孕，于某医院手术切除右侧输卵管，出院后一般情况尚好，月经周期正常，患者末次月经1998年4月28日，量中等。停经后无早孕反应，尿妊娠试验阳性。6月13日发生腹痛，阴道有少许出血，呈咖啡色。妇科检查：子宫颈举摆痛明显，宫体后位，活动受限，压痛。B超显像：子宫大小形态正常，左侧附件混合性包块3.4cm×3.0cm×2.3cm，提示为左侧输卵管壶腹部妊娠。脉沉涩，舌质淡红，苔白滑。诊断：左侧输卵管妊娠。予桂枝茯苓丸及荔核散加减治疗，服药33剂，症状消失。B超和妇检复查，左侧附件包块完全吸收。

〔按〕本病属于瘀阻少腹、不通则痛之实证，故以活血化瘀、行气散结为治疗大法。《金匮要略·妇人妊娠篇》曰："妇人宿有癥病，经断未及3月，而得漏下不止，胎动在脐上者为癥痼害……桂枝茯苓丸主之。"笔者单用桂枝茯苓丸治疗宫外孕，疗效不满意，在原方基础上加《证治准绳》的荔核散加减治疗，取得了较好的疗效。

方中桂枝通阳，芍药滋阴，茯苓补心气，丹皮运心血，桃仁、当归、莪术直捣病所，使瘀去而新血不伤；荔枝核、乌药、橘核、小茴香温经散寒、活血行气，入肝经引药入病所；延胡索、川楝子主治气郁血滞诸痛。全方药力功专，既能破血行气、散瘀消癥，又能软坚化痰、散结止痛，故疗效显著。

（《湖北中医杂志》2001.23（3）：31）

自学指导

1. 异位妊娠，俗称宫外孕，是妇科常见的急腹症之一。本病发病急，病情重，处理不当，可危及生命。中医学无此病名，按其症状散见于妊娠腹痛、胎动不安、癥瘕等病中。本病病机主要是血瘀少腹实证。治以活血化瘀为主，对破损型或不稳定型用宫外孕Ⅰ号，对未破损型或包块型加破血药用宫外孕Ⅱ号。大量内出血，为什么不用止血药，反用活血化瘀药？首先是中医辨证，腹痛、拒按是血瘀少腹实证。再者实验研究表明，宫外孕病人于腹、盆腔内血液未凝固前，用活血药能阻止血液过早凝结成块，而血液处于流动状态，吸收快，对治疗大为有利。宫外孕Ⅰ号能抑制纤维蛋白的形成，从临床看，对尚未形成的血肿、包块，有阻止包块形成的作用，对已形成的包块，有阻止包块增大的作用。宫外孕Ⅱ号能提高纤溶酶和胶原酶的活性，所以能促进包块的分解与吸收。实验证明，宫外孕Ⅱ号能使家兔凝血时间延长和降低肝素耐量的作用，因而对休克病人过早用宫外孕Ⅱ号有增加出血的可能。这与中医理论认为出血过多时不用破血药，恐有加重出血之嫌是一致的。

2. 宫外孕保守治疗的注意点：一是对宫外孕的早期诊断，只有早期诊断才能为保守治疗赢得时间。其次是杀胚，在杀胚过程中对胚胎是否死亡的确定。再次是外治法的运用要选择时机，一定在包块形成前，越早用效果越好。

3. 临床观察，主要是腹痛情况，腹痛的性质、程度、部位。宫外孕未破损时，多表现为一侧少腹隐痛。破损时一侧少腹刀割样、撕裂样剧痛。内出血多时，腹部压痛、反跳痛，特别反跳痛明显。包块将形成尚未完全形成时，下腹坠胀疼痛。同时观察血压、脉搏以及阴道出血情况。在整个治疗过程中要保持大便通畅。

【复习思考题】

1. 什么叫异位妊娠（宫外孕）？宫外孕的病机实质是什么？
2. 宫外孕的临床分型有几种？试述宫外孕Ⅰ号、宫外孕Ⅱ号的临床运用。
3. 怎样对未破损型宫外孕进行早期诊断？
4. 宫外孕破裂时典型的临床症状、体征及实验室检查有哪些？
5. 如何在宫外孕的治疗中运用外治法？

〔梅乾茵〕

第七节　妊娠心烦

【自学时数】

3～4 学时。

妊娠期间烦闷不安，郁郁不乐，或烦躁易怒者，称为"妊娠心烦"，亦称"子烦"。《女科百问》谓"以其妊娠而烦，故谓之子烦也。"

【病因病机】

本病的发生，主要是火热乘心，神明不宁，所谓"无热不成烦"也。其因有阴虚火旺、痰火内蕴、肝经郁火的不同，如《沈氏女科辑要笺正》说："子烦病因，曰痰、曰火、曰阴亏。"便概括了妊娠心烦的病因。

1．阴虚：孕妇素体阴血不足，孕后血聚养胎，阴血益感不足，心火偏亢，热扰心胸，以致心烦不宁。《血证论》云："胎既耗血，胎中之火，又上与心火相会，是以虚烦不得眠。"

2．痰火：素有痰饮停滞胸中，孕后阳气偏盛，阳盛则热，两因相感，痰热相搏，上扰心胸，遂致烦满。《妇人大全良方》引《产宝》云："停痰积饮在心胸之间，或冲于心，亦令烦也。"

3．肝热：素性抑郁，致肝郁气滞，孕后胎体渐大，影响气机升降，气滞益甚，郁而化热，木火上炎，扰及心神，而致烦闷。如《济生方》云："有两月而苦烦闷者由母将理失宜，七情伤感，心惊胆怯而然也。"

【诊治要点】

1．本病的主要特点是"因妊而烦"。临床表现为妊娠期间出现心中烦闷不安，甚至心惊胆怯，乃为胎热上乘所致，故以清热除烦为治疗大法。

2．其辨证，有虚实之分。虚烦者，烦而不满；实烦者，胸多烦满，大抵以此为辨。

3．妊娠心烦虽属有热，但不宜苦寒直射其火，以免耗伤阴液。凡助火生火、伤津耗液及滋腻之品皆当忌用，可酌情选用清热除烦、宁心安神之品。

【辨证论治】

1．阴虚型：

〔主要证候〕妊娠心中烦闷，坐卧不安，伴午后潮热，手足心热，口干咽燥，渴不多饮，小溲短黄。舌红，苔薄黄而干，或无苔，脉细滑而数。

〔证候分析〕素体阴虚，因孕中虚，阴虚火旺，热扰心神，故心烦不安，坐卧不宁。阴虚内热，则午后潮热，手足心热。火热内炽，灼伤津液，是以口干咽燥，渴不多饮，小溲短黄。舌红，苔薄黄而干，或无苔，脉细滑而数，为阴虚内热之征。

〔治疗法则〕清热养阴，安神除烦。

〔方药举例〕人参麦冬散（《妇人秘科》）加莲心。

人参　麦冬　茯苓　黄芩　知母　生地　炙甘草　竹茹

方中人参益气生津；生地滋肾益阴以济心火；麦冬养阴生津，清热除烦；莲心清心火，知母泻肾火，使水火既济；黄芩、竹茹清热除烦；茯苓、甘草安神调中。共奏清热养阴、宁心安神之功。若心惊胆怯者，酌加龙齿、石决明以安神定志；肝阳偏亢，症见头晕胀痛者，加钩藤、葛根以平肝熄风。

2. 痰火型：

〔主要证候〕妊娠心胸烦闷，甚则心悸胆怯，伴头晕目眩，胸脘满闷，恶心，呕吐痰涎。苔黄而腻，脉滑数。

〔证候分析〕素有痰饮停滞胸中，积久化热，痰火上扰心胸，故心中烦闷不安，甚或心悸胆怯。痰火上扰清窍，则头晕目眩。痰湿内蕴，脾胃升降功能失职，是以胸脘满闷，恶心，呕吐痰涎。苔滑而腻，脉滑数，亦为痰火内盛之候。

〔治疗法则〕清热除烦，宁心安神。

〔方药举例〕竹沥汤（《千金要方》）去防风，加浙贝母。

竹沥　麦冬　黄芩　茯苓　防风

方中竹沥、浙贝母清热涤痰；麦冬清热除烦；茯苓健脾宁心；黄芩泻火，使热去痰化而烦自除。痰黄稠者，加前胡、瓜蒌以清热化痰；呕恶甚者，加枇杷、藿香和胃降逆止呕。

3. 肝热型：

〔主要证候〕妊娠心烦易怒，伴头晕目眩，口苦咽干，胸胁胀满。舌红，苔薄黄，脉弦滑数。

〔证候分析〕肝郁化热，热扰心胸则心烦。怒为肝之志，肝热故易怒。肝热上犯空窍，是以头晕目眩。肝胆互为表里，肝火内炽使胆热液泄，故口苦咽干。肝脉布胁贯膈，肝郁经脉不利，气机阻滞，则两胁胀满。舌红，苔薄黄，脉弦滑数，均为肝郁化热之征。

〔治疗法则〕疏肝解郁，清热除烦。

〔方药举例〕丹栀逍遥散去当归，加黄芩、知母。

若头晕目眩甚者，酌加钩藤、菊花、夏枯草清热平肝；胸胁胀痛甚者，加川楝子、郁金疏肝解郁，理气止痛。

【案例】

史某，女，25岁，已婚。1978年4月29日初诊。

妊娠6个月，近半个月来自诉心中烦闷，情绪激动，夜寐不安，有时烘热汗出，手足心热，夜半咽干。查舌质红，口唇干裂，薄黄苔，脉象滑数，尺脉不足。此乃胎热上乘，阴虚津亏，因孕而烦。治疗宜养阴清热，安神除烦。处方：黄芩9g，沙参、麦门冬各10g，橘红9g，竹茹10g，芦根、浮小麦各15g，炙甘草6g，大枣3枚。

服6剂后，胸中烦闷减，夜寐能安，手足热退，略有加减，再服3剂已愈。

（《中医妇科临床经验选》）

自 学 指 导

1. 子烦者，乃因妊而烦。因孕期阴血下注养胎，易致母体阴血偏虚，阳气偏盛。若素有停痰积饮，或为七情所伤，皆可致发本病。

2. 本病主因，乃属于热，但有兼虚、兼痰、兼肝郁之不同；故防止本病的发生，需调节饮食，勿过食厚味油腻之品或辛辣食物，以免助火生痰。此外，尚须调情志，和心意，适劳逸，以防志火内动，劫灼津液；或气滞痰郁。

3．其治疗，总以清热为要，视其不同证型，分别给予养阴清热，或以清热涤痰，或以舒肝清热。

4．子烦往往为子痫之先兆，若伴有头晕目眩，血压升高者，临证尤须重视。

【参考文献摘要】

1．《女科百问》：何谓子烦，答曰：烦有四证，有心中烦，有胸中烦，有虚烦，有子烦，诸如此者，皆热也。若脏虚而热，气乘于心，则令心烦；但烦热而已，别无他证者，名曰虚烦；若积痰停饮，而呕吐痰涎沫者，谓之胸中烦；或血饮停积，虚热相搏，以其妊娠如烦，故谓之子烦也。

2．《医学心悟》：妊娠子烦者，烦心闷乱也。书云：孕四月，受少阴君火以养精；六月，受少阳相火以养气。子烦之症，大率如此。窃谓妇人有孕，受君相二火，皆翕聚以养胎，不独四、六两月而已。大法，火盛内热而烦者，淡竹叶汤。若气滞痰凝而闷乱者，二陈汤加白术、黄芩、苏梗、枳壳。若脾胃虚弱，呕恶食少而烦者，用六君子汤。子烦之候，不善调摄，则胎动不安矣。慎之。

【复习思考题】

1．试述"因妊而烦"的病机特点。

2．子烦常见证型有哪些？如何辨证治疗？

〔徐　谦〕

第八节　妊娠肿胀

【自学时数】

4～6学时。

妊娠中晚期，肢体面目发生肿胀者，称为"妊娠肿胀"，亦称"子肿"。根据肿胀部位和程度之不同，古人又有子气、子肿、子满、皱脚、脆脚等名称。如《医宗金鉴》云："头面遍身浮肿，小水短少者，属水气为病，故名曰水肿。自膝至足肿，小水长者，属湿气为病，故名曰子气。遍身俱肿，腹胀而喘，在六七个月时者，名曰子满。但两脚肿而肤厚者，属湿，名曰皱脚；皮薄者属水，名曰脆脚。"本节仅就子肿进行讨论。若在妊娠7～8个月以后，只是脚部轻度浮肿，无其他不适者，为妊娠晚期常见现象，可不必治疗，产后自消。

【病因病机】

本病产生的机制，不外虚实两个方面，虚者脾肾阳虚，水湿内停；实者，气滞湿郁，泛溢肌肤，以致肿胀。现分述如下：

1．脾虚：孕妇素体脾虚，或过食生冷，伤及脾阳，运化失职，不能敷布津液，反聚为湿，水湿停聚，流于四末，泛溢肌肤，遂发水肿。如《产宝》云："脏气本弱，因产重虚，土不制水。"

2．肾虚：素体肾虚，孕后阴血聚下养胎，有碍肾阳敷布，不能化气行水，且肾为胃之关，肾阳不布，则关门不利，膀胱气化失司，聚水而从其类，以致水湿泛溢而为肿。故《沈氏女科辑要笺正》曰："妊娠发肿，良由真阴凝聚以养胎元，肾家阳气不能敷布，则水道泛溢莫制。"

3.气滞：素多忧郁，气机不畅，孕后胎体渐大，有碍气机升降，两因相感，不能通调水道，下输膀胱，溢于肌肤，是以肿胀。

【诊治要点与预后】

1.本病是妊娠中、晚期的常见病之一，其临床特点，主要是以浮肿为主症，先开始局限于踝部，以后逐渐上升至小腿、大腿、外阴、腹部，甚或发展到全身。但需警惕隐性水肿，即体表浮肿并不明显，而体重明显增加（每周超过0.5kg）者。

2.其辨证，重在辨识肿胀是"有形之水病和无形之气病"，分清水肿与气肿。因于水者，皮薄色白而光亮，按之凹陷不起；因于气者，皮厚而色不变，按之凹陷即起。

3.妊娠肿胀的治疗，按照"治病与安胎并举"原则，以运化水湿为主，适当加入养血安胎之品。慎用温燥、寒凉、峻下、滑利之剂，多用植物皮类利水药，以免伤胎。

4.子肿是妊娠高血压综合征的早期症状之一，亦是中药治疗的最佳时期，临证时尤须重视，做到尽早发现，及时治疗，以免病情进一步发展，向子痫转化。

【辨证论治】

1.脾虚型：

〔主要证候〕妊娠数月，面浮肢肿，甚则遍身俱肿，皮薄光亮，按之凹陷不起，伴脘腹胀满，气短懒言，口中淡腻，食欲不振，小便短少，大便溏薄。舌淡体胖，边有齿痕，苔薄白或薄腻，脉缓滑无力。

〔证候分析〕脾主肌肉四肢，脾虚不运，水湿停聚，泛溢肌肤四肢，故面浮肢肿，甚则遍身俱肿。水溢皮下，则皮薄光亮，按之凹陷不起。脾虚中阳不振，是以脘腹胀满，气短懒言。中焦运化失司，故口淡食少。水道不利，则小便短少。水走肠间，故大便溏薄。舌淡体胖，边有齿痕，苔薄白或薄腻，脉缓滑无力，俱为脾虚湿盛之候。

〔治疗法则〕健脾除湿、行水消肿。

〔方药举例〕白术散（《全生指迷方》）加砂仁。

白术　茯苓　大腹皮　生姜皮　陈皮

方中白术、茯苓健脾除湿行水；砂仁、姜皮温中理气行水；大腹皮下气宽中行水；陈皮理气和中。全方具有健脾除湿、利水消肿之功。若肿势明显，酌加猪苓、泽泻、防己利水消肿；肿甚以致胸闷而喘者，加葶苈子、杏仁、厚朴以宽中理气，降逆平喘；气短懒言，神疲乏力者，加参、芪以补脾益气。

2.肾虚型：

〔主要证候〕妊娠数月，面浮肢肿，下肢尤甚，按之没指，伴头晕耳鸣，心悸气短，腰酸无力，下肢逆冷，小便不利。舌淡，苔白滑，脉沉迟。

〔证候分析〕肾阳不足，上不能温煦脾阳，下不能温煦膀胱，则脾失健运，膀胱气化不利，水道莫制，泛溢肌肤，故面浮肢肿，按之没指，小便不利。湿性趋下，是以下肢肿甚。肾虚髓海不足，外府失养，故头晕耳鸣，腰酸无力。水气凌心，则心悸气短。命火虚衰，不能温煦下元，是以下肢逆冷。舌淡，苔白滑，脉沉迟，亦为肾阳不足之征。

〔治疗法则〕补肾温阳，化气行水。

〔方药举例〕五苓散（《伤寒论》）加菟丝子、黑豆衣。

桂枝　白术　茯苓　猪苓　泽泻

方中桂枝、菟丝子、黑豆衣补肾温阳，化气行水；白术健脾化湿；猪苓、茯苓、泽泻利水渗湿。诸药合用，共奏温阳化气、行水消肿之功。若腰痛甚者，加续断、寄生强腰固肾安胎；食少便溏，加山药、薏苡仁、扁豆实脾利湿；头痛欲呕者，加珍珠母、竹茹重镇降逆止呕。

3．气滞型：

〔主要证候〕妊娠数月，肢体肿胀，始于两足，渐及于腿，皮色不变，随按随起，伴头晕胀痛，胸胁胀满，食少纳差。苔薄腻，脉弦滑。

〔证候分析〕气机郁滞，升降失司，清阳不生，浊阴下滞，故始肿两足，渐及于腿；气滞而湿气内停，是以皮色不变，随按随起。清阳不升，浊阴上扰，故头晕胀痛。气滞不宣，横侮中土，则胸胁胀满，食少纳差。苔薄腻，脉弦滑，均为妊娠气郁之象。

〔治疗法则〕理气行滞，化湿消肿。

〔方药举例〕天仙藤散（《妇人大全良方》）。

天仙藤　香附　陈皮　甘草　乌药　生姜　木瓜　紫苏叶

方中天仙藤、香附理气行滞；陈皮、生姜温中行气；苏叶宣上焦之滞气，乌药开下焦之郁滞；木瓜行气除湿；甘草调和诸药。全方共奏理气行滞、化湿消肿之功。湿阻较重，症见头重、呕恶、苔厚腻者，以苏梗易苏叶，加茯苓、大腹皮、桑白皮理气健脾、消胀行水。

【案例】

彭妇，42岁。6月中旬患子肿，经当地医治不效，至8月中旬病势转危，延予诊治。患者卧床不起，赤身裸体，遍身浮肿，头面及四肢均肿大，阴户肿更甚，高热，口渴饮冷不休，小便全闭。按其六脉洪大而疾，舌红绛，怀孕将8个月，诊毕予思忖其症，高热身肿者常有，而阴肿大如此，实为罕见。消肿退热止渴乎？抑安胎乎？思之良久，乃悟水即气也，气行则水行，气机不利，则水为之壅遏，气为肺所主，是肺气壅滞不能通调水道，肺气之遏滞，又为胃热之蒸，胃之蒸是内火之灼，故自沃水以救其焚，否则必有吸尽西江之势。法宜宣肺行水、清热安胎。方用生石膏、知母、桑皮、地骨皮、蒲公英、银花、生地、木通、黄柏、花粉、竹叶、连翘、栀子、尖贝、甘草，服1剂，小便即通，解出赤黑色尿一大盆，大便亦解出黑臭稀粪；服完两剂，肿已消2/3，阴户肿大以消过半，热退渴止。再以原方继服2剂，过3日诸症悉平。

（《湖南省老中医医案选》）

自 学 指 导

1．子肿系妊娠常见多发病，其病机主要是脾、肾功能失常。因胎在母腹，全赖母体精血以养，而脾主运化，为生血、统血之脏，与气血生化、运行、水液代谢有密切关系。肾主藏精，主水，是调节水液代谢功能的重要脏器，为脏腑阴阳之源泉。脾之运化转输功能，有赖于肾之温煦。因此，脾、肾功能失常是导致水肿的根本原因。

2．临床根据浮肿轻重的不同，常分为四度（以"＋"表示一度），凡水肿达膝以上，即"＋＋"者，则需入院治疗。就其性质，有病在气、在水之别。病在水者，主要责之于脾与肾；病在气者，多以气滞为患。若妊娠7～8个月以后，但足肿，无其他不适者，为妊娠晚期常见现象，可不必治疗。经休息后水肿不消退者，按妊娠肿胀辨证施治。

3．孕妇应注意休息，定期产前检查，一旦发生浮肿、身重，则应积极治疗；此外，尚须饮食调理，宜清淡而富有营养的低盐饮食，禁食辛辣之品。

4. 若子肿而兼头晕目眩等症，经检查有蛋白尿或高血压者，临证时尤须重视，以防子痫发生而危及母子生命。

5. 本病每多伴有高血压，需辨证与辨病相结合。故遣方用药时，应选用既可利水消肿，亦不至升高血压之品，如全生白术散、千金鲤鱼汤之属。

【参考文献摘要】

1.《女科指掌》：脾生肌肉，土气安和，则能制水，水自传化，无有停积。若脾胃气虚，经血壅闭，则水积不化，湿气泛滥，外攻形体，内注胞胎，妊娠肿满，儿未成实，必伤胎气，若临月而肿，利小便自愈。

2.《沈氏女科辑要笺正》：妊身发肿，良由真阴凝聚，以养胎气，肾家阳气不能敷布，则水道泛滥莫制。治当展布肾气，庶几水行故道，小便利而肿胀可消。

【复习思考题】

1. 试述妊娠水肿与脾、肾的关系。
2. 妊娠水肿的辨证和治疗要点是什么？临床用药应注意什么？
3. 妊娠水肿临床常见证型有哪些？如何辨证治疗？
4. 试述白术散的组成、方解及临床应用。

〔徐　谦〕

第九节　妊娠眩晕

【自学时数】

3～4学时。

妊娠中晚期，出现以头晕目眩为主症，甚或眩晕欲厥者，称"妊娠眩晕"，亦称"子眩"、"子晕"。在明清以前，本病多与"子痫"一并讨论，直至清代《叶氏女科证治》才将"子晕"与"子痫"从病因证治上分别论述。子晕是妊娠期间较为常见的重症之一，如治不及时，可发展成"子痫"，故临证时应予以重视，以免贻误病情。

【病因病机】

本病的发生，主要是脏气本弱，因妊重虚，以致精血不足，肝阳上亢。常见病因有：

1. 阴虚肝旺：素体阴虚，肝阳偏亢，孕后血聚养胎，阴血愈感不足，阴不潜阳，肝阳愈亢，上扰清窍，遂致眩晕。《女科证治约旨》曰："妊娠眩晕之候，名曰子眩，如因肝火上升，内风扰动，至昏眩欲厥者，宜桑丹杞菊汤主之。"

2. 脾虚肝旺：脾主运化，一者运化水谷精微化生精血，二者运化水湿，脾虚则生化乏源，营血不足，再者运化失司，水湿停聚亦不能输布精微，致精血不足，复因孕后阴血养胎，精血愈虚，肝失濡养，遂使肝阳上扰而致眩晕。

【诊治要点与预后】

1．妊娠眩晕以肝阳上亢的头晕目眩为特点，故平肝潜阳是其治疗大法。但本病主要是因妊而虚，精血不足是其本，肝阳上亢是其标，属本虚标实证，因此应随症加入滋阴或健脾之品以固其本。

2．其辨证，以眩晕的特点为辨证要点，阴虚肝旺者，但见头晕目眩；脾虚肝旺者，必兼面目四肢浮肿，以此为辨。

3．忌用辛香温燥之品，以免重伤其阴反助风火之邪。

4．本病属妇产科重症之一，一经发现，还需做有关方面的检查，如测量血压和尿常规检查等，以协助判断疾病的程度，采取有效治疗措施，必要时中西医结合治疗，以防子痫之作。

5．经中西医结合治疗，如症状无明显改善者，可考虑"下胎益母"终止妊娠，以保证孕妇生命安全。

【辨证论治】

1．阴虚肝旺型：

〔主要证候〕妊娠中晚期，头晕目眩，心中烦闷，夜寐多梦易惊，颧赤唇红。舌红或绛，少苔，脉弦细数。

〔证候分析〕胎赖精血以养，若素体阴虚，孕后则精血愈虚，阴不敛阳，肝阳上扰，是以头晕目眩。阴虚内热，则颧赤唇红。热扰神明，故心中烦闷，夜寐多梦易惊。舌红或绛，少苔，脉弦细数，乃为阴虚肝旺之象。

〔治疗法则〕滋阴清热，平肝潜阳。

〔方药举例〕杞菊地黄丸（方见经行头痛）加龟板、石决明、钩藤以育阴潜阳。

若热象明显者，酌加知母、黄柏滋阴泻火；口苦心烦者，加黄芩、竹茹清热除烦；有动风征兆者，重用钩藤，加羚羊角镇肝熄风。

2．脾虚肝旺型：

〔主要证候〕妊娠中晚期，面浮肢肿，头昏头重如眩冒状，胸闷泛恶，纳差便溏。苔厚腻，脉弦滑。

〔证候分析〕脾虚健运失司，则水湿停聚，精血输送受阻，孕后阴血养胎，精血愈虚，肝失滋养，肝阳挟湿浊上扰，是以头脑昏重如眩冒状。水湿泛溢于肌肤四肢，故面浮肢肿。脾虚则肝木乘之而见胸闷泛恶，纳差便溏。苔厚腻，脉弦滑，均为脾虚肝旺之征。

〔治疗法则〕健脾利湿，平肝潜阳。

〔方药举例〕白术散（见妊娠肿胀）加钩藤、石决明以平肝潜阳。

【案例】

聂某，女，25岁，已婚。1978年3月24日初诊。

素性易怒，现妊娠7个月，头晕目眩，肢麻掣动，烦躁不安，夜寐不实，目赤口苦，溲如茶汁，大便燥，下肢微肿，舌红苔黄微腻，脉来弦数有力。测血压24.0/13.3kPa（180/100mmHg）。此系肝郁化火，扰乱心神，阴虚火炽，风阳上旋，乃欲发子痫之兆，亟须力挽狂澜之施，法拟熄风清热、安神除烦。

处方：嫩钩藤15g，白蒺藜9g，明天麻4.5g，赤芍药、粉丹皮、女贞子各9g，东白薇15g，龙胆草、川黄连各6g，首乌藤、云茯苓各12g，炒枣仁9g，天竺黄6g，3剂，水煎服。

二诊（4月1日）：

前方连服两剂，眩晕已减，肢瘛渐平，烦闷臻止，夜寐尚安，惟大便不畅，脉现弦滑略数，舌苔薄黄，血压 21.3/12.0kPa（160/90mmHg）。风阳得戢，病入坦途，前方既效，当锲而不舍。

处方：嫩钩藤 15g，明天麻 4.5g，白蒺藜 9g，东白薇 15g，龙胆草 4.5g，淡条芩、粉丹皮、女贞子、云茯苓、首乌藤、决明子、炒神曲各 9g，3～6 剂，水煎服。

服药尽剂，诸症悉已，血压 18.7/10.7kPa（140/80mmHg）。停药后血压一直正常，届期举一子，情况良好。

（《哈荔田妇科医案医话选》）

自 学 指 导

1．本病的产生，主要是因妊而虚，精血不足是其本，肝阳上亢是其标，为本虚标实证。临床常见有阴虚肝旺和脾虚肝旺两型，两者均有肝阳上亢之象，以眩晕为主症，则是兼挟之不同尔。

2．妊娠眩晕是妊娠高血压综合征的一个过渡阶段，为子痫的先兆证，往往因忽视主诉而贻误治疗时机，临证时尤须重视。

3．本病临床表现除眩晕主症外，往往伴有高血压和水肿的情况，须辨证与辨病相结合，适当配以活血祛瘀，行水利尿之品，可获较好疗效。

4．掌握本病的转归。及时、正确地治疗，预后大多良好；否则病势继续发展，可导致子痫，甚而影响母子生命。

【参考文献摘要】

《女科证治约旨》：妊娠眩晕之候，名曰子眩。如因肝火上升，内风扰动，致昏眩欲厥者，宜桑丹杞菊汤主之……如因痰涎上涌，致眩晕欲呕者，宜加味二陈汤主之。

【复习思考题】

1．试述妊娠眩晕与妊娠的关系。

2．妊娠眩晕的辨证要点及治疗原则如何？

3．阴虚肝旺子眩的主症是什么？如何治疗？

〔徐　谦〕

第十节　子　痫

【自学时数】

1～2 学时。

妊娠晚期或临产前及新产后，突然发生眩晕倒仆，昏不知人，手足抽搐，全身强直，双目上视，须臾醒，醒复发，甚或昏迷不醒者，称为"子痫"，又称"子冒"、"妊娠痫证"。本病多发生于妊娠晚期或临产前，称产前子痫；少数发生于分娩过程中，称产时子痫；个别发生于产后 24 小时内，称产后子痫。子痫是产科危急重症，一旦发生，严重威胁母婴生命。如《医学心悟》云："此证必速愈为善，若频发无休，非惟胎妊骤下，将见气血随胎涣散，母命亦难保全。"

【病因病机】

本病往往由子烦、子肿、子晕治不及时发展而来，其病机主要为肝阳上亢、肝风内动或痰火上扰。

1. 肝风内动：素体阴虚，孕后精血养胎，肾精愈亏，肝失所养，横逆犯脾，健运失司而致水肿。水不济火，心火偏亢则心烦。水不涵木，肝阳上亢，是以眩晕。若进一步发展，亢极火盛风动，风火相煽，遂发子痫。如《杏轩医案》曰："因子在母腹，阴虚火炽，经脉空疏，精不养神，柔不养筋，而如厥如痫。"

2. 痰火上扰：素体脾虚湿盛，孕后胎体渐长，有碍气机升降，致水湿停聚遂发肿胀；痰湿中阻，清阳不升，故为眩晕；痰郁日久化热，痰火扰心，是以心中烦闷。若进一步发展，痰火交炽，上蒙清窍，则发为子痫。如《万氏妇人科》云："孕妇忽然眩晕卒倒，口噤不能言，状如中风，须臾即醒，醒而复发，此名子痫。乃气虚挟痰火症也，清神汤主之。"

【诊治要点与预后】

1. 子痫在产前、产时或产后均可发生，临床以产前子痫常见，其次是产时子痫，也有个别发生在产后 24 小时直至 5 日以内。尽管随着时间的推移，发生子痫的可能性减小，但仍不应放松观察及防治。

2. 本病是妊娠高血压综合征发展到最严重阶段的表现，应密切观察患者的神志情况，发作状态、频率、持续时间及间隔时间等，及时进行必要的检查，及早发现与处理其并发症。

3. 其治疗以清肝熄风、安神定志为主。如昏迷不醒，可用鼻饲给药，醒后也须频频服药或配合针灸治疗，必要时中西医结合抢救以保障母婴安全。因子痫发作频繁，抽搐时间长，甚或昏迷不醒者，常可危及产妇和婴儿的生命。

4. 子痫控制后 6～12 小时，应下胎益母，适时终止妊娠。

5. 本病尚需与癫痫相鉴别。子痫者，因妊而发，须臾醒，移时复作；癫痫者，并非因妊而作，且有癫痫病史。临床检查并无高血压、蛋白尿及水肿等。

【辨证论治】

1. 肝风内动型：

〔主要证候〕妊娠晚期或临产时及新产后，头痛眩晕，颜面潮红，突然四肢抽搐，昏不知人。舌红，苔薄黄，脉弦滑数。

〔证候分析〕素体肝肾阴虚，孕后血聚养胎，阴血愈虚，肝阳益亢，故头痛眩晕，颜面潮红。甚则肝风内动，筋脉挛急，是以手足抽搐。风火相煽，热扰神明，以致昏不知人。舌红苔薄黄，脉弦滑数均为肝阳上亢、肝风内动之征。

〔治疗法则〕平肝潜阳，熄风定惊。

〔方药举例〕羚角钩藤汤（《通俗伤寒论》）。

羚羊角　钩藤　桑叶　菊花　贝母　竹茹　生地　白芍　茯神　甘草

方中羚羊角、钩藤平肝清热，熄风定惊；桑叶、菊花清肝明目；竹茹、贝母清热化痰；

生地、白芍养阴清热；茯神宁心安神；甘草缓急和中。全方共奏平肝潜养、熄风定惊之功。若见喉中痰鸣，则加竹沥、天竺黄、石菖蒲清热涤痰。

2．痰火上扰型：

〔主要证候〕妊娠晚期或临产时及新产后，突然昏不知人，而气粗痰鸣。舌红，苔黄腻，脉弦滑而数。

〔证候分析〕素体脾虚湿盛，孕后胎体渐大，阻碍气机升降，致痰湿中阻，郁久化火，痰火上扰清阳，故昏不知人，气粗痰鸣。舌红苔黄腻，脉滑数，乃属痰热内盛之征。

〔治疗法则〕清热开窍，豁痰熄风。

〔方药举例〕牛黄清心丸(《痘疹世医心法》)加竹沥。

牛黄　朱砂　黄芩　黄连　山栀　郁金

方中以牛黄、竹沥清心、化痰、开窍；黄芩、黄连、山栀清心肝之热；郁金开心胸之郁，使气通利，经脉畅，则痰热除，抽搐止。

【案例】

赵某，女，29岁，初诊日期：1992年1月12日。

病史摘要：第一胎，孕37周。一周内体重增加4kg，血压由16/9.3kPa（120/70mmHg）上升至18.6/13.3kPa（140/100mg），诉心烦、胸闷、口干、便结、腰膝酸软。

检查：血压18.6/13.3kPa（140/100mmHg），浮肿（＋＋），体重84kg，腹围106cm，宫底高35cm，胎位胎心正常。舌质红、舌苔少，脉细弦数。

诊断：中医：子痫（肝肾阴虚型）。

西医：中度妊高征。

治疗：治拟养血熄风、清热除烦。药用白术、白芍各30g，当归9g，丹参12g，桑寄生24g，山羊角30g，僵蚕20g，钩藤24g，地龙20g，知母9g，茯苓、防己各12g，麦冬9g。

1月14日：服药3剂后诉腹肿消退，但仍有胸闷、心慌。原方中去白术、防己，加柏子仁9g，煅龙骨、牡蛎各15g，枣仁9g，黄芩12g。

1月17日：再服3剂，自觉症状和浮肿消失，血压稳定在14.6～16/9.3～10.6kPa（10/80mmHg），体重降至78kg，尿蛋白（－），续上方3剂。

疗程疗效：总疗程10天，自觉症状消失，体重减轻6kg，血压稳定在正常范围已5天，于1月21日出院。

(《妇科名医证治精华》)

自 学 指 导

1．子痫的治疗，重在预防。本病多由子肿、子烦、子晕发展而来，四者之间存在着内在联系，精血亏虚是本，湿、火、痰为标，标本互相影响，互为因果，使肝、脾、肾三脏功能失调而为病。因此，及时有效地治疗子肿、子烦、子晕是预防子痫发作的重要保证。

2．护理与治疗同样重要。患者应安置于单人暗室，保持室内空气流通，避免声、光刺激，绝对安静。

3．预防性治疗。对预测阳性的对象〔孕中期平均动脉压＞11.3kPa（85mmHg）〕，中医辨证为肝肾阴虚者，口服杞菊地黄丸，每次6g，每日2次；脾肾阳虚者，改服金匮肾气丸。

4．子痫发作频繁，抽搐时间长，甚或昏迷不醒者，常可危及产妇和婴儿的生命，必要时需中西医结合抢救。

【参考文献摘要】

1.《诸病源候论》：体虚受风，而伤太阳之经，停滞经络，后复遇寒湿相搏，发则口噤背强，名之为痉。妊娠而发者，闷冒不识人，须臾醒，醒复发，亦是风伤太阳之经作痉也。亦名子痫，亦名子冒也。

2.《胎产心法》：妊娠子痫，乃为恶候。若不早治，必致堕胎。其证或口噤项强，手足挛缩。言语謇涩，痰涎壅盛不省人事。或忽然眩晕卒倒口不能言，状如中风，实非中风之证，不可作中风治。即或无痰言语如常，但似风状，多因血燥血虚，亦不可概以治风而误也，羚羊角散主之。

【复习思考题】

1.何谓子痫？其诊断要点是什么？

2.如何区别子痫和癫痫？

3.如何防治子痫病证的发生？

4.子痫的发生与子烦、子肿、子晕之间有无内在联系？

〔徐　谦〕

第十一节　子　嗽

【自学时数】

3～4学时。

妊娠期间久嗽不已者，称为"子嗽"，亦称"妊娠咳嗽"。若久嗽不愈，潮热盗汗，痰中带血，精神倦怠，形体消瘦者，属于痨嗽，熟称"抱儿嗽"。如《医宗金鉴·妇科心法要诀》云："妊娠咳嗽，谓之子嗽，甚或发展为痨嗽，俗称抱儿痨。"子嗽、痨嗽是妊娠期中的一种合并症，常可损伤胎气而致堕胎、小产或早产。本节重点讨论子嗽。

【病因病机】

本病的产生，多因素体阴亏，孕后精血聚以养胎，阴津益感不足，致火热上扰，清肃失职而咳嗽。产生火热的原因，又有阴虚和痰火的不同。

1.阴虚肺燥：平素阴虚，孕后精血聚于下以养胎元，则阴血愈亏，阴虚火旺，灼肺伤津，肺失濡润，肃降失职，发为咳嗽。如《女科经纶》引丹溪曰："胎前咳嗽，由津血聚养胎元，肺泛濡润，又兼郁火上炎所致。"

2.痰火犯肺：素体阳旺，孕后胎气亦盛，两因相感，火乘于肺，炼液成痰，壅阻于肺，肺失宣降，遂发咳嗽。

【诊治要点与预后】

1.本病以孕期因妊而咳，咳嗽不已为特点，虽病位在肺，但与一般内科咳嗽治疗不同的是必须照顾胎妊，故治病与安胎并举是其治疗原则，清热润肺、化痰止咳为其治疗大法。

2.子嗽为病，其证多热，但有阴虚与痰火之异，临床以其咳嗽特征为辨证要点。阴虚肺燥者，一般干咳无痰，甚或痰中带血；痰火犯肺者，则咳痰不爽，痰液黄稠，大抵以此为辨。

3．本病若久嗽不已，每致动胎，临证时必须辨证分明，及时治疗，以防流产或早产之虞。对过于降气、豁痰、滑利等碍胎药物，也必须慎用或禁用。

【辨证论治】

1．阴虚肺燥型：

〔主要证候〕妊娠期间，咳嗽不已，干咳无痰，甚或痰中带血，口干咽燥。手足心热。舌红少苔，脉细滑数。

〔证候分析〕素体阴虚，孕后阴血愈虚，虚火内生，灼伤肺津，故干咳无痰，口干咽燥。肺络受损，则痰中带血。阴虚阳浮，是以手足心热。舌红少苔，脉细滑数，乃为虚热内盛之兆。

〔治疗法则〕养阴润肺，止咳安胎。

〔方药举例〕百合固金汤（《医方集解》引赵蕺庵方）去当归、熟地，加冬桑叶、阿胶、黑芝麻、炙百部。

生地　熟地　麦冬　贝母　百合　当归　白芍　生甘草　玄参　桔梗

方中百合、百部润肺止咳；麦冬、玄参养阴清肺；白芍、阿胶养血敛阴，止血安胎；地黄、芝麻补肝肾之阴；贝母化痰止咳；桑叶、桔梗、甘草清肺利咽。全方重在养阴、润肺、滋肾，使金水相生，阴津充足，虚火自平，而咳嗽自愈。

2．痰火犯肺型：

〔主要证候〕妊娠期间，咳嗽不已，咳痰不爽，痰液黄稠，面红口干。舌红苔黄厚腻，脉滑数。

〔证候分析〕素有痰湿，郁久生热，痰热壅肺，灼肺伤津，则见咳痰不爽，痰液黄稠。痰热内扰，津液不能上承，故面红口干。舌红苔黄厚腻，脉滑数，均为痰热内盛之象。

〔治疗法则〕清肺化痰，止咳安胎。

〔方药举例〕清金化痰汤（《统旨方》）。

黄芩　山栀　桔梗　麦冬　桑皮　贝母　知母　瓜蒌仁　橘红　茯苓　甘草

方中黄芩、山栀清火降逆；知母、瓜蒌清热生津，开胸散结；桑皮、贝母清肺化痰、桔梗、甘草、橘红利气化痰；茯苓健脾化湿。诸药合用，共奏清热化痰、润肺止咳之功，使痰火得清，则胎自安。

【案例】

荔翁夫人，怀孕数月，嗽喘胸痹，夜不安卧，食少体羸。子曰：此子嗽也。病由胎火上冲，肺金被制，相搏失职，治节不行。经云咳嗽上气，厥在胸中，过在手阳明太阴。夫嗽则周身百脉震动，久嗽不已，必致胎动。古治子嗽，用紫菀散、百合汤，法犹未善。鄙见惟补肺阿胶汤，内有甘草、兜铃、杏仁、牛蒡清金降火，糯米润肺安胎，一方面治病两调，至稳至当，服药两日，咳嗽虽减，喘痹未舒。方内加韦茎一味，取其色白中空，轻清宣痹，再服数剂，胸宽喘定，逾月分娩无恙。

（《杏轩医案》）

自学指导

1．本节重点讨论因妊而咳的病证。因孕后精血聚以养胎，易致阴津不足，肺失濡润，而令燥咳不已。或由热炽炼液成痰，痰火壅肺，肺失宣降而咳者，是为虚中夹实之证。治疗以养阴润肺，清金化痰为主。

2．素体阴亏孕妇，在妊娠期间应忌食辛辣燥热之品，可常服些滋阴润肺之品如生梨、百合、木耳等。

3．痨嗽则按痨瘵处理。因外感而咳者，则按内科辨证，但不宜表散太过以防碍胎。

【参考文献摘要】

1．《女科经纶》：引朱丹溪曰："胎前咳嗽，由津血聚养胎元，肺乏濡润，又兼郁火上炎所致。法当润肺为主。"

2．《医宗金鉴·妇科心法要诀》：妊娠咳嗽，谓之子嗽。嗽久每致伤胎。有阴虚火动、痰饮上逆，有感冒风寒之不同。因痰饮者，用二陈汤加枳壳、桔梗治之；因感冒风寒者，用桔梗汤，即紫苏叶、桔梗、麻黄、桑白皮、杏仁、赤茯苓、天冬、百合、川贝母、前胡也；若久嗽，属阴虚，宜滋阴润肺以清润之，用麦味地黄汤治之。

【复习思考题】

1．为什么妊娠咳嗽临床以"阴虚"、"痰火"多见？
2．简述子嗽的辨证要点及治疗原则。
3．子嗽常见证型有哪些？其主症、治法、代表方是什么？

〔徐 谦〕

第十二节 子 淋

【自学时数】

3～4 学时。

妊娠期间，出现尿频、尿急、淋漓涩痛等症状者，称"子淋"，也称"妊娠小便淋痛"、"妊娠小便难"。如《万氏妇人科》云："孕妇小便少又涩痛者，谓之子淋。"本病是临床常见的妊娠合并症。

【病因病机】

本病的病因，总因于热；主要机制是热灼膀胱，气化失司。其热有虚、实之别，现分述如下：

1．实热：

（1）心火偏亢：素体阳盛，孕后嗜食辛辣，热蕴于内，引动心火，心火偏亢，移热小肠，传入膀胱，灼伤津液，则小便淋漓涩痛。如《医学正传》曰："妊娠心经蕴热，小便赤涩不利，淋沥作痛。"

（2）湿热下注：孕期摄生不慎，感受湿热之邪，湿热蕴结，灼伤膀胱津液，发为小便淋漓涩痛。如《医略六书》有"妊娠六七个月，溺出涩痛，淋漓不断，脉带沉数，此湿热积于膀胱，气不施化，而溺窍不利也"的记载。

2．阴虚：素体阴虚，孕后阴血愈亏，阴虚火旺，下移膀胱，灼伤津液，则小便淋漓涩痛。如《胎产心法》云："妊娠胞系于肾，肾间虚热移于膀胱，而成斯症。"

【诊治要点】

1．子淋一证，临床虽以热邪致病多见，但证有虚实，故在临床辨证时，一是有无尿痛。属实者，尿时疼痛明显；属虚时，尿时疼痛甚微，或尿后疼痛。二是辨尿色泽形状。属实者，色黄或深黄，或黄赤而尿量少；属虚者，色白清亮，或淡黄而尿量如常。

2．本病乃因妊而作，故治病与安胎并举是其治疗原则。选方用药以清润为主，不宜过用苦寒、滑利之品，以免重耗津液，损伤胎元，而致堕胎、小产或早产。

3．治疗应及时、彻底，要求3次尿培养均无菌生长后始停药。如反复发作，或伴有寒战高热者，可中西医结合治疗，但应慎重选用抗生素，尤其是妊娠后3个月。

【辨证论治】

1．实热型：

（1）心火亢盛型：

〔主要证候〕妊娠期间，小便频数，尿少色深黄，艰涩而痛，伴面赤心烦，渴喜冷饮，甚者口舌生疮。舌红欠润，少苔或无苔，脉细数。

〔证候分析〕心火亢，移热小肠，传入膀胱，是以小便频数，尿少色黄，艰涩而痛。心火上炎，灼伤苗窍，则面赤心烦，口舌生疮。热盛伤津，故渴喜冷饮。舌红少苔，脉细数，均为心火偏旺之征。

〔治疗法则〕清心泻火，润燥通淋。

〔方药举例〕导赤散（方见"经行口糜"）加玄参、麦冬。

方中生地凉血清热，玄参滋肾壮水，麦冬养阴宁心，淡竹叶清心泻火，木通、甘草梢利小便、泻心火。使热退而小便自通。小便热痛甚者，酌加栀子、黄芩以清热解毒；热伤阴络尿中带血者，加炒地榆、藕节、大蓟、小蓟等凉血止血。

（2）湿热下注型：

〔主要证候〕妊娠期间，突感小便频数而急，灼热刺痛。尿色黄赤，艰涩不利，伴口干不多引饮，胸闷食少，面色垢黄。舌质红，苔黄腻，脉滑数。

〔证候分析〕湿与热搏，蕴结膀胱，气化不行，水道不利，故小便频数而短，尿黄赤，灼热刺痛。湿困脾胃，则胸闷食少。湿热熏蒸于上，是以面色垢黄，口干不多引饮。舌质红，苔黄腻，脉滑数，亦是湿热内盛之象。

〔治疗法则〕清热利湿，润燥通淋。

〔方药举例〕加味五苓散（《医宗金鉴》）。

黑栀子　赤茯苓　当归　黄芩　白芍　甘草梢　生地　泽泻　车前子　木通　滑石

方中黑栀子、黄芩、滑石、木通清热泻火通淋；茯苓、泽泻、车前利湿通淋；白芍、甘草梢养阴缓急以止淋痛；当归、生地养血安胎，使邪去而不伤正，治病而不动胎，诚为治湿热子淋之良方。惟滑石滑利较甚，当归气味俱厚，易动胎气，宜慎用或去之不用。

2．阴虚型：

〔主要证候〕妊娠期间，伴午后潮热，手足心热，颧赤唇红，大便干结。舌红，少苔或无苔，脉细滑而数。

〔证候分析〕阴虚内热，津液亏耗，膀胱气化不利，故小便频数，淋漓涩痛，量少色黄。

阴虚内热，则手足心热，午后潮热。虚热上浮，是以颧赤唇红。津伤不能濡润肠道，则大便干结。舌红，少苔，脉细滑数亦为阴虚内热之征。

〔治疗法则〕滋阴清热，润燥通淋。

〔方药举例〕知柏地黄丸。

若潮热盗汗显著者，酌加麦冬、地骨皮、牡蛎粉滋阴清热敛汗；尿中带血者，加二至丸、小蓟养阴清热，凉血止血。

【案例】

刘某，女，28岁。

第二胎妊娠五个月，半个月前感觉排尿不畅，初不介意，继则加重，小便频数，艰涩不爽而酸痛，色黄，大便干燥，食欲欠佳，夜眠不安，易发烦躁。舌苔白，根部发黄。脉象：滑数。

辨证立法：妊娠小便难，乃热郁膀胱，津液亏少，气化不行所致，宜用清热通淋，调气润燥以治。

处方：川草薢、天冬、麦冬各6g，生地10g，酒条芩6g，南花粉10g，草梢3g，炒枳壳6g，火麻仁12g，山栀5g，台乌药6g，益智仁5g，茯苓10g，川石韦6g。

二诊：服药两剂，尿频大减，尿时仍有涩痛之感，大便已通，眠食转佳，原方去火麻仁加淡竹叶5g。

（《施今墨临床经验集》）

自 学 指 导

1．子淋是最常见的妊娠并发症。主因是热，但有虚实之异，治疗总以清、润为主，凡苦寒清降、滑利之品，当审慎使用，以免伤胎。

2．孕妇在妊娠期间应忌服温燥、辛辣及油腻之品，并注意局部卫生，以防湿蕴化热，灼伤津液，斯成此证。

3．子淋患者当取侧卧位，左右轮换，以减少子宫对输尿管的压迫，使尿液引流通畅。

4．多饮水（可以中药煎汤代茶饮用），使每日尿量保持在2 000mL以上，对防治本病具有重要意义。

【参考文献摘要】

1．《妇人大全良方》：夫淋者，由肾虚膀胱热也。肾虚不能制水，则小便数也。膀胱热，则小便行涩而数不宣。妊娠之人胞系于肾，肾间虚热而成淋，疾甚者心烦闷乱，故谓之子淋。

2．《沈氏女科辑要笺正》：小便频数，不爽且痛，乃谓之淋。妊妇得此，是阴虚热炽，津液耗伤者为多，不比寻常淋痛，皆由膀胱湿热郁结也。故非一味苦寒胜湿，淡渗利水可治。

【复习思考题】

1．试述子淋的发生与妊娠的关系。

2．妊娠小便淋痛如何辨证治疗？

3．子淋与一般淋证在治疗上有何不同？

〔徐　谦〕

第十三节　妊娠小便不通

【自学时数】

3～4 学时。

妊娠期间小便不通，甚或小腹胀急疼痛，心烦不得卧，称为"妊娠小便不通"，又称"转胞"、"胞转"。《金匮要略》曰："妇人病饮食如故，烦热不得卧，而反倚息者，何也？此名转胞。"

【病因病机】

本病的产生，主要是因妊胎体渐长，胎气下坠，压迫膀胱，以致水道不通，溺不得出。临床有肾虚、气虚之分：

1. 肾虚：素体肾气不足，胞系于肾，孕后肾气愈虚，系胞无力，胎压膀胱，或肾虚不能温煦膀胱化气行水，是以小便不通。

2. 气虚：素体虚弱，中气不足，妊娠后胎体逐渐长大，气虚无力举胎，胎重下坠，压迫膀胱，溺不得出。如《女科经纶》有"转胞病属血气虚弱不能上载其胎"之说。

【诊治要点】

1. 本病多发生在妊娠晚期，以妊娠小便不通，以致小腹胀急疼痛为特征。与子淋之不同点：从病因论，转胞为胎体渐大，胎压膀胱而致；子淋则以膀胱有热为主。临床见证，转胞为小腹胀急，溺不得出；子淋则以小便淋漓，涩痛为主。如《证治要诀》曰："子淋与转胞相类，但小便频数，点滴而痛者，为子淋。频数出少，不痛者，为转胞，间有微痛，终与子淋不同。"

2. 转胞有气虚、肾虚之别，若症见小便胀痛，腰酸腿软，属肾虚；小便不痛或点滴量少，心悸气短，属气虚。

3. 其治疗，按"急则治其标，缓则治其本"的原则，以补气升提，助膀胱气化为主。如小便不通时间较长，小腹胀痛甚者，可配用导尿术、针灸、热敷等法，以通小便缓其急，待溺通小便缓解后，调理善后治其本。

【辨证论治】

1. 肾虚型：

〔主要证候〕妊娠小便频数不畅，继而闭而不通，伴小腹胀满而痛，坐卧不宁，畏寒肢冷，腰腿酸软。舌质淡，苔薄润，脉沉滑无力。

〔证候分析〕肾虚无力系胞，胎压膀胱，或不能温煦膀胱，化气行水，是以小便频数不畅，甚则不通。溺蓄胖中，则小腹胀满而痛，坐卧不宁。肾虚阳气不振，故畏寒肢冷；外府失养，则腰酸腿软。舌质淡，苔薄润，脉沉滑无力亦为肾虚之象。

〔治疗法则〕温肾扶阳，化气行水。

〔方药举例〕肾气丸（《金匮要略》）去丹皮、附子，加巴戟、菟丝子。

干地黄　山药　山茱萸　泽泻　茯苓　丹皮　桂枝　附子

方中干地黄、山药、山茱萸滋补肝肾，泽泻、茯苓渗利行水，桂枝温通化气，巴戟、菟丝子温肾行水。诸药合用，共奏温肾扶阳、化气行水之功。因附子一般列为禁忌之药，丹皮泻火伤阳，故并去之。

2.气虚型：

〔主要证候〕妊娠期间，小便不通，或频数量少，伴小腹胀急疼痛，坐卧不安，面色㿠白，精神疲倦，头重眩晕，短气懒言，大便不爽。舌质淡，苔薄白，脉虚缓滑。

〔证候分析〕气虚无力举胎，胎重下坠，压迫膀胱，水道不利，以致溺不得出或频数量少；溺停膀胱，膀胱胀满，故小腹胀急疼痛，坐卧不安。气虚下陷，清阳不升，中气不足，则头重眩晕，面色㿠白，短气懒言。舌质淡，苔薄白，脉虚缓滑，均为气虚之征。

〔治疗法则〕补中益气，升陷安胎。

〔方药举例〕益气导溺汤(《中医妇科学》)。

党参　白术　扁豆　茯苓　桂枝　炙升麻　桔梗　通草　乌药

方中党参、白术、扁豆、茯苓补气健脾以载胎，升麻、桔梗升提举胎，乌药温宣下焦之气，桂枝、通草化气行水而通溺。全方共奏益气导溺之功。

【案例】

一妇人妊娠七八月，患小便不通，百医不能利，转加急胀，诊其脉细弱，予断为气血虚弱，不能上载其胎，故胎重坠下，压迫膀胱下口，此因溺不得出，若服补药，升挟胎起，则目下药力未至，愈加急满，遂令一老妇用香油涂手，自产门入，托起其胎，溺如注出，胀急频解，一面却以人参黄芪升麻大剂煎服，或少有急满，仍用托放取溺，如此三日后，胎渐起，小便如故。

(《朱丹溪医案》)

自 学 指 导

病乃本虚标实证，其病因主要责之于"虚"（或为肾虚，或为气虚），主症表现是小便不通之标实证。因此，在治疗上切勿以小便不通误认为实证，而用通利之法，使虚者愈虚，甚至损伤胎元而致他疾。

【参考文献摘要】

《医宗金鉴·妇科心法要诀》：妊娠胎压，胞系了戾，不得小便，饮食如常，心烦不得卧者，名曰转胞，宜用丹溪举胎法：令稳婆香油涂手举胎起，则尿自出，以暂救其急。然后以四物汤加升麻、人参、白术、陈皮煎服。服后以指探吐，吐后再服再吐，如此三四次，则胎举而小便利矣。如不应，则是有饮，用五苓散加阿胶以清利之。

【复习思考题】

1．转胞病机与妊娠有何关系？
2．子淋与转胞如何区别？其治疗原则及临床注意事项如何？
3．转胞主证是小便不通、小腹胀急，为什么不能用通利之法？

〔徐　谦〕

【目的要求】

1．了解产程中发生的疾病的意义。

2．了解产程开始的征兆及正常分娩机制，熟悉产程调护。

3．熟悉产程诸病的病因病机。

4．了解难产、胞衣不下的诊断配合产科防治处理。

【自学总时数】

8～12学时。

足月妊娠进入产程、在分娩过程中或娩出胎儿半小时后，发生与分娩有关的疾病，称为"产时病"，也有称为"产程病"的。

产程的标志：子宫收缩有规律、而且逐渐加强，宫缩持续30秒以上，间歇5～6分钟左右，同时伴随进行性宫颈管消失，宫口扩张和胎先露部下降，此时即进入产程。产妇腹痛阵性发作，一阵紧一阵，腰腹痛坠，会阴、肛门逼胀欲便，阴道流出少量带黏液的血液（见红）。

正常分娩取决于产力、产道、胎儿（含胎位）三大因素。三者不协调，可发生产时诸症，因其处于分娩过程，多由助产医师处理，此处仅作常识性介绍。重点讨论产力异常以行中医药配合处理。因胎位异常不属产程中发生的疾病，产道异常非药物所能奏效，故也不予讨论。

产力：产力是促使胎儿及其附属物自宫内娩出的一种动力。子宫的收缩力是促进分娩的主力，贯穿于整个分娩过程。腹肌及提肛肌的收缩力为分娩的辅助力量。

正常产力具有节律性、对称性和极性。节律性：节律性宫缩是临产的重要标志，表现为有节律地阵发性收缩，宫缩持续约30秒，间歇5～6分钟，随产程进展，宫缩时间逐渐延长，间歇时间逐渐缩短，当宫口开全（10cm）之后，宫缩持续时间可长达60秒，间歇时间短至1～2分钟，宫缩强度则随产程进展而逐渐增强。对称性：指宫缩起于子宫两侧角部，以微波形式迅速向宫底中线集中，左右对称，然后向子宫下段扩散，约15秒即均匀协调地遍及整个子宫。极性：指宫缩以子宫底部最强、最持久，向下逐渐减弱，宫底部的收缩强度几乎是子宫下段的2倍，此现象称为子宫收缩的极性。

【病因病机】

产力异常：中医认为可因先天不足或房事不节损伤肾气；或饮食无节、劳逸过度损伤脾气，气虚以致宫缩乏力；或素性抑郁，精神紧张，或焦虑恐惧，致使气失条达、气机郁滞；或气滞血瘀、气机逆乱，导致宫缩无节律，缺乏应有的强度和频率，致使发生产程病；可见产力异常多因气血虚弱及气滞血瘀所致。

常见的产程病有难产（滞产）、胞衣先破、胞衣（含胎盘、胎膜）不下、产时晕厥及胎死不下等，本章重点讨论难产、胞衣不下的辨证论治。

【产时病的治疗】

产时病以气血虚弱，气机郁滞或气滞血瘀为主要病因，因而治以疏调气机、行气活血、补气养血、养肾调冲为主要法则，必要时配合手法或手术治疗。

【产时病的预防与调护】

1. 产妇当静养、忍痛、养神惜力。让产妇知道生育是自然生理现象，如同栗熟自脱、水到渠成一样，不必焦虑、恐怖，要安心静养、等待时机，否则易致气机郁滞，或气机逆乱，气血不调而致难产。产室要肃静，避免人多嘈杂、喧闹，否则令产妇心烦意乱，无法休息，神疲乏力而致难产。

产妇当尽可能忍痛，不要随意呼痛惊叫、消耗体力；不要随意用力努挣，须惜爱精力，关键时刻一鼓作气，否则产时无力送胎，胎滞不下而病难产。同时鼓励病人多进食，务使气壮血足，生产顺畅。

2. 产前勿乱投药。产程未开始不得用药催生，必待有规律宫缩宫颈口扩张，或胎头下降，胎膜已破而迟滞不产，或宫缩反而减弱时，方可用药催产。若产妇体力消耗较大，无力送胎外出者，可予独参汤，补元气而助分娩。

3. 产室须寒温适宜。过寒则易致气血凝滞，阻碍气机，影响气血宣畅而致难产；过热则耗气伤阴，复因产失血耗气，导致气阴两亏而有昏厥之虞。

总之，解除产妇的思想顾虑和恐惧心理，补充营养、多食、静养、惜养精力，是促进正常分娩的有效措施。

4. 做好产前检查重要性的咨询活动，定期产前常规检查，发现异常，及早调治纠正，或确定分娩方式。至于产程中发生的病变，只有加强产程监察，发现问题，及时有效处治，可防止病势发展，避免或减少产程病的发生。

5. 预后：产程病发病突然，演变迅速，处理不及时或方法不恰当，可危及母子生命。

【参考文献摘要】

1. 《产育宝庆集》：多因坐草太早，努力过多。儿转未逮，或已破水，其血必干，致胎难转。

2. 《增广大生要旨》：切勿不耐腹痛，坐草太早，以致难产。

3. 《景岳全书》：产妇产室当使温凉得宜。若产在春夏，宜避阳邪风是也；产在秋冬，宜避阴邪寒是也；故于盛暑之时，亦不可冲风取凉，以犯外邪；又不宜热盛，致令产母头痛面赤……

4. 《胎产心法》：临产宜肃静，须知凡孕妇临盆，房中不得喧闹，即有意外紧事，户外不得叫喊，倘令产母恐惧惊心，则胎滞气结不行而难产……

第一节 难 产

【自学时数】

4～6 学时。

足月妊娠生产时，不能顺利娩出胎儿者，称为"难产"。古代称"产难"。

难产得不到及时、正确的处理，将会给母子带来严重后果，甚至危及生命。必须认真对待，正确处理。现代医学认为：难产的原因有产力异常、产道异常、胎儿（含胎位）异常三大要素。本节重点讨论产力异常导致的难产。产力是指促使胎儿自宫内娩出的一种动力，主要指子宫的收缩及腹压两个方面的力量，以子宫收缩为主。正常的临床宫缩应有一定的节律、强度和频率。产力异常分为协调性子宫收缩乏力、不协调性子宫收缩乏力或子宫收缩过强以及腹压乏力等。

【病因病机】

气机郁滞、气血失调是难产的主要病机。可分为虚、实两个方面：虚证多因气虚失运或血虚失润；实证多因气滞血瘀或气滞湿郁。常见证型有气血虚弱、肾气不足、气滞血瘀、气滞湿郁四型。

1. 气血虚弱：素体脾虚、气血化源不足，产时用力不当或汗出过多，耗气伤津，气血大伤，冲任不足，胞宫运胎无力，以致难产。

2. 肾气不足：产妇禀赋不足，或早婚早产；或房事不节，损伤肾气，冲任不足，胞宫无力运胎，以致难产。

3. 气滞血瘀：产妇素多抑郁，气机郁滞，或临产忧虑紧张，气机逆乱；或孕期静而少动，气血不畅；或产时感寒，寒凝血瘀，气机不利，胞脉不畅，血滞胞宫，胎难娩出，以致难产。

4. 气滞湿阻：产妇素性内郁，气机不畅；或孕已足月，胎儿已大，滞碍气机，脏腑转输、升降功能失职，湿滞冲任，壅塞胞宫，胞运失职，以致难产。

【诊治要点及预后】

1. 诊断：足月妊娠，开始宫缩进入产程，但产程进展缓慢，甚至停滞无进展者，即可判为难产。

2. 检查：

（1）产科检查：子宫收缩乏力，宫缩时间短而力量薄弱，间歇时间长而无规律，即使宫缩在极期，宫体也不隆起和变硬，宫颈口不能如期扩张，胎先露下降缓慢者，多属虚证。子宫收缩时宫壁坚硬，但因宫缩不协调而成为无效宫缩，宫颈口不扩张，胎先露不下降，或子宫出现痉挛性狭窄环，紧箍胎体，阻碍下降，产妇持续腹痛，烦躁不安，呼叫不已，胎心持续过速，多属实证。

（2）B超检查了解骨盆、胎位、胎心等情况。

3. 鉴别诊断：注意排除产道异常、胎位异常及胎儿异常所致难产。

4. 辨证要点：虚证：宫缩虽协调但无力，或宫缩持续时间短而力量弱，间歇时间长，产妇神倦乏力，无特殊痛苦等。实证：宫缩不协调（或强直），产妇持续腹痛，精神紧张，烦躁不安或胸闷脘胀等。

5. 治疗原则：治以调气和血为主要原则。虚则补气养血，实则理气行瘀，使气血充沛，气机调畅，气壮则送胎有力，血足则滑胎易产。目的在于促进和协调子宫的收缩力，加快产程进展，促使尽快分娩，减少创伤。但用药须有度：补虚不可过于滋腻，以防滞产；泻实不可过用耗气破血之品，以防伤胎。同时，做好产妇的安慰和解释工作，消除焦虑和紧张；鼓励产妇尽量多进食。并加强对产妇的护理，观察产程进展和胎儿情况，发现问题，及时处理。必要时配合现代医学处治。

6. 预后：第二产程过长，或产程停滞无进展，可致胎死母腹；或胎压膀胱过久而致排尿异常；或因子宫破裂而危及产妇生命。第三产程过长，可致胞衣不下，产后血晕，产后发热等病症。

【辨证论治】

1. 气血虚弱型：

〔主要证候〕产程过长，产妇宫缩不强，腹部阵痛微弱，精神疲惫，努挣乏力。心悸气短，面色苍白。舌淡苔薄，脉虚大或细弱。

〔证候分析〕气血虚弱，精力不足，或过早用力耗伤精气，以致宫缩乏力，或努挣无力，阵痛微弱，产程延长。血虚心失所养则心悸。血不上荣则面色苍白。中气不振则神疲气短。脉细主血虚，弱主气衰。

〔治疗法则〕补气行血、润胎催生。

〔方药举例〕送子丹（《傅青主女科》）加人参。

生黄芪　当归　麦冬　熟地　川芎

方以人参、黄芪补益中气，气足则送胎有力，配当归补气生血，熟地、当归、麦冬养血益阴，川芎行气活血。血旺则胞胎得润，气足则运胎有力，气血旺盛，可收润胎催生之功。

2. 肾气不足型：

〔主要证候〕宫缩不强，阵痛微弱，产程过长，腰背酸痛，头晕耳鸣，努挣乏力。舌淡苔薄润，脉细滑。

〔证候分析〕肾气虚弱，冲任不足，宫缩乏力，运胎无能，故见宫缩较弱，阵痛不显，以致产程延长。肾主骨生髓，脑为髓之海，腰为肾之腑，肾虚髓海不足，外腑失荣，故见头晕耳鸣，腰背酸痛。舌脉均属肾气不足之征。

〔治疗法则〕补肾降气，开窍催产。

〔方药举例〕神效催生丹（《卫生家宝产科备要》）。

腊月兔脑髓 1 枚（去皮膜研如泥），麝香（冰片 5g 代，另研），乳香末 1.25g（另研），母丁香 5g（研细末）。

上药研细，以兔脑髓为丸，鸡头实大，阴干后瓷瓶收封备用。临产时温公丁香汤送服1 丸。

方以兔脑补肾益精，催生滑胎；公丁香、母丁香温肾降逆，开窍催产；麝香、乳香活血散结，开窍催产。诸药共达补肾降气、开窍催产之效。

3. 气滞血瘀型：

〔主要证候〕产妇腰腹持续胀痛，疼痛剧烈、拒按，宫缩虽强但无规律，产程进展缓慢，精神紧张，烦躁不安，胸闷脘胀，时欲恶心，面色紫暗。舌暗红，苔薄白，脉弦大或至数不匀。

〔证候分析〕气机郁滞，胞脉不畅，气血运行受阻，瘀滞胞宫，胎儿欲娩不出，故腰腹持续疼痛，辗转不安，宫缩虽强，但因瘀阻胞脉，故宫缩无节律而成无效宫缩，久产不下。素多抑郁，恐惧紧张，气机不利，故胸闷脘胀。升降失调则时欲呕恶。舌脉均属气机逆乱，气滞血瘀之象。

〔治疗法则〕行气活血，滑胎催产。

〔方药举例〕催生立应散（《济阴纲目》）。

当归　川芎　牛膝　大腹皮　枳壳　车前仁　冬葵子　白芷　白芍

方以当归、川芎、牛膝行气活血，润胎催产；大腹皮、枳壳宽胸下气，顺气催产；车前仁、冬葵子利水滑胎；白芷、白芍养血止痛。诸药共奏行气活血、滑胎催产之效。

若产妇疼痛难忍，辗转不安，呼叫不已，面色紫暗，脉滑大等，瘀滞较盛者，宜选陈氏七圣散（《妇人良方大全》）。

延胡索、没药、姜黄、桂心、当归温经化瘀，行气止痛；滑胎催产，白芷消肿止痛；白矾消肿止血。诸药共达活血化瘀、滑胎催产之效。

4．气滞湿阻型：

〔主要证候〕产妇腰腹持续胀痛，疼痛难忍，宫缩虽强但无规律，久产不下，面浮肢肿，胸膈满，呕恶头晕。舌暗，苔白腻，脉弦滑或滑大。

〔证候分析〕气滞湿阻蕴结冲任，壅塞胞宫，胞脉气机不畅，故腰腹持续胀痛，疼痛难忍。湿浊壅塞胞宫，气机不调，虽有较强宫缩，但无节律而成无效宫缩，以致产程无进展。湿浊内停，泛溢肌肤则面浮肢肿。湿停膈间则心悸气短、胸膈满闷、恶心呕吐。湿浊中阻，清阳不升则头目眩晕。舌脉均属气滞湿阻之象。

〔治疗法则〕理气化湿、滑胎催产。

〔方药举例〕神效达生散（《达生篇》）。

苏梗　当归　白芍　川芎　枳壳　白术　陈皮　大腹皮　贝母　冬葵子　甘草　葱白

方以白术、陈皮、贝母健脾化湿，理气调中，化痰散结；苏梗、枳壳宽胸利膈，顺气催产；大腹皮、冬葵子下气利水，消肿滑胎；葱白通阳散结。全方共达理气化湿、滑胎催产之效。

【预防保健】

1．难产对母婴危害较大，故应定期产前检查（含软、硬产道和胎位、胎儿），发现问题及早调治。

2．对产妇进行产前教育，解除思想顾虑，消除紧张情绪。

3．鼓励产妇多进食，或静脉补充营养。产前及时排空二便。

4．详细观察产程进展情况，并做好记录。

5．自然分娩有困难者，提前确定分娩方式。

6．产妇产程过长者，当防止产后出血及产后感染的发生。

【案例】

1．一妇产难五日后，精神已竭，六脉沉微，奄奄一息，腹中毫不觉动，下部肿极，知母子俱困，何能健运而出，乃以参芪归芍姜桂白术牛膝温暖调补气血之剂，下咽稍顷，腹中运动，疼痛而产，母子俱活。

（《续名医类案》）

2．凌表侄妇，年二十余，暑月临蓐，自旦及暮，不得产，体素弱，屡发晕迷闷。时师诊之，以为挟瘀，不可服参，渐危急。延余视无他，乃肾气不能做强，肝气不能舒泄，又血液枯涸，致胎不易下耳。与熟地二两、枸子一两、当归五钱，日服下即产矣，已而果然。

（《续名医类案》）

自学指导

1．难产是妊娠足月分娩时发生的异常现象，中医论治的难产多属功能失调型，相当于现代医学的产力异常型。至于产道、胎位、胎儿异常所致的难产，未列入本节讨论。

2．产力异常的临床体征：

（1）协调性子宫收缩乏力：宫缩持续时间短，间歇时间长而无规律，即使子宫收缩最强时，腹部也不隆起，不变硬，宫口不能如期扩张，胎儿不能逐渐下降，以致产程延长。宫缩乏力又分原发性与继发性：原发性即产程开始就宫缩乏力；继发性多在产程开始时宫缩正常，产程进展一段时间后，宫缩逐渐减弱，产程停滞不前。

（2）不协调性子宫收缩乏力：产妇自觉宫缩很强，持续腹痛、拒按、呼叫不已、烦躁不安，实际上宫颈口未扩张或扩张缓慢。胎先露不下降或下降迟缓，属无效宫缩。

（3）不协调性子宫收缩过强：指子宫肌层出现强直性、痉挛性收缩，产妇持续剧烈腹痛、拒按，烦躁不安、呼叫不已，检查发现胎位、胎心不清，或出现病理缩复环或痉挛性狭窄环，宫颈扩张缓慢，胎先露部下降停滞。

（4）协调性子宫收缩过强、过频：多在短时间（3 小时）内结束分娩，多见于经产妇，临床称之为急产。

3．难产的治疗，当首分虚实：气血虚弱，肾气不足属虚证，相当于现代医学的宫缩乏力（阵痛微弱、坠胀不甚），治以补气行血为主；气滞血瘀、气滞湿阻属实证，相当于宫缩不协调或宫缩过强（阵痛剧烈，腹痛不已），治以行气活血、滑胎催生为法。

4．对思愁忧虑，情绪紧张者，尚须解释开导，消除顾虑，调畅气机，有益于分娩。

【参考文献摘要】

1．《经效产宝》：夫产难者，内宜用药；外宜用法；盖多门救疗，以取其安也。

2．《妇人良方大全》：妇人以血为主，惟气顺则血和，胎安则产顺。今富贵之家，过于安逸，以致气滞而胎不转动；或为交合使精血聚于胞中，皆致产难……稳婆不悟，入手试水，致胞破浆干，儿难转身，亦难生矣。凡产直候痛极，儿逼产门，方可坐草。

3．《格致余论》：气虚之人因母气不能自运，补其母之气则儿健而易产。

4．《医学正传》：临事仓皇，用力失宜，遂有难产之危。

5．《胎产心法》：孕妇有素常虚弱，饮食减少，至临产乏力，或因儿未欲出，用力太早及儿欲出母已无力，令儿停住。

6．《医宗金鉴》：胎前喜安逸不爱劳碌，或过贪眠睡，皆令气滞难产。

7．《傅青主女科》：产妇见儿所久不下，未免心怀恐惧，恐则神怯……气阻滞于上下之间。

8．《保产要旨》：难产之故有八：……有胞水沥干而难产……有因体胖脂厚，平素逸而难产……有因气虚不运而难产者。

【复习思考题】

1．何谓难产？

2．引起难产的原因有哪些？

3．中医对产力异常所致难产的病因病机是怎样认识的？

4．难产的治疗原则是什么？证有不同，治法有何区别？

5．难产可能会导致哪些病证发生？

6．现代医学处治难产有哪些措施？

〔邵福华〕

第二节　胞衣不下

【自学时数】

4～6 学时。

娩出胎儿后，超过半小时胞衣仍不能自然娩出者，称"胞衣不下"，亦称"息胞"或"胎衣不下"。胞衣：即胎盘、胎膜的统称；胞衣不下相当于现代医学的胎盘滞留。

【病因病机】

胞衣不下的发病机制主要有气虚无力推送胞衣外出；瘀血壅塞，阻碍气机，产道不畅而胞衣难下。常见病因有气虚、血瘀和寒凝三证。

1．气虚：素体虚弱，元气不足，或因产用力过度或产程过长，元气大伤，气虚无力推送胞衣外出。

2．血瘀：平素体虚，因产耗气，气虚不摄，血壅胞中；或素多忧郁，气机失调，经脉失畅，血不归经，血滞胞衣，瘀阻胞中，以致胞衣不下。

3．寒凝：产室寒温失宜，寒邪袭于胞脉；或素体阳虚，阴寒内盛，寒凝血瘀，气血凝滞，以致胞衣难下。

【诊治要点及预后】

1．诊断：娩出胎儿后，经过半小时胞衣仍不能自然娩出者，即可诊断为胞衣不下。

2．体征：胎儿娩出后常伴有大量外出血或内出血，大量内出血时可扪及宫底升高，严重可致心悸气短，面色无华或苍白，大汗淋漓，脉微欲绝之症。

3．检查：

（1）胎盘剥离而滞留：宫底位置升高，倾向右侧，阴道流血多少不定，牵引脐带或压迫宫底均不见胎盘娩出。

（2）胎盘嵌顿：较为罕见，因宫缩不协调致使子宫局部形成收缩环，使已经剥离的胎盘或部分剥离的胎盘阻于收缩环的上部，行阴道检查时发现脐带进入一孔内（可容 1～2 指），有时紧裹脐带。

（3）胎盘粘连：因子宫内膜炎或蜕膜组织发育不良，致使胎盘完全粘连或部分粘连，部分粘连时可发生大量出血，属常见症之一。

（4）植入胎盘：很少见，采用徒手剥离有困难时，应考虑胎盘植入。

4．辨证要点：胞衣不下当首辨虚实，次辨轻重。虽见产道流血较多，但血色较淡，腹部按之有块（胞宫）而不痛（宫缩乏力），神疲气短，脉象虚弱者，属气血虚弱证；虽见流血较少，但血色紫暗，夹有血块，腹痛剧烈、拒按，面色黧黑，舌质紫暗，脉弦涩者，属瘀证实证。若见大量出血，或腹部膨胀（宫底升高），按之涌出大量血液或血块，腹痛剧烈，甚或晕厥者，为宫内大量出血的急证重证；若出血量较少，腹痛较轻，一般情况（精神状态）较好者，属轻证缓证。

5．治疗原则：当以产科专科处理为主，配合中医药治疗。

6．预后：胞衣持久不下可导致内、外大出血，失血过多可致晕厥，甚或危及生命。产程过长，恶露排泄不畅，容易感染邪毒，或瘀滞胞脉，发生产后发热、产后腹痛等。

【辨证论治】

1．气虚型：

〔主要证候〕娩出胎儿半小时以后，不能自行娩出胎衣，小腹坠胀，腹部压之有块而不硬，阴道流血量多而色淡，神疲气短，面色无华，头晕心悸。舌淡苔薄，脉象缓弱。

〔证候分析〕平素体虚，因产更虚，无力运胞外出，故胞衣不下。气虚下陷，胞衣欲出无力，故腹部坠胀。气虚宫缩无力，故扪及宫体软而不硬。气虚统摄失职，故阴道流血较多。气虚血弱则血色偏淡；气虚中阳不振则神疲气短。失血过多血不上荣则头晕而面色无华。血不养心则心悸。舌淡脉弱均为气血不足之征。

〔治疗法则〕补气养血、理血下胞。

〔方药举例〕加减生化汤（《中医妇科治疗学》）。

人参　当归　黄芪　白术　甘草　益母草

方中参、芪、术、草大补元气；当归配黄芪补气生血；当归配益母草理血逐胞。诸药相配，共奏补气血、逐胞衣之效。

若心悸气短较盛，加麦冬、五味子益气养心；腹部隐痛而不温，出血量多而色淡，加炮姜、炒艾叶温经摄血、止痛；腹胀加香附、木香行气消胀。

2．血瘀型：

〔主要证候〕娩出胎儿半小时后，胞衣不下，阴道流血或多或少，色暗有块，腹部剧痛、拒按，扪及宫体较硬。舌紫暗或有瘀斑，苔薄，脉弦涩有力。

〔证候分析〕瘀血内滞胞中则胞衣难下。瘀阻胞脉，不通则腹痛拒按。血不归经则阴道流血偏多，色暗有块。瘀阻脉络则舌见紫暗或瘀斑，脉弦涩有力。

〔治疗法则〕活血化瘀、逐下胞衣。

〔方药举例〕牛膝散（《济阴纲目》）加瞿麦、冬葵子。

牛膝　当归　芍药　桃仁　桂心　玄胡　丹皮　木香

方中当归、芍药、桃仁、牛膝活血化瘀，逐胞下行；桂心、木香、玄胡温经化瘀，行气止痛；丹皮凉血解毒。加冬葵子、瞿麦润滑下胞。

腹痛甚剧，加五灵脂、蒲黄化瘀止痛；痛时欲呕，加半夏、吴茱萸降逆止呕；冷痛明显，加炮姜、艾叶暖宫止痛；气短神疲，加黄芪、人参补益中气。

3．寒凝型：

〔主要证候〕娩出胎儿后胞衣持久不下，小腹冷痛、拒按，得温痛减，阴道流血较少，形寒肢冷，面色青白。舌暗苔白，脉沉紧。

〔证候分析〕寒邪内客胞脉，气血凝滞，故胞衣不下，腹部冷痛拒按。温熨则瘀滞稍行，疼痛稍减。血为寒凝脉道不畅，故阴道流血较少而色暗。寒邪内盛阳不外达，故形寒肢冷，面色青白。舌脉均为寒邪内郁之象。

〔治疗法则〕温经行滞、活血下胞。

〔方药举例〕八味黑神散（《卫生家宝产科备要》）。

熟地　当归　白芍　干姜　肉桂　蒲黄　炙甘草　黑大豆

方以干姜、肉桂温经散寒，能利血脉；当归、蒲黄、黑大豆养血活血；熟地、白芍、甘草养血补血、缓急止痛。全方共达温经行滞、活血下胞之效。

【预防保健】

1．产室室温应适宜，避免过热、过冷。

2．第二产程胎儿前囟露于阴道口时，可静脉推注麦角新碱0.2mg，或静脉滴注缩宫素10～20U使子宫收缩加强，促进胎盘剥离与娩出，同时也可减少产后出血。

3．胎盘尚未完全剥离前，切忌用手按揉、下压宫底或牵拉脐带，否则易致胎盘剥离不全，子宫内翻。

4．当确认胎盘完全剥离后，可左手按压宫底，右手轻拉脐带，协助娩出胎盘。

【案例】

1．一亲戚妇人产后胞衣不下，血胀迷闷，不省人事。告之曰：死矣！余曰：此血胀也，可用花蕊石散救之。因以一钱童便调灌下即更生，其胎衣与恶水旋即下而无恙。

（《证治准绳》）

2．有妇人子下地五六日，而胞衣留于腹中，百计治之，竟不能下，而又绝无昏晕烦躁之状……夫瘀血在腹，断无不作祟之理，有则必然发晕，今安然无恙，是血已净矣。血净宜清气升而浊气降，今胞衣不下，是清气下降而难升，遂至浊气上浮而难降。然浊气上升，又必有烦躁之病，今亦安然者，是清浊之气两不能升也。然则补其气不无浊气之上升乎？不知清升而浊降者，一定之理，未有清升而浊亦升者也。苟能于补气之中，仍分其清浊之气，则升清正所以降浊也，方用补中益气汤。人参9克，生黄芪30g，柴胡1g，炙甘草0.3g，当归15g，白术1.5g（土炒），升麻1g，陈皮0.6g，莱菔子1.5g（炒、研）。水煎服。1剂而胞衣自下矣。

（《傅青主女科》）

3．一胎盘残留不下已半月，脉证相参，乃气血两亏，瘀血秽物滞留胞宫所致，拟益气养血、活血祛瘀之法。用桃红四物汤加味，连服12剂而获救。当归、赤芍、桃仁、生地、五灵脂、香附、乳香、没药、党参、黄芪、蒲黄各10g，红花、川芎、苏木各7g。

（《新中医》1980，5）

自 学 指 导

1．娩出胎儿半小时后，胎盘仍未剥离或虽剥离而未娩出者，即可诊断为胞衣不下。本病属产程中的危重证候，一旦确诊，必须迅速采取产科有效措施及时处治，以免贻误病情。

2．胎衣不下的常见病因有气血虚弱，瘀血停聚及寒凝血瘀三种证型。辨证以腹痛程度、性质及恶露的量、色、质和伴随症状为依据，详辨虚实。

3．中医治疗本证重在审因论治，针对病因分别给予补气养血，活血行瘀，温经散寒等相应治法，以配合产科处理。

【参考文献摘要】

1．《诸病源候论》：有产儿下，苦胞衣不落者，世谓之息胞。由产妇初时用力，比（必）产儿出而体已疲顿，不能更用气，产胞经停之间，外冷乘之则血道否涩，故胞久不出，弥须急以方药救治。

2.《妇人良方大全》：胎衣不下者，因气力疲惫，不能努出，或血入衣中，胀大而不能下，以致心胸胀痛喘急，速服夺命丹，血散胀消，其衣自下。牛膝散亦效。

3.《胎产心法》：妇人一生莫重于生产，临产莫急于催生，既产莫甚于胞衣不下。所以不下者，有因血少干涩或子宫空虚，吸贴而不下；有因气血虚弱，产母乏力，气不转运，不能传送而停搁不下……又有因恶露流入胞中，胀而不能出……惟老成有识之稳婆，以右手二指紧跟脐带而上，带尽处将指向上半寸余摸之，觉有血便是胎衣，向下一捺，其血出，其衣自下；或以手指顶其胞底，使其血散；或以指摸上口，攀开一角，使恶露倾泻，则腹空自下矣。法甚简明，当为下胞衣第一妙法。

【复习思考题】

1．胞衣不下的病因病机有哪些？

2．胞衣不下怎样辨别诊断及配合中医药治疗？

3．胞衣不下的治疗原则是什么？证有虚实，治有何异？

4．胞衣不下可能引发哪些病证？

5．现代产科处治胞衣不下的处理原则有哪些？

〔邵福华〕

【目的要求】

1．了解产后病的范围和产后诸病的概念。

2．熟悉产后诸病的病因病机和临床体征。

3．熟悉产后诸病的治疗原则和方法，遣方用药的注意事项。

4．掌握三审的临床运用、常见病的辨证论治。

【自学总学时数】

38～53 学时。

产褥期内，产妇发生与分娩或产褥有关的病证，称为产后病。

历代医家非常重视对产后病的研究，有三病、三冲、三急、三审、三禁之概括。三病指亡血伤津最易导致新产三病的发生（"痉"、"郁冒"、"大便难"）。指出"冲心"、"冲肺"、"冲胃""三冲"的危害性。把呕吐、盗汗、泄泻伤津耗液的病证称为"三急"，告诫人们应引起高度注意。临证注重"三审"，即了解产妇有无腹痛、大便是否通畅、乳汁是否充沛及饮食的多寡，以此测知恶露的排泄是否畅通，津液的损伤程度和胃气的强弱情况，以便遣方用药时加以考虑。治疗方面提出"三禁"（禁大汗、禁峻下、禁通利小便），以防伤津耗液，加重产妇的病势。

【病因病机】

由于生产造成的创伤和出血，导致产妇元气大伤、精血亏虚、正气不足乃至"百脉空虚"，防御功能下降，生活调摄稍有不慎，便可发生与分娩或产褥有关的产后诸病，如产后血晕、产后痉证、产后腹痛、产后发热、恶露不绝、产后身痛、产后小便失常、产后大便难、产后缺乳或乳汁自出等等。常见病因可概括为亡血伤津、瘀血阻滞、元气损伤、气机失调、感受六淫等。

1．亡血伤津：产时失血过多、伤津耗液、筋脉失养易发产后痉病；胞失润养可致产后腹痛；肢节失濡可致产后身痛；津枯肠燥易发大便难；津亏血少化乳乏源则见乳汁不足或缺乳；阴血暴亡阳无所依，浮散于外易见产后发热；气随血脱、心神失养可见产后血晕等。

2．瘀血阻滞：因产创伤或胎盘剥离形成离经之血，体虚无力排出，或遇寒、热而瘀滞于内，瘀阻胞脉则见恶露不下、恶露不绝或产后腹痛；瘀血内阻、气机不利、血行不畅可致产后身痛、恶露不绝；瘀阻血脉、营卫失和易致产后发热；瘀血内阻、气机失调、升降失常、气血逆乱可致产后血晕；瘀阻冲任、血不归经可致产后血崩等。

3．元气损伤：平素气虚，分娩用力过度损伤元气，气虚送胞无力可致胞衣不下；脾肾气虚、气化固摄失常则见小便异常；气虚冲任不固则恶露不绝；摄纳无权则乳汁自出；气虚卫阳不固多见自汗；气虚统摄失职可见产后血崩等。

4．感受六淫：产后百脉空虚，腠理不实，卫外不固，加之摄身不慎或产伤不洁、邪毒内犯而致产后发热、产后痉证、产后腹痛、产后恶露不绝等；卫外不固易感风寒而见恶寒发热、身体酸痛等。

5．气机失调：产后事不如意，或口角纠纷、郁怒伤肝、气机失畅、气血失和，脉络瘀阻易发乳汁不畅、缺乳，或产后腹痛、恶露不下、恶露不绝等。

此外，临产护理不当，产妇努挣过早、过猛，造成的分娩创伤，亦是产后大出血、产后尿失禁或产后痉证、产后发热的主要原因之一。

【产后病的诊断】

以四诊为基本方法，全面了解病人产前的身体情况，产程情况（顺产、滞产、手术产、出血多少、有无创伤等），产后注意"三审"（重视产妇的饮食、乳汁的多少，恶露及大便的排泄情况），结合兼证舌脉合参，综合分析，明辨寒热虚实，力求找准致病之因、发病之源，有针对性地进行调治。

【产后病的治疗】

治疗产后病应结合产妇生理特点（亡血伤津、瘀血阻滞，多虚多瘀），本着"勿拘于产后、亦勿忘于产后"的治疗原则，据证求因、审因论治。虚则补气养血为主，瘀则活血化瘀为法，因人而异、灵活掌握。遣方用药常顾气血，补虚不要滞邪、助邪；化瘀佐以养血、不要伤正；散寒不宜过于温燥；清热不要过于寒凉；开郁勿过于耗散；消导须兼扶脾；谨守病机，勿犯三禁。

【参考文献摘要】

1．《金匮要略》：新产妇人有三病，一者病痉，二者病郁冒，三者大便难。

2．《景岳全书》：产后气血俱去，诚多虚证。然有虚者，有不虚者，有全实者。凡此三者，但当随证随人，辨其虚实，以常法治疗，不得执有诚心概行大补，以致助邪……谓不可汗，不可下，不可利小便，但使不犯三禁，则营卫自和，而寒热自止矣。

3．《张氏医通》：败血上冲有三：或歌舞谈笑，或怒骂坐卧，甚者逾墙上屋，口咬拳打，山腔野调，号佛名神，此败血冲心；若饱闷呕恶，腹满胀痛者，曰冲胃；若面赤呕逆欲死，曰冲肺。大抵冲心者，十难救一。冲胃者，五死五生。冲肺者，十全一二。

产后诸病，惟呕吐、盗汗、泄泻为急，三者并见必危。

凡诊新产妇，先审少腹痛与不痛，以征恶露之有无；次审大便通与不通，以征津液之盛衰；再审乳汁行与不行及乎饮食多少，以征胃气之充馁；必先审此三者，以脉参证，以证合脉，脉证相等，虽异寻常，治之必愈。

第一节　产后血晕

【自学时数】

3～4学时。

孕妇分娩后，突然头晕目眩，不能起坐，或心下满闷，恶心呕吐，或痰涌气急，甚则口噤神昏，不省人事者，称"产后血晕"；亦称"产后血运"。

本证属产后危重证之一，与现代医学指的失血性休克、羊水栓塞、产后心衰相类似，若抢救不及时或处理不当，往往危及产妇生命。

【病因病机】

产后血晕的病因病机分为虚实两端，虚者因阴血暴亡、气随血脱、心神失养；实者因瘀血停滞、气机逆乱、上攻心神所致。

1．气随血脱：产妇素体气血不足，复因产程不顺，损伤脉道，或产程过长，失血过多，精血暴亡，气随血脱，心神失养而病血晕。

2．血瘀气逆：产时摄身不慎，感受寒邪，血为寒凝，壅滞不行，瘀浊滞内，阻碍气机，升降失常，气机逆乱，瘀血随逆乱之气并走于上，扰乱心神而致血晕。

【诊治要点及预后】

1．诊断：产后数小时内，突然发生晕厥，同时伴见面色苍白，冷汗淋漓，手撒肢冷，或心下满闷，恶心呕吐，痰涌气急，或面色紫暗，六脉微弱或沉涩者，即可诊断为产后血晕。

2．检查：①产科检查：胎盘、胎膜是否完整，软产道有无撕裂伤，子宫收缩是否良好，阴道流血多少。②常规检查：体温、脉搏、血压、呼吸情况。③实验室检查：血小板计数，凝血酶原时间，纤维蛋白定量，Fi试验，优球蛋白溶解时间，FDP（血清纤维蛋白降解产物），鱼精蛋白副凝试验（3P试验）等，有助于诊断。④其他检查：如描记心电图，心脏功能检测均有助于及时发现休克。

3．鉴别诊断：产后子痫与本病同发于新产之际，证急势危相同，但病因不同，治疗有别，必须加以鉴别。子痫产前多有水肿、高血压、蛋白尿等病史，发病时以抽搐为主。产后血晕有产程不顺，产程过长，出血过多或恶露不下等现象，发病以不省人事，昏迷不醒为特征，并呈现虚脱或瘀阻之象。

4．辨证要点：气随血脱证：多见阴道流血量多，突然昏晕，面色苍白，手撒肢冷，冷汗淋漓，不能起坐，或不省人事，舌淡少苔，六脉微弱或虚大无力等；血瘀气逆证：见恶露量少或排泄不畅，小腹阵痛，心胸满闷，恶心呕吐，或痰涌气逆，神昏口噤，不省人事，两手握拳，唇舌紫暗，脉涩等。

5．治疗原则：病属产后"三冲"范围，病势危急，首当急救以复其苏（针灸法或熏气法），必要时配合现代医学抢救，以免延误病情。病人复苏后，再依据虚实的不同，分别给予补气固脱或活血调气等法则。

6．预后：本证若能早发现、早诊断、及时有效地抢救，其预后尚可。若抢救不及时，处理不恰当，瞬间可致死亡。

【辨证论治】

1．气随血脱型：

〔主要证候〕产妇失血过多，突然出现头晕眼花，面色苍白，心悸愦闷，渐至昏不知人，目闭口开，手撒肢冷，冷汗淋漓。舌淡少苔，脉微弱或浮大无力。

〔证候分析〕因产失血过多，心神失养，神明失守，故令头晕心悸，昏不知人。阴血骤失，面部失荣，则面色苍白。气随血泄，元气衰微，阳气不布，阴阳离决，故目闭口开，手撒肢冷。营阴暴脱，孤阳外泄，故冷汗淋漓。舌脉均为血虚气脱之征。

〔治疗法则〕补气养血、固脱救逆。

〔方药举例〕

（1）重灸百会、关元、气海，针刺足三里、三阴交（补法），以固脱救急。

（2）加味当归补血汤（《医理真传》）加人参。

当归　黄芪　鹿茸　炮姜　炙甘草　麦芽

方以人参、黄芪大补元气以固其脱；当归、黄芪相配，补气养血（当归配黄芪则血有所附，黄芪配当归则气有所依）；鹿茸补精益阳；炮姜温经止血；甘草益中；麦芽疏理气机，使补而不滞。全方共奏补气养血、固脱救急之效。

病势缓解后，加熟地、阿胶、紫河车，并重用参芪，补养精、气、血以康复身体。

2．血瘀气逆型：

〔主要证候〕恶露不下或所下甚少，小腹阵痛拒按，心下满闷，气粗喘促，恶心呕吐，甚则头晕口噤，不省人事，面色青紫，两手握拳。唇舌紫暗，脉涩有力。

〔证候分析〕新产感寒，寒袭胞中，血为寒凝，停蓄不下，故恶露不下或所下很少。瘀阻胞脉，血行受阻，故腹痛拒按。败血内停、阻碍气机，气机不得宣畅，郁而逆乱犯上，血随气逆，上攻于心则神明被扰，故神昏口噤。攻于肺则肺失清肃之职而见心下满闷、气粗喘促。犯于胃则胃失和降之职而见恶心呕吐。瘀阻脉络，筋脉失养而拘急，故两手握拳。面色青紫及唇、舌、脉均为瘀血之征。

〔治疗法则〕活血逐瘀、开闭醒神。

〔方药举例〕

（1）针刺中极、三阴交、内关、人中、支沟。点刺十宣放血。

（2）将铁器烧红，淬醋熏产妇鼻孔，可促其苏醒。

（3）夺命散（《妇人良方大全》）加当归、川芎、玄胡、童便。

血竭　没药

基础方夺命散重在活血逐瘀止痛。加当归、川芎、玄胡、童便增强行气活血、逐瘀止痛之效。瘀去则气调、气顺则逆平，气血调和、气机调畅则神清气爽，晕厥自除。

心下满闷较甚加枳壳、郁金、香附、降香行气活血消胀。气急痰涌加苏子、胆星、贝母、远志、菖蒲涤痰降气。胸闷呕恶加半夏降逆止呕。面红身热、大便干结、恶露臭秽者，加丹皮、银花、连翘、败酱、大黄清热解毒，凉血化瘀。

【预防保健】

1．做好孕前、孕期保健工作，产前发现不宜自然分娩者，提前确定分娩方式并做好准备。

2．对具有较高出血危险趋向的产妇，做好应急处治的准备工作。

3．第一产程，注意产妇的休息和营养，避免过度疲劳，必要时可肌内注射哌替啶（度冷丁），让产妇适当休息。

4．第二产程，指导产妇正确用力，必要时会阴切开，胎肩娩出后肌内注射缩宫素10U，增强子宫收缩。

5．第三产程，胎盘剥离后，轻压子宫，轻牵脐带，协助胞衣排出。观察胎衣是否完整，软产道有无撕伤、血肿。了解宫缩情况，按摩子宫促进收缩。

6. 胎盘娩出后 2 小时以内尚应重点监护、观察一般情况、生命指征，阴道流血及宫缩情况，80％的产后出血发生在产后 2 小时以内。

7. 出血较多，有休克体征者，及早补充血容量。

8. 早期哺乳可刺激子宫收缩，减少产后出血。

【案例】

方某，女，36 岁，1958 年 3 月 4 日入院。

第一胎足月顺产，产后 1 小时不到，自觉眩晕眼花，胸闷气逆，小腹阵痛拒按，恶露少，顷刻神昏口噤，不省人事，邀余会诊。见产妇面色紫暗，四肢厥冷，脉弦而涩。用压舌板启口望舌，舌质呈紫色，血压 13.3/8kPa（100/60mmHg），病属产后瘀血上冲。治用活血行血祛瘀。即奇命散（血竭 3g，没药 4.5g）研末，加入失笑散 6g，用陈酒烫热分两次吞送，须臾恶露下，腹痛胀减轻，神清肢暖，面色转润，脉弦细，舌质红泛紫，血压 16/10.7kPa（120/80mmHg），转危为安，继用生化汤 3 剂，以善其后。

（《裘笑梅妇科临床经验选》）

自 学 指 导

1. 产后血晕是产后危急重证之一，类似前人所论"三冲"，抢救不及时，往往危及产妇生命。

2. 本病的发生主要是失血过多（含内出血），气随血脱之虚脱证为主。亦可因瘀血内阻，瘀滞经脉，阻碍气机，气机不畅，逆乱攻心、冲肺、冲胃的瘀滞实证。临床当细心观察、准确分辨，及时治疗。

3. 本病治疗，虚证重在补元气以固虚脱，气能摄血、生血、固脱（"无形之气所当急固"）。实证重在行气活血，化瘀止痛，气行则血行，瘀化则痛止，瘀行则气畅，气顺则气机可调，逆气可平，气血调和，诸症自除。

4. 救急处理除针灸外，尚可配合单方如铁器烧红，淬醋熏产妇鼻孔。或将韭菜切细装瓶中，注入热醋，以气熏鼻孔，均有促苏之效。

5. 临证救急的同时，尚须再次查找出血或瘀停的原因（胞宫破裂、产道创伤及胎盘残留等），并采取有效的止血与排瘀措施，产后血晕才能得到根治。

【参考文献摘要】

1.《诸病源候论》：运闷之状，心烦气欲绝是也。亦有去血过多，亦有下血极少，皆令运。

2.《景岳全书》：……此证有二，曰血晕，曰气脱也。若以气脱作血晕而用辛香逐血化瘀等剂，则立毙也，不可不慎也……气脱证，产时血既大行，则血去气亦去多，致昏晕不省，速用人参一二两，急煎浓汤，徐徐灌之。

3.《金匮今释》：引丹波元坚语：产后血晕，自有两端，其去血过多而晕者，属气脱，其证眼闭口开，手撒肢冷，六脉微细或浮是也；下血极少而晕者，属气逆，其证胸腹胀痛，气粗，两手握拳，牙关紧闭是也。

【复习思考题】

1. 何谓产后血晕？

2．产后血晕的主要病因病机是什么？

3．产后血晕有虚、实两证，如何辨别其虚实？

4．产后血晕的治疗原则及其代表方药是什么？

5．加强产后病预防保健有何临床意义？

〔邵福华〕

第二节　产后痉证

【自学时数】

3～4学时。

产褥期内发生四肢抽搐，项背强直，甚或牙关紧闭，角弓反张者，称为"产后痉证"或"产后发痉"。

本证为新产"三病"之一，若仅见四肢抽搐，项背强直者，其证稍轻；若见角弓反张，牙关紧闭者，其证危重；若抽搐反复发作，汗出如珠，肢冷脉微者，其证极重，危在旦夕。若痉由感染邪毒所致者，其邪毒已内传脏腑，病多迅速恶化，若伴高热不退者，其证险，命多倾。因而应高度重视本证的预防和抢救。

【病因病机】

本病的发生，多因生产失血过多，亡血伤津，脏腑失养，筋脉失濡；或因产创伤感染邪毒，邪毒直窜脏腑筋脉，发为痉证。

1．阴血亏虚：产时失血过多，阴血暴亡，或平素阴血亏虚，因孕重虚，复因分娩失血耗液，以致血少津亏、脏腑失荣，筋脉失养，拘急抽搐而为痉证。

2．感染邪毒：多因产时助产不慎，产创处理不当，伤口不洁，邪毒乘虚内犯，外损肌肤脉络，内窜脏腑筋络，以致筋脉拘急、抽搐为病。

【诊治要点及预后】

1．诊断：产妇突然出现口角搐动，四肢抽搐，项背强直，或牙关紧闭，角弓反张，面色苍白，或面呈苦笑，恶寒发热者，即可判为产后痉证。

2．检查：产科检查：有无软产道损伤，阴道流血多少。实验室检查：血钙、血常规检查，细菌培养。生命体征检查：血压、呼吸、体温、脉搏。

3．鉴别诊断：产后子痫与本证均以抽搐为主症（产后子痫的特点，见产后血晕的鉴别诊断）。产后痉证多在产后数日发病，虽见四肢抽搐，但神志较清。破伤风的特点为面呈苦笑，且有不洁外伤史……此外，尚需与癫痫发作、高热所致抽搐相鉴别。

4．辨证要点：临证首当明辨虚实二证，虚实二证的共有症状基本相似，只是抽搐频率、强度不同，但伴随体征有别：若伴面色苍白或萎黄，舌淡、脉细缓无力，属精血亏虚、筋脉失养之虚证；若伴恶寒发热，口角搐动，面呈苦笑，脉浮而弦，属感染邪毒，筋脉拘急之实证。

5．治疗原则：熄风解痉为基本原则。虚者滋阴养血、柔肝熄风；感染邪毒者，解毒镇痉，理血祛风。遣方用药切忌辛温燥烈、伤阴耗液之品。治疗环境要肃静，避免声、光刺激，防止创伤和窒息。

6．预后：病情较轻，治疗及时、有效，预后良好。若病势较重，或邪毒感染较重者，预后较差。若感染邪毒极重，抽搐频繁，反复发作，汗出如珠，高热不退，病势危急，预后极差。

【辨证论治】

1．阴血亏虚型：

〔主要证候〕产妇骤然发生四肢抽搐，项背强直，牙关紧闭，面色苍白或萎黄。舌淡无苔，脉细无力。

〔证候分析〕产后亡血伤津，筋脉失养，血虚肝风内动，故头项强直，四肢抽搐。血虚不能上荣于面则面色苍白无华。面肌失养筋脉拘急则牙关紧闭。舌脉均为阴血亏虚之征。

〔治疗法则〕滋阴养血、柔肝熄风。

〔方药举例〕三甲复脉汤（《温病条辨》）加天麻、钩藤。

生龟板　生牡蛎　生鳖甲　干地黄　白芍　阿胶　麦冬　炙甘草

方以地黄、阿胶、白芍、麦冬滋阴血，柔肝体；龟板、鳖甲、牡蛎育阴潜阳；天麻、钩藤平肝熄风；甘草和中。诸药相伍精血充足，筋脉得养、诸症自平。

出血未止或出血较多，加人参、黄芪补气摄血，山茱萸敛阴止血。汗出过多，加人参、五味子、山茱萸、麻黄根益气养阴，敛汗防脱。若汗出如珠、目闭口张、手撒肢冷，小便失禁，脉象微弱者，急投大剂独参汤或参附汤，或参附龙牡汤，浓煎，频频灌服，急救其脱。

2．感染邪毒型：

〔主要证候〕产后发热恶寒，头项强痛，口角抽动，牙关紧闭，面呈苦笑，甚则项背强直，角弓反张。舌正常，苔薄白，脉浮弦。

〔证候分析〕产后正气不足，百脉空虚，伤口不洁，邪毒内侵，初则邪毒在表，正邪交争，故恶寒发热，头项强痛。继则邪毒内陷，窜至筋脉，筋脉拘急则牙关紧闭，口角搐动，面呈苦笑，甚则角弓反张，项背强直。舌脉均为邪毒感染之征。

〔治疗法则〕解毒镇静、理血祛风。

〔方药举例〕撮风散（《证治准绳》）加白芍、荆芥、桑寄生。

全蝎　僵蚕　蜈蚣　朱砂　麝香　竹沥　钩藤

方以全蝎尾、僵蚕、蜈蚣、荆芥解毒、镇痉、祛风；钩藤平肝熄风；麝香芳香开窍、醒神；朱砂安神定志；白芍、桑寄生养血柔肝；竹沥清热化痰；全方共奏祛风、解毒、镇痉、柔肝止痉之效。

若邪毒攻心，高热不退，频繁抽搐，病情危笃者，应中西医配合抢救。

【预防保健】

1．大力宣传和采用新法接生。

2．防治宫缩乏力及宫缩过强，减少出血。

3．严格按规程操作，必须做到无菌操作，注意产褥卫生，保持伤口清洁。

4．对急产、滞产或产道不洁和产道创伤者，须做预防性抗感染治疗。

【案例】

1．周某，女，34岁，干部，某院邀诊。产后17天，恶露已净，产后夺血，营卫未复、阳越不潜，木火上亢，四肢抽搐，胸闷，头目眩晕。午前突然昏厥，不省人事，15分钟后苏醒，2小时后复作，舌淡红，脉弦细。急拟大补气血、平肝熄风为治。

处方：红参（另调）10g，炙黄芪24g，当归30g，紫贝齿、生地、首乌、茯苓、炒白芍、钩藤各12g，天麻9g，远志、菖蒲各5g。1剂。

复诊：夜来昏厥未作、痉势亦平。继投滋阴养血守神以善后：当归、首乌各15g，生地、炒白芍、辰麦冬、杜仲各12g，柏子仁、酸枣仁各9g，炙甘草5g，3剂。

2．夏某，女，24岁，工人。产后失血脱气，血虚生风，四肢抽搐阵作，舌謇，日发数次，精神疲乏，不耐坐立，舌淡，脉细。治拟扶正平肝熄风。

处方：党参、黄芪、栀子、当归、天虫各9g，炒白芍、煅龙骨、牡蛎、钩藤各30g，熟地炭、怀牛膝各15g，远志4.5g，4剂。

复诊：扶正熄风后，精神好转，但阳气散而未复，四肢不温，不能久坐，全身疼痛，汗出淋漓，腰膝酸软，纳可便调、苔薄舌淡有齿痕，脉细，时有结代，宜大补元气，回阳振督：炒党参、炙龟板、怀牛膝、糯稻根各15g，黄芪、当归、瘪桃干各9g，淡附片3g，煅龙骨、牡蛎各30g，炙甘草4.5g，炮姜1.5g，健步虎潜丸12g（研吞），4剂。

三诊：回阳振督，行走、坐立能支。昨因坐立过度，全身抽搐又作，继则全身骨肉冷痛，足底亦痛，精神倦怠。苔薄质淡胖，脉沉细。原法出入：淡附片6g，肉桂3g，党参、辰麦冬、怀牛膝、龙齿各15g，茯神木、狗脊、川断各12g，当归9g，炙甘草4.5g，琥珀末（吞）3g，4剂。

四诊：抽搐未作，坐立、行走亦有精神，四肢酸痛未全除，再拟养血扶元以善后：党参、熟地、白芍、红枣各15g，焦白术、当归、八月扎各9g，怀山药12g，附片、炙甘草各4.5g，肉桂3g，5剂。

（《何子淮女科经验集》）

自 学 指 导

1．产后痉证多在分娩数日后发病，以头项强直，四肢抽搐为多见，重则角弓反张，牙关紧闭，或汗出如珠，高热不退，面呈苦笑等。

2．产后痉证的病因主要以失血过多，阴血亏虚和产创不洁，感染邪毒为主。

3．辨证当抓住主症，辨别虚实。头项强直，四肢抽搐，或角弓反张，牙关紧闭为共有主症。区别在于：虚证多有大出血史，且面色苍白无华，舌淡脉细无力等阴血亏虚之象；实证多有产道创伤或伤口不洁史，且面呈苦笑，口角搐动，恶寒发热，脉浮弦等邪正交争，邪毒内陷之征。

4．治疗重在熄风解痉。依据虚实的不同，分别给予滋阴养血，柔肝熄风，用三甲复脉汤加味；若手撒肢冷，汗出气喘或小便失禁，脉象微弱者，首用参附汤以救急，再予解毒镇痉、理血祛风，用撮风散加味；壮热神昏者，可配服安宫牛黄丸清热解毒，镇静开窍，或配合现代医学处治为妙。

【参考文献摘要】

1．《景岳全书》：产后发痉，乃阴血大亏之证也。其证则腰背反张，戴眼直视，或四肢强劲、身体抽搐……凡遇此者，速当察其阴阳，大补气血。

2．《女科撮要》：产后发痉，因失血过多，元气亏极；或外邪相搏，其形牙关紧闭、四肢强劲，或腰背反张，肢体抽搐……实由亡血过多，筋脉失养而致……若大补血气，多保无虞。

【复习思考题】

1．哪些因素可引发产后痉证？

2．产后痉证的临床症状有哪些？

3．产后痉证如何分辨虚实？虚实二证的治疗法则有何不同？

4．为什么说加强全产程监护，严格按规程操作，及时处理产创，保持伤口清洁，预防性给予抗生素治疗，可减少或减轻痉证的发生？

〔邵福华〕

第三节　产后腹痛

【自学时数】

4～6 学时。

分娩以后发生与产褥有关的小腹疼痛，称"产后腹痛"。产程结束后，因子宫的收缩复旧常有阵发性腹痛发生，通常在产后 1～2 天内较为明显，特别是在哺乳时尤为突出，此时子宫变硬、恶露增多，古称"儿枕痛"。一般持续 3～5 天逐渐消失。若疼痛剧烈或过期不止者，当视做产后腹痛。

【病因病机】

本病的发生多因胎衣残留，或血滞胞中，排泄不畅，或摄生不慎，感受外邪，或失血过多，胞脉失养等。发病机制可概括为血虚胞脉失养，不荣则痛；或瘀滞胞脉，不通则痛。

1．血虚：平素气血不足，因孕重虚，复因产失血过多，冲任空虚，胞脉失养而痛；或因气随血耗，血少气弱，推运乏力，运行迟缓，血流不畅，迟滞而痛。

2．血瘀：产后体虚血室正开，起居不慎当风感寒，血为寒凝，瘀阻气机，不通则痛；或情志不遂，肝气不舒，气机郁滞，血行受阻而瘀，瘀阻胞脉，不通则痛。

3．热毒：阳盛之体，产后胞脉空虚，邪毒内窜，入里化热，热毒与浊血搏结，毒蕴胞脉，损伤冲任，气机不畅，气血受阻而致腹痛。

【诊治要点及预后】

1．诊断：产后发生与产褥有关的小腹疼痛，即可诊断为产后腹痛。

2．检查：①产科检查：腹痛发作时可扪及子宫变硬、压痛，恶露排泄增多。②实验室检查：血象呈轻度贫血或炎症反应。③B 超检查了解宫内有无胎盘、胎衣残留。

3．鉴别诊断：应与肠痈、肠肿瘤、虫疾、食积、痢疾、泄泻等引起的腹痛相区别。

4．辨证要点：产后腹痛首辨虚实，常以腹痛的性质、恶露的色、质、气味为主要依据，结合兼证舌脉判明虚实。

（1）血虚：多腹痛较轻，喜温喜揉，恶露量多色淡，可伴面色无华、头昏眼花，或心悸失眠、舌淡脉细弱等。

（2）血瘀：腹痛较剧，胀硬拒按，喜热熨或块下痛减，恶露排泄不畅、色暗有块，四肢欠温，舌暗苔白，脉弦涩。

（3）热毒蕴结：小腹灼热疼痛，按之痛剧，恶露紫暗，或如败脓、气味秽臭，或寒热不退，舌红绛，苔黄腻，脉弦数者。

5．治疗法则：本证以补虚化瘀，清热解毒，调畅气血为基本原则。虚者补气养血；实者散寒活血或清热解毒。但使气壮血畅，热除瘀消，血脉流通则腹痛自止。

6．预后：因瘀血滞留胞中易招邪毒感染而病产后发热，或产后痉证；瘀阻胞脉，瘀血不去，血难归经而病致恶露不绝，或产后出血等。

【辨证论治】

1．血虚型：

〔主要证候〕产后小腹隐痛，数日不解，腹部柔软，喜揉喜按，恶露量少，色淡无块，头晕眼花，面色苍白，心悸失眠。舌淡苔薄，脉细弱。

〔证候分析〕产后气血亏虚，血虚胞脉失养，气虚则血运乏力，血行迟滞，故腹部隐痛，喜揉喜按（揉则阳气舒展，血流加快，胞脉得濡则腹痛稍缓）。阴血亏虚，冲任血少则恶露量少色淡，血虚失于濡养之职则是头晕眼花，心悸失眠，便结不畅等。舌脉均为血虚之征。

〔治疗法则〕补气养血，荣胞止痛。

〔方药举例〕肠宁汤（《傅青主女科》）。

人参　山药　当归　熟地　阿胶　麦冬　续断　肉桂　甘草

方中人参、怀山药、甘草补气健脾，以资化源；当归、熟地、阿胶补血益阴；续断补肝肾、益精血；麦冬养阴生津；佐肉桂温通血脉。诸药共达补气养血之功，气壮则血流顺畅，血足则胞脉得濡，气壮血盈则诸症自除。

若血虚兼寒见小腹冷痛，得热痛减，形寒肢冷，面色青白，或大便溏薄，舌淡苔薄，脉细而迟，治宜养血和营、散寒止痛，方用当归建中汤（《千金翼方》）加艾叶。

当归　桂枝　白芍　炙甘草　生姜　大枣　饴糖

方中当归、白芍养血和营，生姜、桂枝温阳通脉，大枣、炙甘草、饴糖温中补虚，桂枝配艾叶暖宫祛寒，芍药配甘草缓解止痛。诸药相伍共奏养血和营、散寒止痛之效。

2．血瘀型：

〔主要证候〕产后小腹疼痛，胀硬拒按，热熨稍减，恶露量少，色暗夹块，排泄不畅或块下痛减，或形寒肢冷，面色青白，或胸胁胀痛。舌暗苔白，脉弦涩或沉涩。

〔证候分析〕新产血室正开，胞脉空虚，风寒之邪乘虚内侵，血为寒凝壅滞胞脉，气机不调血行不畅，故小腹胀硬、疼痛拒按，恶露量少。寒凝血瘀故色暗有块。寒邪得热则散，故腹痛稍减。块下则气机稍畅而腹痛减轻。寒为阴邪易伤阳气，故形寒肢冷，面色清白。肝郁气滞则胸胁胀痛。舌脉均为瘀血内停之征。

〔治疗法则〕活血祛瘀，散寒止痛。

〔方药举例〕生化汤（《傅青主女科》）加益母草、艾叶。

当归　川芎　桃仁　炮姜　炙甘草

方中当归补血活血，祛瘀生新；川芎行气活血；桃仁活血祛瘀；炮姜、艾叶温经止痛；甘草补中缓急；益母草助前药活血化瘀。全方寓攻于补之中，化瘀血、生新血，瘀去血畅，腹痛自止。

若瘀阻较甚，腹痛较剧，可加玄胡、五灵脂、蒲黄增强化瘀止痛之功。血寒较盛、小腹冷痛可加吴茱萸、肉桂以增温经散寒之效。胸胁少腹胀甚者加柴胡、香附、郁金以疏调气机、行气止痛。神疲肢倦、气短乏力者加党参、黄芪补益中气。

3. 热毒型：

〔主要证候〕产后小腹疼痛拒按，有灼热感，恶露量少，色紫暗，或如败脓、气秽臭，热势不退，口干渴，大便结，小便赤。舌红绛，苔黄燥，脉弦数。

〔证候分析〕产后体虚，邪毒内侵、入里化热，热毒与浊血搏击，蕴结胞脉、壅滞冲任，故灼热疼痛、腹部拒按。热毒与血结故恶露量少夹块、色紫暗。热毒炽盛则恶露如败脓、气味秽臭且热势不退。邪热伤津则口干渴、便结、尿黄。舌脉均属热毒瘀结之征。

〔治疗法则〕清热解毒，凉血化瘀。

〔方药举例〕五味消毒饮（《医宗金鉴》）合大黄牡丹汤（《金匮要略》）。

银花　野菊花　蒲公英　紫花地丁　天葵子　丹皮　桃仁　大黄　芒硝　冬瓜仁

方中银花、野菊花、蒲公英、紫花地丁、丹皮清热解毒，凉血消肿；大黄、芒硝、天葵子荡涤瘀结，通腑泻热，散结止痛；桃仁伍丹皮、大黄凉血逐瘀、泄热解毒；冬瓜仁清热利湿。诸药相伍，共达清热解毒、凉血逐瘀之效，热解毒消，瘀行结散，气血调和则腹痛自止。

【预防保健】

1. 大力提倡新法接生，加强全产程护理，尽量减少阴血的流失。

2. 产室寒温要适宜，产后注意摄身，避免感受六淫之邪。

3. 注意产后卫生，勤洗涤，保持创伤清洁，尽早下床活动或取半卧位，有利于恶露排泄。

4. 调情志、忌生冷、合理补充营养，有利于气血恢复。

【案例】

1. 江篁南治一贵妇，产后四五日，患心腹痛，医用行血之剂，痛益甚，常俯卧，以枕抵痛处，甚则昏晕。江曰：此极虚也，盖产后亡血过多暴虚，经遂行涩，故作痛耳。以人参15g，黄芪10g，当归、川芎、白芍、炒黑干姜、玄胡，2剂愈。（后五味原书未载剂量）。

（《名医类案》）

2. 劳某，女，32岁。产后7天，恶露较少，少腹作痛，有坚硬块，按之痛增。诊之面色紫暗，舌质略紫，脉沉紧。治法祛瘀活血止痛，用加味生化汤。处方：当归10g，川芎6g，益母草10g，红花4g，桃仁9g，炮姜3g，炒蒲黄、五灵脂各9g，山楂10g，共3剂。

二诊，服上方3剂后，恶露增多，腹痛减轻，再继服3剂而痊愈。

　　〔按〕恶露瘀积于内，故少腹拒按，有坚硬块，按之痛增。舌质紫，面色紫暗，脉沉紧均是血瘀之征象。方中用川芎、当归调血，红花、桃仁、蒲黄、五灵脂祛瘀，山楂破血积，益母草直入胞宫，祛积血，配合五灵脂，有止腹痛之功。

（《中医妇科临床经验选》）

自 学 指 导

1. 产后发生与产褥有关的、以腹痛为主症的病证，即可判为产后腹痛。但须与新产后的正常宫缩痛（疼痛时子宫变硬、恶露增多等）进行鉴别。

2. 主要病因有血虚、血瘀和热毒蕴结，主要病机为胞脉失养、瘀阻胞脉和热毒壅滞。

3. 辨证当以腹痛的性质，恶露的色、质、气味为主，结合兼证舌脉，综合分析。

4. 临证注意与外科急腹症、伤食腹痛、虫积、肿瘤所致腹痛相鉴别：外科急腹症多起病较急，寒战高热，疼痛部位多在右下侧，腹肌紧张、压痛、反跳痛，血象升高等；伤食腹痛多有伤食史，脘腹胀闷、嗳腐吞酸，痛以脘腹为主；肿瘤多有宿疾病史，如卵巢囊肿，肠系膜肿瘤等，且疼痛部位多不在小腹正中；虫积痛多在脐周，痛时多有索状物突起，阵性发作，粪检可见虫卵等。

5. 治疗原则以补虚化瘀、清热解毒、调畅气血为主。

6. 遣方用药注意产后生理特点，补虚勿过呆滞、化瘀勿伤正，清热勿败胃，温经勿燥热。

【参考文献摘要】

1.《景岳全书》：产后腹痛，最当辨察虚实。血有留瘀而痛者，实痛也；无血而痛者，虚痛也。大都痛而且胀，或上冲胸胁，或拒按而手不可近者，皆实痛也，宜行之散之；若无胀满，或喜揉按，或喜热熨，或得食稍缓者，皆属虚痛，不可妄用推逐等剂。

2.《叶氏女科证治》：产后恶露不尽，留滞作痛者，亦常有之。然此与虚痛者不同，必其由渐而甚，或大小便不行，或小腹硬实作胀，痛极不可近乎，或自下上冲心腹，或痛极牙关紧闭。有此实证，当速去其血，近乎上者宜失笑散，近下者，宜通瘀煎。如未效，宜决津煎，若母体本虚而血少者，即于产时亦无多血，此非血滞……

3.《百灵妇科》：其因非指一端，临床必须审因辨证，细察虚实寒热。如病虚者，必当补其气血；病实者，则破血行气；病寒者，则温经散寒；病热者，则清热化瘀；脾胃虚弱者，则健脾和胃。绝不可拘泥于一方一药，概治产后腹痛以误人也。

【复习思考题】

1. 导致产后腹痛的原因有哪些？主要发病机制是什么？

2. 产后腹痛的常见证型有哪些？辨证的主要依据是什么？应与哪些病证相鉴别？

3. 产后腹痛的治疗原则是什么？各型的代表方药是什么？用药有何注意事项？

〔邵福华〕

第四节　恶露不下

【自学时数】

3~4 学时。

胞衣娩出之后，宫内余血浊液停滞不下或所下甚少，伴小腹疼痛者，称为"恶露不下"。恶露是产后从胞宫经阴道排出的余血浊液的总称。一般需 2~3 周才能排泄干净。恶露排泄是否正常，直接关系着产妇胞宫的复旧和机体的恢复。若恶露停滞不下，阻滞胞脉可致小腹疼痛；瘀血蓄结胞中可瘀结成癥；瘀血上逆可致头晕目眩，恶心呕吐，甚则昏厥；产后血室正开，瘀浊不下，邪毒易乘虚直犯胞宫，邪毒与瘀血搏击易致瘀毒发热，甚则深入营血，内陷心包而致高热神昏，病情险恶。因而必须重视本证的治疗，以免引起后患。

【病因病机】

恶露不下的原因主要有寒凝与气滞两类，除此之外，因气血虚弱、运行无力而加重瘀滞的形成，亦偶有所见。临床虽以实证居多，但也不能忽略其虚。

1．寒凝血瘀：因产耗气伤血，百脉空虚，脏器伤损，血室正开，风冷寒邪乘虚而入，或摄身不慎伤于生冷，或素体阳虚复感风寒，血遇寒冷之邪则凝滞不行，停滞胞中不下。

2．气滞血瘀：产时或产后恚怒伤肝，或素性抑郁气机不畅，复因产后事不顺心，气机郁滞更甚，气郁不达则血行不畅，瘀结胞中排泄不畅，以致恶露不下或所下甚少。

3．气虚血滞：素体气血偏虚，孕后气血更显不足，复因产失血过多，以致胞脉空虚无血可下；或气随血耗，元气受损、气虚无力排泄，以致恶露迟滞不下。

【诊治要点及预后】

1．诊断：产后 7 天之内恶露不下，或所下甚少，伴小腹疼痛者，即可判为恶露不下。

2．检查：了解子宫收缩情况，宫底高度，宫缩强度（产后正常宫底应在脐下 1 横指，每日下降 1～2cm，10 日后降入盆腔内），有无瘀血停积胞内，并配合血色素检查。

3．鉴别诊断：若仅恶露排泄较少或时间较短，而腹部无胀无痛，子宫缩复正常，产后无不适感者，不在此列。

4．辨证要点：辨证当以恶露的色、质和腹痛的性质为主要依据，结合兼证、舌脉全面考虑，方能准确判断。恶露不下或下亦甚少，色紫暗有块，腹痛拒按，畏寒肢冷，面色青白，脉沉紧，多寒凝血瘀；恶露不下或时下时止，夹有血块，少腹胀痛，精神抑郁，脉弦涩，属气滞血瘀；恶露不下或所下甚少，色淡，质清稀，小腹隐隐作痛、喜揉按，面白无华，气短懒言，属气血虚弱。

5．治疗原则：治宗"实则泻之，虚则补之"之意，实则温经散寒、理气行滞、活血化瘀；虚则补气养血、调理冲任。牢记"勿拘于产后，勿忘于产后"的告诫，药以平和为贵，慎用攻破、温燥，或呆填峻补，避免损伤气血或滞碍气机。

6．预后：恶露瘀滞胞内未及时处治，可致产后发热、产后血晕、产后身痛、恶露不绝，日久则形成癥积等证。

【辨证论治】

1．寒凝血瘀型：

〔主要证候〕胞衣娩出以后，恶露不下或下亦甚少，色紫暗有块，小腹冷痛拒按，但喜热熨，畏寒肢冷，面色青白。舌紫暗，苔薄白，脉沉紧。

〔证候分析〕产后百脉空虚，正气不足，或产室过冷，寒冷之邪侵袭胞脉，血为寒凝，瘀结胞内则恶露不下。寒为阴邪易伤阳气，血失阳气温煦则恶露色暗。胞脉失煦则腹痛喜揉按温熨。阳虚不得外展则肢冷畏寒。面色青白，舌脉均为寒凝血瘀之象。

〔治疗法则〕温经散寒，活血化瘀。

〔方药举例〕起枕散（《济阴纲目》）去丹皮，加艾叶、细辛。

当归　川芎　蒲黄　五灵脂　芍药　肉桂　玄胡　没药　丹皮　白芷

方以肉桂、细辛温经散寒、助阳通脉；当归、川芎、赤芍、蒲黄活血化瘀；五灵脂、玄胡、没药化瘀止痛；艾叶散寒暖胞；白芷消肿止痛。全方共达温经散寒、化瘀止痛之效。

2．气滞血瘀型：

〔主要证候〕产后无恶露排泄，或时多时少，色虽正常但有血块，腹胀甚于腹痛，或胸胁乳房胀痛，精神抑郁，善叹息。脉弦涩。

〔证候分析〕产妇素性抑郁，或因产事不顺心，以致肝气郁结，疏泄失调，疏则恶露时下，郁则恶露时止。气滞则血瘀，故恶露夹块。肝经循胸胁抵少腹，肝气不疏则胸胁或少腹胀痛。气郁不伸则善叹息。弦脉主肝郁，涩脉主血瘀。

〔治疗法则〕疏肝理气，活血化瘀。

〔方药举例〕通瘀煎（《景岳全书》）去泽泻，加柴胡、牛膝。

红花　当归尾　香附　木香　青皮　山楂　台乌　泽泻

方以柴胡、香附、青皮、木香、台乌疏肝理气，调畅气机；红花、归尾、山楂活血化瘀；牛膝引血下行。诸药合用共达疏肝理气、活血化瘀之效。

若恶露血块较多加三七粉、益母草养血活血、化瘀止痛。若产妇烦躁易怒，头痛失眠加夏枯草、珍珠母、白芍清肝热，敛肝阴而安神。

3．气血虚弱型：

〔主要证候〕产后无恶露，或排泄甚少，色淡红，质清稀，小腹隐痛，喜揉按，面色无华或萎黄，神疲气短，或头晕心悸。舌质淡，苔薄白，脉细缓无力。

〔证候分析〕产妇平素体虚，气血不足，复因分娩耗气伤血，精血大亏，胞脉空虚无血可下，或下亦甚少，且色淡质稀。血虚胞脉失濡则腹痛隐隐。揉按则血流加快，腹痛稍舒。血虚面部失荣则面白无华。中气不足则神疲气短。血不养心则心悸。脑海失濡则头晕。舌脉均为气血亏虚之征。

〔治疗法则〕补气血，益冲任。

〔方药举例〕圣愈汤（《景岳全书》）加枸杞、山药、炙甘草。

人参　黄芪　当归　芍药　川芎　熟地黄

方以人参大补元气；黄芪、山药、炙甘草补益中气；熟地黄、白芍、当归、枸杞补精血，益冲任；川芎行气活血。诸药相伍可达补气血、益冲任之功。

头晕目眩，心悸多梦较甚者，加珍珠母、茯神、夜交藤、山茱萸养血安神。

【预防保健】

1．调节寒温避免受邪。产室冷暖要适宜，穿着厚薄恰当，忌食生冷，避免寒冷之邪内袭胞脉。

2．避免精神刺激，调节情志，畅通气血，气调血和自无瘀滞之虑。

3．加强营养增强体质，气壮血充，身体强健，自然无病。

4．积极地早期调治固有疾病，加强性情修养，保持心理健康。

【案例】

某妇，40岁，1971年初夏傍晚抬来医院就诊。症见腹大如鼓，胀痛不已，由小腹上至胸部，肤色紫暗，二便艰难，幸而能食，脉象沉迟。问其病由：产后未避风寒，过食生冷，恶露不下，腹逐渐增大，已经月余，多方治疗未效。此寒凝血瘀，阻滞胞中，治宜活血逐瘀。拟用抵当汤。处方：大黄10g，虻虫10只，水蛭、桃仁各10g，嘱其速服，当晚在本院煎服2剂。翌晨又拟下瘀血汤2剂带回家服，5日以后，患者下瘀血数块，腹大渐减。药后瘀块下，瘀下则腹胀自消，后以八珍益母汤，气血双补固其本，虽属难证，治法得当，收效甚捷。

（《湖南省老中医医案选·廖仲颐》）

自 学 指 导

1．凡产后阴道排泄物极少，或时间极短（不足3天），并伴有腹痛不适，或其他体征者，即可诊为恶露不下。

2．恶露不下因瘀滞者为多见，腹痛为最常见的伴随症，气滞血瘀多胀且痛，并有气郁不畅之征；寒凝血瘀则腹痛较剧，且有冷感或喜热熨，可伴畏寒肢冷，面色青白等；气血虚弱常呈隐隐作痛、喜揉按，伴见气虚血弱之征。

3．治疗上无论是寒凝还是气滞，病理结局均以瘀滞为主，瘀滞则气血流通不畅，所以无论是温经散寒，还是疏调气机，目的都是促进气调血畅，故活血化瘀之法不可少；至于虚证乃血虚胞脉失养所致，治当补气养血，荣胞止痛为主。

4．防止或减少本病的发生，贵在平时注意摄身，加强性情修养，调节寒温，忌食生冷，避免外邪内袭，早期治疗痼疾，加强营养，增强体质。

【参考文献摘要】

1．《妇人良方大全》：产后恶露不下，因脏腑劳伤，气血虚损，或风冷相搏所致。

2．《医学纲目》：产后恶露方行，忽然渐少，断绝不来，腹中重痛，此由血滞。

3．《医宗金鉴》：产后恶露不下……气滞血瘀而不行者，必腹中胀痛。有因产时去血太多，无血不行者，面色必黄白，腹必不痛，以此为辨。

【复习思考题】

1．恶露不下临床有何表现形式？

2．恶露不下有哪些证型？辨证要点是什么？

3．恶露不下的治疗原则及各型代表方药是什么？

4．如何才能防止或减少恶露不下的发生？

〔邵福华〕

第五节　恶露不绝

【自学时数】

3～4 学时。

产后子宫经阴道排泄恶露持续 3 周以上仍然淋漓不断者，称为"恶露不绝"，亦称"恶露不止"或"恶露不尽"。

恶露是产后胞宫排出的余血浊液，正常情况下除有血腥味外，无特殊气味，一般 2～3 周内即可干净。若恶露迁延日久淋漓不尽，必伤血耗液，损伤正气，致令体虚。出血时间过长，易招邪毒逆犯胞宫，与瘀浊相结，邪正之争，湿热胶结而变生他证，因而应引起重视。

【病因病机】

冲为血海，任主胞胎，总司阴液；气帅血行，气血相互依存，相互为用；精血津液同出一源，气壮血充，气调血畅，胞宫功能正常则恶露应期而尽。恶露逾期不止多因气虚失统，冲任不固；或因热伏冲任迫血妄行；或因瘀滞胞脉，血不归经所致。

1. 气虚：素体脾虚气弱，分娩失血耗气；或产后操劳过早，劳倦伤脾，中气受损，统摄失职，冲任不固，致令恶露持续不尽。

2. 血瘀：新产之妇胞脉空虚，寒冷之邪直客胞脉，血为寒凝；或内伤七情，气机郁滞，血行受阻，瘀阻脉道，血难归经，以致恶露久下不止。

3. 血热：产妇素体阴虚，因产亡血伤津，阴津愈亏，虚火内积；或因素性抑郁，郁而化火；或过食辛辣温燥助阳之物，热扰冲任，迫血妄行，致令恶露逾期不停。

4. 湿热蕴结：产后血室正开，胞脉空虚，湿热之邪乘虚内袭，蕴结胞脉，壅滞冲任，湿热与浊血互结，阻滞气机，恶露泄而不畅，日久不止。

【诊治要点及预后】

1. 诊断：产后恶露持续排泄超过3周即可诊断为恶露不绝。

2. 检查：①妇科检查：了解子宫缩复情况，有无创伤未愈，子宫有无压痛，附件有无增厚。②实验室检查：血象有无升高，凝血机制有无异常，有无贫血。③B超检查：宫内有无残留组织及附件炎症等情况。

3. 鉴别诊断：排除切口裂开、子宫黏膜下肌瘤或绒毛膜癌所致出血。

4. 辨证要点：辨证以恶露的量、色、质、气味为主要依据，结合兼证、舌脉、体质因素，综合分析，明确致病之因，为立法治疗提供依据。恶露量多色淡，质清稀，神疲气短或小腹空坠者，属气虚；恶露时多时少，紫暗有块，腹痛拒按，属血瘀；恶露量少色红，质稠，有气味者，多血热；恶露或多或少，排泄不畅，色暗红，质稠夹黏涎、气秽臭，腹痛拒按者，多湿热蕴结。

5. 治疗法则：恶露不绝，无论虚实，终因损伤冲任而病。治疗当虚则补气摄血；热则清热凉血；瘀血化瘀止血为法，目的在于调固冲任以止血。用药注意，虚证不宜补涩太过，防止留瘀；实证勿攻破太过，以防动血耗血；清热勿过寒凉，防损伤脾胃及影响血运。总之以补虚不留瘀，祛瘀不伤正为度。

6. 预后：长时间阴道排血容易引起邪毒感染，导致产后发热、产后腹痛、带下病、月经不调、不孕及癥瘕等病症的发生。

【辨证论治】

1. 气虚型：

〔主要证候〕恶露过期不止，量较多、色淡红、质清稀、无气臭，神疲乏力，气短懒言，或小腹空坠。舌质淡，苔薄白，脉缓弱。

〔证候分析〕平素脾虚气弱，气血不足，因产耗气伤血，气血大亏，气虚统摄失职，冲任失固，恶露量多。血虚则色淡质薄；未感邪毒则无气臭。中气不足则神疲气短。中气下陷则腹有坠感。舌脉均为气血虚弱之征。

〔治疗法则〕补气健脾、摄血固冲。

〔方药举例〕固本止崩汤（《傅青主女科》）加阿胶、乌贼骨。

人参　黄芪　白术　熟地　当归　炮姜

方以人参大补元气，黄芪、白术健脾益气，三药同伍补气培元，摄血固冲；熟地、阿胶、当归补血滋阴；炮姜既可温经止血、又可防滋阴补血滞碍中焦；乌贼骨涩血固冲；诸药相伍共达补气健脾、摄血固冲之效。

小腹空坠较盛者，加柴胡，并重用人参、黄芪升阳举陷。

2．血瘀型：

〔主要证候〕恶露过期不止，时多时少，淋漓而下，色紫暗有块，小腹疼痛拒按，或块下痛减；或胸胁胀痛，情绪抑郁；或腹部冷痛，畏寒肢冷。舌有瘀点，或舌质紫暗，脉沉涩或弦涩。

〔证候分析〕产后事不顺心、气机郁滞，或素性抑郁、气滞血瘀，或产后感受寒冷之邪，寒凝血瘀，瘀阻胞脉，血不归经，故恶露经久不止，淋漓不畅，色暗夹块。瘀阻气机，血行不畅故腹痛拒按。块下则瘀滞稍通腹痛暂减，肝气郁滞，气机不畅则胸胁胀痛。感寒伤阳则肢冷畏寒或腹有冷感。舌脉均为瘀滞之征。

〔治疗法则〕活血化瘀、理血归经。

〔方药举例〕生化汤（《傅青主女科》）加三七粉、乌贼骨、蒲黄、益母草。

川芎　当归　桃仁　炙甘草　炮姜

方中当归、桃仁、川芎行气活血，化瘀止痛；三七配当归补血养血，化瘀止血、逐瘀而不伤正；蒲黄、乌贼骨、益母草化瘀止血；炮姜、炙甘草温中益气；诸药相伍共达活血化瘀、固冲止血之效，且化瘀止血而不伤正。

若腹部冷痛明显加艾叶、吴萸、细辛温经散寒，暖胞止痛。若以胀为甚者加柴胡、香附、青皮、郁金疏肝理气、行气止痛。

3．血热型：

〔主要证候〕产后恶露逾期不止，量或多或少，色紫红，质浓稠，有臭味；或咽干口燥，舌红少苔；或心烦易怒，头晕目赤，口干口苦。苔薄黄、脉细数或弦数。

〔证候分析〕产妇素体阴虚，虚热内生；复因产亡血伤津，阴虚则阳亢、虚火内炽；或素性抑郁、久郁化火，火热之邪内扰胞脉，迫血下行，故恶露逾期不止，色红质稠而有气味。阴精亏虚则津不上承，故咽干口燥。肝郁化火则心烦易怒，口苦目赤。舌脉均为阴亏火炽之征。

〔治疗法则〕养阴清热、凉血止血。

〔方药举例〕保阴煎（《景岳全书》）加丹皮、栀子、旱莲草、炒地榆。

生地黄　熟地黄　黄芩　黄柏　芍药　甘草　山药　续断

方以黄芩、黄柏、生地、丹皮、栀子清热凉血；熟地、白芍养血敛阴；续断、山药益肾固冲；地榆、黄芩、旱莲草益阴清热，凉血止血；甘草调和诸药。全方共达养阴清热、凉血止血之效。

4．湿热蕴结型：

〔主要证候〕恶露超过3周未尽，量或多或少，色暗红、质黏涎、气秽臭，小腹及腰骶胀痛、拒按，身困体倦，口腻纳呆。舌质红、苔黄腻，脉濡数。

〔证候分析〕产后体虚，卫外不固，或产创处理不当，外阴不洁，湿热邪毒直犯阴中，蕴于胞脉，结于冲任，热伏血海，故恶露经久不尽。湿性黏滞，壅滞气机，血行不畅，故恶露或多或少，色暗红，质黏涎。热毒蕴积故气味秽臭。湿热蕴结下焦，影响气血调畅，故腰酸腹痛。瘀滞胞脉则腹痛拒按。湿热困阻中焦，清阳不振则身困体倦，口腻而纳谷无味。舌脉均为湿热蕴结之征。

〔治疗法则〕清热化湿、行气化瘀。

〔方药举例〕银翘红藤解毒汤（《妇产科学》）加土茯苓、贯众、马齿苋。

银花　连翘　红藤　败酱　薏苡仁　丹皮　栀子　赤芍　川楝　玄胡　桃仁　乳香　没药

方以银花、连翘、红藤、败酱清热解毒；土茯苓、薏苡仁、贯众、马齿苋清热化湿；丹皮、栀子、赤芍清热凉血；川楝、玄胡、桃仁、乳香、没药行气活血，化瘀止痛。诸药相伍构成强有力的清热解毒、化湿凉血、祛瘀止痛之方。

若大便秘结加大黄，泄热凉血，通便解毒；恶露较多加乌贼骨、益母草化瘀止血。口腻纳呆，身体困倦较甚者，加白蔻、佩兰、苍术、茵陈、滑石类芳化湿热。

【预防保健】

1. 合理助产，严格按规程操作，须作切开时要合理选择切口，适时指导产妇用力，缩短产程。

2. 仔细观察胎盘，胎膜有无残缺。

3. 产程较长者给予足量抗生素防治感染。

4. 子宫缩复不良者，给中药补气养血，化瘀止血之剂，或肌内注射或静脉给予缩宫素，或麦角新碱，促进缩复，以利恶露的排泄及止血。

5. 保持外阴清洁，选用消毒卫生纸，勤换内裤，防止邪毒内犯。

【案例】

娄某，女，26岁，初诊日期：1974年4月16日。

主诉：产后阴道流血4个月。

现病史：患者为过期妊娠，足月产后4个月一直阴道流血，血量时多时少，色红或黑红，有大血块或黄带，伴有腰酸，流血多则下腹痛，大血块流出后，腹痛稍缓解，食纳尚可，二便自调。

舌象：舌质暗淡。脉象：弦滑略数。

西医诊断：子宫复旧不全。

中医辨证：产后血瘀内停，恶露不绝。

治法：活血化瘀，调经止血。

方药：当归9g，川芎6g，桃仁、红花各3g，延胡索9g，波药、煨姜各3g，五灵脂9g，小茴香6g，蒲黄炭9g

治疗经过：4月19日，服上方3剂后，阴道出血已止，仅有少许粉色白带。腰已不酸，精神尚好，上方继服2剂。脉弦滑无力，拟以健脾益气，升阳除湿之法，以巩固疗效，方药如下：

党参、白术各9g，柴胡、炒荆芥穗各4.5g，陈皮6g，车前子9g，白芍12g，炙甘草6g。

（《刘奉五妇科经验》）

自 学 指 导

1. 正常分娩后，血性恶露一般持续3~5天，以后颜色变淡，逐渐转为浆液性恶露，约持续7~15天。若血性恶露超过1周，或浆液性恶露超过3周仍然淋漓不断者，即可诊为恶露不绝。

2. 恶露不绝的常见病因有虚、热、瘀3个方面，气虚统摄失职，冲任不固；热（虚热、肝热、湿热及阳盛实热）扰冲任、迫血妄行；瘀阻胞脉、血不归经等。

3. 辨证当以恶露的量、色、质、气味及生殖器体征为主要依据，结合兼证、舌脉综合分析，审症求因，切实找准致病的真正因素，针对病因治疗，疗效方著。

4.治疗虚证当补气摄血；热证当清热凉血；瘀证当以化瘀止血为法。尽管治疗方法及方药有别，但目的均为固冲止血。概言之虚则补之、固之；热则清之、泻之；瘀则消之、化之。重在祛除病因，调理功能。

5.分娩时加强全产程监护，严格按规程合理操作，缩短产程，减少出血，保持外阴清洁，避免外邪侵犯，可减少或减轻本病的发生。

6.若恶露长时间反复不止，应做必要检查，排除他病，如绒癌等。

【参考文献摘要】

1.《诸病源候论》：新产而取风凉，皆令风冷搏于血，致使血不宣消，蓄积在内则有时血露淋漓不尽。

2.《妇人良方大全》：产后恶露不绝，因伤经血，或内有冷气，而脏腑不调故也。

3.《景岳全书》：产后恶露不止，有因血热者，有伤冲任之络而不止者，有怒火伤肝而血不藏者。

4.《万氏妇人科》：产后冲任损伤，气血虚惫，旧血未尽，新血不敛，相并而下，日久不止，渐成虚劳者，大补气血，使旧血得行，新血得生。不可轻用固涩之剂，使败血凝聚，变为癥瘕，反为终身之害，十全大补汤主之。如小腹刺痛，四物加蒲黄（炒）、延胡、干姜各等分。

5.《胎产心法》：产后恶露不止……由于产时伤其经血，虚损不足不能收摄……

【复习思考题】

1.恶露不绝的诊断标准是什么？
2.恶露不绝的主要病因病机是什么？常见证型有哪些？
3.恶露不绝各证的辨证要点及治疗法则是什么？
4.恶露不绝各型代表方药是什么？
5.从哪些方面加以注意，可减少恶露不绝的发生？

〔邵福华〕

第六节　产后发热

【自学时数】

4～6学时。

产褥期内，发热持续不退，甚或寒战高热，并伴其他症状者，称为"产后发热"。产后1～2日内，由于阴血骤失，阳无所依，浮散于外，出现的短时低热（一般低于38℃），且无他症者，属生理现象，自我调节即可恢复正常。产后发热相当于现代医学的产褥感染，是产妇死亡的四大原因之一，应引起高度重视。

【病因病机】

本证的发生与产褥期生理状态密切相关，因产耗气伤血，正气虚弱，百脉空虚，造成机体对病邪的易感性，无论是外感六淫还是内伤瘀滞，均可导致发热。常见病因有感染邪毒、外感六淫、血瘀、血虚等。

1. 感染邪毒：多因产程过长，失血过多，耗损正气，或护理不当，摄身不慎，产创不洁，邪毒乘虚直犯胞中、胞脉，蔓延全身，正邪相争而发热。

2. 外感时邪：新产妇人气血俱虚，百脉空虚正气不足，卫外不固腠理不密，外邪乘虚袭表，正邪交争，营卫不和故令发热；或产值盛夏，厚衣着被，或紧闭门窗，体虚而感受酷暑之气而发热。

3. 血瘀：产时或产后感寒，血为寒凝，恶露停滞不下，壅塞胞脉，遏而化热；或内伤七情，气机郁滞，气滞血瘀，瘀阻胞脉，阻碍气机，营卫失调，郁而发热。

4. 血虚：平素体虚，复因产时或产后失血过多，阴血骤失，阳无所附，浮散于外，致令发热。

【诊治要点及预后】

1. 诊断：产后 24 小时至 10 日内，口温连续两次达到或超过 38℃，并伴恶寒发热，或乍寒乍热，或寒战高热者，即可诊为产后发热。

2. 检查：①病史有产程过长，产创不洁，或摄身不慎，不禁房事，或失血过多，或感寒饮冷，触犯暑气，或情志不遂等情况。②产科检查：软产道创伤，或盆腔有炎性改变，恶露气臭。③实验室检查：血常规、血液或宫腔分泌物细菌培养。④B超检查了解有无炎性改变及脓肿形成。

3. 鉴别诊断：①乳痈：乳汁排泄不通畅，乳房有胀硬及红肿热痛，甚或溃腐化脓。②淋证：小便有尿频、尿急、尿痛现象。③肺系感染：有咳嗽、胸痛、痰稠色黄，或痰带血丝等情况。

4. 辨证要点：根据热势的高低和发热的时间，恶露多少及气味有无异常，结合兼证、舌脉综合分析，明确发热病因：感染邪毒多寒战高热，恶露秽臭，腹痛拒按；外感六淫多恶寒发热，头痛鼻塞，咽痒咳嗽，或高热汗出，心烦口渴，头晕心悸等；血瘀多乍寒乍热，恶露较少、夹块，腹痛拒按等；血虚多低热不退，或暮热昼凉，面色无华、心悸气短等。

5. 治疗法则：病因不同，治法有异，本病以调和营卫为基本原则。但须留心产后生理特点，不可片面强调补虚或逐瘀，犯虚虚实实之戒。对于感染邪毒，辨证要准、药要用够、量要用足，不可因产后而有所顾忌，病重药轻，贻误病情；必要时中西医配合治疗。

6. 预后：若不能及时查明原因有效治疗，容易引起外阴炎、阴道炎、子宫内膜炎、附件炎、盆腔炎、腹膜炎、血栓性静脉炎，甚或脓毒血症及败血症，危及产妇生命。

【辨证论治】

1. 感染邪毒型：

〔主要证候〕产后 10 天内，突然寒战高热，热势不退，腹痛拒按，恶露或多或少，色紫暗，气秽臭；或伴心烦口渴，尿少色黄，大便干结。舌红苔黄，脉数有力。

〔证候分析〕产后正虚，防御能力较弱，邪毒乘虚内侵，直犯胞脉，邪正交争，故令恶寒发热。热毒内盛则寒战高热；邪毒与瘀血搏结，瘀结成块，壅结胞脉则腹痛拒按。血为热灼则恶露紫黑量少，气味秽臭。瘀阻胞脉血不归经则恶露量多。热扰心神则心烦不宁。热灼津液则口渴、尿少、大便干结。舌脉均为热毒炽盛之征。

〔治疗法则〕清热解毒，凉血化瘀。

〔方药举例〕银翘红藤解毒汤（方见恶露不绝）。

方中银花、连翘、红藤、败酱、薏苡仁清热解毒，消痈利浊；丹皮、栀子、赤芍清热凉血；川楝、延胡索行气止痛；桃仁、乳香、没药活血化瘀、消肿止痛，诸药相伍组成强有力的清热解毒、活血消肿、化瘀止痛之方。若大便秘结加大黄、芒硝泻热解毒，凉血化瘀。兼表证发热恶寒，或寒热往来加柴胡、荆芥、防风解表和营。

本证因体质强弱、邪毒种类的差异，病情较复杂，且演变迅速，故当随症调治：

若高热不退，烦渴引饮，腹痛拒按，恶露秽臭如脓，大便燥结不通，甚则全腹满痛，神昏谵语，舌紫暗，苔黄燥，脉滑数者，此热毒在里，壅结不解，方用大黄牡丹汤（《金匮要略》）加红藤、败酱清泄里热、急下存阴。

若高热不退，汗出不止，烦渴引饮，脉虚大而数者，此阳明热盛伤津，方用白虎加人参汤（《伤寒论》）清热除烦、益气生津。

若寒战高热，烦躁不安，汗出不止，斑疹隐隐，舌质红绛，脉细数者，此邪毒内陷营血，急宜清营解毒、泻热凉血，用清营汤（《温病条辨》）加丹皮、蒲公英、紫花地丁。

若高热持续不退、神昏谵语、肢冷脉微而数者，以上方送服安宫牛黄丸或紫雪丹清心泻火、解毒开窍。

与以上同时选用大剂量广谱高效抗生素综合治疗，必须同时配合应用肾上腺皮质激素，提高机体应激能力；防止中毒性休克及肾功能衰竭的发生。

2．外感时邪型：

〔主要证候〕产后发热恶寒，头痛身楚，鼻塞流涕，喉痒咳嗽，痰清稀。苔薄白，脉浮紧。

〔证候分析〕产后正气虚弱，腠理不实，卫外不固，风寒外袭，正邪交争，则恶寒发热，头痛身楚。肺主皮毛，外邪侵袭首先犯肺，肺气失宣，窍道失利则鼻塞流涕，喉痒咳嗽，痰清稀。苔薄白，脉浮紧均为风寒束肺，未曾见化热之象。

〔治疗法则〕扶正解表、散寒宣肺。

〔方药举例〕参苏饮（《和剂局方》）加荆芥、当归、防风。

党参　茯苓　炙甘草　苏叶　葛根　桔梗　前胡　枳壳　半夏　生姜　木香　陈皮　大枣

方以党参、炙甘草、茯苓、木香、大枣补益中气；苏叶、葛根、荆芥、防风祛风解表，散寒解肌；陈皮、半夏、桔梗、前胡、枳壳宣肺化痰；生姜温肺散寒；当归养血和血；诸药相伍共达扶正解表、散寒宣肺之效。正气复、外寒解、肺气宣、营卫和，诸症自愈。

若外感风热，见发热头痛，汗出恶风，咽喉肿痛，口渴欲饮，咳嗽痰稠，苔薄黄，脉浮数者，当辛凉解表、清热宣肺，方用银翘散（《温病条辨》）加减。

银花　连翘　竹叶　荆芥　牛蒡子　豆豉　鲜韦根　薄荷　桔梗　生甘草

若感受暑热，产值盛夏，产妇突然头痛发热，心烦口渴，汗出气短，神疲乏力，舌红少津，脉虚数者，治当清暑益气、养阴生津，方选清暑益气汤（《温热经纬》）化裁。

西洋参　麦冬　石斛　知母　黄连　荷梗　竹叶　甘草　粳米　西瓜翠衣

3．血瘀型：

〔主要证候〕产后乍寒乍热，恶露不下或下亦甚少，色紫暗夹块，腹痛拒按。舌紫暗或有瘀斑点，脉弦涩或沉涩。

〔证候分析〕产后瘀血内阻，营卫失调，阴阳不和则乍寒乍热。瘀阻胞脉，气机不畅则腹痛拒按，恶露排泄不畅、色紫夹块。舌脉均为瘀滞之征。

〔治疗法则〕活血行瘀、解热和营。

〔方药举例〕桃红消瘀汤（《中医妇科治疗学》）加柴胡、荆芥、川芎。

桃仁　红花　当归尾　丹参　川牛膝　乳香　蕺菜

方以桃仁、红花、牛膝活血祛瘀；当归、川芎、丹参行气活血，养血化瘀；柴胡、荆芥、蕺菜解热和营，气行血畅，营卫调和则身热自退。

若因寒凝血瘀、腹部冷痛、畏寒肢冷加艾叶、炮姜或细辛、肉桂温经散寒，通经和脉。若因气滞血瘀，胁腹胀痛加香附、枳壳或延胡索、川楝行气化瘀，调畅气血。气虚血滞，心悸气短者，加人参、黄芪补气运血。

4. 血虚型：

〔主要证候〕产后低热绵绵，或头晕目眩，心悸少寐，或面色少华，小腹隐痛，喜揉按，或手足麻木，恶露色淡质稀。舌淡红、苔薄白，脉细数无力。

〔证候分析〕因产亡血伤津，阴血骤虚，阳无所依，浮散于外故见低热不退。血虚清窍失荣则头晕眼花，面色少华。血不养心则心悸少寐；胞脉失荣则腹痛隐隐，喜揉按。肌肤失濡则手足麻木（气虚则麻，血虚则木）。恶露色淡质薄，舌脉均为气血不足之象。

〔治疗法则〕补气养血、和营退热。

〔方药举例〕人参黄芪汤（《济阴纲目》）。

人参　黄芪　当归　白芍　阿胶　白术　艾叶

方中人参、黄芪、白术大补元气，气旺能生血；当归、白芍、阿胶补血养血；艾叶温胞脏、暖胞脉而止疼痛，气充血旺，脏腑得养、肌肤得荣，阴阳调和则诸症自除。

若头晕眼花较甚加枸杞子、山茱萸、珍珠母养精血，濡清窍。心悸少寐加酸枣仁、柏子仁、夜交藤养心安神。若见五心烦热，或颧红潮热，咽干口燥，舌红少苔者，加龟板、知母、地骨皮、白薇养阴清热。

【预防保健】

1. 加强摄身保健宣传，怀孕晚期避免性交与盆浴。

2. 加强营养增强体质，调节情绪，保持气充血畅。

3. 极早防治外阴阴道炎及宫颈炎等合并症。

4. 消毒产妇用物，正确掌握手术产指征，严格无菌操作。

5. 加强助产监护，产室寒温适宜，防止滞产、产道撕裂伤和产后出血。

6. 对产程较长或软产道创伤或出血较多者，给予预防性抗生素治疗。

【案例】

张某，女，16岁，教员。时值秋季，于产后第四天，因不慎寒暖，将息失宜，初觉形寒不适，体温不高，翌日即恶寒高热，无汗身楚，恶露减少，小腹切痛。自服姜糖水一大碗，并西药解热镇痛片，汗出热不解，晚间体温达40.6℃（腋下），家属急邀往诊，情词恳切。诊其体肤，炕熯蒸热，而不恶寒，颜面潮红，身半以上汗出如洗，口干频饮，便秘溲黄，舌质红，苔干黄，脉浮数有力。此风寒化热，内传气分，已成阳明经证，亟宜辛凉泻热，沃焚救涸。

处方：银花21g，生石膏30g（先煎），竹叶、芥穗各6g，花粉15g，白薇12g，党参9g，鲜石斛12g，当归9g，南红花4.5g，粉甘草6g，粳米一撮煎汤代水。

服1剂后，遍体透汗，形困神疲，沉沉入睡。次晨体温降至38.2℃，又一剂则府行两次，恶露增多，体温续降，大渴已减，腹痛顿除，惟头晕神疲、纳少、口干、自汗低热，脉见细数，此余热不解，阴液为伤，再进清热滋阴、养血益胃法。

处方：菊花（后下）、白薇、沙参、麦冬、玉竹、秦当归各 9g，银花 15g，竹叶 3g，红花 6g，炒建曲 15g，佛手片 4.5g，太子参、牡蛎（先煎）各 15g，予服 2 剂而愈，嘱进糜粥，"食养参之"。

（《哈荔田妇科医案医话选》）

自 学 指 导

1. 产后 10 天内口温连续两次达到或超过 38℃即可诊断为产后发热。类似现代医学的产褥感染。

2. 常见病因有邪毒感染、外感时邪，血瘀和血虚。其中邪毒感染病情危重，是产妇死亡四大原因之一。

3. 临证当抓住病势特点、审察致病原因，感染邪毒多有起病急、热势高、传变快、病情重等特点；容易发生神昏谵语，四肢厥冷，脉微而数等危候（病情发展可致脓毒血症及败血症；感染血栓脱落进入血循环可致脓毒血症；细菌大量进入血循环并繁殖形成败血症）。外感时邪，除暑热有发病急骤、传变迅速、易于耗气伤津、每多挟湿的特点外，余同内科感冒一致，不难辨别；只是用药照顾生理特点。血瘀多见乍寒乍热、小腹剧痛、拒按，恶露少而夹块等瘀滞体征。血虚以低热不退、不恶寒、病程长、病势轻及血虚体征为特点。

4. 治疗强调审证求因，据因论治，不可片面强调补虚或逐瘀。对感染邪毒，辨证准确后药要用够、量要用足，否则难达预期疗效；同时根据该证多为厌氧菌与需氧菌混合感染的特点，常首选广谱高效抗生素综合治疗，必要时可短期加用肾上腺糖皮质激素，以提高治疗效果。积极查找原发病灶，并进行病原体鉴定，对诊断和治疗极为重要。至于感受时邪、血瘀、血虚等型，注意祛邪不伤正、补虚不滞邪、滋补莫呆滞、时时顾护胃气，有利于气血的生化和乳汁的生成。

【参考文献摘要】

1.《邯郸遗稿》：产后大失血，阴血暴亡，必大发热，名曰阴虚发热，此阴字，正谓气血之阴，若以凉药正治必毙。正所谓症象白虎，误服白虎必死，此时偏不用四物汤何也？有形之物，不能速化几希之气，急用独参汤或当归补血汤，无形生出有形来，阳生阴长之妙，不可不知也。

2.《证治要诀》：产后诸病，有乍寒乍热，而亦有独热。然独热亦有三：恶血未下者，腹痛而发热；感外邪者，必有头痛恶风而发热；惟血虚者，但发热而无余证，名曰褥劳，宜血虚证用药。

3.《明医杂著》：凡妇人产后阴血虚，阳无所依，而浮散于外，故多发热。

4.《医学入门》：产后血虚发热，气虚恶寒，气血俱虚，发热恶寒，切不可发表。

5.《景岳全书》：产后发热有风寒外感而热者，有邪火内盛有热者，有水亏阴虚有热者，有因产劳倦虚烦而热者，有去血过多，头运闷乱烦热者，诸证不同，治当辨察。

6.《女科经纶》：引吴孟斋曰："新产后伤寒，不可轻易发汗。产时有伤力发热，有去血过多发热，有恶露不去发热，有 3 日蒸乳发热，有早起劳动、饮食停滞发热，状类伤寒，要在仔细详辨，切不可便发汗。大抵产后气血空虚，汗之则变筋惕肉瞤，或郁冒昏迷，或搐搦，或便秘，其害非轻。"

7.《沈氏女科辑要笺正》：新产发热，血虚而阳浮于外者居多，亦有头痛、此是虚阳升腾，不可误为冒寒，妄投发散，以煽其焰，此惟潜阳摄纳，则气火平而热自已。如其瘀露未尽，稍参宣通，亦即降泄之意，必不可过于滋填，反增其壅。感冒者，必有表证可辨，然亦不当妄事疏散。诸亡血象，不可发汗……惟和其营卫，慎其起居，而感邪亦能自解。

【复习思考题】

1. 产后发热的诊断有何要求？常见证型有哪些？
2. 产后发热各证型的发病特点及主要体征是什么？
3. 产后发热治疗当掌握什么原则？各型代表方药是什么？
4. 产后发热为什么应适时配合现代医学治疗？

〔邵福华〕

第七节　产后身痛

【自学时数】

3～4 学时。

产褥期内产妇肢体、关节疼痛、麻木、重着者，称为"产后身痛"，又称"产后关节痛"、"产后遍身痛"、"产后痛风"。本证与内科"痹证"相似，但因病起产后，因产耗气伤血，百脉空虚，气血失和，营卫失调，外邪乘虚入侵，留滞肌肉、筋脉及关节之间，致使气血阻滞、筋脉拘急或失养而痛，治疗及时多能痊愈，否则迁延日久，与痹证无异。

【病因病机】

产后身痛与气虚血滞，外感风寒湿邪密切相关，此外肾气虚弱、精血亏虚亦常致腰腿酸痛。

1. 气血虚弱：平素气血不足，因产失血耗气，更损气血，气血不足，百骸失养则四肢麻木酸痛；气虚血运迟缓，留滞肌肉筋脉则遍身疼痛；气血虚弱则肌肤麻木（气虚则麻，血虚则木）。

2. 瘀滞经遂：产后百节开张，复因寒凝气滞，恶露排泄不畅，留滞于经脉，日久不消，气血运行受阻，以致遍体肢节疼痛。

3. 外感"三气"：产后气血俱虚，营卫失调，腠理失固，若起居不慎，或贪凉薄衣，风、寒、湿三气乘虚侵入，客于肌肉，注于经络，留滞肢节，痹阻气血以致产后身痛。

4. 肾气亏损：肾为先天之本，主藏精气，若产妇平素肾虚，或房劳孕产过纵过频，势必耗损肾气，复因产失血（精血同源）重损其肾，肾气不足，精血亏虚，外府及筋脉失荣则腰背酸痛，腿软乏力，足跟疼痛等。

【诊治要点及预后】

1. 诊断：妇人在产褥期内发生肢体关节酸楚疼痛，肌肤麻木、重着者，即可诊为产后身痛（超过产褥期则按痹证论治）。

2. 检查：①病史：了解素体情况，孕产、产程情况、失血多少，有无贪凉薄衣，当风受寒现象，恶露排泄情况。②体检：病痛部位有无变形、肿胀及关节活动情况。③实验室检查：血常规、血钙、血沉、抗"O"、类风湿因子等。

3. 鉴别诊断：局部红肿热痛者，当与湿热痹证相鉴别。

4. 辨证要点：以疼痛性质及伴随体征为辨证依据，若肢节酸楚、麻木，伴面色少华、神疲乏力者，多属虚证；若痛如针刺或有定处，或局部青紫拒按者，多为瘀滞；若周身疼痛或紧困重着、或肿胀、恶寒发热者，多为外感"三气"；若腰背酸痛，或足跟痛难以任地者，多因肾气亏损。

5. 治疗原则：虚则补气养血，温经通络；实则养血化瘀、祛风散寒、除湿通络。遣方用药须照顾多虚多瘀的特点，补气养血时伍以理气通络，标本同治；活血化瘀当配养血扶正之品，免伤正气；祛风宜养血，散寒勿温燥，除湿勿分利过度；常规治疗效果不佳时，伍以补养肝肾、强筋壮骨之品，可提高治疗效果。

6. 预后：病痛持久不愈形成顽痹，可影响肢节功能。

【辨证论治】

1. 气血虚弱型：

〔主要证候〕产褥期中周身酸楚，肢体麻木，头晕心悸，气短懒言，面色无华或萎黄。舌淡苔薄，脉细无力。

〔证候分析〕平素体虚气血不足，因产气血俱伤、百骸失养，故见周身酸楚，肢体麻木。血虚心脑失养则头晕心悸。面部失荣则面色少华。中气不足则气短懒言。舌脉均为气血不足之征。

〔治疗法则〕补气养血，温通经络。

〔方药举例〕八珍汤（《证治准绳》）加黄芪、桂枝、鸡血藤、秦艽。

熟地黄　川芎　当归　芍药　人参　白术　茯苓　甘草

方中四君子补益中气，黄芪助四君子补气实卫；四物补血和血，濡养百骸；桂枝温通经脉；鸡血藤补血行血舒筋活络；秦艽祛风止痛。全方共达补气养血，温通经络之功，气血充足，经脉通畅，气血调和，百骸得养则诸症自愈。

若上肢痛甚者加防风、桑枝；下肢痛甚者加牛膝、木瓜。周身疼痛者加姜黄、海风藤、威灵仙；麻木肿胀者加苡仁、蚕沙。

2. 瘀滞经遂型：

〔主要证候〕产后关节疼痛，痛如锥刺、拒按，或痛处不移，按之痛甚，筋脉青紫，恶露量少，色暗有块，腹痛拒按。舌紫暗或瘀斑。脉沉弦或弦涩。

〔证候分析〕产后正虚卫外不固、寒邪内侵，血为寒凝，或因气滞血瘀，瘀阻肌肉、经络或骨节之间，气血壅滞不畅则肢节疼痛。瘀滞不散则痛处不移，或痛如针刺，或局部青紫。瘀结胞脉则腹痛拒按，恶露不畅，量少夹块。舌脉均为瘀阻脉络之象。

〔治疗法则〕养血活血，化瘀通络。

〔方药举例〕身痛逐瘀汤（《医林改错》）去地龙，加桂枝、炮姜。

当归　川芎　桃仁　红花　香附　牛膝　五灵脂　没药　羌活　秦艽　甘草　地龙

方中当归、川芎养血活血；桃仁、红花、牛膝活血化瘀；五灵脂、没药配川芎、香附行气化瘀止痛；桂枝、炮姜温经散寒，通络止痛；羌活、秦艽祛风散寒止痛；甘草调和诸药。诸药相伍气通血畅，瘀化痛止，自无病痛之虞。

若感寒较盛，疼痛剧烈，或冷痛不暖加细辛、川乌、草乌逐寒止痛。气机郁滞胀痛明显者加柴胡、郁金、延胡索理气开郁，行气止痛。

3．感受外邪型：

〔主要证候〕产后周身酸楚，项背不舒，屈伸不利，或肢体沉重强痛，或肢冷不温，疼痛剧烈，或痛处不移，遇冷痛剧。舌淡红，苔薄白，脉浮紧。

〔证候分析〕产后正虚摄身不慎，风、寒、湿三气乘虚内袭，客于肌肤则麻木重着。注于经络则周身酸痛，项背不舒。留滞关节则屈伸不利，活动受限。风邪为主则游走不定，寒邪为甚则疼痛剧烈，湿邪偏盛则肢体沉重或肿胀，寒湿为主则全身紧捆强痛，风寒为主则疼痛较剧而部位不定。舌脉均为外感邪气之征。

〔治疗法则〕养血祛风，散寒除湿。

〔方药举例〕独活寄生汤（《千金要方》）。

独活　桑寄生　秦艽　防风　细辛　川芎　当归　熟地　白芍　桂枝　茯苓　杜仲　人参　甘草　牛膝

方以四物汤养血和血；人参、茯苓、甘草益气固表；独活、秦艽、防风祛风除湿止痛；细辛、桂枝温经散寒止痛；杜仲、牛膝、桑寄生补益肝肾，强筋壮骨。诸药相配共达养血祛风、散寒除湿止痛之效。

4．肾气亏损型：

〔主要证候〕产褥期内，产妇腰背疼痛，腿软乏力，或足跟疼痛。舌淡红，苔薄白，脉沉细。

〔证候分析〕产妇平素肾气不足，孕产重虚其肾，肾虚精血不足、外府失荣则腰背酸痛。经脉失养则腿脚乏力，足难任地。舌脉均为肾虚之象。

〔治疗法则〕补肾益精，强腰壮骨。

〔方药举例〕养荣壮肾汤（《叶氏女科证治》）加熟地、山茱萸、肉苁蓉。

当归　川芎　独活　桑寄生　杜仲　续断　防风　肉桂　生姜

方以熟地、山茱萸、肉苁蓉补肾益精，强筋壮骨；桑寄生、杜仲、续断补肾气，壮筋骨；当归、川芎养血和血；独活、防风祛风胜湿止痛；肉桂、生姜温经散寒，温运血脉；诸药相伍可达补肾益精，强腰壮骨之效。

若病情较重可酌加鹿茸、锁阳、紫河车、淫羊藿之类补肾填精。

【预防保健】

1．提倡新法接生，做好产程监护，减少失血伤精。

2．注意摄身，穿戴适宜，避免外邪侵袭。

3．调节情志，禁忌房事，加强营养，促进健康。

4．一旦发病，争取早期彻底治疗。

【案例】

1．万某，女，32岁，初诊日期，1972年5月6日。产后四肢关节痛3个多月。

现病史：自产后20天因不慎受风，开始感觉四肢关节胀痛，局部发热肿胀，左半身麻木无力，左侧偏头痛头晕，气短恶风，口渴烦闷，大便干，小便黄。舌质红，苔薄黄，脉弦滑。

中医辨证：血虚受风，湿热阻络。

西医诊断：产后风湿热。

治法：养血宣痹，清热通络。

方用：当归 9g，川芎 6g，白芍、生地各 9g，金银花 30g，清风藤 9g，海风藤 15g，菊花、桑叶各 9g，生石膏 15g，知母 6g。

治疗经过：5 月 9 日药后，关节疼痛减轻，仍感全身发胀，上方加威灵仙、路路通、桑枝各 9g，继服。6 月 9 日药后身痛已减，脉缓，方药如下再服 3 剂后症状消除。

生石膏 15g，知母 9g，薏苡仁 15g，防风 9g，薏金银藤、桑枝各 30g，大豆卷 15g，追地风 9g，桑寄生、茯苓各 15g。

（《刘奉五妇科经验》）

2. 李某，女，30 岁，已婚，1972 年 10 月 7 日初诊。产后两月余，周身关节疼痛酸楚，下肢尤甚，遇冷加重，按摩则舒，四末凉麻，腰背酸软，头晕无力，心悸眠差，面色少华，舌淡苔白，脉沉细，此为产后血虚，筋脉失养，肝肾不足，复感外邪所致，治拟益气养血，温经散寒。

处方：绵黄芪 15g，秦当归、炒白芍、鸡血藤、川独活、怀牛膝各 12g，桂枝 6g，金毛狗脊、炒杜仲、桑寄生各 12g，威灵仙 9g，北防风、炙甘草各 4.5g，3 剂。

二诊：10 月 11 日，药后关节疼减，头晕肢麻亦轻，舌淡苔薄白，脉来沉细，前法已获效机，仍守原方出入。

上方去防风、桂枝，加党参 12g，鹿角片 9g。

三诊：10 月 18 日，上方共服 7 剂，身痛肢麻已止，惟感体倦乏力，心悸寐差，乳汁不多，舌脉如前。此邪去正虚，拟仍前法，兼予安神通乳之味。

处方：绵黄芪 15g，野党参 12g，秦当归 9g，杭白芍 12g，云茯苓、炒白术各 9g，鸡血藤、炒杜仲、桑寄生各 12g，川续断、鹿角片、路路通各 9g，炙甘草 4.5g，5 剂。

上方服药诸症均安，乳汁增多，嘱服丸剂以资巩固。每日上午服八珍益母丸 1 副，临睡前服人参归脾丸一副，连服 10 天。

（《哈荔田妇科医案医话选》）

自 学 指 导

1. 产后身痛必然是在产褥期内发病，因产后有多虚多瘀的生理特点，因而证型上可分为气血虚弱、瘀滞经遂、肾气亏损及外感"三气"等证。

2. 发病机制多为百骸失濡、经脉阻滞、精血不足外府失荣；外感"三气"的致病特征多为寒主收引以痛为主；湿则重浊黏滞以困重为主；风邪则以游走不定为特点。

3. 治疗当照顾生理特点，在调养气血、补益精气的基础上，稍佐祛邪通络即可；因而虚证当补气养血，补肾益精，佐以行血和血，祛风散寒，或除湿通络为法；即使是实证亦当佐以养血活血，扶正祛邪为宜；务使达到补虚不滞邪、祛邪不伤正，化瘀不伤血的最佳法度。

4. 因病生于产后的特定环境，以常法治疗效果不佳时，酌情配伍补养肝肾，强筋壮骨、或补气养血之品，可增强治疗作用。

【参考文献摘要】

1. 《当归堂医丛·产育保庆集》：产后百脉开张，血脉流走，遇气弱则经络分肉之间血多留滞，累日不散则骨节不利，筋脉引急，故腰背不能转侧，手脚不能动摇，身头痛也。

2. 《妇人良方大全》：产后遍身痛者，由气虚百节开张，血流骨节，以致肢体沉重不利，筋脉引急，发

· 203 ·

热头痛，宜用趁痛散治之。陈无择云：若兼感寒伤食，宜用五积散，若误作伤寒发汗则筋脉抽搐，手足厥冷则变为痉。当大补气血为主。

3.《沈氏女科辑要笺正》：此证多血虚、宜滋养；或有风寒湿三气杂至之痹，则养血为主，稍参宣络，不可峻投风药。

4.《叶天士女科》：产后遍身疼痛，因气血走动，升降失常，留滞于肢节间，筋脉引急，或手足拘急不能屈伸，故遍身肢节走痛，宜趁痛散。若瘀血不尽，流于遍身则肢节作痛，宜如神汤。

趁痛散：当归　白术　牛膝　黄芪　生姜　肉桂　独活　桑寄生　薤白

如神汤：当归　延胡索　桂心

【复习思考题】

1. 产后身痛与内科痹证有何区别？
2. 产后身痛的病因病机是什么？
3. 产后身痛各证型的治疗法则及代表方药是什么？
4. 产后身痛的预防保健应如何着手？

〔邵福华〕

第八节　产后小便频数与失禁

【自学时数】

3～4学时。

产后小便次数增多，甚或日达数十次者，称为"小便频数"。小便失约而自遗者，称"小便失禁"。产后小便频数与失禁虽然临床表现不同，但发病机制基本一致，多因脏腑功能失调，州都气化失常，或因产损伤胞腑所致，故合并论之。其中小便失禁类似于现代医学的产后尿失禁，或膀胱阴道瘘症。

【病因病机】

产后小便频数与失禁，大多为肺肾气虚，或脾肾气虚，膀胱气化制约功能失常所致，产伤胞腑，亦偶有之。

1. 气虚：产妇平素体弱，肺脾气虚，因产努挣耗伤中气，或产程过长失血过多，气随血耗，肺脾之气益虚，肺气虚不能通调，制约水道（上虚不能制下）；脾气虚则土不制水，水液直下，故令小便频数或失禁。

2. 肾虚：肾主开阖，职司二便，与膀胱互为表里，若产妇禀赋薄弱、肾气不足，或房劳孕产过纵耗伤肾气，复因生产耗伤元气，肾气虚则气化失常，开阖失司，气化制约失职，以致小便频数或失禁。

3. 产伤：多因产程过长，胎儿压迫膀胱过久，致使受压部位气血亏少，继而成瘘；或因手术不慎，损伤膀胱，形成瘘孔；膀胱储纳失职而致小便失禁。

【诊治要点及预后】

1. 诊断：产后小便次数增多，或不能约束小便而自遗者，即可诊为小便频数或失禁。

2. 详细检查软产道尤其是上段前壁有无撕裂伤，特别是细小的穿孔。小便常规检查。

3. 鉴别诊断：注意与内科淋证鉴别。辨证要点：①首先了解产程时间的长短，有无手术创伤及产后出血情况。②体质病史情况，然后结合兼证、舌脉，判明是虚而不摄，还是伤而失控。若伴神疲气短、小腹空坠、面色无华者，多属气虚；面色晦暗，腰膝酸痛，或形寒肢冷者，多肾气亏损；若于分娩后即有小便淋痛，尿挟血丝，继而小便失禁者，多因产伤膀胱。

4. 治疗原则：补气固摄为基本原则。或补气益肾，固脬缩尿，或补气养血，生肌敛脬。

5. 预后：长时间外阴潮湿不洁，易致湿热蕴结膀胱（逆性尿路感染），或致外阴湿疹、阴痒等。

【辨证论治】

1. 气虚型：

〔主要证候〕产后小便频数或失禁，尿液清亮，神疲气短，少气懒言，小腹空坠，面色少华。舌淡红，苔薄白，脉虚缓。

〔证候分析〕素体较差，中气不足，因产耗气伤津，以致肺脾气虚，上虚不能制下，膀胱失约，故令小便频数或失禁。肺脾气虚则神疲气短、少气懒言。中气下陷则小便空坠。气虚血少面部失荣则面色无华。舌脉均为气虚之征。

〔治疗法则〕补气益肾，固脬缩尿。

〔方药举例〕黄芪当归散（《医宗金鉴》）加益智仁、山茱萸。

人参　黄芪　当归　白术　芍药　甘草　猪尿脬

方以人参、黄芪、白术、甘草大补元气，以复制约之职；当归、白芍养血益阴；益智仁、山茱萸、猪尿脬补肾固脬。诸药相配共达补气益肾、固脬缩尿之效。

若兼畏寒肢冷、腰背酸痛者加补骨脂、巴戟天、肉桂温补肾气；小腹坠而胀者加柴胡、枳壳、台乌升阳举陷；尿时疼痛、尿中夹血者加炒蒲黄、白及、琥珀末化瘀止血。

2. 肾虚型：

〔主要证候〕产后小便频数，或失禁自遗，夜尿尤多，或头晕耳鸣，面色晦暗，或腰膝酸软，畏寒肢冷。舌淡嫩，苔白滑，脉沉迟无力。

〔证候分析〕素体肾虚，因孕产更虚其肾，肾主开阖、职司二便，肾虚关门不利，膀胱失约，故令小便频数，夜间尤甚，或失禁自遗。肾虚脑失所养则头晕耳鸣。外府失荣则腰膝酸软。阳虚生外寒，故见畏寒肢冷，面色晦暗。舌脉均为肾气不振之征。

〔治疗法则〕温补肾气，化气固脬。

〔方药举例〕巩堤丸（《景岳全书》）加山茱萸、桑螵蛸。

熟地　附子　山药　白术　菟丝子　五味子　补骨脂　茯苓　韭子　益智仁

方以制附子、补骨脂温补肾阳；熟地、菟丝子、韭子、山茱萸、北五味补肾气，益肾精；怀山药、白术、茯苓健脾益气；益智仁、桑螵蛸补肾缩尿。全方共达温补肾阳，气化膀胱，固摄小便之功。

3. 产伤型：

〔主要证候〕滞产或手术产后，小便失约，或从阴道漏出，尿时疼痛夹有血丝。舌正常，苔薄白，脉缓。

〔证候分析〕因滞产胎儿长时间压迫膀胱，致使膀胱瘀滞或缺血；或因手术助产不慎损伤膀胱，形成瘘孔；膀胱储尿失职，以致尿液失控，随阴道淋漓漏出，或夹血丝。舌脉正常。

〔治疗法则〕补气养血，生肌敛脬。

〔方药举例〕完脬饮（《傅青主女科》）。

人参　黄芪　白术　茯苓　当归　川芎　桃仁　红花　益母草　白及　猪、羊脬

方以人参、黄芪、白术、茯苓补气健脾；当归、川芎、桃仁、红花、益母草养血活血；气充血畅则可生肌补损，白及生肌止血敛创；猪、羊脬以脏补脏。诸药合用可达补气养血、生肌敛脬、缩尿止漏之功。

若创口较大者，当先修补缝合，再服药调理。

【预防保健】

1. 加强孕期监护：定期产前检查，对不适宜自然分娩者，早期确定分娩方式并做好准备。

2. 加强产程护理：及时有效正确处理异常现象，避免滞产及产创的发生。

3. 加强营养，增强体质，鼓励产妇尽早自解小便，自排有困难者可热敷膀胱，并肌内注射新斯的明 1mL，必要时也可导尿，但须给予抗生素预防感染。

【案例】

陈某，女，23 岁，天门人。患者头胎难产，连请旧式稳婆 13 人，最后一人用手取下死胎。从此小便不禁，饮一溲一，随饮随溲，仰卧在床，不敢反侧，所垫棉絮不够用，改用草纸。到此严重阶段，按照妇科书损伤尿脬之说，选用固脬散、补脬饮无效，后用大剂当归补血汤：绵黄芪 60g，当归 12g，加荔枝肉 30g，10 剂后改用党参 30g，炙黄芪 30g，鹿胶 18g，荔枝肉 10g，服 50 剂，痊愈后数年，生一男孩。

〔按〕产后小便不禁，朱丹溪谓损伤尿脬，其实是触伤膀胱括约肌，肌肉松弛，不能括约，是以小便不禁，从前固脬散，补脬饮是想当然之说，所以选用无效。

当归补血汤，五倍黄芪，当归一份，名曰补血，其实补气，补气即能生血，产后气血俱伤，尤其是括约肌直接受了影响，仗黄芪升补之力以补气益血，合荔枝肉以收缩括约肌之松弛，后加党参以增加补力，加鹿角胶直补督脉，必服至几十剂而始效者，以损伤太重之故，加以患者宿有胃病，还不敢加重黄芪之量。在初用此方时，嘱服百帖，而能服六十帖痊愈者，以患者年轻，故易恢复。

（刘武荣《妇科实践录》）

自　学　指　导

1. 产后小便异常的临床表现有三种形式：①小便完全不受约制，随时都有尿液漏出。②可以控制但尿次明显增多，甚者日达数十次。③膀胱尚有一定制约能力，小便有次数但欲便即便，稍缓则自遗，甚则无便欲即自遗。

2. 小便异常看起来是膀胱局部病变，实质上多数是全身病变反应在局部而已，肺为水之上源，通调水道，下输膀胱，若上虚不能制下则见小便异常；脾为中土、制水之脏，脾虚土不制水亦可见小便异常；肾为水脏、主开阖，司二便，与膀胱互为表里，膀胱正常功能的发挥依赖于肾的气化功能正常；因而对本证的治疗即要从整体出发，又要有针对性的调理，方能获得满意效果。

3. 常见病因有气虚、肾虚、产伤脬腑等，治疗以补气固脬为重点，只是脏腑虚损不同

而遣方用药有所侧重而已。或补益肺脾为主，或温补肾气为要，或补气养血为先，气充血畅则可生肌敛损，尿漏可愈。

4．因产损伤创口较大者，首当清创缝合，再行方药调理，即使伤口较小，药后疗效不佳时亦须清创缝合、促进愈合。

【参考文献摘要】

1．《诸病源候论》：因产用气伤于膀胱，而冷气入胞（脬）囊，胞（脬）囊缺漏不禁小便、故遗尿，多因产难所致……肾虚不能制水，故小便数；因产气虚……虚弱不能制其小便，故令数。

2．《妇人良方大全》：产后小便数者，乃气虚不能制故也。

3．《医学衷中参西录》：脾也者，原位于中焦，为水饮上达下输之枢机，枢机不旺则不待上达而即下输，此小便之所以不禁也。

【复习思考题】

1．产后小便异常的临床表现有哪些？

2．产后小便异常的病因病机及常见证型、代表方药是什么？

3．中医治疗膀胱创伤疗效满意吗？为什么？

〔邵福华〕

第九节　产后小便不通

【自学时数】

2～3 学时。

产后小便点滴而下、甚或闭塞不通，小便胀急疼痛者，称为"产后小便不通"。本病以尿液潴留膀胱不能自解，或仅点滴而下，小腹胀急疼痛为特征。相当于现代医学的产后尿潴留。多因难产，产程过长，或手术助产不慎所致。

【病因病机】

产后小便不通的主要病机为膀胱气化失常、或气化不利，以致小便蓄积过度，排泄功能不能正常发挥，病因以肺脾气虚，肾气虚损为常见，肝郁气滞及瘀热互结次之。

1．肺脾气虚：体质素弱，因产用力耗气，或因产失血过多气随血耗，以致肺脾气虚，通调失职，膀胱气化失利以致小便不通。

2．肾气虚损：禀赋不足、元气虚弱、孕产损伤肾气，肾气不振、气化失司，膀胱蓄而不泄，以致尿液潴留膀胱，不能自行排泄，致令小便不通。

3．肝郁气滞：素性抑郁，或产后情志不遂，气机阻滞，疏泄失常，升降失职，三焦决渎失职，膀胱气化不利，尿液内停不得自泄而病小便不通。

4．瘀热互结：产程不顺、久产不下，胎压膀胱时间过长，膀胱气血运行受阻，以致气血郁滞久而化热；或因素体阴虚，虚火移热膀胱；或过食辛热、邪热结于膀胱；瘀阻脬脉、

· 207 ·

热灼脬络，膀胱气化不利，致令小便不通。

【诊治要点及预后】

1．诊断：产褥期间小便不通，或点滴而下，小腹胀急疼痛者，即可诊为产后小便不通。

2．检查：小便常规，肾功能检查，膀胱充盈情况等。

3．鉴别诊断：与内科癃闭、淋证相鉴别。

4．辨证要点：辨证的关键在于首先弄清是否有尿液潴留，尿潴留的特征为小腹膨隆、胀急疼痛、压之痛甚、尿意强烈而排尿不出。然后结合全身情况，审证求因，找准致病因素，针对病因进行调治。

5．治疗原则：无论虚实均以小便不通为急，治当以"通利小便"为基本原则。虚则补气温阳，化气行水；实则清热化瘀、理气行水，达到小便通利为目的。

6．预后：长时间小便不通可致尿路感染，或影响肾功能，甚则导致肾功能衰竭。

【辨证论治】

1．肺脾气虚型：

〔主要证候〕产后小便不通或点滴不畅，小腹膨隆、胀急疼痛，精神委靡，气短懒言，面色无华。舌质淡，苔薄白，脉缓弱。

〔证候分析〕素体气虚，因产耗气以致肺脾气虚，不能通调水道，下输膀胱，膀胱气化不利则小便不通。尿液充盈膀胱过度则小腹膨隆、胀急疼痛。中气不振则精神委靡，气短懒言。气血亏虚面部失荣则面白少华。舌脉均为气虚之象。

〔治疗法则〕健脾补肺，化气行水。

〔方药举例〕补气通脬饮（《女科撮要》）合春泽汤（《证治要诀类方》）。

黄芪　麦冬　通草　人参　桂枝　泽泻　猪苓　茯苓　白术

方以人参、黄芪、白术补脾益肺，桂枝通阳化气，通草、猪苓、泽泻、茯苓甘淡利水，佐麦冬滋阴养液以防利水伤阴。诸药相伍共达补脾益肺、化气行水、通利小便之效。

小腹胀急较甚加枳壳、台乌、柴胡行气消胀，升阳降浊。

2．肾气虚损型：

〔主要证候〕产后小便不通，小腹胀急疼痛，坐卧不宁，腰膝酸软，面色晦暗。舌淡嫩，苔薄白，脉沉细无力，尺脉尤甚。

〔证候分析〕素体肾气不足，孕产耗损肾气，肾虚不能温煦膀胱、气化失职致令小便不通。脬中蓄尿过盛则小腹胀急疼痛。肾虚外府失荣则腰膝酸软。肾气不振则面色晦暗。舌脉均为肾气不振之征。

〔治疗法则〕补肾温阳，化气行水。

〔方药举例〕济生肾气丸（《济生方》）。

熟地　山药　茯苓　泽泻　丹皮　山茱萸　肉桂　附子　车前仁　川牛膝

方以熟地、怀山药、山茱萸补肾滋阴，附子、肉桂温元阳、补肾气，茯苓、泽泻、牛膝、车前仁利水通尿，丹皮泻肾中伏火。全方共奏温肾阳，益肾阴，助气化，通小便之效。

若神疲气短，小腹胀坠者，加黄芪、党参、柴胡、白术补气升阳、举陷。腰痛甚者，加续断、巴戟天、杜仲补肾壮腰。头晕耳鸣者，加鹿胶、菟丝子补肾益精。

3．肝郁气滞型：

〔主要证候〕产后小便不通，小腹胀急疼痛，精神抑郁，或胸胁胀痛，心烦不宁。舌苔正常，脉弦。

〔证候分析〕平素气机不畅，因产事不顺心，肝郁气滞，气机不畅，疏泄失常，膀胱气化不利则小便不通。尿液潴留不泄则小腹胀急疼痛。肝郁不舒，气郁不达则胸胁胀痛、烦闷不宁。脉弦乃气滞不舒之征。

〔治疗法则〕疏肝行滞，化气行水。

〔方药举例〕木通散（《妇科玉尺》）加柴胡、香附、瞿麦、萹蓄。

枳壳　槟榔　木通　滑石　冬葵子　甘草

方以柴胡、枳壳、香附、槟榔疏肝理气，调畅气机；木通、滑石、冬葵子通利小便；瞿麦、萹蓄清热活血而利小便。诸药相伍共达疏肝气、调气机、通水道、排小便之效。

4．瘀热互结型：

〔主要证候〕新产妇人小便不通，或淋沥不畅，尿道灼热疼痛，小腹胀满刺痛，乍寒乍热。舌红或有瘀斑，苔薄黄，脉弦数或弦涩。

〔证候分析〕产程过长，膀胱受压过久，气血运行受阻，瘀阻胞脉，膀胱气化不利则小便不通，或淋沥不畅。瘀久化热与湿浊蕴结则尿道灼热疼痛。瘀结与尿液滞留膀胱则小腹胀满刺痛。瘀血内阻，阴阳乖格则乍寒乍热。舌脉均为瘀热蕴结之征。

〔治疗法则〕活血祛瘀，清热利尿。

〔方药举例〕加味四物汤（《医宗金鉴》）。

地黄　白芍　当归　川芎　蒲黄　瞿麦　滑石　木通　牛膝　桃仁　木香　甘草

方以当归、川芎养血活血、止痛；桃仁、牛膝、蒲黄活血化瘀；地黄、白芍养血缓急；木通、瞿麦、滑石清瘀热，利小便；木香宣畅气机；甘草调和诸药。全方共达养血活血、清热化瘀、通利小便之效。

【预防保健】（参阅产后小便频数与失禁）

【案例】

张某，女，29岁，工人，某院邀诊。

产后12天，汗多而小便不行，曾多次行导尿术加针灸治疗，仍不能自行排尿。患者小腹胀满，精神软弱，脉细软，苔薄白。证属气虚津伤、阳虚不能敛汗行水，治拟扶元益气、生津敛汗，佐以温通利水。

处方：党参、麦冬各12g，黄芪24g，炙甘草5g，玉竹参30g，肉桂3g，泽泻9g，通天草15g，2剂。

服药后汗止，小便自行。

（《何子淮女科经验集》）

自 学 指 导

1．本病以新产妇为多见，临床表现多见小便排泄不畅，或点滴而下，或尿时灼热疼痛，甚或点滴不能排出，小腹膨隆、胀急疼痛等，与现代医学产后尿潴留相似。

2．小便不通有虚实之分，虚证以肺脾气虚（中气不足则溲便为之变），肾气虚损为主，实证以气机郁滞、瘀热互结为常见。

3．小便的正常排泄体现了膀胱的气化功能，但膀胱气化功能的正常发挥，离不开肺脾肾三脏功能的正常与协调，其中肾气的功能尤为重要。

4．治疗本证当以整体着眼，采用审证求因的办法，找准病因，针对病因调治，无论是补虚还是泻实，目的在于气化膀胱，通利小便，因而在针对病因治疗的基础上，尚须配伍通利之品以治其标，标本同治方能获得预期疗效。

5．尿液潴留过盛，胀急难受、疼痛难忍者可配合导尿方法，以缓其急；或用食盐炒热布包熨小腹；或加麝香填于脐中；或用葱泥填脐，以大艾炷灸至热气入腹；或针刺三阴交、阴陵泉、关元、中极等穴，以期暂缓其急。

【参考文献摘要】

1．《灵枢·灵兰秘典论》：膀胱者，州都之官，津液藏焉，气化则能出矣。

2．《陈素奄妇科补解》：产后小便不通，因肠胃挟热，产后血水俱下，津液燥竭，热结膀胱，故不通也。

3．《女科辑要笺正》：中州清阳之气下陷，反致膀胱窒塞不通，即所谓州都之气化不行者。

【复习思考题】

1．产后小便不通的临床表现有哪些？

2．产后小便不通的病因病机是什么？为什么虚实均可致小便不通？

3．产后小便不通的常见证型及代表方药是什么？

4．产后尿潴过盛、胀急难忍者，有何缓急方法？

〔邵福华〕

第十节　产后大便难

【自学时数】

3～4 学时。

产后饮食如常，大便数日不解，或解时艰涩疼痛、难以解出者，称为"产后大便难"，亦称"产后便秘"。

【病因病机】

产后便秘的常见病因有血虚津亏、肠道失润；中气不足、传导无力；虚火内炽、灼津耗液、津枯肠燥等。

1．血虚津亏：素体血虚、津液不足，因产失血耗液，或产后汗出过多，伤津耗液，以致亡血伤津，肠道失于濡润，无水舟停则大便燥结难解。

2．气虚失运：素体虚弱、中气不足，因产耗伤元气，气虚更甚，气虚则传送无力，肠道蠕动迟缓，大便运行滞涩，以致数日不解大便，解时困难、难以排出。

3．阴虚火旺：素体阴虚，因产水血俱下，阴液愈亏、阴虚则生内热，热灼阴津，津亏液少，肠道失润则大便艰涩难解。

4．阳明腑实：产时失血伤津，正气受损，产后脘腹骤然空虚，饮食失节伤于肠胃，食滞胃肠消磨不及，食积化热壅塞肠道，致令大便燥结难解。

【诊治要点及预后】

1. 诊断：产褥期内饮食正常，大便数日不解、解时艰涩疼痛、难以排出，或大便不坚但努挣难解，即可诊为产后大便难。

2. 鉴别诊断：注意与其他病证引起的便秘相鉴别，如肛裂、痔疮及直肠赘生物所致便秘，此类病人大多孕前即有便秘，只是产后有所加重，肛检及直肠纤维镜检可见阳性体征，以资鉴别。

3. 辨证要点：病因不同，体征有异，辨证当以大便的干燥程度，解便时的难易感受，腹部是否胀满疼痛为主，结合兼证舌脉，综合分析，据症求因。

4. 治疗原则：益气养血，滋阴润肠为基本原则。根据气血虚损程度，阴虚内热与阳明腑实的轻重，随证变通。值得注意的是病在产后，以虚证居多，不可妄投苦寒峻下之品，徒伤正气，变生他证。

5. 预后：大便停滞过久壅塞肠道，腑气不通除腹部胀满疼痛外，尚因浊气上逆而致口臭、口疮、牙龈肿痛、牙痛，或咽喉肿痛，脘闷恶心，心中懊恼，或致肛裂、痔疮等症的发生。

【辨证论治】

1. 血虚津亏型：

〔主要证候〕产后数日不解大便，解时干涩疼痛，腹部不甚胀痛，饮食正常，面色萎黄，心悸头晕。舌淡苔薄，脉细数。

〔证候分析〕素体营血不足，因产失血耗液，或产后汗出过多、亡血伤津、肠道失于濡润、无水舟停则大便滞涩难解。证非阳明里实故腹无胀痛。血虚心失所养则心悸。头面失荣则面色无华，头晕眼花。舌脉均为气血虚弱之征。

〔治疗法则〕养血润燥，滑肠通便。

〔方药举例〕益血润肠丸（《类证活人书》）加生首乌。

熟地　当归　阿胶珠　杏仁　火麻仁　肉苁蓉　橘红　苏子（可易为柏子仁）　炒枳壳　荆芥

方以熟地、当归、阿胶、生首乌养血润燥；火麻仁、杏仁、柏子仁、肉苁蓉滋肾滑肠；佐橘红、枳壳调气以助大便排泄。诸药相伍阴血得滋，肠道得润，粪便自然畅解。

若汗出气短，疲乏无力，脉虚细者，加党参、黄芪补气实卫；口干咽燥、舌红少津、脉细数，加生地、麦冬、玄参生津润燥；嗳腐厌食，脘腹胀闷兼见食滞者加山楂、莱菔子、鸡内金、健曲消食导滞。

2. 气虚失运型：

〔主要证候〕产后饮食如故，大便数日不解，时有便意，临厕努挣乏力，挣则汗出气短，大便不坚，便后疲乏尤甚。舌淡苔薄，脉缓弱。

〔证候分析〕素体虚弱，因产耗损元气，气虚更甚，气虚大肠传递无力，肠道蠕动迟缓，大便运行困难则数日不解，解则努挣难出，用力努挣气坠于下故见气短疲乏，气虚腠理不实则汗出。舌脉均为气虚之征。

〔治疗法则〕补气养血，润肠助运。

〔方药举例〕人参黄芪汤（《济阴纲目》）加火麻仁、郁李仁、蜂糖。

人参　黄芪　当归　芍药　白术　阿胶　艾叶（可去）

方以人参、黄芪、白术大补元气；当归、芍药、阿胶养血润肠；麻仁、郁李仁、蜂糖润肠通便。本方标本兼治，气盛则传送有力，精（津）血充沛则肠道得润，自无便难之虑。

若坠胀明显者，加柴胡、升麻升阳举陷；汗出气短较盛加浮小麦、五味子、党参固表敛汗；心悸失眠加柏子仁、炒枣仁、何首乌养心安神。

3．阴虚肠燥型：

〔主要证候〕产后饮食如常，大便数日不解，解时艰涩燥结难排，口干口渴，面赤唇红，五心烦热，小便黄少。舌质红，苔薄黄，脉细数。

〔证候分析〕素体阴虚，因产水血俱下，阴液愈亏，阴虚生内热，热灼津液，重伤阴津，肠道失于濡润则大便干结，艰涩难排。阴虚津不上承则口干渴。虚阳外越则面赤唇红，五心发热。阴虚内热则小便黄少。舌脉均属阴虚内热之征。

〔治疗法则〕滋阴清热，润肠通便。

〔方药举例〕两地汤（《傅青主女科》）加火麻仁、生首乌、知母。

熟地　地骨皮　玄参　麦冬　阿胶　白芍

方中地黄、芍药、阿胶滋阴养血；玄参、麦冬滋阴生津；地骨皮、知母、生首乌滋阴退热；麻仁配首乌、知母滑肠通便。诸药合用共达滋阴津而退虚热，润肠燥而通便结。

若咽干口躁，舌红少津较甚者加花粉、玉竹、石斛、瓜蒌仁生津润肠。

4．阴阳腑实型：

〔主要证候〕产后数日不解大便，脘腹胀满疼痛，矢气臭秽，口臭或嗳气，或口腔生疮，身有微热。舌质红，苔黄厚或黄燥，脉弦数或滑数有力。

〔证候分析〕因孕产正气已受其损，产后脘腹骤然空虚，饮食自倍胃肠受伤，气机被阻，传化不及蕴积化热，积热壅塞肠道以致大便难解。积滞壅塞、腑气难通则脘腹胀满疼痛。积久化腐则矢气秽臭。腑气不通，浊气上逆则口臭、嗳气或口腔溃疡。舌脉均为燥热内郁之象。

〔治疗法则〕通腑泻热，健脾养血。

〔方药举例〕玉烛散（《儒门事亲》）加莱菔子、山楂、木香、白术。

大黄　芒硝　甘草　当归　生地　白芍　川芎

方以调胃承气汤通腑泻热；四物汤养血补血；山楂、莱菔子、白术、木香消食导滞，健脾顺气；诸药共达通腑泻热、健脾养血之功。

积滞较盛，脘腹胀痛拒按者，加枳实、佛手、鸡内金行气导滞消胀，并节制饮食；心烦口臭，口舌生疮较重者，加栀子、丹皮、竹叶、连翘清热泻火、凉血解毒。

【预防保健】

1．严格按助产操作规程护理，减少失血伤津和耗损元气。

2．正常分娩应在24小时左右下床活动，促进肠蠕动，有利于大便排出。

3．素体阴虚或习惯性便秘者，应早期给予调理，并养成定时解便的习惯。

4．饮食宜清淡而富有营养，并有所节制，忌食辛辣香燥、刺激之品，有利于便秘的防治。

【案例】

1．蔡某，女，40岁，天门人。患者身体素弱，产后6日大便不行，隐隐腹痛，兼有寒热往来，咳嗽等候，曾服蓖麻油等无效。诊之，脉弦而细，舌质欠润，诊为血虚津伤，宜补血润肠。方药：柴胡、秦艽、当归、白芍、柏子仁、杏仁、桔梗、甘草、松子仁、火麻仁等。嘱另服蜂蜜麻油茶，服后，腑行即畅，寒热亦退。

（刘武荣《妇科实践录》）

2．一妇产后大便不通已八日，或用通利之药。中脘痛胀，不思饮食，又云通则不痛，痛则不通。乃用蜜煎导之，大便不禁，呃逆不食。余诊脉软微弦，此脾胃虚而初不传送，复受药伤，所以不能禁固也。呃逆不食，胃气垂亡，势甚危迫。遂以六君子汤，加吴萸、肉果、补骨脂、五味子，数剂。病幸获效，而身渐康。

（《徐灵胎先生医案全集》）

自 学 指 导

1．产后仅见大便排出不畅而无所苦者，勿需药治，可从食疗上加以考虑，如多食蔬菜瓜果，多进营养较好的汤液等，并适时下床活动，即可改善排便情况。

2．病以亡血伤津，无水舟停及气虚传送无力，肠道蠕动迟缓所致便秘为多见；气血亏虚兼阳明腑实的本虚标实证，亦偶见之；临证当详审其症。

3．治疗当益气养血、滋阴润肠为主，视其病因及标症的缓急，适当佐以清退虚热，或通腑泄热之品，但须中病即止，免生他证。

4．切实加强预防保健的宣传，尤为重要。

【参考文献摘要】

1．《诸病源候论》：肠胃本挟于热，因产又水血俱下，津液竭燥，肠胃否涩，热结肠胃。

2．《寿世保元》：产后大便不通，因去血过多，大肠干涸，或血虚火燥干涸，可不计其日期，饮食数多，以药通润之。必待腹满觉胀，自欲去下不能者，乃结在直肠，宜用猪胆汁润之。若服苦寒药润通，反伤中焦元气，或愈加难通，或通而泄不能止，必成败证。若属血虚火燥，用加味逍遥散。气血俱虚用八珍汤。慎不可用麻仁、杏仁、枳壳之类。

3．《医宗金鉴》：量其虚实通利导，血旺津回听自然。

4．《女科经纶》：自是元气受病，故戒不可以苦寒峻利再伤气血，渐至不救也。

【复习思考题】

1．产后大便难的临床表现有哪些？

2．产后大便难的主要病因病机及治疗原则是什么？

3．产后大便难各型代表方药是什么？用药须注意什么？

〔邵福华〕

第十一节　产后缺乳

【自学时数】

2～3学时。

产褥期内乳汁极少，甚或无乳者，称为"缺乳"，亦称"产后乳汁不行"、"无乳"等。乳汁为气血所化生，含丰富的营养物质，最适宜喂养婴儿，故加强缺乳的防治十分重要。

【病因病机】

妇人经水与乳汁均为气血所化生，气血源于脾胃水谷精微所化，气血充沛则乳汁充盈。乳房属胃、乳头属肝，肝气调达则乳道通畅。因而缺乳的病因病机以气血虚弱、化源不足；气机郁滞、乳道滞涩为主。

1．气血虚弱：素体虚弱，气血不足；因产失血耗气，气血愈亏；或因脾胃虚弱，摄纳不足，化源匮乏，乳化乏源以致乳汁甚少，或全无乳汁。

2．肝郁气滞：素性抑郁，或产后内伤七情，肝失疏泄，气机不畅，气血失调，经脉壅滞，乳道滞涩，乳运受阻，以致乳少或缺乳。

【诊治要点及预后】

1．诊断：哺乳期内乳汁甚少，或乳汁骤然减少，乃致全无者，即可判为缺乳。

2．检查：①新产妇注意排除乳头凹陷，乳头皲裂造成的哺乳困难，乳汁淤积不通。②排除先天性乳腺发育不良及乳房手术，乳络受损所致。

3．鉴别诊断：如乳痈常因乳汁淤滞不通，初期多有乳房胀硬疼痛，继则乳房红肿热痛，或恶寒发热，继而化脓成痈；缺乳则不伴乳房局部红肿热痛及恶寒发热等症。

4．辨证要点：缺乳的辨证以乳房有无胀痛，乳汁的稀稠程度为主要依据，结合全身症状，审病因，辨虚实。若乳房柔软，无胀无痛，乳汁少、质稀薄，面色少华，舌淡苔薄者，属气血虚弱，乳化乏源之虚证；若乳房胀硬，乳汁浓稠，胁胀叹息，脉弦者，属气机郁滞、乳道不通之实证。

5．治疗原则：治以补脾胃、滋化源；调气机、通乳络为基本原则。虚证在补气养血，充实乳源的同时，产妇宜多进富有营养的汤液，如豆浆、花生浆、猪蹄汤、肉骨汤及牛奶等，有助于乳汁的化生；实证在调畅气机、疏通乳络的同时，做好心理辅导工作，让产妇畅心悦志十分重要。同时鼓励产妇让婴儿吸吮乳头、按时哺乳、适当休息等均有助于缺乳的调治。

【辨证论治】

1．气血虚弱型：

〔主要证候〕产后乳少，甚或全无，乳汁清稀，乳房柔软，无胀痛感，面色少华，神疲气短；或纳少便溏；或头晕心悸。舌淡苔薄，脉细弱。

〔证候分析〕气血虚弱、乳汁化源不足，乳脉空虚、乳房难以充盈则乳房柔软。化源匮征则乳下甚少或全无，且乳质稀薄。气虚不振则纳少便溏，神疲气短。血虚不能上荣则头晕心悸，面色无华。舌脉均属气血不足之征。

〔治疗法则〕补气养血，化乳通络。

〔方药举例〕通乳丹（《傅青主女科》）。

人参　生黄芪　当归　麦冬　桔梗　木通（通草）　七孔猪蹄

方以人参、黄芪大补元气；黄芪配当归补气生血；当归、麦冬养血滋阴；通草宣通乳络；猪蹄补血生乳；桔梗载诸药上行。全方共达补气养血、化乳通络之功。

若食少便溏者加淮山药、芡实、茯苓、白术健脾运湿；头晕心悸加白芍、制首乌、阿胶、熟地补血养心柔肝；口干口渴，舌红少津者加生地、玉竹、花粉、沙参、石斛类养阴生津；胸胁胀闷、叹息不舒者加橘叶、佛手、丝瓜络理气通络止痛。

2．肝郁气滞型：

〔主要证候〕产后乳汁涩少，质浓稠，甚或乳汁不下，乳房胀硬或胀痛，情志抑郁，胸闷不舒，时叹息或噫气，食欲不振，或身有微热。舌苔薄黄，脉弦细或弦数。

〔证候分析〕肝主疏泄，性喜条达，其经脉布胸胁，产后七情内伤，情志抑郁，气机不调，乳络不畅，则乳汁淤积不下。乳汁壅积于内则乳房发胀或作痛，乳汁涩少稠浊。气郁不宣则情志不舒，胸胁不快，叹息则气郁稍缓而胸闷稍舒。木郁克土则食欲不振。乳汁蕴结，壅而化热则身有微热。舌脉均为气机郁滞，或有化热之征。

〔治疗法则〕疏肝解郁，通络下乳。

〔方药举例〕下乳涌泉散（《清太医院配方》）。

熟地　当归　白芍　川芎　柴胡　青皮　通草　花粉　漏芦　白芷　甲珠　王不留行桔梗　甘草

方以柴胡、青皮疏肝解郁；当归、白芍、川芎养血行血；地黄、花粉养血滋液；甲珠、王不留行、漏芦通络下乳；桔梗、通草宣通乳络；白芷消肿止痛；甘草调和诸药。全方共达疏肝解郁、通络下乳之功。

若乳房胀痛、微热加全瓜蒌、蒲公英、夏枯草清热解毒、散结止痛；乳房胀痛较甚者加橘络、丝瓜络、香附、路路通行气通络、下乳消胀。

【预防保健】

1．孕前调治：素体虚弱者，宜加强营养，多喝汤水并辅中药调补气血；素性抑郁者，宜调节情志，克服忧虑，加强性情修养，务使气机调畅、气血调和；乳腺发育不良者，应尽早调治。

2．孕期保健：孕后应加强营养、纠正贫血；脾胃功能不健，或恶阻反应较重者，及时调理、务使脾胃健运，化源充沛；宽心悦志、情绪开朗，有利于气血调畅和乳汁的化生；乳头凹陷者，宜常牵提乳头，穿着宽松，有利乳房发育和纠正乳头位置。

3．产后调摄：饮食宜营养丰富，多饮营养汤液，但不宜过于滋腻或过量；睡眠要充足，哺乳宜定时，劳逸应适度，穿着宜宽松，避免紧张和焦虑，均有利于乳汁的化生和乳房的盈虚有时。

【案例】

1．李某，女，24岁，农民，第二胎产后10余天，气郁中阻，乳汁突然不下，乳胀胸闷，治宜疏肝解郁通乳。

处方：当归、瓜蒌各12g，橘络、漏芦各6g，路路通10枚，通草5g，八月扎、郁金各9g，柴胡3g，蒲公英15g，3剂。

复诊：气郁得舒，乳胀消失，乳汁也下。原方加减：当归、茯苓、川断、狗脊各12g，羊乳30g，八月扎9g，橘络、炙甘草各6g。

（《何子淮女科经验集》）

2．丘某，女，29岁，干部，1975年9月4日初诊。

本人自述：产后14天，乳汁稀少。患者两侧乳房柔软，无胀感，心悸气短，面色苍白无华。诊之舌淡红，舌苔薄白，脉细弱。

治法：补气养血，通络催乳，用益气通乳汤。

处方：党参、黄芪、王不留行各15g，当归、麦冬、穿山甲、天花粉各10g，陈皮4g，通草 3g，共 3 剂。

二诊：服上方 3 剂后，乳房有胀感，乳汁增多，心悸气短减轻。再服 3 剂，乳汁如常。

（《中医妇科临床经验选》）

自学指导

1．缺乳与产妇禀赋体质及性情修养关系密切，因而以气血虚弱、乳化乏源；肝郁气滞、乳道不通为主要病因病机。临证以乳汁的稀稠、乳房的软硬程度作为辨证的主要依据；结合伴见的体征辨别虚实，并非难事。

2．治疗虚证当补充化源（补气养血），备足乳源为主，佐以通络下乳，并适当配合食疗，有助于乳汁的化生；实证当疏调气机，畅通乳道为主，气机调、乳络畅则乳汁自下，但开导、劝解工作必不可少。

3．产妇当注意休息，定时哺乳，避免过度紧张和焦虑。

4．个别产妇与过度肥胖、痰气壅阻乳络有关。注意饮食有节，调畅情志。

【参考文献摘要】

1．《三因极一病证方论》：产妇有二种乳脉不行，有气血盛而壅闭不行者，有血虚气弱涩而不行者，虚者补之，盛则疏之。盛者当用通草、漏芦、土瓜根辈；虚者当用钟乳、猪蹄、鲫鱼之属，概可见矣。

2．《妇人良方大全》：妇人乳汁乃气血所化，若元气虚弱则生子乳汁短少。

3．《陈素庵妇科补解》：乳头属厥阴，乳房属阳明，乳汁少则手少阴、手太阳二经血也。若乳汁不行，多属血虚，而兼忧怒所伤。若乳少，全属脾胃虚而饮食减少之故……至于产后乳少，大补气血则胃气平复，胃旺则水谷之精以生新血，血充则乳自足……

4．《格致余论》：乳子之母，不知调养，怒气所逆、郁闷所遏、厚味所酿，以致厥阴之气不行，故窍不得通而汁不得出。

5．《叶天士女科》：若气血虚而乳少者，或产时去血过多，或产前有病，以及贫苦之妇，仆婢下人产后失于调理，血脉枯槁，或年至四十气血渐衰，往往无乳。

6．《傅青主女科》：少壮之妇于生产之后，或闻丈夫之嫌，或听翁姑之谇，遂致两乳胀满疼痛，乳汁不通，人以为阳明之火热也，谁知是肝气之郁结乎。

【复习思考题】

1．缺乳的主要病因病机是什么？

2．治疗缺乳的基本原则是什么？常见证型及代表方药有哪些？

3．缺乳除药物调治外尚须配合什么治疗？

4．产妇的生活调摄应注意什么？

〔邵福华〕

第十二节　乳汁自出

【自学时数】

2～3 学时。

哺乳期间，乳汁不经婴儿吸吮而自然流出者，称为"乳汁自出"。亦称"漏乳"或"乳汁自涌"。若产妇身体壮实，气壮血充，乳汁过盛而自溢者，或因故不能及时哺乳，乳汁胀盛而自流者，或在断奶之时乳汁较丰，一时难断而自出者，均属正常现象，不作病论。

【病因病机】

乳汁由气血津液所化生，气血津液的盛衰取决于胃气的强弱，脾胃气盛则气血充沛，乳汁的化生也就充盈，气盛则固摄有力，乳汁不致自出，反之，气虚摄纳失职则乳汁自溢。此外，乳头属肝，肝主疏泄，司调节，肝热则疏泄太过，乳道失控则乳汁自出。因此本证的主要病因病机为气虚固摄失职或肝热疏泄太过。

1. 气虚失摄：平素脾胃较弱中气不足，因产耗损元气，或饮食劳倦损伤脾胃，中气不足，胃气失固，摄纳失职，则乳汁随化随出而病乳汁自出。

2. 肝经郁热：肝主藏血，性喜条达，职司疏泄，其经脉布胸胁、乳头，若情志抑郁、肝气不舒、郁而化火，或怒火伤肝、肝火亢盛，肝热则疏泄太过，乳道失控而乳汁自流。

【诊治要点及预后】

1. 诊断：哺乳期内，产妇不能约束乳汁，未经吸吮而自然流出者，即可判为乳汁自出。

2. 检查：乳头点状溢乳渗湿衣衫，扪之乳房柔软，或胀硬不适。

3. 鉴别诊断：

（1）生理性溢乳：未按时哺乳，乳汁过盛；或断奶之时乳汁尚盛而自流；或身体健壮化乳过盛而自出；其他无不适者，不属病态。

（2）闭经溢乳综合征：停止哺乳半年后仍长期持续溢乳，并伴闭经者；或在非孕期见有乳样液体溢出而伴闭经者。

（3）乳泣：妊娠期间乳汁自然溢出者。

4. 辨证要点：本证以溢乳量的多少，质的稀稠及乳房的柔软与胀硬程度为主要依据，结合兼证、舌脉分辨虚实。乳汁自溢，量少质稀，乳房柔软，伴气血不足体征者，属气虚不摄；乳汁自流，质稠，乳房胀硬不适，伴气郁化火之象者，属肝经郁热。

5. 治疗原则：证有虚实，治有补泄。虚者补而摄之，实者泄而敛之。对于非哺乳期的溢乳，虽不属本病范畴，但应积极配合检查，明确诊断，尽早治疗，以防他变。

6. 预后：本病因乳汁不能很好储蓄，乳房不能充盈，以致乳汁过少。

【辨证论治】

1. 气虚不摄型：

〔主要证候〕乳汁自出，量少质稀薄，乳房柔软，无胀感，神疲气短，面色少华。舌淡苔薄，脉缓弱。

〔证候分析〕产后气血虚弱，气虚固摄失职则乳汁自溢。气虚则血少、乳汁化源不足则量少而稀薄。乳汁随化随出、乳房储存不多则乳房柔软而无胀感。气虚血少则神疲气短，面色少华。舌脉均为气血不足之征。

〔治疗法则〕补气摄乳。

〔方药举例〕补中益气汤（《脾胃论》）加五味子、山茱萸、芡实。

人参　黄芪　白术　陈皮　当归身　柴胡　升麻　炙甘草

方中重用人参、黄芪大补元气；白术、陈皮、芡实、炙草健脾益气；归身配黄芪补气生血；五味子、山茱萸、芡实涩精气而敛乳汁；升麻、柴胡可去而不用。诸药相伍气盛则固摄有权，乳溢可止。

精血亏损较甚，见头晕眼花，心悸失眠，面色苍白者，加熟地、白芍、龟胶、鹿胶、阿胶类补血填精。若食少便溏者，加砂仁、怀山药、莲米、茯苓健脾益胃。

2. 肝经郁热型：

〔主要证候〕哺乳期中乳汁自出，量较多、质浓稠，乳房胀硬，烦躁易怒，或胸胁胀痛，或口苦咽干，大便秘结。舌质红，苔薄黄，脉弦数。

〔证候分析〕气郁化火，肝火内炽，疏泄太过则乳汁自出而量较多。火热之邪灼伤津液则乳汁浓稠。肝失条达，气滞不宣，气机不畅则胸胁、乳房胀硬。肝阴不足，肝体失柔则烦躁易怒。胆附于肝，肝胆郁热，胆气上逆则口苦口干。郁火伤津则大便秘结。舌脉均为肝火内郁之征。

〔治疗法则〕疏肝解郁，清热敛乳。

〔方药举例〕丹栀逍遥散（《女科撮要》）去生姜、薄荷，加夏枯草、牡蛎、生地黄、橘叶。

丹皮　栀子　柴胡　白术　当归　芍药　茯苓　甘草　生姜　薄荷

方以柴胡、橘叶疏肝解郁，散结消肿；当归、白芍、生地养肝血，柔肝体，敛肝阴；丹皮、栀子、夏枯草清肝泻火；生牡蛎平肝敛乳；白术、茯苓、甘草健脾益胃，扶土抑木。诸药相伍，肝气得舒、肝火得泻、肝体得柔、肝阴得敛，疏泄有度则乳溢自敛。

若乳房胀硬较甚、疼痛较著者，加蒲公英、瓜蒌、连翘、白芷、漏芦清热散结止痛；若乳房红肿疼痛，扪及结块，按乳痈论治。

【预防保健】

1. 孕期调理：脾胃虚弱中气不足者，宜健脾益气；中虚受纳不佳者，宜健脾益胃，补充化源，务使气充血旺；性情抑郁，气机不畅者，宜加强心理调治，辅以药疗，务使气机调畅、气血调和。

2. 加强生育知识的普及宣传，定期产检，确定分娩方式，合理助产，避免过度耗损元气及精血。

3. 产后调养：饮食宜清淡而富有营养，合理休息，避免操劳过度耗伤中气；保持心情舒畅，避免气郁不伸，郁而化火；衣着宜宽松，避免挤压刺激。

【案例】

陈某，女，22岁，保育员，门诊号4822，1965年7月7日初诊。

初产3天起乳汁自动外流，至今已一月余，医治无效。诊时乳房柔软，纳食正常，二便自如，据述腰痛如折、俯仰艰难，乳胀即出，流净为止。脉象细弱，舌质淡红，苔薄白。方用熟地黄、怀山药、山萸肉、党参、炙黄芪、五味子、川续断、炒杜仲、生白芍各9g，炙甘草4.5g，服3剂，即告痊愈。

历来对乳出一证，均责之于气血虚弱，阳明胃气不固；或由肝经郁热，怒火上冲所致。今患者素患腰痛，肾气本亏，产后气血虚弱，中气不足，致乳汁不摄，故用熟地、山萸、山药、五味、续断、杜仲以补肾固摄，党参、黄芪、甘草以健补中气；又因兼有作胀，故佐白芍酸苦敛阴，养血平肝。但奏效如此之速，实非预料。

（《浙江中医杂志》1965年11月）

乳汁为气血所化生，属体内津液之一，乳汁的储存与排泄，同样受脏腑功能的统摄与调节功能的制约。乳房属足阳明胃，阳明乃多气多血之腑，中气盛则固摄有权有责，不致自溢。乳头为足厥阴所主，乳头为泄乳的必经之道，乳络通畅与否，受肝气的疏泄与调节功能的影响，肝气调畅则疏泄有度，调节有常则乳汁蓄溢有度。可见脾胃功能健全，不但乳汁化源充足，而且固摄有权，自无溢乳之证。肝气冲和条达则疏泄有度，若肝热内郁则疏泄太过，乳汁自流无约。因而治疗本病重在恢复气的固摄、制约，肝的疏泄与调节功能，气盛肝调则自无溢乳之虑。

【参考文献摘要】

1.《妇人良方大全》：产后乳汁自出，乃胃气虚，宜服补药止之。若乳多满痛，用温帛熨之；未产而乳自出，谓之乳泣，生子多不育。

2.《景岳全书》：产后乳汁自出，乃阳明胃气不固，当分有火、无火而治之，无火而泄不止，由气虚也，宜八珍汤、十全大补汤；若阳明血热而溢者，宜保阴煎或四君子加栀子；若肝经怒火上冲，乳胀而溢者，宜加减一阴煎；若乳多胀痛而溢者，宜温帛熨而散之；若未产而乳自出者，以胎元薄弱、滋溉不全而然，谓之乳泣，生子多不育。

3.《医宗金鉴》：产后乳汁暴涌不止者，乃气血大虚，宜十全大补汤，倍人参、黄芪。

4.《胎产心法》：肝经怒火上冲，乳胀而溢。

【复习思考题】

1．哪些乳汁自出属正常现象？

2．乳汁自出的病因病机是什么？

3．乳汁自出常见证型及代表方药是什么？

4．乳汁自出的预防保健当从哪些方面考虑？

〔邵福华〕

第十三节　产后自汗、盗汗

【自学时数】

3～4 学时。

产后汗出过多，持续不止者，称为"产后自汗"。产妇寐中汗出湿衣，醒来即止者，称为"产后盗汗"。二者均属产后"三急"证之一。新产妇气血骤虚，阴阳平衡失调，气虚卫外不固，腠理不密；阴血骤虚，阳易浮散，热迫液泄，故见汗出较平时为多，尤其是在活动、进餐，或睡眠时为甚，但无特殊不适，数日后气血渐复，营卫调和，褥汗渐止者，属正常生理现象，不作病论。

【病因病机】

产后自汗、盗汗的主要病因病机是产后亡血伤阴，元气耗散，气虚卫外不固，腠理不密则自汗；阴虚内热，迫津外泄，多为盗汗。

1. 气虚自汗：产妇素体虚弱、中气不足，复因产失血耗气，气虚益甚，卫外不固，腠理不密，津液外泄而自汗不止。

2. 阴虚盗汗：产妇营血素弱，因产失血伤阴，阴血愈亏，阴虚生内热，寐时阳乘阴分，迫液外泄，或阴虚阳无所依，虚阳外越，液随阳泄而为盗汗。

【诊治要点及预后】

1. 诊断：产后白天汗出过多，静亦不止，动则湿衣；或虽汗出不多但持续不止者，诊为产后自汗。若在寐中汗出溱溱，甚则通身如浴，醒来即止者，诊为产后盗汗。

2. 鉴别诊断：产在酷暑之季，感受暑邪，骤然高热汗出，口渴心烦，或神昏嗜睡，甚则抽搐等；相似之处在于汗出过多，不同点在于产后自汗无高热及神志症状。

3. 辨证要点：根据汗出的时间，伴随的兼证、舌脉，分辨其气虚、阴虚之别。气虚自汗多在白天汗出过多，伴见恶风，体倦乏力，气短懒言，或面色少华，舌淡脉弱等；阴虚盗汗多以寐中汗出为主，伴见口干咽躁，两颧潮红，五心烦热，或头晕耳鸣，腰膝酸软，舌红少苔，脉细数。

4. 治疗原则：补虚敛汗为基本原则。气虚则补气养血、固表敛汗；阴虚则滋阴养液、潜阳敛汗。

5. 预后：汗为心液，血汗同源，夺汗者伤血，若汗出如油如珠，至颈而还，多致亡阳之证。"头汗阴虚阳上越，周身大汗是亡阳"。

【辨证论治】

1. 气虚自汗型：

〔主要证候〕产后汗出较多持续不止，动则尤甚，畏冷恶风，体倦乏力，气短懒言，语声低怯，面色少华。舌淡苔白，脉虚弱。

〔证候分析〕平素体虚，因产失血耗气，气虚益盛，卫外不固，腠理空虚则汗液自出。表虚则恶风畏冷。气虚不振则体倦乏力，气短懒言，语声低怯。气虚血少肌肤失荣则面色少华。舌脉均为气血不足之象。

〔治疗法则〕补气养血，固表敛汗。

〔方药举例〕黄芪汤（《济阴纲目》）加人参。

黄芪　防风　白术　熟地　茯苓　炙甘草　大枣　煅牡蛎　麦冬

方中以人参、黄芪大补元气；白术、茯苓、炙甘草健脾益气，实表固汗；熟地、大枣、麦冬补血养液；牡蛎收涩敛汗；防风达表，助黄芪、白术益气实卫，以御风邪。诸药合用元气足、表卫实、腠理密则汗出自止。

若低热恶风加桂枝、白芍和营实表。若汗出肢冷，或纳少便溏加炮姜、桂心、附子温中扶阳，血虚较甚者加山茱萸、阿胶、当归滋养阴血以敛汗。

2. 阴虚盗汗型：

〔主要证候〕产后寐中汗出较多，甚或通身如浴，醒来渐止，口干咽燥，两颧潮红；或头晕耳鸣；或五心烦热；或腰膝酸软。舌红少苔，脉细数。

〔证候分析〕因产失血耗液，营阴不足，阴虚则生内热，入睡后阳入于阴，迫津外泄而为盗汗。醒后阳出于阴以充腠理、实皮毛，故盗汗渐收。阴虚津不上呈则口干咽燥。阴不敛阳，虚阳浮越则两颧潮红，五心烦热。阴损及于肝肾则头晕耳鸣，腰膝酸软。舌脉均为阴虚内热之征。

〔治疗法则〕益气养阴，潜阳敛汗。

〔方药举例〕生脉散（《内外伤辨惑论》）合两地汤（《傅青主女科》）加煅牡蛎、浮小麦、山茱萸。

人参　麦冬　五味　地骨皮　地黄　玄参　麦冬　阿胶　白芍

本证乃阴精亏损，虚阳内扰所致，故方以人参益气生津；麦冬、地黄、玄参、白芍、阿胶滋阴养血；五味、牡蛎、山茱萸、浮小麦滋阴精、潜虚阳、敛虚汗；地骨皮退虚热。诸药相伍，阴精得滋，虚阳得潜，阴液得敛，自无盗汗之虑。

若大便干结者，加制首乌、蜂糖、桑葚、黑芝麻滋阴补血、润肠通便。口干咽燥较甚加石斛、沙参、花粉、乌梅、酸甘化阴、生津止渴。

【预防保健】

1．孕期保健：平素体质较差者，应早期给予针对性调理，或补气养血，或滋阴养液，并加强营养，或辅以食疗，以资增强体质。

2．产程护理：加强产程监护、防止滞产、产创及产后大出血的发生。

3．产后调摄：注意休息、勿过操劳，加强营养、但勿辛燥；注意通风保暖，勤换衣衫，保持干爽清洁；积极调治产后病证。

【案例】

陆某，女，24岁，已婚，工人。1959年冬季，第一胎产后，流血过多，体虚自汗，胸闷头眩，肢体酸楚，夜寐不安，乃来就诊。

初诊（11月12日）：产后第25朝，恶露未净，自汗，睡不能安，乳水缺少，头眩神疲，脉象虚细，舌质绛、苔薄。证属新产伤血，阴虚阳越，治宜养血固表。

炒当归、黄芪各10g，五味子4.5g，炒阿胶10g，白术、白芍各6g，枸杞子10g，陈皮6g，通草4.5g，浮小麦10g，糯稻根12g。

二诊（11月14日）：服药后自汗减轻，恶露亦止，夜寐尚安，刻有胸脘不宽，腰膝酸软，治宜补气益血，调和阴阳。

潞党参2.4g，黄芪、远志肉各9g，麦冬、炒当归各6g，大熟地9g，砂仁2.4g，嫩桑枝、木瓜各9g，白芍、通草各6g，炙甘草2.4g，上方服后自汗已止。

（《老中医临床经验选》）

自 学 指 导

1．产后汗证属产后"三急"证之一，以虚为共性，气虚则卫外不固，腠理不密；阴虚则虚阳内扰，迫津外泄。因而治以补为法，或补气固表以敛汗，或滋阴潜阳以敛汗。不可专以收涩敛汗之剂，恐碍恶露及乳汁的排泄。

2．汗乃心液所化，为心所主，故有"血汗同源"之说。古人有"夺血者无汗，夺汗者无血"的告诫，本病虽只分气虚、阴虚两证，但气与血同生共存，气无血不载，血无气不运，气旺能生血，血虚气亦耗，精血津液同属阴的范畴，精血同源，阴津不足可致血虚，因而临床应灵活理解各型的含义，在方药的选择上常常顾及其他，意义即在于此。

3．汗出过多、过久，严重耗伤气血津液，筋脉失于濡养可致痉证的发生。若但见头汗出，至颈而还，甚则汗出如油如珠者，谨防亡阳证的发生，宜独参汤，或参附汤，或参附龙牡汤类回阳固脱为宜。

【参考文献摘要】

1．《诸病源候论》：凡产后皆血虚，故多汗，因之遇风则变为痉，纵不成痉，则虚乏短气，身体柴瘦，唇口干燥，久变经水断绝，津液竭故也。

2．《妇人良方大全》：产后汗出不止者，皆由阳气骤虚，腠理不密而津液妄泄也。

3．《医宗金鉴》：产后出血过多则阴虚，阴虚则阳盛。若微微自汗，是营卫调和，故虽汗无妨。若周身无汗，独头汗出者，乃阴虚阳气上越之象也。若头身俱大汗不止，则恐有亡阳之虑也。

【复习思考题】

1．产后自汗、盗汗的含义有何不同？

2．产后自汗、盗汗常见病因病机及各型代表方药是什么？

3．治疗自汗、盗汗为什么要兼顾精血津液？

4．产后自汗、盗汗病情发展会引发什么危候？

〔邵福华〕

【目的要求】

1. 了解妇科杂病讨论的范围及常见杂病的概念。
2. 熟悉癥瘕、脏躁、阴挺下脱等常见杂病的病因病机及辨证论治。
3. 掌握不孕症、阴痒等常见杂病的病因病机及辨证论治。

【自学总时数】

19～27 学时。

凡不属经、带、胎、产疾病范畴之内，而与女性解剖、生理特点有密切关系的一类疾病，称为妇科杂病，它包括癥瘕、不孕症、脏躁、阴挺下脱、阴痒、阴疮诸疾。

第一节　癥　瘕

【自学时数】

5～7 学时。

妇女小腹内有结块，或胀，或满，或痛，称为癥瘕。癥与瘕其病性质有所不同。癥者，坚硬成块，固定不移，痛有定处。瘕者，聚散无常，推之可移，痛无定处。如《诸病源候论》十九卷《癥瘕论》所说"癥瘕者……其病不动者，其名为癥，若病虽有癥瘕而可推移者，名为瘕"。大抵癥属血病，瘕属气病。

【病因病机】

多因脏腑功能失调，气机阻滞，瘀血内停所起。张景岳对本病病因认识更为全面，不仅因寒所伤，且与七情密切相关，如其曰："瘀血留滞作癥，惟妇人有之，其证则或由经期，或由产后，凡内伤生冷，或外受风寒，或恚怒伤肝，气逆而血留；或忧思伤脾，气虚而血滞，或积劳积弱，气弱而不行，总由血动之时，余血未净，而一有所逆，则留滞日积，而渐以成癥矣。"故癥瘕多与经期、产后机体正气不足或胞脉血虚之时，感受病邪有关。临床常见有气滞、血瘀、痰湿、湿热四种证型。

1. 气滞：七情内伤，肝气郁结，气血运行不畅，阻于胞宫，滞于小腹，结块而成癥瘕。

2．血瘀：经期、产后胞脉空虚，风寒乘虚侵入，凝滞气血。或余血未净之际，房事不节，精血相搏，瘀血内滞下腹，积而成癥瘕。如《女科经纶》引大全云："妇人之病，有异于丈夫者，或因产后血虚受寒，或因经水往来取冷过度，非独因饮食失节，多挟血气所成也。……此为胞中有恶血，久则积成血癥。"

3．痰湿：素体脾虚，或饮食不节，或劳倦忧思伤脾，以致脾虚失运，水湿不化，聚湿成痰，痰湿内阻胞络，与气血相搏，积而成癥瘕。

4．湿热：经期、产后胞脉空虚，或因洗涤用具不洁，或因手术消毒不严，或余血未净，房事所伤，感染湿热毒邪乘虚内犯与气血相搏，结于胞脉，而成癥瘕。

【诊治要点及预后】

1．长期情志不遂，精神抑郁，或经期、产后曾感受外邪。

2．小腹疼痛，满胀，出血或月经紊乱，白带异常。

3．癥与瘕，按其病变性质来说是不同的。癥者，有形可征，坚硬不移，痛有定处，多属血病；瘕者，聚散无常，推之可移，痛无定处，多属气病。但就其临床所见，每有先因气聚，日久则血瘀成癥。因此，两者不能截然分开，前人每以癥瘕并称。常伴月经失常，或带下增多。

4．本病重在辨其在气、在血。病在血者，宜破瘀散结；病在气者，以理气行滞为主。但在具体治法上，应注意患者体质强弱，病程长短，邪毒轻重，灵活运用祛邪与扶正的方法。如病属新起，邪气虽盛而正气未伤者，则宜先攻后补；如病程较长，正虚邪实，宜先补后攻，或攻补兼施，并需遵循"衰其大半而止"的原则，不可猛攻，以损伤元气。

5．此外，须结合妇科及其他有关检查。

6．恶性癥瘕或癥瘕恶变易危及生命。

7．本病宜早诊断，早治疗。必要时采取中西结合治疗，可获良效。

【辨证论治】

1．气滞型：

〔主要证候〕积块不坚，推之可移，或上或下，时聚时散，痛无定处，小腹胀满，胸闷不舒，精神抑郁，月经不调。舌苔薄白，脉沉弦。

〔证候分析〕此乃气滞成痰，故虽有积块不坚，推之可移，时聚时散，或上或下。气滞则痛，气散痛止，故痛无定处。情志不舒，肝失条达，气机不畅故小腹胀满，胸闷不舒，精神抑郁。肝失疏泄，则月经不调。舌脉为气滞之征。

〔治疗原则〕理气行滞，软坚散结。

〔方药举例〕香棱丸（《济生方》）。

木香　丁香　三棱　莪术　枳壳　青皮　川楝子　小茴香

方中以木香、丁香、枳壳、小茴香行气导滞；青皮、川楝子疏肝理气止痛，配三棱破血中之郁气，莪术逐气分之血滞，以助行气导滞之功。气机调顺而郁滞消散则积块自除。

2．血瘀型：

〔主要证候〕积块坚硬，固定不移，疼痛拒按，面色晦暗，肌肤乏润，月经延后量少，色暗有块，或经闭不潮。舌质紫暗，脉沉涩。

〔证候分析〕瘀血内滞积而成癥，故积块坚硬，固定不移，痛而拒按。脉络为瘀血所阻，血行失常，上不能荣于面，外不能荣于肌肤，故面色晦暗，肌肤不润。瘀阻冲任，经血失于调畅，血海不充，故月经延后量少，色暗有块。甚则瘀血内阻，冲任不通，而致经闭不潮。舌质紫暗，脉沉涩为血瘀之征。

〔治疗原则〕活血化瘀，消癥散结。

〔方药举例〕桂枝茯苓丸(《金匮要略》)。

桂枝 茯苓 丹皮 赤芍 桃仁

方中桂枝温经行滞、通阳散寒；丹皮、桃仁活血化瘀；赤芍行血中之滞；茯苓益脾渗湿。全方共奏活血化瘀，消癥散结之效。

若积块坚牢者，酌加鳖甲、穿山甲；痛甚者加延胡索、姜黄、莪术；小腹有冷感加炮姜、小茴香；月经过多，或崩漏不止，酌加三七粉、炒蒲黄、血余炭。

若血瘀甚者，兼肌肤甲错，可选用大黄䗪虫丸（《金匮要略》）。

大黄 黄芩 甘草 桃仁 郁李仁 芍药 干地黄 干漆 虻虫 蛴螬 䗪虫，共为细末炼蜜为丸，小绿豆大，酒饮服五丸，日3次。

全方重在取其虫类，搜剔脉络，祛瘀消癥。

3．痰湿型：

〔主要证候〕小腹内结块或柔软不坚，推之可移；小腹胀满，或有胸脘满闷，恶心欲吐，倦怠纳差，或见带下量多，色白质稠而黏，或经期延后量少，甚至闭而不行。舌质淡胖，苔白腻，脉弦滑。

〔证候分析〕此证乃痰湿阻滞冲任，积而成痰，故小腹内结块，柔软不坚，推之可移。痰湿阻滞气机，郁遏小腹，故小腹胀满。痰湿内停，脾失健运，则倦怠纳差。痰湿中阻则胸脘满闷，恶心欲吐。痰湿下注，则带下量多，色白质黏稠。痰湿阻滞胞宫则月经后期量少，甚至经闭。舌脉为痰湿之象。

〔治疗原则〕导痰消积，软坚化瘀。

〔方药举例〕加味导痰丸(《中医妇科治疗学》)。

荆半夏 茯苓 陈皮 甘草 枳实 川芎 生姜 青皮 鳖甲

方中半夏、茯苓、陈皮化痰除湿，枳实、青皮行气导滞，川芎、鳖甲化瘀软坚，甘草、生姜和胃降逆，全方共奏导痰消积，化瘀之效。

4．湿热型：

〔主要证候〕小腹及腰骶疼痛而胀，少腹包块，带下量多，色黄臭秽，可伴有经期延长，量多，经期腹痛加重，溺黄。舌红，苔黄腻，脉弦滑数。

〔证候分析〕湿热积聚，蓄久成毒，阻滞冲任，气滞血瘀，结成癥瘕，故见少腹包块，小腹及腰骶疼痛而胀。湿热蕴结，损伤任、带二脉，任脉不固，带脉失约，湿浊下注，故带下量多，色黄臭秽。热扰冲任，迫血妄行，又瘀血阻滞，血不归经，故见经期延长，月经量多。湿阻气机，又瘀血内停，经脉不畅，故行经期间腹痛加重。湿热下注膀胱，气化不利，则溺黄。舌红，苔黄腻，脉弦滑数，为湿热为患之征。

〔治疗原则〕清热利湿，化瘀散结。

〔方药举例〕银甲丸(《中医妇科学》)。

银花 连翘 升麻 红藤 蒲公英 紫花地丁 大青叶 椿根皮 茵陈 生蒲黄 琥珀 生鳖甲 桔梗

方中银花、连翘、蒲公英、紫花地丁、红藤、大青叶、升麻等清热解毒；茵陈、椿根皮清热除湿，鳖甲、生蒲黄、琥珀活血化瘀，软坚散结；桔梗清热排秽。全方共奏清热解毒除湿、化瘀散结之效。若小腹胀痛甚加川楝、乌药、香附。

癥瘕病证，若积块体大质坚或在治疗过程中发现积块长大迅速或出现"恶候"诸象，应及时配合相应检查手段，以尽快明确诊断，临床处理以中西医结合施治为宜。

【预防保健】

1．保持精神愉快。

2．积极治疗月经失调。

3．经期、产后胞脉空虚，忌过食生冷、游泳、盆浴。余血未净之际忌房事。

4．凡生育年龄的妇女，应定期做妇科检查，以利早期发现，早诊断，早治疗。

【案例】

吕某，36岁，干部，1963年6月初诊。

主诉：月经量多，有大血块，伴有腹痛。每次月经用纸3～4包。曾分娩4次，末次分娩在6年前，既往有高血压病史。

妇科检查：外阴正常，阴道通畅，子宫颈中度糜烂，子宫体如妊娠两月大小，质硬，双侧宫角突出，附件阴性，宫腔9cm。经诊断刮宫，病理报告为：增生期子宫内膜，有轻度增生现象。患者要求保守治疗。脉和缓，两尺沉细，舌质红，苔薄白。

治则：活血化瘀，通经活络。

方药：桂枝茯苓汤加味。

桂枝9g，茯苓、桃仁各15g，赤芍12g，丹皮、酒大黄各9g，鳖甲12g，水煎服，每月12～18剂，月经量多时服血净饮。连服3个月，月经基本恢复正常，经定期检查，子宫无增大。1973年6月患者断经，妇科检查，子宫如妊娠40天大小，无其他发现。

血净饮组成：白术15g，黄芪30g，龙骨15g，牡蛎18g，生地、海螵蛸各12g，茜草9g，川断12g。

〔按〕此案属于瘀血阻滞，瘀久结块成癥瘕，瘀血阻滞，气机不利，不通则痛，故小腹痛。瘀久化热，热迫血行，故月经量多有血块。从舌脉看，虽有气血不足，但患者体质尚佳，正气尚盛，故立活血化瘀，通经活络之法，选用桂枝茯苓汤加味，连服3个月而收效明显。

（《中西医结合治疗常见妇科疾病案》）

自 学 指 导

1．妇人癥瘕，其病变多在小腹盆腔以内，从现今临床看，本病可能包括急、慢性盆腔炎、子宫内膜异位和子宫肌瘤等。而其病机总缘气血为病，然有因湿热下注、困阻气机者，有因寒湿凝滞而瘀血内阻者，有因七情内伤、气逆血滞而致者，临证并非单纯以气滞或血瘀而辨。

2．发生在绝经后妇女，或产后、流产后妇女的小腹积块伴阴道出血者，应警惕恶性肿瘤（宫体癌、绒癌等），治疗过程中包块迅速增大者，也应注意是否有恶变可能，当配合检查，明确诊断，以免贻误病机。

3．慢性盆腔炎癥结型可在口服中药同时，配合中药保留灌肠，常用药物如红藤、败酱草、蒲公英、鸭跖草、紫花地丁等。

4．本病治疗过程较长，若遇经行、孕期或产后，遣方用药需小心谨慎，行气导滞，活血化瘀之剂属慎忌之列，当根据具体情况灵活处理。

【参考文献摘要】

1．《济阴纲目》：李氏曰："善治癥瘕者，调其气而破其血，消其食而豁其痰，衰其大半而止，不可猛攻峻施，以伤元气。宁扶脾胃正气，待其自化，此开郁正元散之由名也，愈后宜小乌鸡丸、八珍汤、交加地黄丸调之。"

2．《景岳全书·妇人规》：瘀血留滞作癥，惟妇人有之其证，则或由经期，或由产后，凡内伤生冷，或外受风寒，或恚怒伤肝，气逆而血留，或忧思伤脾，气虚而血滞，或积劳积弱，气弱而不行，总由血动之时，余血未净，而一有所逆，则留滞日积，而渐成癥矣。

3．《医学入门》：癥者坚而不走，瘕者坚而能移……瘕比癥稍轻，其为病所以异于男子者，皆因疾发及经水时，或饮食生冷，以致脾虚，与脏气相结，或七情气郁生痰，皆必挟瘀血而后成形。要知癥瘕、疝癖、石瘕、肠覃、食癥、血瘕、食瘕，种种不一，尽皆痞块之异名耳。

4．《医宗金鉴·妇科心法要诀》：凡治诸癥积，宜先审身形之壮弱，病势之缓急而治之。如人虚，则气血衰弱，不任攻伐，病势虽盛当先扶正气，而后治其病；若形证俱实，宜先攻其病也。经云：大积大聚，衰其大半而止。盖恐过于攻伐，伤其气血也。

【复习思考题】

1．癥瘕的病因病机是什么？
2．癥瘕的临床证型有哪些？
3．癥瘕的治疗应注意的方面有哪些？

〔齐素珍〕

第二节　不孕症

【自学时数】

5～7学时。

凡生育年龄的妇女，配偶生殖功能正常，婚后夫妇同居2年以上，未避孕而未怀孕者；或曾有孕育，未避孕而又2年以上未再怀孕者，称为不孕症。前者称为原发性不孕，古称"全不产"、"无子"；后者称为继发性不孕，古人称为"断绪"。不孕症有男女双方的原因，本节讨论女性不孕症。凡属女性先天生理缺陷和畸形的不孕，中医所指的"五不女"，即螺、纹、鼓、角、脉五种，除脉之外，均非药物治疗所能奏效的，不属本节讨论范围。

【病因病机】

男女双方在肾气盛、天癸至、任通冲盛的条件下，女子月事以时下，男子精气溢泻，两性相合，方可受孕。若因先后天致病因素导致脏腑功能失调、气血失和、致冲任二脉不相资，胞宫不能摄精成孕。临床常见有肾虚、肝郁、痰湿、血瘀四种证型。

1．肾虚：先天肾气不足，精血亏虚；或房事不节，损伤肾气；冲任虚衰，胞脉失养，不能摄精成孕。如《圣济总录》云："妇人所以无子者，冲任不足，肾气虚寒也……肾气虚寒，不能系胞，故令无子。"此乃先天肾气不足所致。

2．肝郁：情志不畅、肝气郁结、疏泄失常、气血不和、冲任不相资，以致不能摄精成孕。正如陈士铎《辨证录》中曰："妇人有怀抱素恶，不能生子，乃肝气之郁结也。"

3．痰湿：素体肥胖，多痰多湿；或恣食膏粱厚味，痰湿内生；气机不畅，胞脉受阻，不能摄精成孕。《丹溪心法》说："若是肥盛妇人，禀受甚厚。恣于酒食之人，经水不调，不能成孕，谓之躯脂满溢，闭塞子宫。"

4．血瘀：经期产后余血未净之际，因调摄失宜，湿热毒邪乘虚直中阴中、胞中，湿阻气机，热灼阴血终致血行不畅成瘀。血气失和，胞脉阻滞，胞宫不宁不能摄精成孕。

【诊治要点及预后】

1．必须首先排除男方所致不孕因素，方可确诊。

2．排除因先天性生殖道发育异常而致不孕，如"五不女。"

3．因病理性不孕者，多伴见月经不调，或痛经，或闭经，有异常胎产、曾患结核及情志所伤的病史。其治法当分虚实，虚者宜温肾填精，实者宜疏肝解郁，化痰除湿。

4．不孕症多有月经不调，故陈修园说："妇人天子，皆经水不调"，又论："种子之法，却在调经之中"。因此中医治疗不孕重在调经，月经正常，自然易于受孕。如丹溪云："求子之道，莫如调经。"

【辨证论治】

1．肾虚型：

〔主要证候〕婚久不孕，月经不调，经量时多时少，头晕耳鸣，腰膝酸软，或畏寒腹冷，性欲淡漠，小便频数。或五心烦热，失眠，盗汗。舌质淡嫩或红，苔白而润或无苔，脉沉迟或细数。

〔证候分析〕肾阳不足、命门火衰、冲任气虚、胞宫虚寒不能摄精成孕。或肾阴不足、内热血枯、冲任失养、胞宫干涩不能摄精成孕，故婚后久不孕。因肾虚精血不足，冲任失调，血海失司，故月经不调，量时多时少。肾主骨生髓，腰为肾之府，肾虚失养，故腰膝酸软。髓海不足，则头晕耳鸣。若肾阳不足，命门火衰，故畏寒腹冷，性欲淡漠，小便频数，舌质淡嫩，苔白而润，脉沉迟。若肾阴不足，虚热内生，故五心烦热，失眠，盗汗，舌红无苔，脉细数。

〔治疗原则〕补肾养血，滋养冲任。

〔方药举例〕毓麟珠（《景岳全书》）加紫河车、丹参、香附。

人参　白术　茯苓　白芍　川芎　炙甘草　当归　熟地　菟丝子　杜仲　鹿角霜　川椒，共为末，炼蜜为丸。

方中以人参大补元气，合白术、茯苓、炙甘草健脾而助气血生化。白芍、川芎、当归、熟地补血以化肾精。菟丝子、杜仲、鹿角霜、紫河车益精养血温肾。佐川椒温督脉以扶阳，丹参、香附理气和血以调冲任。全方共奏补肾健脾、益精养血、滋养冲任之效。

若腰痛如折、小腹冷甚，加巴戟、补骨脂、仙茅、仙灵脾，若五心烦热、失眠、盗汗、口燥咽干，加知母、龟板、丹皮、女贞子、枸杞。

2．肝郁型：

〔主要证候〕多年不孕，月经先后无定期，经来腹痛，经行不畅，经前乳房、胸胁胀痛，精神抑郁，烦躁易怒。舌质正常，脉弦。

〔证候分析〕情志不舒，则肝失条达，气血失调，冲任不能相滋，故胞宫不能摄精成孕。肝气郁滞，血海蓄溢失常，故月经先后无定期。气郁胞脉不利，故经来腹痛，经行不畅。肝郁气滞，故经前乳房、胸胁胀痛。气郁化火，则烦躁易怒。脉弦为肝郁之征。

〔治疗原则〕疏肝解郁，养血健脾。

〔方药举例〕开郁种玉汤（《傅青主妇科》）。

当归　白术　白芍　茯苓　丹皮　香附　花粉

方中当归、白芍养血以柔肝；白术、茯苓健脾以滋生血之源；香附调气解郁；丹皮凉血活血，花粉生津清热。共奏养血健脾而达解郁之效。

若胸胁胀满甚者去白术加青皮、玫瑰花、绿萼梅；若经前乳胀有块，经行则消，加王不留行、橘叶、路路通；若多梦不寐，加枣仁、柏仁、夜交藤。

3. 痰湿型：

〔主要证候〕婚久不孕，形体肥胖，经行延后量少，色淡甚或闭经。带下量多，色白质黏稠，面色苍白，头晕心悸，胸闷泛恶。苔白腻，脉滑。

〔证候分析〕形体肥胖是本型的特征。痰湿壅塞胞中，冲任二脉不能相资，胞宫不能摄精成孕。痰湿阻滞，胞脉不利，故月经延后，量少色淡，甚而闭经。痰湿中阻清阳不升，故面色苍白，头晕。痰湿停于心胸，则心悸，胸闷泛恶。湿浊下注，故带下量多，色白质黏稠。苔白腻，脉滑为痰湿内蕴之征。

〔治疗法则〕燥湿化痰，通利冲任。

〔方药举例〕启宫丸（《经验方》）加海藻、昆布、石菖蒲。

制半夏　苍术　香附　神曲　茯苓　陈皮　川芎

方中半夏、苍术、茯苓、陈皮燥湿化痰；石菖蒲芳香化湿；海藻、昆布软坚化痰；神曲健脾消滞；香附、川芎理气和血。组方共奏燥湿化痰、通利之效。

若小腹冷加鹿角片、艾叶。若心悸怔忡加远志。

4. 血瘀型：

〔主要证候〕多年不孕，月经后期量少，色暗有瘀块，小腹或少腹刺痛，临经痛甚，块出痛减。舌质紫暗或边有瘀点，脉弦涩。

〔证候分析〕瘀血阻滞，血气失和，胞宫不能摄精成孕，血瘀气滞，故月经延后，量少色暗有瘀块，小腹或少腹刺痛，临经痛甚，块出痛减，脉皆为血瘀之征。

〔治疗原则〕化瘀理气，温经通络。

〔方药举例〕少腹逐瘀汤（《医林改错》）加丹参、香附。

小茴　干姜　延胡索　没药　当归　川芎　官桂　赤芍　蒲黄　五灵脂

方中当归、川芎、丹参活血化瘀，延胡索、蒲黄、没药、五灵脂化瘀止痛，香附、小茴行气，干姜、官桂温通血脉以逐瘀，全方共奏化瘀理气、温经通络之效。若气虚加党参、阿胶；胸胁胀痛加柴胡、郁金、青皮；若口干、便秘、经血紫红、质稠、舌红、脉数去干姜、官桂，加生地、黄芩、玄参；若带下量多加茯苓、泽泻。

【预防保健】

1. 平素不过食生冷。

2. 注意经期卫生，防止产后邪毒感染。

3．情志舒畅，房事有节，起居有常。

【案例】

孙某，女，32 岁。初诊日期：1971 年 11 月 23 日。

主诉：结婚 8 年不孕。平素月经错后 10 多天，量中等，色黑，经前乳房发胀，有时腰发凉。妇科检查：子宫偏小，舌质正常，苔薄白，脉弦滑。

治则：舒肝解郁，养血调经。

方药：当归、白芍各 9g，川芎、枳壳各 6g，木香、羌活各 3g，益母草 18g，柴胡、吴茱萸各 6g，肉桂 3g。

本方服用 15 剂后即受孕，足月顺产 1 男孩。

〔按〕本例属于肝郁气滞、气血失调，肝藏血，喜条达，与月经密切相关。若因情志不舒，肝失调达，气血失调，冲任不相资，故不能孕。肝郁气滞、血行不畅、瘀阻胞脉，故月经延后，色黑。气机不利，则经前乳房发胀。阳气不得通，故时有腰腹发凉，脉弦滑为肝郁气滞，气血失调之象。故立舒肝解郁，养血调经之法，选得生丹加吴茱萸、肉桂以温经暖宫，药后得以受孕。

(《刘奉五妇科经验》)

自 学 指 导

1．本节主要讨论不孕症的临床表现、病因病机及其辨证论治。而辨证治疗是本节的重点内容。

2．受孕在于男女双方。在女子，必须肾气盛，天癸至，冲任盛，月事以时下；在男子必须肾气盛，天癸至，精气溢泻，此时阴阳和，方能有子。《灵枢·决气篇》又云："两神相搏，合而成形。"由此可知，"肾气盛"是受孕的根本条件。

3．不孕症多由月经不调发展而来，有月经期、量、色、质的改变。

4．辨证主要依据月经的变化、带下病的轻重程度、全身状况及舌脉进行综合分析，以分清虚实。

5．不孕症的治法以补肾、益精血、养冲任、调月经为总原则。但由于证有虚实，且虚者又有阴阳之异，实者亦有肝郁、痰湿、血瘀之别；又有虚中夹实者，当细审。

【参考文献摘要】

1．《校注妇人良方》：窃谓妇人之不孕，亦有因六淫七情之邪，有伤冲任，或宿痰淹留，传遗脏腑，或子宫虚冷，或气旺血衰，或血中伏热，又有脾胃虚损，不能营养冲任。审此，更当察其男子之形气虚实何如，有肾虚精弱，不能融育成胎者，有禀赋微弱，气血虚损者，有嗜欲无度，阴精衰惫者，各当求其源而治之。

2．《医宗金鉴》：女子不孕之故，由伤其任冲也。经曰：女子二七而天癸至，任脉通，太冲脉盛，月事以时下，故能有子。若为三阴之邪伤其冲任之脉，则有月经不调，赤白带下、经漏、经崩等病生焉。或因宿血积于胞中，新血不能成孕，或因胞寒胞热，不能摄精成孕，或因体盛痰多，脂膜壅胞中而不孕。皆当细审其因，按证调治，自能有子也。

3．《证治准绳》引娄氏曰："胎前之道，始于求子。求子之法，莫先调经。每见妇人之无子者，其经必或前或后，或多或少，或将行作痛，或行后作痛，或紫或黑，或淡或凝而不调，不调则血气乖争不能成孕矣。详夫不调之由，其或前或后，及行后作痛者，虚也。其少而淡者血虚也，多者气虚也，其将行作痛，及凝块不散者，滞也。紫黑色者，滞而挟热也。治法血虚者，四物。气虚者，四物加参芪。滞者，香附、缩砂、木香、槟榔、桃仁、玄胡。滞久而成瘕者，吐之下之。脉证热者，四物加芩连。脉证寒者，四物加桂附，及紫石英之类是也。直至积去滞行、虚回，然后血气和平，能孕子也。予每治经不调者，只一味香附末，醋为丸服之，亦百发百中也。"

【复习思考题】

1. 导致女性不孕的原因有哪些？
2. 寻找不孕的病因，应从哪些方面入手？
3. 列举不孕症的常见证型、治法及代表方剂名称。

〔齐素珍〕

第三节　脏　躁

【自学时数】

3～4 学时。

妇人精神抑郁，烦躁不宁，哭笑无常，频作呵欠，称为"脏躁"。

【病因病机】

多因素体虚弱，忧愁思虑，积久伤心，或心血不足，神无所依，或劳倦伤脾，精血化源不足，或病后伤阴，经产失血，致使精血亏虚，五脏失养，五志之火内动，上扰心神以致脏躁。临床常见心血不足，心肾不交证型。

1. 心血不足：忧愁思虑，积久伤心，则神无所依或劳倦伤脾，精血化源不足，心失所养，神无所归，则发脏躁。

2. 心肾不交：病后伤阴，经产失血过多，阴血不足，心肾失养，或房劳伤肾，或年老肾虚，精血两亏，心肾水火不济，心火独亢而扰动心神，发为脏躁。

【诊治要点及预后】

1. 本病以神志异常改变为主要症状，一般平时神志恍惚，多疑善感，情绪不稳定。发作时呵欠频作，无故悲伤，哭笑无常，善惊易恐，烦躁易怒等。

2. 本病发作常有诱发原因（如更年期、妊娠、产后等），出现症状时虽常不能自控，但情绪发泄后常渐平静如常。

3. 本病多有抑郁、情志不遂、数伤于血的病史。

4. 本病除药物治疗，还需辅以心理治疗。

【辨证论治】

1. 心血不足型：

〔主要证候〕精神不振，神志恍惚，或心烦易乱，悲伤欲哭，失眠健忘，频作呵欠。舌淡苔薄，脉细弱。

〔证候分析〕心血不足，心失所养，神无所依，故精神不振、神志恍惚、心烦易乱、失眠健忘。心血不足，心气亦虚，心气虚则悲伤欲哭，频作呵欠。舌脉为心血不足之征。

〔治疗原则〕补养心血，和中安神。

〔方药举例〕甘麦大枣汤（《金匮要略》）。

甘草　小麦　大枣

方中以小麦养心，除烦安神；甘草、大枣润燥缓急。三药合用甘润平补，共奏养心安神、和中缓急之功。

若心烦不眠、舌红、少苔加生地、百合。若频作呵欠加沙参、五味子。

2．心肾不交型：

〔主要证候〕头晕耳鸣，腰膝酸软，心悸不安，哭笑无常，呵欠频作，手足心热，口干，便结溲黄。舌红少苔、脉弦细数。

〔证候分析〕心肾水火不济，心阳偏亢，心神不宁，故心悸不安，哭笑无常，呵欠频作。水亏阴虚，骨髓不充，脑髓失养，则头晕耳鸣。筋脉失养，故腰膝酸软。津不上润则口干，手足心热，便结溲黄。舌红少苔、脉弦细数均为水亏火亢之征。

〔治疗原则〕滋阴养血，补心安神。

〔方药举例〕天王补心丹(《摄生秘剖》)。

酸枣仁　柏子仁　当归　天门冬　麦门冬　生地黄　人参　丹参　玄参　白茯苓　五味子　远志　桔梗

方中生地、玄参、天冬、麦冬、当归、丹参滋阴养血清热，以补其不足之阴，以制其亢盛之阳；人参、茯苓、远志、枣仁、柏子仁、五味子补心气，养心神；桔梗载药上行。全方以滋阴养血、补心安神，兼可滋阴降火，交通心肾。用于心肾两虚、阴虚血少、虚火内扰所致脏躁甚为合拍。

【预防保健】

1．注意经期、妊娠、产后的保健摄生。

2．重视调畅情志。

【案例】

陈某，女，46岁，新都某公社。初诊日期：1975年6月20日。

症状：由于长子因游泳死，忧思郁结，渐至月经量少或数月一行。心乱失眠，有时彻夜不眠，开门外出，须臾返回，闷闷无语，悲伤即哭，少食，耳鸣，已历数月。舌红绛，脉弦细而数。

治则：滋养肝肾，佐以潜阳。

方选：一贯煎加减（王渭川验方）。

方药：沙参10g，生地12g，炒川楝10g，生白芍12g，当归10g，枸杞9g，银柴胡、川贝母各10g，青葙子、青龙、珍珠母各24g，钩藤30g，槟榔6g，鸡内金10g，广藿香6g，一周6剂，连服2周。

服上方几剂后复诊，病情好转，接近正常，再处王氏自制方：炒川楝10g，生白芍12g，鸡内金10g，淮山药24g，金樱子60g，佛手6g，服药半月，脱离病象，而告痊愈。

〔按〕此案忧思郁结日久耗伤营阴，遂致阴不潜阳、阳气偏亢，扰动心神，故心乱失眠，有时彻夜不眠开门外出。忧思伤脾，脾失健运，故食少。化源不足冲任失养，胞脉空虚，无余可下，故月经量少、数月一行。忧思过度，肝气失和，疏泄失常，加之化源不足，心血不足，心气亦虚，故闷闷无语、悲伤欲哭。舌脉为阴虚阳亢之征。故立滋养肝肾，佐以潜阳之法。用王老自制一贯煎加减而获显效。

（《王渭川妇科治疗经验》）

自 学 指 导

1．妇女精神抑郁，心神烦乱，无故悲伤欲哭或哭笑无常，呵欠频作之脏躁，无癫狂精神错乱的症状。

2．辨证时根据临床表现、病史寻找致病原因，进行综合分析。本病多属虚证。

3．治法当以滋阴养液，安神宁志。宁志者或养心安神，或柔肝解郁。用药宜甘润，滋养慎用刚燥之品。

4．注意精神调护。

【参考文献摘要】

1．《灵枢·本神》：心藏神，脉舍神，心气虚则悲，实则笑不休。

2．《金匮心典》：血虚脏躁，则内火扰而神不宁，有如神灵，而突为虚病……小麦为肝之谷，而善养心，甘草、大枣甘润生阴，所以滋脏气而止其躁也。

3．《妇科要旨》：妇人脏躁，脏属阴，阴虚而火乘之则为燥，不必拘于何脏，而既已成燥，则病症皆同。但见其悲伤欲哭，像如神灵所作，现出心病，又见其数欠善伸，现出肾病，所以然者，五志生火，动必关心，阴脏既伤，穷必及肾是也。甘麦大枣汤主之。此为妇人脏躁而出其方治也。

【复习思考题】

1．何谓脏躁？诊断脏躁时应与哪些疾病相鉴别？

2．导致脏躁的发病原因是什么？治法有何特点？

〔齐素珍〕

第四节　子宫脱垂

【自学时数】

2～3 学时。

妇女阴中有物下坠或脱出阴道口外，称为子宫脱垂，又称"阴挺下脱"、"阴脱"、"阴菌"、"阴颓"。因多发生于产后，又叫做"产肠不收"或"子肠不收"。本病常发生于劳动妇女，以产后损伤为多见。

【病因病机】

主要由于中气不足或肾气亏损冲任不固，带脉失约所致。临床常见有气虚、肾虚两种证型。

1．气虚：素体虚弱，中气不足或分娩时产程过长，用力过度耗伤中气，或产后操劳持重，或剧烈咳嗽，或便秘努责而致气虚下陷，无力系胞而致阴挺下脱。

· 233 ·

2．肾虚：禀赋不足，房劳多产或年老体弱，肾气亏虚，冲任不固。带脉失约，胞失所系，而致阴挺下脱。

【诊治要点及预后】

1．小腹坠胀感及阴道口有物脱出。劳动、行走、站立、咳嗽则脱出阴道口外，睡卧时可纳回。严重时不能自行还纳。伴有带下量多及二便异常。

2．有分娩、产后调摄失宜的病史。

3．子宫脱垂的分度：

Ⅰ度：子宫颈下垂到坐骨棘水平以下，但不超过阴道口。

Ⅱ度：子宫颈及部分子宫体脱出于阴道口外。

Ⅲ度：整个子宫体脱出阴道口外。

4．辨证时有神疲乏力、小腹坠胀者为气虚。经常腰酸腿软、腹坠溲勤者多为肾虚。脱出物表面溃烂、带下淋漓者，乃兼夹湿热之象。

5．治疗以补中益气，升阳举陷、补肾固脱为主。气虚者重在益气升提，肾虚者重在补肾固涩。虚中夹湿热者，又当先清湿热以治标，继而升提固涩以治本。

6．本病应与子宫颈延长症鉴别。子宫颈延长症可见于未产妇，前后阴道壁不脱出，前后穹隆部很高，子宫体仍在盆腔内，仅子宫颈极度延长如柱状突出于阴道中或阴道以外。

7．本病在临床中常采用综合治疗，尤其重要的是坚持治疗，方能收到满意的效果。

【辨证论治】

1．气虚型：

〔主要证候〕阴中坠胀有物脱出阴道口，劳则加剧，神疲乏力，少气懒言，面色无华，小腹下坠，带下量多、色白、质清稀，小便频数。舌淡苔薄，脉虚细。

〔证候分析〕脾主中气，脾虚则中气不足，气虚下陷，冲任不固，则小腹下坠，阴中坠胀有物脱出阴道口。脾虚中阳不振，则神疲乏力，少气懒言，面色无华。气虚、膀胱失约，故小便频数。脾虚失运，湿浊下注则带下量多色白、质清稀。舌、脉为气虚之征。

〔治疗原则〕补气升提。

〔方药举例〕补中益气汤(《脾胃论》)加枳壳。

黄芪　甘草　人参　当归　橘皮　升麻　柴胡　白术

方中黄芪、人参、白术、甘草补中益气升提；当归养血，枳壳、橘皮理气和胃；升麻、柴胡升提阳气以助益气之功。诸药合用使气虚者补之，气陷者升之，而达补气升提之效。

若血虚加熟地、白芍、大枣；若腰痛甚者加菟丝子、炒杜仲；若带下量多、色白、质清稀加桑螵蛸、芡实、怀山药。

2．肾虚型：

〔主要证候〕阴中有物脱出，腰酸腿软，小腹下坠，小便频数，夜间尤甚，头晕耳鸣。舌淡红，脉沉弱。

〔证候分析〕肾虚冲任不固，带脉失约，而致阴中有物脱出，小腹下坠。肾气虚，膀胱失约则小便频数，夜间尤甚。肾虚精血不足，外府及髓海失养，故腰酸腿软，头晕耳鸣。舌淡红、脉沉弱为肾虚之象。

〔治疗原则〕补肾益气升提。

〔方药举例〕大补元煎(《景岳全书》)加鹿角胶、升麻、紫河车、枳壳。

人参　山药　熟地　杜仲　当归　山茱萸　枸杞子　甘草

方中人参、升麻补益升提；当归、熟地养血滋阴；杜仲、枸杞、山茱萸补肝肾；山药、甘草健脾和中；鹿角胶、紫河车温肾填精；枳壳理气助升提。全方共奏补肾益气升提之效。

若阴中之物脱出阴道口外，摩擦损伤，局部出现红肿溃烂，黄水淋漓，带下量多，色黄如脓，有臭秽气味，小便黄赤灼热而痛等湿热症状者。多先治溃烂，再用补气、补肾升提方药。其中轻者可用银翘四妙散加茵陈、土茯苓。重者可用龙胆泻肝汤加减。

【其他治疗】

1．草药单方：

（1）棉花根 60g，枳壳 30g，煎服。

（2）金樱子 60g，煎服，连服 3～4 个月。

（3）益母草 120g，升麻 9g，黄芪 30g，水煎服。

2．针灸：

（1）主穴：①维胞（关元旁开 6 寸，进针后大幅度捻转，病人即有子宫收缩感）。②子宫穴（髂前上棘与耻骨结节连接线中点向内一横指），进针后向耻骨联合方向斜刺，深度以病人感到阴部发酸并有上抽感为止。③三阴交。

（2）配穴：长强、百会、阴陵泉。可同时灸百会穴。

有膀胱膨出者，可针刺关元透曲骨，或斜刺横骨（双）。有直肠膨出者，可针刺肛肌穴，有往上抽动感为度。

每周针刺 2～3 次，2～3 周为 1 疗程。

3．外治法：

（1）玄明粉 50g，开水冲化，熏洗，1 日 2 次。

（2）丹参 15g，五倍子、诃子肉各 9g，煎水趁热熏洗。

（3）蛇床子、乌梅各 60g，煎水熏洗。

（4）加味苦参蛇床子汤：苦参 30g，蛇床子、黄柏各 15g，黄连 12g，白芷 24g，枯矾 15g，煎水熏洗。适用于子宫脱垂，伴有黄水淋漓、湿热下注者。

4．子宫托：适用于第Ⅰ度与第Ⅱ度子宫脱垂。常用的为塑料制的环状子宫托，放入阴道内，将子宫上托，早上出工放入，晚上自行取出，清水洗净抹干保存。月经期及妊娠期 3 个月后停放。

5．手术治疗：经上述治疗无效者，应手术治疗。术式的选择，按患者子宫脱垂的程度、年龄及生育的要求等选用。

【预防保健】

1．本病重在预防，应实行计划生育，推广新法接生，避免产伤，若有产伤者应及时缝合。

2．加强产后调护，身体虚弱者，在产褥期可服用补中益气汤，起预防作用。

3．加强体育锻炼，增强体质，重视妇女五期卫生保健，及时治疗慢性病，如咳嗽、便秘等。

【病案】

何某，女，53 岁，家庭妇女，门诊号 37970。

主诉：患者阴道脱出物 20 年之久。18 岁结婚，足月生产六次，于第五次产后 7 天下地劳动，自阴道掉出肿物逐渐增大，并有咳嗽、尿频、尿失禁、腰酸、腹坠和气短，末次生产13年前。有慢性咳嗽史，一年前断经。诊断为Ⅱ度子宫脱垂。

治则：补肾益气升提。

方选：大补元煎加味。

方药：人参6g，山药、熟地、杜仲各9g，当归12g，山茱萸、枸杞子各9g，甘草6g，川断、寄生各12g，菟丝子30g。

经上法治疗，7日后子宫恢复正常，又继续服药巩固，未再复发。

〔按〕本案因产育过多，产后过早劳作，至肾气亏虚，冲任不固，带脉失固，带脉失约，胞脉不系，故阴中有物脱出，腹坠腰酸，肾虚，气化功能失常，水气上逆犯肺，则咳嗽。肾虚膀胱失约，则尿频、尿失禁。故立补肾益气升提之法，选大补元煎加味治之而获效。

（《中西医结合治疗常见妇科疾病》）

自 学 指 导

1．阴挺下脱，即现代医学所称"子宫脱垂"。

2．按照分度标准确定脱垂程度，施以恰当治疗。

3．本病病机总由正虚。根据临床表现，着重区别气虚、肾虚或兼夹湿热的证候。

4．除口服中药治疗外，可配合熏洗、针灸等法治疗。严重者还需采取手术治疗。

5．以阴中脱出物回复，不再脱出，其他临床症状消失为治愈。

【参考文献摘要】

1．《三因极一病证方论》：妇人趣产、劳力、努咽太过，致阴下脱，若脱肛状，及阴下挺出，逼迫肿痛，举重房劳，皆能发作。

2．《医宗金鉴·妇科心法要诀》：妇人阴挺，或因胞络伤损，或因分娩用力太过，或因气虚下陷，湿热下注，阴中突出一物如蛇，或如菌，如鸡冠者，即古之癥疝类也。属热者，必肿痛，小便赤数，宜龙胆泻肝汤。属虚者，必重坠，小便清长，宜补中益气汤加青皮、栀子。外用蛇床子、乌梅熬水熏洗之。更以猪油调藜芦末敷之，无不愈者。

【复习思考题】

1．如何诊断子宫脱垂？其分度标准有哪些？

2．子宫脱垂的主要病因病机是什么？列举其常见证型，治法与代表方剂名称。

〔齐素珍〕

第五节 阴 痒

【自学时数】

3～4学时。

妇女外阴及阴道瘙痒，甚至痒痛难忍，坐卧不宁，称为"阴痒"，又叫"阴门瘙痒"、"阴虫"。

【病因病机】

阴痒有虚实之分。虚证多由肝肾阴虚、精血亏损、血虚化燥生风、外阴失养而致阴痒。实证多由肝经湿热下注，或湿热蕴结，郁久生虫，虫蚀阴中以致阴痒。临床常见肝肾阴虚、肝经湿热、湿热虫积三种证型。

1. 肝肾阴虚：素体阴虚或多产久乳，崩中漏下，或大病久病，耗伤精血，以致肝肾阴虚。肝经循阴器而行，肾司二阴，肝肾阴虚、精血不足、外阴失养、化燥生风故阴痒。

2. 肝经湿热：肝热脾湿，湿热下注，热随下陷，损伤任、带，累及阴户而致阴痒。

3. 湿热虫积：脾虚生湿，湿郁化热或经期产后调摄失宜，感受病虫。虫蚀阴中而致阴痒。

【诊治要点及预后】

1. 本病以外阴及阴道瘙痒，重者奇痒难忍，坐卧不宁，甚至灼热，疼痛，兼有带下量多、臭秽。

2. 有摄生不慎、感染病虫的病史。

3. 辨证根据瘙痒的情况，带下量、色、质、气味的变化及全身情况进行综合分析。阴部干涩灼痛或阴部皮肤变白，增厚或萎缩，皲裂，夜间痒者为肝肾阴虚。阴痒伴带下量多、色黄、质黏稠、臭秽，若咽干，目眩，为肝经湿热下注。阴部瘙痒，奇痒难忍，灼热疼痛，带下量多，色黄如脓，或如泡沫米泔，或如豆腐渣，臭秽为湿热虫积。

4. 治则：肝肾阴虚，滋养肝肾，祛风止痒；肝经湿热，清肝泻热、除湿止痒；湿热虫积，清热除湿，杀虫止痒。

5. 阴痒与糖尿病阴痒及蛲虫病阴痒鉴别。糖尿病有烦渴多饮，善肌多食，多尿，消瘦，尿糖及血糖偏高。蛲虫病多见于幼女，有肛门周围及外阴瘙痒，夜间检查肛门可发现蛲虫，查大便可发现蛲虫卵。

6. 阴痒一般病程长，易反复发作，易致病人失眠、衰弱、憔悴、急躁，患处皮肤搔抓过久，可呈苔藓样硬化及肥厚。故一旦发病需及时治疗，症状消失，宜应多坚持一个疗程以巩固疗效。

【辨证论治】

1. 肝肾阴虚型：

〔主要证候〕阴部干涩，奇痒难忍，或见皮肤变白、增厚或萎缩、皲裂。伴见头晕目眩，耳鸣，腰腿酸软，五心烦热，时有烘热汗出。舌红少苔、脉细数。

〔证候分析〕肝肾阴虚、精血不足、血虚化燥生风，故阴部干涩、奇痒难忍。精血不足、阴部失养，故皮肤变白、萎缩、皲裂。风盛则肿，阴部皮肤增厚。肝肾阴虚，外府、筋脉失养，髓海不足，故头晕目眩，腰腿酸软。阴虚生内热，故五心烦热，时有烘热汗出。舌红、脉细数为肝肾阴虚之象。

〔治疗原则〕调补肝肾，祛风止痒。

〔方药举例〕知柏地黄丸（《医宗金鉴》）加当归、首乌、地肤子、白鲜皮。

生地　泽泻　丹皮　山茱萸　怀山药　茯苓　知母　黄柏

方中当归、首乌补血益精；生地、山茱萸滋养肝肾；怀山药、茯苓健脾；丹皮、知母、黄柏凉血清热，滋阴降火，泽泻、地肤子、白鲜皮利湿祛风止痒。诸药共奏补肝肾，养血益精，祛风止痒之效。

若口咽干燥加玄参、麦冬。若带下黄稠、臭秽，加蕺菜、土茯苓。

2．肝经湿热型：

〔主要证候〕阴部瘙痒，灼热痛，带下量多色黄如脓、臭秽，心烦易怒，口苦咽干，目眩，小便黄赤，大便秘结。舌红，苔黄腻，脉弦数。

〔证候分析〕肝经湿热下注，任带二脉受损，故带下色黄、质稠、臭秽。湿热郁遏阴部，故瘙痒、灼热痛。热扰心神，则心烦易怒。湿热熏蒸则口苦咽干。伤及津液，则小便黄，大便秘结。舌、脉为肝经湿热之象。

〔治疗原则〕清肝泻热，除湿止痒。

〔方药举例〕龙胆泻肝汤(《医方集解》)。

龙胆草　黄芩　栀子　泽泻　木通　当归　生地　柴胡　生甘草

方中龙胆草、黄芩、栀子清肝泻火、燥湿；木通、泽泻导湿热下行；当归、生地补血生津以养阴；柴胡疏肝；甘草调中。全方共奏清肝泻热、除湿则痒止之功。

3．湿热虫积型：

〔主要证候〕阴中瘙痒，奇痒难忍。带下色黄如脓，或如泡沫米泔，或如豆腐渣，臭秽。伴脘闷纳果，口苦，心烦少寐，小便色黄，频急灼痛。舌红苔黄腻，脉滑数。

〔证候分析〕湿热蕴积或感染病虫，虫蚀阴中，故阴中瘙痒，奇痒难忍。湿热浊液下注，任带受损，故带下量多色黄如脓，或如泡沫米泔，或如豆腐渣、臭秽。湿热阻滞中焦则脘闷纳果，口苦。热扰心神，则心烦少寐。湿热下注膀胱。则小便黄频急而灼痛。舌脉为湿热之象。

〔治疗原则〕清热除湿，杀虫止痒。

〔方药举例〕萆薢渗湿汤(《疡科心得集》)加苍术、茵陈、苦参、白鲜皮。

萆薢　薏苡仁　黄柏　赤茯苓　丹皮　泽泻　通草　滑石

方中苍术、苡仁健脾除湿；黄柏、茵陈、赤茯苓、萆薢、泽泻、通草、滑石清利下焦湿热；丹皮清热凉血；苦参、白鲜皮除湿杀虫止痒。

若外阴溃烂加黄连、红藤、败酱。若小便涩痛加银花藤、琥珀末。

【其他治疗】

1．外洗方：

（1）蛇床子散（上海中医学院）：蛇床子、川椒、明矾、苦参、百部各 10～15g，煎汤趁热先熏后坐浴，1 日 1 次，10 次为 1 疗程。若阴痒破溃者则去川椒。

（2）透骨草 10g，蒲公英、马齿苋、紫花地丁、防风、羌活、独活各 5g，艾叶 6g，甘草 3g，煎水熏洗。

（3）塌痒汤(《疡医大全》)：陈鹤虱 30g，苦参、威灵仙、归尾、蛇床子、狼毒各 15g，煎汤熏洗，临洗时加猪胆汁两个更佳，每日 1 次，10 次为 1 疗程，如外阴并发溃疡者则忌用。

2．外擦方：适用于阴痒皮肤破损者。

（1）蛤粉 3g、冰片 0.3g，共研细末，将此药粉撒在外阴部，或用香油调和涂敷。1 日 1 次，10 次为 1 疗程。

（2）珍珠散（辽宁中医学院）：珍珠、雄黄、青黛各 3g，黄柏 9g，儿茶 6g，冰片 0.03g，共研细末，外擦。

【预防保健】

1．注意个人卫生，养成良好的生活习惯。

2．经期、产褥期不得过食生冷及游泳、盆浴。

3．起居有节、劳逸适度。

【案例】

李某，女，35 岁，已婚，农民。初诊日期：1988 年 6 月 25 日。

一月前因行妇科检查，不久即出现带下明显增多，色黄白、质稠而臭秽，忙于农活而未医治。10 天前又感阴道及外阴痒痛，近日瘙痒难忍而来求治。

现外阴瘙痒作痛，带下量多，微黄秽臭，小腹胀痛，胃纳欠佳，口干微苦，不思饮食，大便尚可，小便黄少，舌质红，苔黄腻，脉滑数。取阴道分泌物送检：查见霉菌。

治则：清热除湿，杀虫止痒。

方选：止带方加减。

方药：猪苓、茯苓各 12g，车前子、泽泻、茵陈、赤芍各 10g，丹皮 20g，黄柏、牛膝各 10g，地肤子 20g，野菊花 18g，截菜 30g，甘草 3g。

银花藤 30g，苦参 20g，蒲公英 30g，白鲜皮 20g，枯矾 10g（入药液），黄柏 20g，甘草、硼砂各 10g（入药液），外用、煎汤熏洗，日 1 剂，分 2 次用，4 剂痊愈，查白带（－）。

〔按〕本案因湿热之邪入侵阴中，损伤任、带二脉，故带下量多微黄秽臭。湿热郁久生虫，虫蚀阴中而令阴中痒痛不已。湿热阻滞下焦，气机不畅故小腹胀痛。累及中焦，故胃纳欠佳，口干微苦，不思饮食。热伤津液，故小便黄少。舌红，苔黄腻，脉滑数，亦为湿热内盛之征。故立法清热除湿，杀虫止痒之法，方选止带方加减，辅以外用药煎汤熏洗而获效。

（《中医妇科学解题指导》）

自 学 指 导

1．本病以外阴及阴道瘙痒、奇痒难忍为主。并伴有带下量多，臭秽的特点。临床上以滴虫性阴道炎、霉菌性阴道炎、外阴湿疹、老年性阴道炎和外阴白斑等常见。

2．辨证时根据临床表现、既往史及全身情况进行综合分析，分清虚实，以指导治疗。

3．治疗时除内服药外，可施以外治法。如局部熏洗，用药。经期、孕期暂停外用药。因本病缠绵难愈，反复发作，故应按疗程用药。不能初见成效即止，以免复发。

4．治疗期间，勤换内裤，并用开水烫洗。保持外阴清洁干燥，勿用烫水洗擦或搔抓，禁房事。

5．若虫邪感染，如为滴虫、霉菌，则具有传染性。滴虫引起的阴痒，已婚妇女应与丈夫同治，女性用药应在月经干净 3 天后复查白带，以了解药后疗效或继续用药。

【参考文献摘要】

1．《医宗金鉴》：妇人阴痒，多因湿热生虫，甚则肢体倦怠，小便淋漓，宜用逍遥散、龙胆泻肝汤。

2．《医学准绳六要》：阴中痒……瘦人燥痒属有虚。

3.《万病回春》：妇人阴痒者，是虫蚀阴户也。治阴痒用蛇床子、白矾煎水淋洗即止。

【复习思考题】

1. 何谓阴痒？其辨证要点是什么？
2. 在阴痒的治疗中应注意哪些问题？

〔齐素珍〕

第六节　阴　疮

【自学时数】

1～2 学时。

妇女阴部、阴唇处发生肿痛、痒痛难忍，继而化脓的一种病证，称为"阴疮"，又叫"阴蚀"、"阴烂"。

【病因病机】

湿热下注，蕴结成毒；或因正气不足，气血两亏。临床上有湿热下注、气血两虚两种证型。

1. 湿热下注：情志不畅，肝郁化火，横克脾土，肝热脾湿；脾虚湿盛或恣食肥甘厚味，酿生湿热；或外感湿毒之邪，累及肝经，蕴结成毒而致阴疮。

2. 气血两虚：阴疮后期溃烂，日久不愈，而致气血虚弱，无力托毒外出，以致疮疡难敛。

【诊治要点及预后】

1. 阴疮是指妇女前阴生疮而言，多有一个或多个疮面，溃处有秽浊之物，边缘清楚，触之疼痛。

2. 辨证时，起病急，红肿热痛，分泌物脓液臭秽多为湿热下注。阴部坠胀，疮面苍白，脓液清稀量多、腥臭为气血两虚。

3. 治疗：湿热下注，宜疏肝清热，解毒利湿。阴疮日久不愈者，宜补益气血，托毒生肌。

4. 阴疮当与阴痒、狐惑病、梅毒相鉴别：

阴痒者以痒为主，局部无肿胀疼痛及溃烂。

狐惑病外阴溃疡，兼有眼结膜溃疡，或皮肤结节红斑，或咽部腐蚀破溃，声音嘶哑，或口苦咽干，口舌糜烂。

梅毒：外阴溃烂，初期呈典型的硬下疳。患者有性乱史或感染史。活组织检查可查到梅毒螺旋体，梅毒血清试验阳性。

5. 本病治疗以内外合治收效较好。

【辨证论治】

1. 湿热下注型：

〔主要证候〕外阴、阴唇红肿热痛甚至溃烂流脓、臭秽，行动不便，伴心烦易怒，口苦咽干，便秘溲黄。舌红苔黄腻，脉弦数。

〔证候分析〕湿热蕴积，下注阴部，故外阴阴唇红肿热痛，甚则化腐成脓、溃烂、臭秽。热扰心神则烦躁。肝失疏泄，故易怒。湿热熏蒸则口苦咽干。热伤津液则便秘、溲黄。舌脉为湿热之象。

〔治疗原则〕清泻肝热，解毒除湿。

〔方药举例〕龙胆泻肝汤（《医方集解》）。

龙胆草　生地　当归　柴胡　木通　泽泻　车前子　栀子　黄芩　甘草

方中龙胆草、栀子、黄芩清肝泻火；木通、泽泻、车前子清利湿热；生地、当归滋阴养血；甘草和中解毒；柴胡疏肝。全方共奏清肝泻火，清利下焦湿热之效。

若红肿热痛甚，加银花藤、蒲公英、紫花地丁。

2．气血两虚：

〔主要证候〕阴疮日久不愈，溃烂面苍白，脓水清稀、腥臭。伴见神疲倦怠，面白无华，纳呆食少。舌淡，苔薄白，脉细无力。

〔证候分析〕阴疮日久，正气渐衰，不能托毒外出，故溃烂面苍白，脓水清稀、腥臭；气虚运化失常，则纳呆食少；化源不足则面白无华，神疲倦怠。舌脉为气血不足之象。

〔治疗原则〕补益气血，托毒生肌。

〔方药举例〕十全大补汤（《和剂局方》）加黄芪、官桂。

人参　白术　茯苓　甘草　当归　白芍　生地　川芎

方中四君子汤补气健脾；四物汤养血；黄芪补气升阳，利水，消肿，托疮生肌；官桂温通阳气，助气血生长。全方共奏气血双补、托毒生肌之效。

【其他疗法】

外用方：①蛇床子30g，煎汤外洗。②千金治阴蚀生疮方（《千金要方》）：雄黄、矾石各6分，麝香半分，共研细末涂患处。

【预防保健】

1．调畅情志，保持精神愉快。

2．饮食起居有节。不过食生冷、肥甘厚味。避免不洁性生活。

3．重视经期、产后及更年期卫生。

【案例】

李某，女，41岁，已婚，职员，1977年3月14日初诊。

自诉患病半年多，外阴溃烂，肿痛，瘙痒不已，用西药治疗3个多月其效不显。症见口苦咽干，渴而少饮，心烦易怒，夜寐不安，阴部痒痛钻心，白带量多质稠，小便短赤。局部观察：两侧大阴唇溃烂、流黄水。舌质红，苔黄腻，脉滑数有力。

治则：清热利湿，解毒止痒。

方选：二花一黄汤加味。

金银花、红花、五倍子各30g，黄连15g，蒲公英、鱼腥草各30g，黄柏15g，加水适量，5剂。每剂煎煮2次，合并两次煎液，分早晚各半外用，先熏后洗患处，或用毛巾蘸药趁热敷患部，每日早晚各1次，每次15～30分钟。

二诊：药后自觉症状消失，局部略有好转，照上方外用9剂而愈。

〔按〕本案湿热下注，而致外阴溃烂肿痛，带下量多、色黄、质稠，小便短赤。湿热熏蒸则口苦咽干。热扰心神则心烦易怒，夜卧不安。故立清热利湿、解毒止痒之法，选方二花一黄汤加味，以外治为主而获痊愈。

(《实用中医性病学》)

自学指导

1. 阴疮部位主要指妇女前阴而言。阴疮初期多为一侧突然肿胀疼痛、痒痛难忍，带下量多、臭秽。临床上可见于滴虫性阴道炎、霉菌性阴道炎继发感染；急性前庭大腺炎或前庭大腺囊肿继发感染；外阴肿瘤。

2. 本病初期多为实证，久病正气损伤，可为虚证或虚实夹杂。

3. 内外同治效果更好，故在内服药的同时，应局部用药，如洗剂、散剂、擦剂均可。

4. 本病若迁延日久，溃面不敛，坚硬肿疼，边缘不整齐者，或臭水淋漓者，应考虑恶变之可能。如《外科正宗》云："阴中腐烂，攻刺疼痛，臭水淋漓，口干发热，形削不食，有此症者非药能愈。"故应及早确诊与根治。

【参考文献摘要】

1.《金匮要略·妇人杂病脉证并治篇》：少阴脉滑而数者，阴中即生疮，阴中蚀疮烂者，狼牙汤洗之。

2.《外科正宗》：妇人阴疮，乃七情郁火伤损，肝脾湿热下注所致。其形不一，总由邪火所化也……阴户忽然肿胀突作痛，因劳伤血分，湿大不流。

3.《诸病源候论》：阴疮者，由三虫九虫动作侵食所为也。诸虫在人肠胃之间。若脏腑调和，血气充实，不能为害，若劳伤经络，肠胃损，则动作侵食于阴，轻者或痒或痛，重者生疮也。诊其少阴之脉，滑而数者，阴中生疮也。

4.《医宗金鉴》：妇人阴疮，名曰䘌。由七情郁火伤损肝脾，气血凝滞，湿热下注，久而虫生。虫蚀成疮，脓水淋漓，时疼时痒，有若虫行，少腹胀闷，溺赤频数，食少体倦，内热晡热，经候不调，赤白带下，种种证见，宜见治之。肿痛者，用四物汤加柴胡、栀子、龙胆草；若溃烂出水而痛者，用加味逍遥散。若重坠者，用补中益气汤。

【复习思考题】

1. 阴疮的病因病机是什么？
2. 阴疮的辨证要点是什么？
3. 阴疮的临床证型有哪些？有哪些治疗方法？

〔齐素珍〕

【自学总时数】

14～16 学时。

第一节　女性生殖系统解剖与生理

【目的要求】

1. 掌握内外生殖器的解剖与生理功能。
2. 掌握卵巢的周期变化及激素、子宫内膜的周期变化与月经。
3. 熟悉骨盆的组成。
4. 熟悉下丘脑-垂体-卵巢轴的相互关系。

【自学时数】

6～8 学时。

一、外生殖器与内生殖器

（一）外生殖器

又称外阴，指生殖器官的外露部分，位于两股内侧之间自耻骨联合至会阴的区域（图 12-1）。

1. 阴阜（mons pubis）：为耻骨联合前面隆起的脂肪垫，青春期该部皮肤开始生长阴毛，分布呈尖端向下的三角形。阴毛疏密、粗细、色泽可因个体（或种族）、年龄而异。

2. 大阴唇（labium majus）：为靠近两侧股内侧的一对皮肤皱襞，起自阴阜，止于会阴。两侧大阴唇前端为子宫圆韧带终点，后端在会阴体前相融合，形成大阴唇的后联合。大阴唇外侧面与皮肤相同，皮层内有皮脂腺和汗腺，青春期长出阴毛，绝经后阴毛稀疏；其内侧面皮肤湿润似黏膜。大阴唇皮下脂肪层含丰富血管、淋巴管和神经。当局部受伤易形成血肿。未婚妇女的两侧大阴唇自然合拢，遮盖阴道口及尿道外口，分娩以后，两侧大阴唇分开，绝经后呈萎缩状。

3. 小阴唇（labium minus）：为位于大阴唇内侧的一对薄皱襞，无毛，表面湿润，内侧面呈淡红色，皮内富于神经末梢，故感觉敏锐。两侧小阴唇前端相互融合并分为两叶，包绕

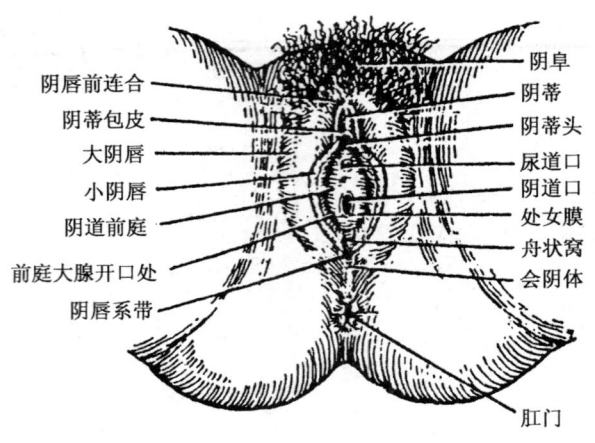

图 12-1 女性外生殖器

阴蒂，前叶形成阴蒂包皮，后叶形成阴蒂系带。小阴唇后端与大阴唇后端相会合，在正中线形成横皱襞，称阴唇系带（frenulum labium pudendal），此系带经产妇受分娩影响而不明显。

4. 阴蒂（clitoris）：位于两侧小阴唇顶端的联合处，类似男性的阴茎海绵体组织，有勃起性。阴蒂头有丰富的神经末梢，极为敏感。阴蒂分为头、体、脚三部分，仅阴蒂头外露，其直径 6～8mm。

5. 阴道前庭（vaginal vestibule）：指两侧小阴唇之间的菱形区，前为阴蒂，两侧为小阴唇的内侧面，后为阴唇系带。在此区域内，前有尿道口，后有阴道口，阴道口与阴唇系带之间有一浅窝，称舟状窝（又称阴道前庭窝）。此窝经产妇受分娩影响不复见，前庭内有如下结构：

（1）前庭球（vestibular bulb）：又称球海绵体，位于前庭两侧，有勃起作用。其前部与阴蒂连接，后部与前庭大腺相邻，浅层为球海绵体肌覆盖。

（2）前庭大腺（major vestibular glands）：又称巴氏腺，位于大阴唇后下方，亦为球海绵体肌所覆盖，如黄豆大，左右各一。腺管细长，1～2cm，向内侧开口于阴道口小阴唇与处女膜之间的沟内，性兴奋时分泌黏液以滑润阴道。正常情况检查时不能触及此腺，若因感染形成脓肿或囊肿时，能看到或触及。

（3）尿道口（urethral orifice）：位于阴蒂头的后下方及前庭前部，为尿道的开口，呈椭圆形，尿道后壁近外口处有一对并列腺体称尿道旁腺（paraurethral glands），其分泌物有润滑尿道口的作用，但此腺体是细菌容易潜伏的场所。

（4）阴道口及处女膜（vaginal orifice and hymen）：阴道口位于尿道口下方，前庭的后部，其形状、大小常不规则。阴道口覆盖有一层薄膜，称处女膜，膜中央有一小孔，孔的形状、大小及膜的厚薄各人不同。如处女膜闭锁可造成经血潴留，如处女膜过厚可引起性生活困难。初次性交时，处女膜往往破裂，分娩时进一步破损，产生残留几个小隆起的处女膜痕。

（二）内生殖器

女性内生殖器包括阴道、子宫、输卵管及卵巢。后两者常被称为子宫附件（图 12-2，图 12-3）。

1. 阴道（vagina）：

【功能】性交器官，月经血排出与胎儿娩出的通道。

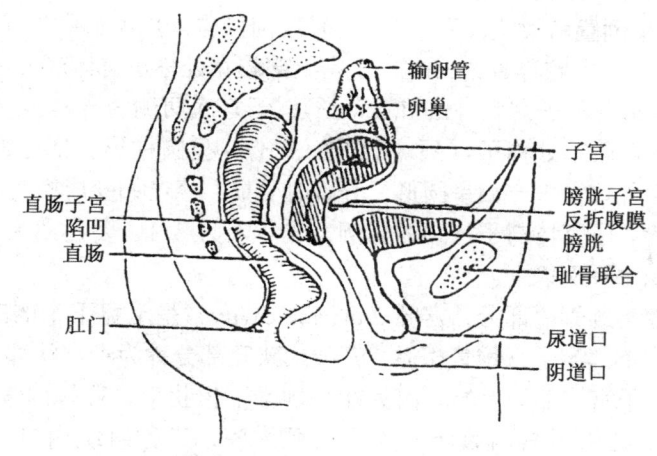

图 12-2　女性内生殖器矢状面

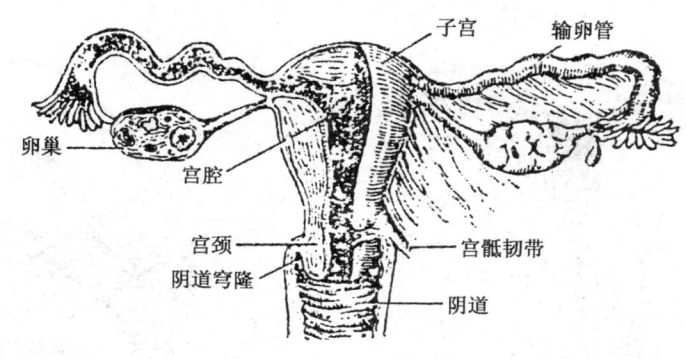

图 12-3　女性内生殖器后面观

【位置和形态】位于真骨盆下部中央，子宫、外阴之间，为上宽下窄之管道，前壁长7～9cm，与膀胱和尿道相邻，前壁、膀胱及尿道之间称为膀胱阴道隔，后壁长10～12cm，与直肠贴近，后壁与直肠之间称为直肠阴道隔。上端包绕子宫颈，下端开口于阴道前庭后部。上端围绕子宫颈的部分称为阴道穹隆（vaginal fonix），分前、后、左、右四部分，后穹隆最深，其顶端为直肠子宫陷凹，是腹腔最低的部位，临床上可经此处穿刺或引流。

【组织结构】阴道壁由黏膜、肌层和纤维组织构成。黏膜呈淡红色，由复层鳞状上皮细胞覆盖，无腺体。幼女及绝经后妇女的阴道黏膜上皮薄，皱襞少。阴道肌层由两层平滑肌纤维构成，外层纵行，内层环行，在肌层的外面有一层纤维组织膜，含多量弹力纤维及少量平滑肌纤维。

【特点】①横纹皱襞多，伸展力强，易藏垢；②富含静脉丛，易损伤出血；③黏膜具有周期性变化；④具有自洁作用；⑤pH值4～5；⑥生理功能随年龄及性激素水平而改变。

2.子宫（uterus）：子宫为一壁厚，腔小，以肌肉为主的器官。位于小骨盆中央，膀胱与直肠之间，下接阴道，两侧有输卵管与卵巢。腔内覆以黏膜，称子宫内膜。子宫正常位置呈轻度前倾前屈位，主要靠子宫韧带及骨盆底肌和筋膜的支托作用。

【功能】从青春期到更年期，子宫内膜受卵巢激素的影响，呈周期性改变出现月经；性交后，子宫为精子到达输卵管的通道；受孕后，子宫为孕育胎儿的场所；分娩时，通过子宫收缩，将胎儿及其附属物娩出。

【形态】子宫呈倒置扁梨状，重约50g。轻度前倾位。成年妇女的子宫约长7～8cm，宽4～5cm，厚2～3cm。宫腔容量约5mL。子宫上部较宽处称子宫体（uterine body or corpus uteri），其上端隆起部分称子宫底（fundus uteri），子宫底两侧为子宫角（cornua uteri），与输卵管相通。子宫下部较窄处称子宫颈（cervix uteri），呈圆柱形，部分伸入阴道，通入阴道的开口称为子宫颈外口，未产妇呈圆形，分娩时受损，经产妇变成横裂状，将宫颈组织分为上下或称前后两唇。子宫体与子宫颈的比例，成年人为2:1，婴儿期为1:2。直立时，子宫颈外口位于坐骨棘水平面以上。

子宫腔分体腔与颈管两部分，宫腔（uterine cavity）呈上宽下窄的三角形，上部两侧通输卵管而入腹腔，下部与子宫颈管相通，其间最狭窄部分称为子宫峡部（isthmus uteri），在非孕期长约1cm。子宫峡部的上端，因为在解剖学上很狭窄，称解剖学内口，峡部的下端，因为黏膜组织在此处由子宫内膜转变为子宫颈内膜，又称组织内口。子宫颈管（cervical canal）呈梭形，成年妇女长2.5～3.0cm，其下端称宫颈外口。子宫颈通入阴道后以穹隆为界又分宫颈阴道上部和宫颈阴道部（图12-4）。

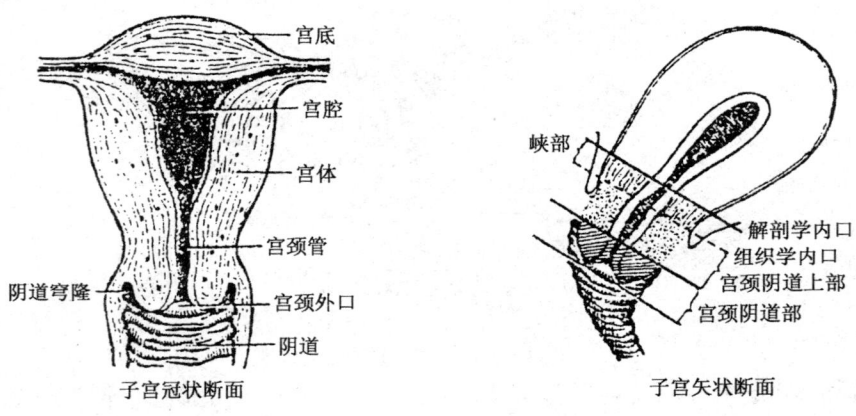

左：子宫冠状断面（宫底、宫腔、宫体、宫颈管、宫颈外口、阴道穹隆、阴道）
右：子宫矢状断面（峡部、解剖学内口、组织学内口、宫颈阴道上部、宫颈阴道部）

图12-4 子宫各部

【组织结构】宫体和宫颈的组织结构不同（图12-4）。

（1）宫体：子宫体壁很厚，由三层组织构成，外为浆膜层（即脏层腹膜），中为肌层，内为黏膜层（即子宫内膜）。

子宫内膜软而光滑，绒样，为粉红色的黏膜组织，分为基底层和功能层。基底层厚度约占内膜的1/3，靠近子宫肌层，无周期性变化。功能层厚度约占内膜的2/3，从青春期到绝经前受卵巢激素的影响，在月经周期内及妊娠期间有很大的改变。

子宫肌层是子宫壁最厚的一层，非孕时厚约0.8cm，由平滑肌束及弹性纤维所组成，肌束排列交错，外层纵行，内层环行，中层多各方交织。肌层中含血管，子宫收缩时血管被压缩，可减少出血并可止血。

子宫浆膜层即覆盖子宫体的底部及前后面的腹膜，与肌层紧贴。在子宫前面近子宫峡部处，腹膜与子宫壁结合疏松，由此腹膜折向前方并覆盖膀胱，形成膀胱子宫陷凹。覆盖此处的腹膜称膀胱子宫反折腹膜，与前腹壁腹膜相连接。在子宫后面，腹膜沿着子宫壁向下，覆盖子宫颈后方及阴道后穹隆，然后折向直肠，形成子宫直肠陷凹并向上与后腹膜相连接。

（2）宫颈：子宫颈主要由结缔组织所组成，其中有平滑肌、血管及弹力纤维。宫颈管黏膜上皮细胞呈单层高柱状，黏膜层有许多腺体，能分泌黏液，呈碱性，形成子宫颈管的黏液栓，将宫颈管与外界隔开。宫颈阴道部表面为复层鳞状上皮覆盖，表面光滑。宫颈外口柱状上皮与鳞状上皮交界处是宫颈癌的好发部位。宫颈黏膜受性激素影响也有周期性变化。

（3）子宫韧带：共4对（图12-5）。

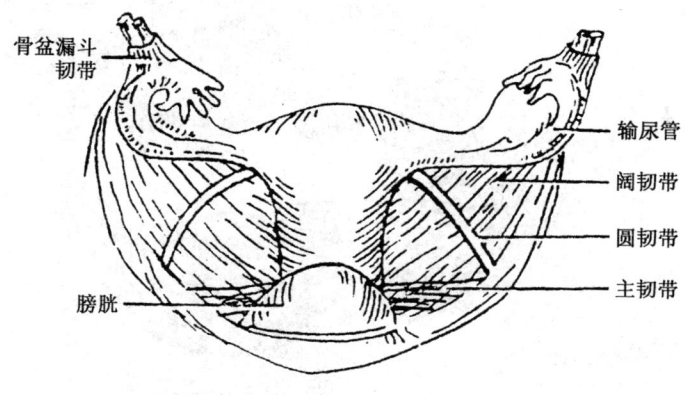

骨盆漏斗韧带

输尿管
阔韧带
圆韧带
主韧带

膀胱

图12-5　子宫各韧带

1）圆韧带（round ligament）：呈圆索形，长12~14cm，由结缔组织与平滑肌组成。起于子宫角两侧的前面、输卵管近端的下方，然后沿阔韧带向前下方伸展达到两侧骨盆壁，再经腹股沟管终于大阴唇前端，圆韧带表面为阔韧带前叶的腹膜层覆盖。有使子宫保持前倾位置的作用。

2）阔韧带（broad ligament）：为一对翼状的腹膜皱襞，从子宫两侧开始，各向外伸展达到骨盆侧壁，并将骨盆腔分为前后两部。阔韧带分为前后两页，韧带的上缘呈游离状，其内侧2/3包绕输卵管（伞端无腹膜遮盖），外侧1/3移行为骨盆漏斗韧带（infundibulopelvic ligament），具有支持卵巢的作用，故又称卵巢悬韧带（suspensory ligament of ovary），内有卵巢血管通过。在输卵管以下，卵巢附着处以上的阔韧带称输卵管系膜，卵巢与阔韧带后叶相接处称卵巢系膜。卵巢内侧与宫角之间的阔韧带稍增厚称卵巢固有韧带或卵巢韧带。宫体两侧的阔韧带中有丰富的血管、神经、淋巴管及大量疏松结缔组织称宫旁组织。子宫动静脉和输尿管均从阔韧带基底部穿过。

3）子宫骶骨韧带（utero-sacral ligament）：自子宫颈后面子宫颈内口的上侧方（相当于组织学内口水平）伸向两旁，绕过直肠终止在第2、3骶椎前筋膜上，韧带含平滑肌和结缔组织，外有腹膜覆盖，短厚有力，作用是将子宫颈向后及向上牵引，使子宫保持前倾位置。

4）主韧带（cardinal ligament）：又称子宫颈横韧带，位于子宫两侧阔韧带基底部，由子宫颈阴道上部的侧方，向外达骨盆壁，是固定子宫颈位置的主要力量，子宫的动静脉和输尿管都经主韧带的上缘到终末器官。

3．输卵管（fallopian tube or oviduct）：左右各一，为细长而弯曲的管道，其内侧与子宫角连通，外侧端游离，呈漏斗状，与卵巢接近。全长8~14cm，直径0.5cm。

【功能】为卵子与精子相遇的场所，也是向宫腔运送受精卵的管道。

【形态】根据输卵管的形态由内向外可分为4部分：①间质部（interstitial portion），为通入子宫壁内的部分，狭窄而短，长1cm，开口处0.1cm；②峡部（isthmic portion），间质部外侧，管腔较窄，长2~3cm，管腔直径0.2~0.3cm；③壶腹部（ampulla），峡部外侧，管腔较宽大，长5~8cm，管腔直径0.5~0.8cm，是精子和卵子受精场所；④伞部（fimbria)，为输卵管末端，开口于腹腔，游离端呈漏斗状，有许多须状组织，长 1～1.5cm，管腔直径0.2～0.3cm，有"拾卵"作用（图12－6）。

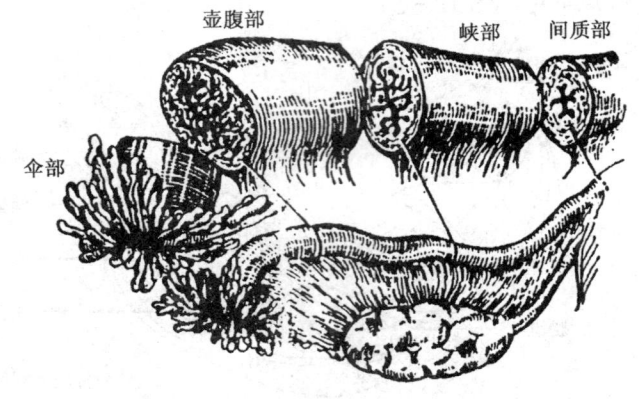

图12－6　输卵管各部及其横断面

【结构】输卵管壁由浆膜、肌层、黏膜3层构成，上皮细胞分纤毛细胞（运送卵子）、无纤毛细胞（分泌细胞）、楔形细胞（无纤毛细胞前身）及未分化细胞（上皮储备细胞）。

输卵管肌肉的收缩和黏膜上皮细胞的形态、分泌及纤毛摆动均受性激素影响，有周期性变化。

4.卵巢（ovary）：为女性生殖腺，左右各一，呈灰白色扁平椭圆体。青春期前，卵巢表面光滑，开始排卵后，表面逐渐凹凸不平。成年妇女的卵巢约4cm×3cm×1cm大小，重5～6g，呈灰白色；绝经期后，卵巢逐渐萎缩。

【功能】卵巢的功能主要为产生卵子和合成分泌甾体激素和多肽激素。

【位置】卵巢位于输卵管的下方，由卵巢系膜连于阔韧带后叶的部位为卵巢门，卵巢血管与神经经卵巢门入卵巢。卵巢外侧以骨盆漏斗韧带连于骨盆壁，内侧以卵巢固有韧带与子宫连接。

【结构】卵巢表面无腹膜，分皮质及髓质两部分，皮质居外层，内有许多始基卵泡及发育中的卵泡，髓质居卵巢中心，无卵泡，其中含有血管、淋巴管、神经及少量与卵巢悬韧带相连、对卵巢运动有作用的平滑肌纤维（图12－7）。

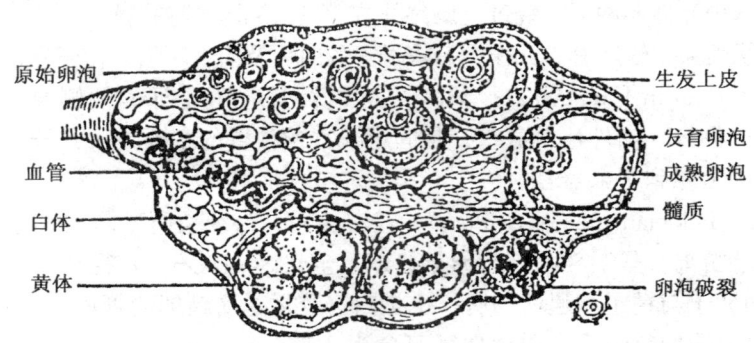

图12－7　卵巢的构造（切面）

二、血管、淋巴、神经

女性内外生殖器的血液供应主要来自卵巢动脉、子宫动脉、阴道动脉及阴部内动脉。盆腔静脉均与同名动脉伴行，并在相应器官及其周围形成静脉丛，且互相吻合。

女性盆部有丰富的淋巴系统，淋巴结一般沿相应的血管排列，数目、大小和位置不恒定。外阴部神经主要由阴部神经支配，内生殖器主要由交感神经与副交感神经所支配。

三、骨盆与骨盆底

（一）骨盆

女性骨盆（pelvis）是胎儿经阴道娩出时必经的骨性产道。其大小、形状对分娩的顺利与否关系甚为密切，通常女性骨盆较男性骨盆宽而浅，有利于胎儿娩出。

1. 骨盆的组成：骨盆由骶骨（sacrum）、尾骨（coccyx）及左右两块髋骨（coxae）所组成，每块髋骨又由髂骨（ilium）、坐骨（ischium）及耻骨（pubis）融合而成。骶骨由5～6块骶椎合成，它的内表面呈凹形，第1骶椎向前突出形成骶岬（promontory），为骨盆内测量的重要标志。尾骨由4～5块尾椎合成，其上缘与骶骨相连形成骶尾关节（sacro-coccygral joint），此关节有一定的活动度。而髋骨前方在两耻骨之间，由纤维软骨所连接，称耻骨联合。耻骨两降支构成耻骨弓，其角度平均为90°～100°。在骨盆后方由骶骨和两侧髂骨相连，形成骶髂关节（sacro-iliac joint），此关节很坚韧。此外，自骶骨背外侧面发出两条坚强的韧带，分别止于坐骨结节及坐骨棘，称骶结节韧带及骶棘韧带。妊娠时受激素影响，韧带稍松弛，各关节有一定的伸展性，有利于分娩。

由耻骨联合上缘，经髂耻线和骶岬上缘连成一线时，可将骨盆分成两部分：上部分为假骨盆，下部分为真骨盆。前者与分娩关系不大，后者是胎儿娩出必经之路，故其大小及形状与分娩的关系至为密切，但临床上直接测量较难，一般可借测量假骨盆之各径线而间接估计真骨盆的大小。

2. 女性骨盆的特点：盆腔浅而宽，呈圆筒形，入口出口均比男性骨盆大，耻骨联合短而宽，耻骨弓角度较大，骶岬突出较小，骶骨宽而短，弯度小，坐骨宽阔。

3. 骨盆腔各个平面：为便于了解分娩时胎儿通过骨盆腔，亦即骨产道（bony birth canal）的过程，可将骨盆分为四个主要的假想平面（图12-8）。

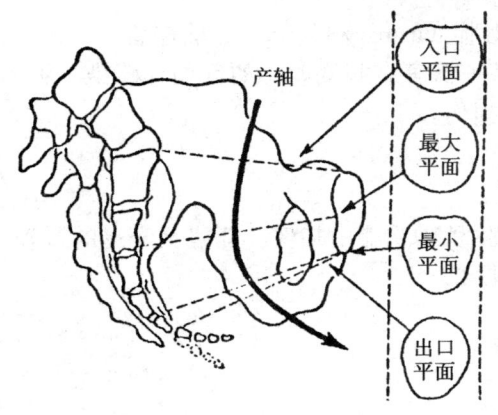

图12-8 骨盆轴、骨盆各平面图

（1）入口平面（骨盆入口）（pelvic inlet）：即真假骨盆的交界面，形状近似形成横椭圆形，有四条径线（图12-9）。①入口前后径，又名真结合径，由耻骨联合上缘正中至骶岬上缘中点的联线，平均长11cm。②入口横径，为两侧髂耻线最大间径，平均为13.5cm。③入口斜径，左右各一，左斜径由左侧骶髂关节至右侧髂耻隆突的连线，右斜径由右侧骶髂关节至左侧髂耻隆突的连线，平均为12.75cm。

（2）骨盆最宽平面：为骨盆最宽大的平面，前界为耻骨联合后面中点，后界为第2、3骶椎之间，两侧相当于髋臼中心，其前后径与横径的长度均为 12.5cm 左右。

（3）中骨盆平面：为骨盆腔最狭窄的平面，前界为耻骨联合下缘，后界为第 4、5 骶椎之间，两侧为坐骨棘，其前后径长约 11.5cm，横径即坐骨棘间径，长约 10cm，两侧坐骨棘连线为产程中了解胎头下降的重要标志。

（4）出口平面（骨盆出口，pelvic outlet）：实际上是由前后两个三角形平面所组成，前三角形的顶端有联合下缘，侧边是两侧耻骨的降支。后三角形的顶端是骶尾关节，侧边是两侧骶结节韧带，坐骨结节间径为共同的底边，也是骨盆出口的横径，平均为 9cm。坐骨结节间径长者，耻骨弓的角度亦大，骨盆出口前后径是耻骨联合下缘至骶尾关节的距离，平均 11.5cm。由耻骨联合下缘至坐骨结节间径中点的连线称骨盆出口前矢状径，长约 6cm，从骶尾关节至坐骨结节间径中点的连线称后矢状径，长约 9cm，后矢状径在产科临床上甚为重要。

4．骨盆轴：亦称产轴，为连接骨盆各个平面中心点的假想轴线，其上段向下向后，中段向下，下段向前向下，在分娩时，胎儿即沿此轴方向娩出（图 12－8）。

（二）骨盆的类型

根据骨盆形状（按 Callwell 与 Moloy 分类）分为 4 种类型，即女型（gynecoid type）、扁平型（platypelloid type）、类人猿型（anthropoid type）、男型（android type）（图 12－10）。

（三）骨盆底

骨盆底（pelvic floor）由多层肌肉及筋膜组成，封闭骨盆出口，有承托盆腔脏器，使之保持正常位置的作用。分娩时如骨盆底组织受损伤，则盆底松弛，影响盆腔器官位置。

12－9　骨盆入口平面各径线
1 前后径（11cm）；2 横径（13.5cm）；
3 斜径（12.75cm）

骨盆底前面为耻骨联合，后面为尾骨尖，两侧为耻骨降支，坐骨上支及坐骨结节。两侧坐骨结节前缘的连线将骨盆分为前后两部：前部为尿生殖三角，又称尿生殖区，有尿道和阴道通过。后部为肛门三角，又称肛区，有肛管通过。骨盆底从外向内分为三层组织：浅层筋膜与肌肉、泌尿生殖膈和盆膈。

四、邻近器官

女性生殖器官的邻近器官有尿道（urethra）、膀胱（urinary bladder）、输尿管（ureter）、直肠（rectum）、阑尾（vermiform appendix）。当某一器官有病变时，如创伤、感染、肿瘤等，易累及邻近器官。盆腔手术时亦可致邻近器官损伤。

五、妇女一生的分期

女性从新生儿到衰老是渐进的生理过程，也是生殖轴功能由初健、旺盛至衰退的过程。妇女一生根据其生理特点可按年龄分为如下几个阶段：

1．新生儿期（neonatal period）：出生后 4 周内；

2．儿童期（childhood）：出生后 4 周至 12 周岁；

3．青春期（adolescence or puberty）：10～19 岁；

4．性成熟期（sexual maturity）：18～49 岁；

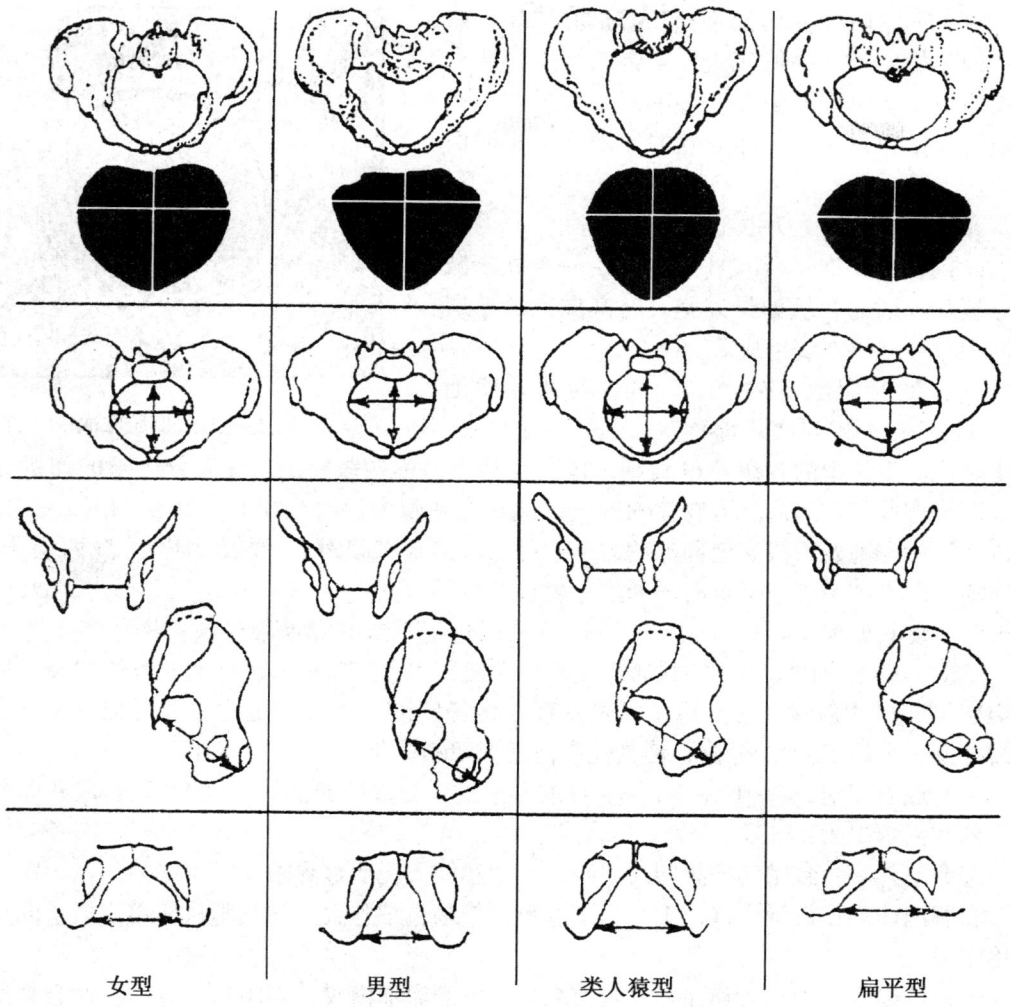

| 女型 | 男型 | 类人猿型 | 扁平型 |

图 12-10　骨盆的 4 种基本类型及其各部比较

5．围绝经期（peri-menopause）：可始于 40 岁，历时 10～20 年；

6．老年期（senility）：＞60 岁。

以上分期可因遗传、环境、营养等条件影响而有个体差异。

六、卵巢的周期性变化及激素

（一）卵巢的周期性变化

从青春期开始到绝经前，卵巢在形态和功能上发生周期性变化称卵巢周期（ovarian cy-cle），其主要变化如下：

1．卵泡的发育及成熟：人类卵巢中卵泡的发育始于胚胎时期，新生儿出生时卵巢内可约有 15 万～50 万个卵泡。儿童期卵巢的皮质含有大量原始卵泡（primitive follicle）。原始卵泡含有一个卵母细胞（oogonium），周围有一层棱形或扁平细胞围绕（图 12-11）。到青春期后卵母细胞逐渐减少。生育期大约只有 300～400 个卵母细胞发育成熟，并经排卵过程排出，其余的卵泡发育到一定程度自行退化，这个退化过程称为卵泡闭锁（atretic follicle）。

由于垂体前叶促卵泡素（FSH）的作用，始基卵泡开始发育，一般认为，正常妇女生育期每个周期中仅有数个卵泡发育成熟，其中只有一个卵泡发生排卵，其余同样成熟的卵泡都不排卵而退化。

卵泡的生长可分为以下几个阶段：

（1）原始卵泡：$\phi \approx 0.01$mm。由一个处于减数分裂双线期的初级卵母细胞及在其周围的单层梭形颗粒细胞层环绕组成。

（2）窦前卵泡：$\phi \approx 0.12$mm。为初级卵泡（primary follicle）与次级卵泡（secondary follicle）

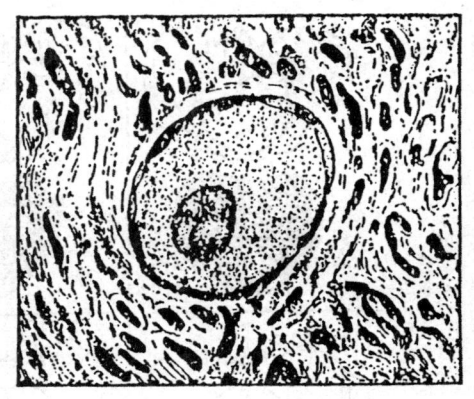

图 12-11 原始卵泡

分化阶段。生长中的初级卵母细胞，包裹在基膜内称初级卵泡。而充分生长的初级卵母细胞，围绕透明带与多层立方颗粒细胞层，包裹在基膜内称次级卵泡。有 FSH-R，E-R，T-R 形成。原始卵泡发育成窦前卵泡约需 9 个月。卵泡基底膜附近的梭形细胞形成两层卵泡膜，即卵泡内膜与卵泡外膜，这时的卵泡称生长卵泡。

（3）窦状卵泡：$\phi \approx 2$mm。在 FSH 持续影响下主要有卵泡液形成；诱导产生芳香化酶及 LH-R、PG-R、PRL-R。窦状卵泡发育的后期，相当于前一卵巢周期的黄体期及本周期早卵泡期。FSH 阈值最低的卵泡，优先发育为优势卵泡，优势卵泡生成和分泌了更多的 E_2，反馈抑制了垂体 FSH 的分泌，使其他卵泡逐渐闭锁退化。

（4）成熟卵泡：$\phi \approx 10 \sim 20$mm。窦前卵泡发育为成熟卵泡约需要 85 天。成熟卵泡的结构从外到内依次为：

①卵泡外膜：致密的卵巢间质组织，与卵巢间质无明显界限。

②卵泡内膜：血管丰富，细胞呈多边形，较颗粒细胞大，该细胞从卵巢皮质层间质细胞衍化而来。

③颗粒细胞：无血管存在，其营养来自外围的卵泡内膜，细胞呈立方形，在颗粒细胞层与卵泡内膜层间有一基底膜。

④卵泡腔：增大，腔内充满大量清澈的卵泡液。

⑤卵丘：突出于卵泡腔，卵细胞深藏其中，形成卵丘。

⑥放射冠：直接围绕卵细胞的一层颗粒细胞，呈放射状排列而得名。在放射冠与卵细胞之间还有一层很薄的透明膜，称透明带（图12-12）。

通常正常妇女生育期每个月经周期仅有数个卵泡发育成熟，其中只有一个卵泡排卵，其余同样成熟的卵泡自行退化。

2．排卵：成熟卵泡受垂体前叶黄体生成素（LH）的影响，卵泡膜溶解和破裂，卵泡液流出，成熟的卵母细胞及其周围之卵丘一并挤出入腹腔，此过程称排卵。排卵一般发生在 28 天的月经周期中间，或下次月经前的 14 天左右。排卵可由两侧卵巢轮流发生，或持续见于某一侧卵巢。

3．黄体的形成及退化：排卵后，卵泡壁塌陷，泡膜内血管破裂出血，于泡内凝成血块，称血体。其后卵泡壁的破口很快被纤维蛋白封闭而修复，血被吸收形成黄体。黄体化后形成颗粒黄体细胞及卵泡膜黄体细胞。于排卵后的 7～8 天，黄体发育达最盛期，直径 1～3cm，色黄，突出于卵巢表面（图 12-13）。

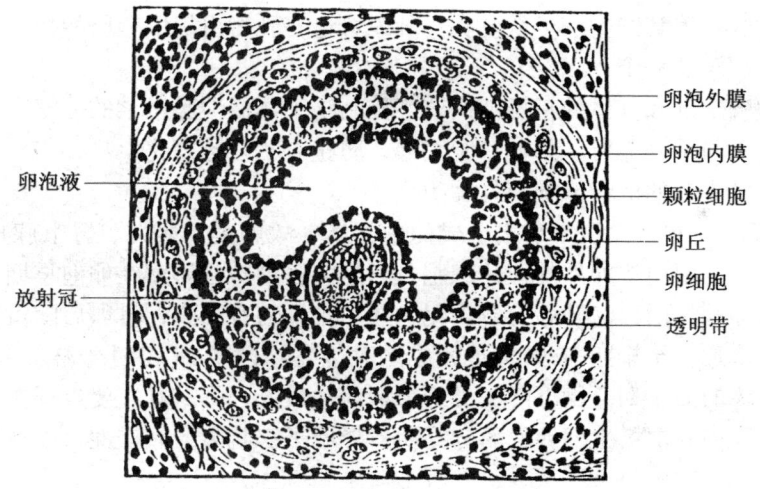

图 12-12 发育成熟的卵泡

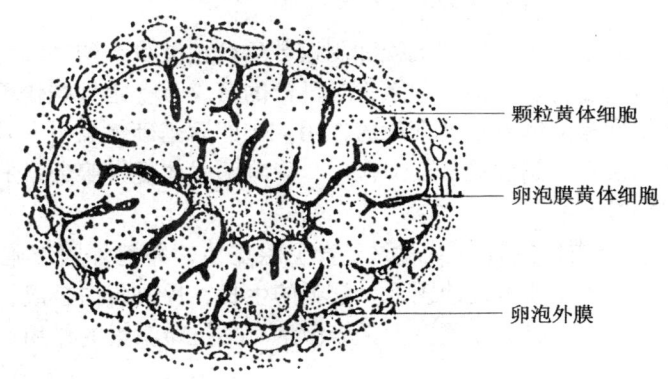

12-13 卵巢黄体

若卵子受精，则黄体继续发育为妊娠黄体，到妊娠 10 周后其功能由胎盘取代。若卵子未受精，黄体于排卵后9～10 天（即月经周期第 24～25 天）开始萎缩，黄色消退，细胞变性，性激素的分泌量也减退，约至周期的 28 天子宫内膜不能维持而脱落，形成月经来潮。萎缩的黄体历时 8～10 周后，最终转变成纤维化的白体，呈瘢痕状。

（二）卵巢分泌的甾体激素及生理作用

卵巢主要合成及分泌雌激素和孕激素，也分泌少量的雄激素。

1. 雌激素：主要由卵泡的内膜细胞、颗粒细胞分泌。在卵泡开始发育时，雌激素的分泌量较少，随着卵泡的发育成熟，分泌量逐渐增高，至排卵前 24 小时达高峰，雌二醇分泌量可达 400μg，以后稍减。黄体发育过程中分泌量又渐增加，黄体成熟时分泌量达第二次高峰。以后逐渐减少，至月经来潮前急剧下降到最低水平。其主要生理作用为：

（1）能促进卵泡的发育，利于卵巢积储胆固醇。

（2）能促使子宫发育，子宫内膜增生，宫颈黏液质变稀薄，以利精子通过。

（3）能促进输卵管发育，并加强输卵管节律性收缩，有利于孕卵的输送。

（4）使阴道上皮细胞增生和角化，细胞内糖原增多，保持阴道呈弱酸性，使阴唇发育、丰满。

（5）促进乳腺腺管细胞增生，乳头、乳晕着色，乳房组织中脂肪积聚，通过对催乳素分泌的抑制而抑制乳汁分泌。

（6）对丘脑下部和垂体的正反馈调节，控制脑垂体促性腺激素的分泌。

（7）促进水与钠的潴留。降低总胆固醇，防止冠状动脉硬化。

（8）促进骨中钙的沉积，加速骨骺闭合。

2．孕激素：为雄激素和雌激素合成的中间体，故卵巢、睾丸、肾上腺皮质和胎盘内均有孕激素存在。主要由排卵后的黄体细胞及卵泡内膜细胞分泌。在卵泡早期孕激素在血中含量极微。至排卵前，因卵泡开始有黄素化，血中含量略有升高，排卵后随黄体的发育，孕激素分泌量显著增加，至排卵 7～8 天黄体成熟时达高峰，每 24 小时分泌量可达 30mg，以后逐渐下降，黄体的后半期急剧下降，月经来潮前达最低水平。其主要生理作用：

（1）使子宫内膜由增生期转变为分泌期，降低子宫肌肉的兴奋性，以利孕卵植入和胚胎发育。

（2）抑制子宫颈内膜的黏液分泌，并使之黏稠。

（3）抑制输卵管节律性收缩的振幅。

（4）使阴道上皮细胞脱落，糖原沉积和阴道乳酸杆菌减少，酸性降低。

（5）促进乳腺腺泡发育，大剂量孕激素对乳汁的分泌有一定抑制作用。

（6）对正常的妇女有使体温轻度升高的作用，排卵后基础体温可上升 0.3～0.5℃。

（7）对丘脑下部仅有抑制性的负反馈作用，影响脑垂体促性腺激素的分泌。

（8）促进水与钠排泄。

3．雄激素：妇女体内雄激素主要来源于肾上腺皮质，卵泡外膜细胞和卵巢间质细胞可以产生极少量雄激素。雄激素可促使阴毛、腋毛的生长，促进蛋白合成，促进肌肉生长和骨骼的发育，有促进红细胞生成的作用。大量雄激素有拮抗雌激素的作用。

七、子宫、宫颈、输卵管、阴道的周期性变化

卵巢的周期性变化导致女性内生殖器发生一系列周期性变化，其中以子宫内膜的周期性变化最显著。

（一）子宫内膜的周期性变化

子宫内膜分为基底层和功能层，基底层直接与子宫肌层相连，此层不受月经周期中激素变化的影响，在月经期不发生脱落。功能层靠近宫腔，受卵巢激素的影响而有周期性变化，月经期坏死脱落。以正常 28 日月经周期为例，子宫内膜组织形态的周期性变化可分为三期：

1．增生期：在卵巢周期的卵泡期雌激素影响下，子宫内膜上皮与间质细胞呈增生状态称增生期。增生期又分为早、中、晚三期。

（1）增生早期：月经周期的第 5～7 天，此期内膜较薄，仅 1～2mm。间质中的小动脉较直，其壁薄。

（2）增生中期：月经周期的第 8～10 天，此期间质水肿明显，腺体增多、增长、弯曲，腺上皮增生活跃。

（3）增生晚期：月经周期的第 11～14 天，此期内膜增厚至 2～3mm，腺上皮及腺体继续增长，小动脉略弯曲，管腔增大。

2．分泌期：卵巢黄体形成后，在孕激素作用下，子宫内膜呈分泌期反应。分泌期也分早、中、晚三期。

（1）分泌早期：在月经周期的第 15～19 天，腺体更长，弯曲更明显，腺上皮细胞出现含糖原小泡，间质水肿，螺旋小动脉继续增生。

（2）分泌中期：在月经周期的第 20～23 天，内膜更厚，腺上皮细胞糖原小泡破裂，间质更加水肿，螺旋小动脉继续增生、卷曲。

（3）分泌晚期：在月经周期的第 24～28 天，为月经前期，子宫内膜厚 10mm，内膜腺体开口面向宫腔，有糖原等分泌物溢出，间质更疏松、水肿，表面上皮下的间质分化为肥大的蜕膜样细胞。螺旋小动脉迅速增长超出内膜厚度，也更弯曲，血管管腔扩张。

3．月经期：月经周期的第 1～4 天，即月经来潮期，此时雌、孕激素水平下降，内膜中前列腺素的合成活化。前列腺素刺激子宫肌层收缩引起内膜功能层的螺旋小动脉持续痉挛，内膜血流减少，受损缺血坏死组织面积渐渐扩大。组织变性、缺血、坏死，血管壁通透性增加，血管破裂，流出的血液在海绵层底部形成许多小的血肿，加之酶的分解作用，使内膜成片状或分散地从基底层逐渐脱落，与血液混合排出，即为月经。在子宫腔内的积血达一定量时，兴奋子宫内壁，引起反射性的子宫颈松弛和子宫排空性收缩，所以正常经血呈间歇性排出。最后，整个功能层几乎全部脱落，内膜表面留有腺管和血管断端，没有上皮遮盖。继之，内膜创面又从基底层开始修复，由腺管断端长出新上皮将内膜表面覆盖；由血管断端长出新血管，垂直于内膜表面细而长，但此时内膜极薄，厚 1～2mm，腺体小，腺管直，细胞呈方形，位于基底部。因此月经期实际上是上一周期的结束，又是新周期的开始。

（二）生殖器其他部位的周期性变化

1．阴道黏膜的周期性变化：在月经周期中，随着雌、孕激素的消长，可以引起阴道黏膜周期性变化，以阴道上段更明显。排卵前，阴道上皮在雌激素影响下，底层细胞增生，渐渐演变成中层与表层细胞，表层细胞角化程度增高，细胞内糖原含量增多，经寄生于阴道内的阴道杆菌分解而成乳酸，使阴道内保持一定的酸度，从而抑制了致病菌的繁殖，称之为自洁作用。排卵后阴道在上皮细胞的孕激素作用下，加速脱落，脱落的细胞多为中层细胞或角化前细胞。临床上常根据阴道脱落细胞的变化了解卵巢功能。

2．子宫颈及其分泌物的周期性变化：子宫颈黏膜周期性变化不明显，但其腺细胞分泌黏液却有周期性变化。月经干净后，体内雌激素水平低，子宫颈黏液分泌量也少，随着雌激素水平的不断提高，宫颈黏液的分泌量逐渐增多，且变稀薄而透明，状若蛋清。至排卵期分泌量达高峰，黏液可延展拉成细丝状，将黏液涂于玻片上干燥后，显微镜下可见羊齿植物叶状结晶，在月经周期的 6～7 天即可出现，至排卵前结晶形状最典型。排卵后，在孕激素作用下，黏液变黏稠而混浊，延展性也差，拉丝时易断裂，涂片干燥后镜检，羊齿植物叶状结晶消失，代之以呈索条状排列的椭圆体。

3．输卵管的周期性变化：在卵泡期，输卵管上皮细胞受雌激素影响，纤毛细胞变宽大，核近表面，无纤毛细胞内无分泌颗粒。到黄体期，在孕激素作用下纤毛细胞变短小，无纤毛细胞则凸出于表面，且含大量糖原并有分泌，有利于孕卵在输卵管运行过程中吸收营养。

八、下丘脑－垂体－卵巢轴的相互关系

下丘脑－垂体－卵巢轴（hypothalamic-pituitary-ovarian axis，HPOA）是一个完整协调

的神经内分泌系统，它的每个环节均有其独特的神经内分泌功能，并且相互影响。它的主要生理功能是控制女性发育、正常月经和性功能，因此又称性腺轴。此轴又受中枢神经系统的控制并参与机体内环境和物质代谢的调节。

性成熟以后，由于卵巢周期性变化，使其他生殖器官也产生相应的周期性变化，这种周期性变化称性周期。月经只是性周期的重要标志，它正常与否可以反映整个神经内分泌系统的调节功能。

（一）丘脑下部对脑垂体的调节

已经证实，丘脑下部某些神经细胞具有内泌功能，产生促性腺激素释放激素（GnRH），它为十肽类激素，具有高度的生物活性，通过门脉循环到达并作用于垂体前叶，调节垂体两种激素——促卵泡素（FSH）和黄体生成素（LH）的合成与释放，使垂体的两种促性腺激素离开细胞，进入血循环。丘脑下部的促性腺激素释放激素呈脉冲式分泌，平均每 $60\sim120$ 分钟分泌 1 次。在卵泡期脉冲的幅度和频率均较高，在黄体期其幅度降低，频率减慢。在下丘脑的神经元细胞中存在着性激素的受体。

（二）垂体对卵巢的调节

脑垂体在 GnRH 作用下产生的 FSH、LH 都是糖蛋白激素，能直接影响卵巢的周期活动。在卵巢的颗粒细胞和间质细胞膜上有 FSH 的受体，在 FSH 作用下，颗粒细胞的芳香化酶被活化，靠近卵泡的间质细胞分化成内外两层卵泡膜细胞。同时 FSH 与激素的协同作用使颗粒细胞和卵泡膜细胞膜上合成 LH 受体。

1. 卵泡期：FSH 可使卵母细胞增大，卵泡发育、成熟，并使卵泡内膜细胞及颗粒细胞产生雌激素。在排卵前 24 小时雌素水平出现第 1 个高峰。

2. 排卵期：FSH 和 LH 协同作用，特别是 LH 的峰式释放，导致成熟卵泡的破裂与排卵。

3. 黄体期：LH 主要作用于黄体细胞（颗粒细胞黄素化）产生孕激素，在排卵后 $7\sim8$ 天达峰值。同时 FSH 作用于卵泡内膜细胞继续产生雌激素，与孕激素同时出现雌激素次高峰。

垂体的 FSH 和 LH 也呈脉冲式分泌。垂体促性腺激素分泌细胞具有 GnRH 和 E_2 的受体。

（三）卵巢激素的反馈作用

性腺轴的功能调节是通过神经调节和激素反馈调节实现。卵巢性激素对下丘脑－垂体分泌活动的调节作用称为反馈性调节作用。下丘脑的不同部位对性激素作用的反应性不同。使下丘脑兴奋，分泌性激素增多者称为正反馈（positive feedback）；使下丘脑抑制，分泌性激素减少者称为负反馈（negative feedback）。

雌激素主要是雌二醇（E_2）有正、负两方面的反馈作用，但其正反馈是有条件的。大量雌激素抑制下丘脑分泌 FSH-RH（负反馈）；同时又兴奋下丘脑分泌 LH-RH（正反馈）。大量孕激素对 LH-RH 呈抑制作用（负反馈）。当下丘脑因受卵巢性激素负反馈作用的影响而使卵巢释放激素分泌减少时，垂体的促性腺激素（gonadotropin，Gn）释放也相应减少，黄体失去 Gn 的支持而萎缩，由其产生的两种卵巢激素也随之减少。子宫内膜因失去卵巢性激素的支持而萎缩、坏死、出血、剥脱，促成月经来潮。在卵巢性激素减少的同时，下丘脑的抑制被解除，得以再度分泌性激素释放激素，开始另一个新的周期，如此反复循环。

下丘脑分泌的 GnRH 主要调节垂体 LH 的合成与释放。当 GnRH 脉冲分泌的幅度和频率增高时，则 LH 的分泌增加；GnRH 脉冲分泌的幅度和频率降低时，有利于 FSH 的分泌。孕激素（P）减少下丘脑 GnRH 释放脉冲，对垂体不产生显著的反馈。孕激素有抑制雌激素正反馈的作用，同时，孕激素和雌激素协同作用则产生较强的负反馈。因此，雌激素在黄体期出现第二个高峰时，由于同时有孕激素存在不能出现 LH 的峰式变化。

综上，在大脑皮质控制下，下丘脑－垂体与卵巢激素相互依存、相互制约，调节正常的月经周期（图 12－14）。

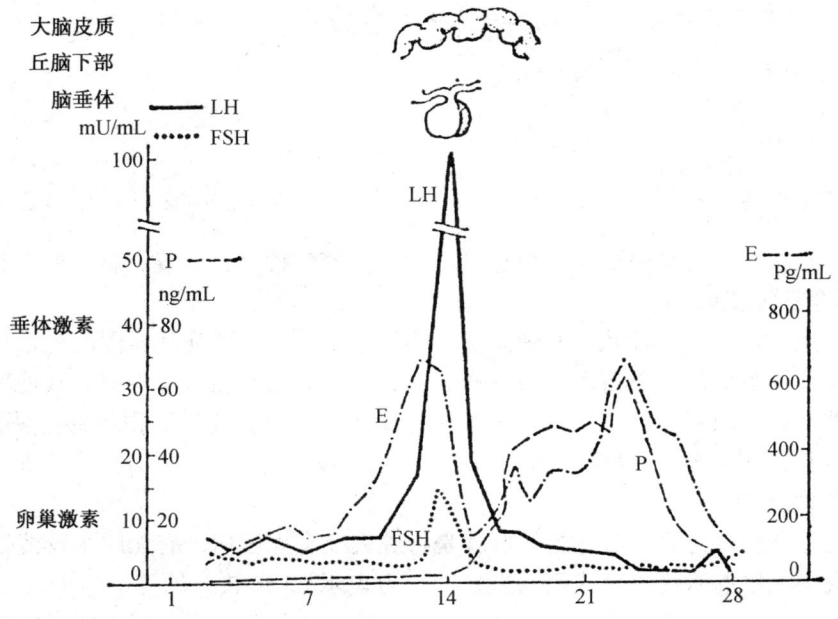

图 12－14　下丘脑－垂体－卵巢轴在月经周期中的变化

【复习思考题】

1. 女性外生殖器有哪些？
2. 试述女性内生殖器的解剖及功能。
3. 卵巢的周期性变化是什么？
4. 子宫内膜的周期性变化是什么？
5. 有排卵月经的临床特征有哪些？
6. 卵巢分泌的激素有哪些？有何生理作用？
7. 下丘脑－垂体－卵巢之间是如何相互影响的？
8. 简述骨盆的组成。
9. 骨盆的四个假想平面是如何划分的？有何解剖标志及形态特征？

〔陆　华　尹巧芝〕

第二节 妇科体格检查与辅助检查

【目的要求】

1. 掌握妇科全身检查、腹部检查及盆腔检查。
2. 熟悉各项辅助检查的方法与临床意义。

【自学时数】

8 学时。

一、妇科体格检查

妇科体格检查，应在采取病史后进行。检查内容包括全身检查、腹部检查和妇科检查。

（一）全身检查

妇科疾病可产生全身症状，其他系统的疾病也可发生妇科症状，因此应常规做全面的全身检查。常规测量体温、脉搏、呼吸、血压，必要时应测量体重和身高。其他项目包括患者神志、精神状态、面容、体态、全身发育及毛发分布情况、皮肤、淋巴结、头部器官、颈、乳房、心、肺、肝、脾、脊柱、四肢等。

（二）腹部检查

检查时注意腹部是否隆起，触诊肝脾是否肿大及有无压痛，有无腹水及能否触到肿块及其部位和大小（以厘米为单位或用相当妊娠月份表示）、形状、硬度、活动度、表面是否光滑、有无压痛。叩诊有无水波感及移动性浊音。听诊有无肠鸣音，疑为妊娠应听诊有无胎心音、胎动等。

（三）妇科检查

检查前先排尿，必要时导尿，大便充盈者先排便。上检查台，取膀胱截石位。检查应仔细，动作要轻柔，态度要严肃，关心体贴患者。

1. 外阴检查：观察外阴的发育、阴毛多少及分布，外阴和尿道有无红肿或慢性炎症，前庭大腺是否肿大，外阴有无畸形、赘生物或肿瘤，处女膜是否完整，有无会阴裂伤，阴道前后壁膨出及子宫脱垂等。

2. 阴道窥器检查：阴道窥器先用肥皂水浸湿，拟做阴道分泌物涂片检查时可蘸生理盐水，将窥器两叶合拢，倾斜45°，沿阴道侧后壁轻轻插入，然后转成正位，张开窥器两叶直至完全暴露宫颈为止。先观察阴道黏膜皱襞多少，有无畸形、红肿、出血、溃疡或肿物；分泌物量、性质、颜色、有无臭味；再观察宫颈大小，粉红色或紫蓝色，外口圆形或横裂，有无糜烂、裂伤、外翻、息肉或肿物。需做宫颈刮片或阴道涂片时，应于此时进行。未婚妇女禁作窥器检查，仅做肛诊。

3. 双合诊：检查者一手的示、中两指或示指伸入阴道内，同时另一手在腹部配合检查称为双合诊。是妇科检查最常用的方法，目的是扪清阴道、子宫颈、子宫体、输卵管、卵巢及宫旁结缔组织等情况。检查方法为一手戴橡皮手套，示、中二指沾肥皂水或生理盐水，轻轻沿阴道后壁进入阴道，检查阴道通畅情况和深度，有无肿块、瘢痕或畸形。再触扪子宫颈大小、形状、硬度及颈口情况，有无接触性出血，上举或摇摆子宫颈有无疼痛。

随后将阴道内两指平放在子宫后方，阴道内手指向上向前举宫颈，腹部手指向下向后按压腹壁，两手共同配合即可触知子宫的大小、位置、形态、软硬度、活动度及有无压痛。若子宫为后位，示中、两指先在后穹隆上抬子宫，再进行检查，或将子宫复成前倾位再触扪。扪清子宫后，阴道内两指移向一侧穹隆部，检查左侧附件时，移向左侧穹隆，与腹壁手对合。然后移向另侧穹隆检查另侧附件。正常时输卵管不能触及，卵巢有时可摸到4cm×3cm×1cm大小。检查附件应注意有无肿块、增厚或压痛，如扪及肿块要了解其大小、形状、软硬度、活动度、有无压痛以及和子宫的关系。肠管内粪块可误为肿块，但粪块受压时易变形，有泥块样感觉。

4．三合诊：即阴道、直肠及腹部联合检查。以一手的示指伸入阴道，中指伸入直肠，另一手位于腹部的检查法称为三合诊。可弥补双合诊的不足。用于了解后倾后屈子宫的大小和形态，主韧带、宫骶韧带、直肠阴道隔、骶骨前方及直肠本身的情况；如有肿块，可以了解肿块后壁的形态及其与盆壁的关系，可估计盆腔癌肿浸润盆腔的范围。

5．肛腹诊：一手示指沾肥皂水伸入直肠，另一手在腹部配合检查，称为肛腹诊。适用于未婚妇女、处女膜闭锁或经期不宜作双合诊者。

6．妇科检查记录：通过妇科检查应将检查结果按下列解剖部位顺序记录。

外阴：发育情况及婚、产类型。

阴道：是否通畅，黏膜颜色及皱襞是否平滑，分泌物量、色、性状、有无臭味。

子宫颈：大小、硬度、有无糜烂、裂伤、息肉、腺囊肿，有无接触性出血、举痛等。

子宫：位置、大小、硬度、活动度、有无压痛等。

附件：有无增厚、肿块、压痛。如有肿物，应记录其位置、大小、硬度、表面光滑或有结节状突出，活动度，有无压痛，以及与子宫及盆腔的关系，左右两侧情况应分别记录。

二、辅助检查

（一）卵巢功能检查

1．基础体温测定（basal body temperature，BBT）：是机体处于最基本情况下的体温，反映机体在静息状态下的能量代谢水平。月经周期中，由于排卵后产生的孕激素作用于体温中枢使体温升高，BBT呈现周期性变化。常根据有无周期性变化协助判定有无排卵和早孕。

（1）检查方法：每晚睡前将体温计水银柱甩至36℃以下，置于伸手可取处，第2日清晨醒后，不讲话，也不活动，在床上立即将温度计放于舌下，测口腔温度5分钟，所测之体温为BBT。每日测BBT的时间最好固定不变。将测得的结果逐日记录于BBT单上并连接成曲线。一般需连续测量3个月经周期以上。

（2）临床意义：临床BBT可指导避孕与受孕，协助妊娠诊断、协助诊断月经失调。BBT上升前后2～3日是排卵期范围，易受孕。有排卵的BBT呈双相型，即在排卵前温度略低，排卵后温度上升0.3～0.5℃，一直持续到经前1～2日或月经第1日，体温又降至排卵前水平（图12-15）。如未妊娠，BBT则于月经前下降。如为早孕，则BBT不下降保持在37℃上下，持续18日以上；无排卵月经周期中的BBT始终处于较低水平，呈单相型。此法易受许多因素影响，如夜班工作、感冒或其他疾病、性交或服用药物等，故均须注明。生活不规律、夜尿频频、睡眠不好者不适于用这一诊断方法。

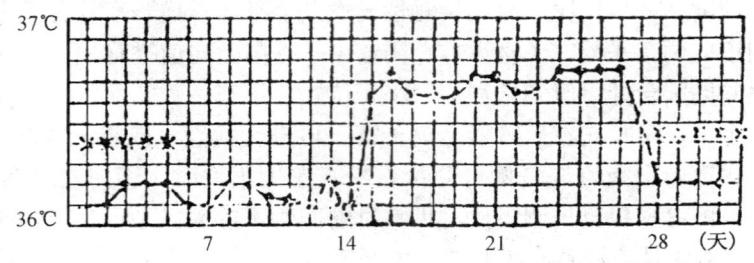

图 12-15　双相基础体温

2. 宫颈黏液检查：宫颈黏液是宫颈腺体的分泌物，正常育龄妇女宫颈黏液受雌激素和孕激素的影响而发生周期性变化。在雌激素影响下，黏液量增多，排卵前黏液稀薄，似蛋清样，拉丝度可达 10cm 以上；排卵后在孕激素作用下，宫颈黏液分泌量减少，变为浑浊、黏稠，拉丝度仅为 1～2cm。宫颈黏液在雌激素影响下呈现羊齿叶状结晶，结晶由无机盐和黏蛋白等所形成。从月经周期第 7 天起即依次出现不典型结晶、较典型结晶，在排卵期出现典型结晶，排卵后结晶逐渐减少，一般在月经周期 22 天不再出现结晶，而在孕激素的影响下出现椭圆体。

【检测方法】取材前先擦净子宫颈外口及阴道穹隆的分泌物，用干燥长吸管或长无齿镊，伸入子宫颈管 1cm 左右，取出黏液，置于玻片上，顺一个方向拉成丝状，并可观察其最长度，自然干燥后镜检，宫颈黏液涂片形态如下（图 12-16）：

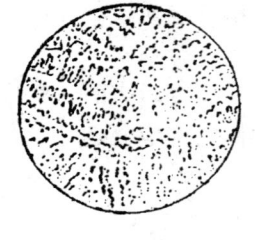 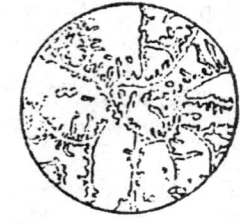 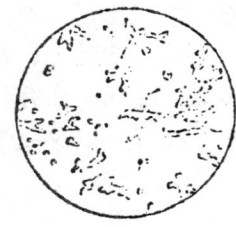 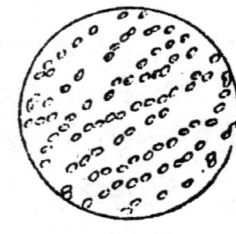

"+++"典型结晶　　　　"++"较典型结晶　　　　"+"不典型结晶　　　　椭圆体

图 12-16　宫颈黏液结晶

Ⅰ型：典型结晶（＋＋＋）主梗直而粗，分支密而长。

Ⅱ型：较典型结晶（＋＋）主梗弯曲较软，分支少而短。如雪后树枝；

Ⅲ型：不典型结晶（＋）树枝形象较模糊，分支短而稀疏，呈离散状。

Ⅳ型：椭圆体或梭形体顺长轴向同一方向排列，透光度大，有亮感，较白细胞长但稍窄。

无结晶形成：涂片无结晶可见，仅有不成形的黏液，或其中可见上皮细胞及白细胞。

【临床意义】可预测排卵期、协助诊断妊娠、诊断闭经、诊断功血患者是否有排卵。宫颈黏液涂片出现典型结晶，多表示接近排卵期，对不孕患者有指导意义。闭经患者如出现典型结晶，说明雌激素过高；如无结晶形成或仅有不典型结晶，多为雌激素过低。如涂片持续全系排列成行的椭圆体，而无羊齿状结晶出现，为妊娠现象。

3. 阴道脱落细胞检查：阴道脱落细胞主要来自于阴道上段和宫颈阴道部，也可来源于宫腔、输卵管、卵巢及腹腔上皮。取自不同部位的脱落细胞，通过检查可发现不同部位的肿瘤。阴道上皮细胞受卵巢激素的影响，而有周期性改变，妊娠时也有相应的变化，故观察阴道脱落细胞可以间接了解卵巢功能及胎盘功能。但均应作动态连续观察才正确诊断。对卵巢功能的判定而进行的阴道脱落细胞检查，主要了解雌激素水平。雌激素水平越高，阴道上皮细胞分化越成熟。在雌激素影响下，阴道上皮表层细胞增多，细胞核致密，故以致密核细胞百分数表示雌激素影响的程度。当雌激素水平低落时，表层细胞极少而出现底层细胞，故以底层细胞百分数表示雌激素低落程度。

【检查方法】取标本前 24 小时，阴道内禁止任何刺激，如性交和阴道检查、灌洗及局部上药等。在阴道上 1/3 段侧壁轻轻刮分泌物，在玻片上向一个方向推移，作均匀薄涂片，固定及染色后进行镜检。

【临床意义】在内分泌方面的临床应用可判定卵巢功能。

（1）雌激素影响时涂片中无底层细胞，以致密核表层细胞计数，划分四级：

1）雌激素轻度影响：致密核细胞约占 20% 以下。见于卵泡早期，或接受小量雌激素治疗时。

2）雌激素中度影响：大多数为表层细胞，致密核细胞占 20%～60%。见于卵泡迅速发育时，或在排卵前期，及患者接受中等剂量雌激素治疗时。

3）雌激素高度影响：全为表层细胞，致密核角化细胞占 60%～90%。见于正常排卵期或接受大剂量雌激素治疗时。

4）雌激素过高影响：致密核及嗜酸性表层细胞超过 90%。见于颗粒细胞瘤及卵泡膜细胞瘤等患者。

（2）雌激素低落时以底层细胞计数划分为四级：

1）雌激素轻度低落：底层细胞在 20% 以下，见于卵巢功能低下者。

2）雌激素中度低落：以中层细胞为主，底层细胞占 20%～40%，见于哺乳期或闭经期者。

3）雌激素高度低落：底层细胞约占 40% 以上，见于绝经期及卵巢功能衰退患者。

4）雌激素极度低落：全部为底层细胞，见于卵巢切除后或绝经后者。

4．诊断性刮宫与分段刮宫：刮取宫腔内容物作病理检查协助诊断，若同时疑有宫颈管病变时，需对宫颈管及宫腔分步进行刮宫，称分段刮宫。

【适应证】

（1）子宫异常出血或阴道排液，疑为子宫内膜癌或宫颈管癌者。

（2）月经失调，需了解子宫内膜变化及其对性激素的反应者。

（3）不孕症，需了解有无排卵或疑有子宫内膜结核者。

（4）因宫腔内组织残留或功血长期多量出血时，刮宫有助于诊断及止血。

【方法】排尿后取膀胱截石位，外阴、阴道常规消毒铺巾，了解子宫大小及位置，探查宫腔深度，在阴道后穹隆置盐水纱布，按顺序刮取宫腔内组织，特别注意宫底及两侧宫角，将刮取组织送病理检查。若刮出物肉眼观察怀疑为癌组织时，不应继续刮宫，以防出血及癌扩散。若肉眼观察未见明显癌组织时，应全面刮宫，以免漏诊。

（3）注意事项：不孕症或功血患者，应在月经来潮 12 小时内刮取内膜，以判断有无排卵或黄体功能不良。如在经前取内膜，须排除妊娠的可能性。子宫内膜病检结果，如为分泌期内膜则说明有排卵；如为增殖期内膜则无排卵；有腺体增生时则应考虑为子宫内膜增殖症。如果在出血第5天取子宫内膜病检，有增殖期、分泌期子宫内膜同时存在，则应考虑为黄体萎缩不全。出血、子宫穿孔、感染、宫腔粘连是刮宫的主要不良结果，应注意避免。

5. 常用激素测定：临床常需测定的激素有促性腺激素（FSH、LH）、催乳激素（PRL）、雌激素（E$_2$）、孕激素（P）、雄激素（A）。

（1）FSH、LH测定：①临床主要用于协助判断闭经原因。②测定LH/FSH值有助于诊断多囊卵巢综合征。③测定LH峰值，可以估计排卵时间及了解排卵情况，有助于不孕症的治疗及研究避孕药物的作用机制。④根据FSH、LH有无周期性变化，有助于判断真性和假性性早熟。

（2）PRL测定：①除外闭经、不孕症及月经失调患者的高泌乳素血症。②诊断垂体泌乳素瘤。③PRL兴奋或抑制试验可区别高PRL的原因是下丘脑－垂体功能失调亦或垂体肿瘤。④PRL升高还见于性早熟、原发性甲状腺功能低下、卵巢早衰、黄体功能欠佳、长期哺乳、神经精神刺激、某些药物如氯丙嗪、避孕药、大量雌激素、利血平等；PRL降低多见于垂体功能减退。单纯采用PRL分泌缺乏症。

（3）雌激素测定：雌激素主要由卵巢、胎盘产生，少量由肾上腺产生。雌激素的测定主要检查卵巢与胎盘的功能。雌激素可分为雌酮、雌二醇、雌三醇、雌四醇。各种雌激素均可从血、尿及羊水中测得。雌二醇是活性最强的雌激素，对维持女性生殖功能及第二性征有重要作用。绝经后妇女以雌酮为主，雌三醇是雌酮和雌二醇的代谢产物，妊娠期间，胎盘产生大量雌三醇，测雌三醇水平，可反映胎盘功能状态。但尿雌三醇排泄量受多种因素影响，须综合判定。测血雌二醇或24小时总雌激素水平，可判断闭经原因，诊断有无排卵，监测卵泡发育，有助于判定女性性早熟、妊娠、卵巢颗粒细胞瘤，肝硬化，卵巢切除及化疗时的功能损害，使用促排卵药物、GnRH激动剂的效应等。

（4）孕激素测定：可用于了解卵巢有无排卵、黄体功能、观察胎盘功能、探讨避孕及抗早孕药物的作用机制，协助诊断肾上腺皮质功能亢进或肾上腺肿瘤。

（5）雄激素测定：女性体内雄激素来自卵巢及肾上腺皮质。临床雄激素水平测定有助于诊断：①卵巢男性化肿瘤；②多囊卵巢综合征；③肾上腺皮质增生或肿瘤；④两性畸形。

（6）绒毛膜促性腺激素测定：主要用于诊断早期妊娠，以及滋养细胞肿瘤的诊断、疗效观察及随访。

（7）17－羟和17－酮类固醇测定：17－羟和17－酮类固醇由肾上腺皮质分泌，通过检查尿中的含量可了解肾上腺皮质功能与所患妇科疾病的关系。肾上腺皮质肿瘤、卵巢含睾丸细胞瘤时排出量增高，肾上腺皮质功能减退时排出量减少。

（二）阴道分泌物悬液检查

1. 滴虫检查：将棉签自阴道后穹隆蘸取分泌物后，放入预先置有少量生理盐水的玻璃试管内，或直接与一滴生理盐水在玻片上和匀，立即在显微镜下检查。阴道滴虫是一种鞭毛原虫，梨形，有前鞭毛4根，后鞭毛1根，较白细胞稍大，如见到活动的滴虫，为阳性。如天冷或放置时间过长则原虫不再活动，此时滴虫与白细胞不易区别而不能作诊断，故取分泌物后需注意保暖及及时检查。

2. 白色念珠菌检查：白色念珠菌可引起阴道炎，用10%氢氧化钠作白带悬液检查，因氢氧化钠能使黏液及大部分细胞溶解，而白色念珠菌不受影响，这样能使视野更为清晰。镜下白色念珠菌形如链状或分枝状，可见到菌丝与孢子。

（三）防癌检查

1．宫颈刮片检查：在采取标本前 24 小时内患者要避免性生活、阴道用药或阴道冲洗等。采取标本所用器具，如刮板和阴道窥器等，均应干燥、清洁，避免用润滑剂。用阴道窥器暴露宫颈，在宫颈鳞状与柱状上皮交界处轻轻刮取一周。如子宫颈有较多分泌物时，应先用干棉球拭去后再作刮片，取材后涂于玻片上，涂片须薄而均匀，不可用力过重或来回涂抹以防细胞变形。涂后的玻片放到 95% 乙醇中固定 10 分钟以上，然后用巴氏或苏木精－伊红染色，检查有无癌细胞。临床常用巴氏 5 级分类。

Ⅰ级：正常。为正常的阴道细胞涂片。

Ⅱ级：炎症或良性改变。细胞核普遍增大，淡染或有双核，有时可见核周晕及浆内空泡。

Ⅲ级：可疑癌。胞浆改变少，主要改变在胞核。核增大，核形可以不规则或有双核，染色加深，此种改变称为"核异质"，或称"间变细胞"，核与胞浆比例改变不大。

Ⅳ级：高度可疑癌。细胞具有恶性改变，核大、深染，核形不规则，核染色质颗粒粗、分布不匀，胞浆少。但在涂片中恶性细胞量较少。

Ⅴ级：癌。具有典型癌细胞的特征且量多。

2．子宫颈活体组织检查：如阴道细胞学检查或其他检查可疑子宫颈癌时，须进一步通过病理组织切片检查确诊。取材应在肉眼可疑癌变区，尽可能在鳞状与柱状上皮交界处；亦可在涂抹 2% 碘液后，在碘液不着色区多处取材；无明显病变者可在 3、6、9、12 点处取材。所取组织用 10% 甲醛溶液固定送检。活检后可用消毒纱布压迫止血，留一点纱布于阴道口，嘱患者于 12～24 小时后自行取出。

（四）输卵管通畅检查

1．输卵管通液术：术前必须确定患者无内外生殖器急性炎症，手术应于月经干净后 3～7 天内进行。

【操作方法】外阴消毒后铺巾，检查子宫位置，阴道、宫颈常规消毒后，用子宫颈钳固定子宫颈前唇并稍向外牵引，按子宫腔方向将通液导管放入，并尽量使橡皮塞与宫颈紧贴以防漏液。放好通液导管后，可用 20mL 注射器连接于通液导管，将无菌生理盐水或 0.25% 普鲁卡因 20mL 缓缓注入，如果无阻力，无液体外溢，注完后回吸液体在 2mL 以内，则表示输卵管通畅。如果注入 6～8mL 后，即有阻力，患者感到下腹胀痛，应停止注入，待症状好转后再注入，如仍有阻力即为输卵管不通，可待下次月经净后再试，连续 3 次不通者，可定为输卵管阻塞。可在通液中加入抗生素、糜蛋白酶或肾上腺皮质激素类药物，用以治疗局部炎症，但是不能确定哪侧输卵管不通。如果用输卵管粘堵术导管施行通液术，使导管分别对接于子宫角的输卵管近端，便可测知哪侧输卵管通畅或不通畅。

2．子宫输卵管碘油造影：一般经通液术证实输卵管不通后再行造影，借此来确定阻塞位置和手术可能性。另外也用来协助诊断子宫输卵管结核、子宫畸形、子宫腔粘连及较小的子宫黏膜下肌瘤等。术前须做碘过敏试验，一般可做皮肤划痕试验，将 2.5% 碘酊涂布于前臂屈面约 2～3cm 直径范围，并在其上作画痕。过 20 分钟观察有无红肿反应。阴性者可行造影。其他准备与通液术基本相同。常用造影剂为 40% 碘化油 6～10mL，徐徐注入子宫，并同时在透视下观察子宫及输卵管充盈情况，全部注入后立即摄片，24 小时后再摄片 1 次，以观察腹腔内有无游离的碘化油。造影后 2 周内禁止性交及盆浴，以免感染。

（五）子宫腔探针检查

主要了解宫腔深度、方向及是否规则。常用于盆腔肿物与子宫的鉴别，了解畸形子宫的情况及有无宫腔粘连等。操作时应严格消毒，动作要轻柔，避免发生子宫穿孔。

（六）后穹隆穿刺术

经阴道后穹隆向盆腔最低部穿刺：①可协助了解子宫直肠陷凹内有无积液，如血液、脓液，以协助诊断异位妊娠和盆腔脓肿等。②超声介导下可经后穹隆穿刺取卵。

【穿刺方法】阴道、外阴进行常规消毒，用子宫颈钳钳住子宫颈后唇并上提，再用碘复消毒后穹隆，以 18 号腰穿针接 10mL 注射器，从后穹隆正中或稍偏病变侧，刺入子宫直肠陷凹处，当针穿过后穹隆时，有一种突然阻力减轻的感觉，表示进入盆腔，即可抽吸，抽吸时可适当调整方向，边抽吸边拔出针头。

（七）腹腔穿刺术

腹腔穿刺可明确：①腹腔积液的性质；②鉴别贴近腹壁的肿物性质；③腹水过多者，可通过腹腔穿刺放出腹腔液，必要时可向腹腔内注药行腹腔内化疗。

【穿刺方法】排尿后取仰卧位；液量较少者取半卧位或侧斜卧位。常规消毒手术野，手术者戴消毒手套后铺巾。穿刺点以 1% 利多卡因 2mL 作局部浸润麻醉。穿刺时让患者屏气，穿刺针垂直皮肤刺入，穿刺针入腹腔时，有阻力突然消失的感觉。穿刺完毕后，拔出穿刺针，局部盖以无菌纱布。穿刺引流者须缝合伤口并固定导管。

（八）超声检查

妇产科常用超声检查分为经腹及经阴道两种方法，超声仪常用 B 超及彩色多普勒超声仪。B 超可用于诊断早期妊娠，鉴别胎儿存活或死亡、宫内孕或宫外孕，测量胎头双顶径，胎盘定位，探测羊水量，是否多胎妊娠，了解是否有胎儿畸形，诊断葡萄胎，探查有无宫内节育器及是否带器妊娠，诊断子宫肌瘤，鉴别卵巢肿瘤为囊性或实性，鉴别巨大卵巢囊肿与腹水，鉴别结核性腹膜炎与卵巢囊肿等。彩色多普勒在产科的应用主要为了解母体血流、胎儿血流及胎儿心脏超声监测，在妇科可用以判断盆腔肿瘤的边界、肿瘤内部血流分布，尚可协助其他检查结果，用于卵巢、子宫功能状态的判断。

（九）腹腔镜检查（laparoscopy）

腹腔镜检查是将腹腔镜（laparoscope）自腹壁插入腹腔内，观察病变的形态、部位，必要时取有关组织做病理检查，借以明确诊断。如内生殖器发育异常、肿瘤、炎症、异位妊娠、子宫内膜异位症、子宫穿孔、原因不明的下腹痛等可用此法协助诊断。但严重心、肺疾患、身体衰弱、精神病、癔症或膈疝者、结核性腹膜炎腹壁广泛粘连或其他原因造成腹腔粘连者，禁行此项检查。

【复习思考题】

1. 简述妇科全身检查、腹部检查及盆腔检查的主要内容。
2. 请解释 BBT（基础体温）。
3. 常用的检查卵巢功能的方法有几种？临床如何选用？
4. 常用的子宫功能检查方法有哪些？
5. 女性不孕的特殊检查方法有哪些？
6. 妇科常用的防癌检查有哪些？

〔陆　华　尹巧芝〕

【自学总时数】

12~16 学时。

第一节　妊娠生理与产前检查

【目的要求】

1. 掌握妊娠诊断。
2. 熟悉受精与受精卵的着床与发育、产前检查。
3. 了解胚胎、胎儿的发育，胎儿附属物及其功能，胎产式、胎方位、胎先露。

【自学时数】

8~10 学时。

妊娠（pregnancy）是胚胎（embryo）和胎儿（fetus）在母体内发育成长的过程。卵子受精（fertilization）是妊娠的开始，胎儿及其附属物自母体排出是妊娠的终止。

一、受精与受精卵的着床和发育

（一）受精

成熟的精子和卵子相结合的过程称为受精。受精发生在排卵后 12 小时内，整个受精过程约需要 24 小时。受精后的卵子称为孕卵或受精卵。正常发育成熟并已获能的精子和正常发育成熟的卵子相遇是受精的必要条件。

1. 精子的获能：精子经过子宫腔与子宫内膜接触后，子宫内膜白细胞产生 α 与 β 淀粉酶可以解除精子顶体酶上的"去获能因子"，此时的精子具有受精能力，称精子获能（capacitation）。

2. 卵子的成熟：卵巢上的卵泡刚一成熟，约在排卵前 36~48 小时，初级卵母细胞开始了第一次成熟分裂，即减数分裂。卵巢排出的卵子进入输卵管，停留在壶腹部与峡部交界处等待精子。

3. 受精过程：精子进入女性生殖道与卵子在输卵管壶腹部相遇，精子顶部释放出水解酶，消化卵子表面的放射冠和透明带，一个精子穿过透明带，附着于卵膜表面时为受精的开始。卵细胞进行第二次成熟分裂，精子细胞核和细胞质进入卵子内，精子和卵子的细胞膜相融合。精原核与卵原核融合是受精的完成，形成受精卵标志诞生新生命。

（二）孕卵的着床

1．卵裂：孕卵一面在输卵管中向子宫腔迁移，一方面进行有丝分裂，此称卵裂。受精后3～4天孕卵分裂成桑葚状，称为桑葚胚。此时孕卵已进入子宫腔。

2．着床：桑葚胚在子宫腔内游离3～4日，细胞继续分裂并按一定规律排列，细胞间出现间隙呈囊状，称囊胚或胚泡。约在受精后6～7日，晚期囊胚透明带消失之后侵入子宫内膜的过程，称受精卵着床（imbed）。约在受精后12日左右孕卵才完全植入子宫内膜里。受精卵着床需经过定位（apposition）、粘着（adhesion）和穿透（penetration）3个阶段。着床必须具备的条件有：①透明带必须消失；②囊胚细胞滋养细胞必须分化出合体滋养细胞；③囊胚和子宫内膜必须同步发育并相互配合；④孕妇体内必须有足够数量的孕酮，子宫有一个极短的敏感期允许受精卵着床。受精卵着床后，子宫内膜迅速发生蜕膜变，按蜕膜与囊胚的部位关系，将蜕膜分为3部分：底蜕膜（basal decidua）、包蜕膜（capsular decidua）和真蜕膜（ture decidua）（图13－1）。

（三）胚胎的发育

1．二胚层时期：囊胚着床后，内细胞团继续增生和分化，形成羊膜囊和卵黄囊，两囊壁接处呈盘状，称为胚盘。近羊膜囊一侧细胞大、高柱状、排列不规则，即外胚层；近卵黄囊一侧为整齐的立方细胞，即内胚层。

2．三胚层时期：外胚层细胞增生较快，并转向外胚层与内胚层的间隙分生，形成一新的细胞层，即胚内中胚层。此即三胚层时期，约在受精后的第3周形成。这三个胚层是胚体发生的始基，由此发生胎儿身体的各个器官。外胚层主要分化成

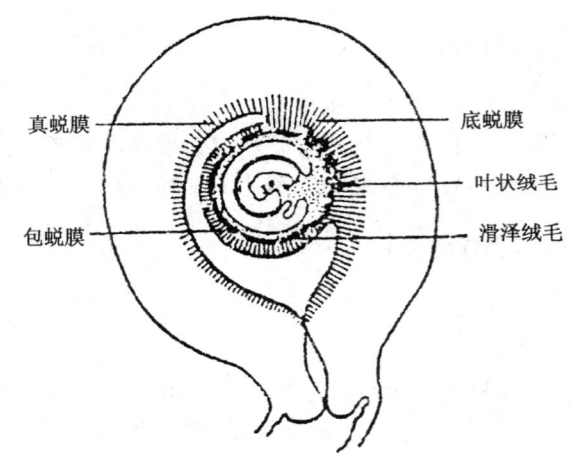

图13-1　早期妊娠子宫蜕膜与绒毛的关系

神经系统、皮肤表皮、毛发、指甲、眼睛的水晶体及内耳的膜迷路等；中胚层主要分化成肌肉、骨骼、血液、结缔组织、循环系统及泌尿生殖系统的大部分；内胚层主要分化成消化系统和呼吸系统的上皮组织及其有关腺体、膀胱、阴道下段及前庭。

约在孕8周时（受精后6周）胚胎渐具人形，其头部大，可以看到眼、耳、口、鼻、四肢已有肢芽。

二、胎儿发育

（一）胎儿发育一般情况

孕9周起（受精后7周）胚胎发育至胎儿期。

孕12周时，胎儿身长增至7～9cm，体重增至20g。

孕16周时，胎儿身长15～17cm，体重100～120g。从外生殖器可以辨认男女。

孕20周时，身长约25cm，体重约300g，这时可以听到胎心跳动。

孕24周时，胎儿身长约30cm，体重约700g。

孕28周时，胎儿身长约35cm，体重约1 000g。娩出能啼哭，生活能力弱，加强护理可以存活。

孕32周时，胎儿身长约40cm，体重1 500～1 700g。男性胎儿双睾丸已降至阴囊，此时出生可以存活。

孕36周时，胎儿身长约45cm，体重约2 500g以上。

孕40周时，胎儿身长50cm左右，体重平均3 000g以上。男性胎儿双睾丸已降至阴囊，女性胎儿大小阴唇发育良好。出生后啼哭洪亮，吸吮力强，有旺盛的生命力。

（二）足月胎头的特点

足月胎儿的胎头占全身的1/4，是胎儿身体的最大部分，分娩时如果胎头能顺利通过产道，胎儿其他部分通过产道则无困难（畸形儿例外），故应熟悉胎头特点。颅骨之间的缝隙为颅缝，两额骨之间者称为额缝，两顶骨之间者称为矢状缝，顶骨与额骨之间为冠状缝，枕骨与顶骨之间为人字缝。颅缝相会合处有较大的空隙，称为囟门，额缝、矢状缝和冠状缝会合处的菱形空隙为前囟门或称大囟门，矢状缝和人状会合缝处的三角形空隙为后囟门或称小囟门（图13－2）。临产后可以通过肛门或阴道检查前后囟门及矢状缝位置与骨盆的关系来判断胎方位。颅缝和囟门都有软组织覆盖，使颅骨有一定的活动余地，分娩时颅骨在颅缝处可以重叠，以缩小胎头体积，有利于胎儿娩出，此称胎头可塑性。胎头的大小以胎头径线和头围来表示，主要者如下：

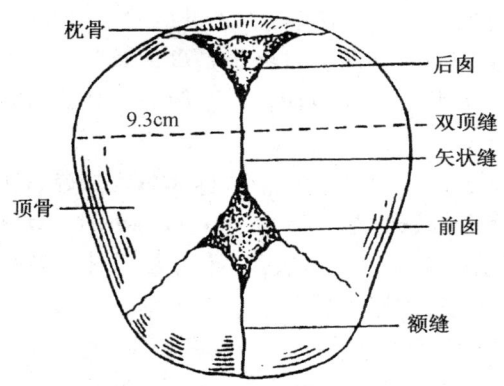

图13－2　胎头颅骨颅缝、囟门及径线

枕下前囟径（小斜径）：自前囟门中央至枕骨隆突下方的长度，平均9.5 cm。

枕额径（前后径）：自鼻根至枕骨隆突的长度，平均11.3cm。

枕颏径（大斜径）：自下颏中央至枕骨隆突的长度，平均13.3cm。

双顶径（大横径）：两顶骨之间的最长距离，平均9.3cm。

双颞径（小横径）：两颞骨之间的最长距离，平均8.4cm。

枕下前囟周径（小头围）：围绕儿头枕下前囟径的周径，平均为32.6cm。

枕额周径（大头围）：围绕枕额径的儿头周径，平均34.8cm。

足月妊娠分娩时胎头的大小（头围和各条径线长度）、硬度（颅骨骨化程度、胎头可塑性）及其所取的位置（以何种径线通过产道）等，对能否顺利分娩关系甚大，若胎头过大，颅骨过硬或胎头位置异常，则可致难产。临床遇有难产可能时，常行阴道检查，了解胎头情况，估计能否经阴道分娩。

（三）胎儿附属物的形成

1．胎盘（placenta）：是母体与胎儿间进行物质交换的场所，是胚胎与母体组织的结合体，由羊膜（amniotic membrane）、叶状绒毛膜（chorion frondosum）和底蜕膜构成。

妊娠足月胎盘呈圆形或椭圆形，重450～650g。胎盘的功能极其复杂，在胎盘内进行物质交换及转运方式有：①简单扩散；②易化扩散；③主动转运；④较大物质可通过血管合体膜裂隙，或通过细胞膜内陷吞噬后继之膜融合，形成小泡向细胞内移动等方式转运。胎盘可以使胎儿与母体进行气体交换；供给胎儿发育的营养物质；排泄胎儿的代谢废物；防御病毒、细菌毒素及化学毒物、药物对胎儿的伤害；滋养层细胞产生免疫抑制因子，同时机械的阻断细胞抗原，使胎儿不被母体排斥而具免疫功能；同时具有内分泌功能而产生激素和酶，如人绒毛膜促性腺激素（hCG）、人胎盘生乳素（hPL）、妊娠特异性 β_1 糖蛋白（PSβ_1G）、人绒毛膜促甲状腺激素（hCT）、雌激素、孕激素、缩宫素酶（oxytocinase）、耐热性碱性磷酸酶（HSAP）。

2．胎膜（fetal membranes）：由羊膜、绒毛膜组成。胎膜可防止细菌进入宫腔，故早期破膜容易引起宫腔感染。胎膜含多量花生四烯酸的磷脂，且含有能催化磷脂生成游离花生四烯酸的溶酶体，故胎膜在分娩发动上有一定作用。

3．脐带（umbilical cord）：脐带是连接胎儿与胎盘的带状器官，由胚胎发育过程中羊膜囊扩大包围体蒂及卵黄囊而成。内有一条脐静脉和两条脐动脉，保持胎儿和胎盘间的连系，保证胎儿在子宫内有一定的活动度。妊娠足月胎儿的脐带长30～70cm，平均约50cm，直径1.0～2.5cm，表面被羊膜覆盖呈灰黄色。脐带是母体及胎儿气体交换、营养物质供应和代谢产物排除的重要通道，若脐带受压致使血流受阻时，缺氧可致胎儿窘迫，甚至危及胎儿生命。

4．羊水（amniotic fluid）：羊膜腔中的液体称为羊水。妊娠不同时期的羊水来源、容量及组成均有明显改变。足月妊娠时羊水量为500～1 000mL，相对密度（比重）为1.007～1.025，呈碱性或中性反应。妊娠早期羊水为无色澄清液体，妊娠足月羊水略混浊，不透明，羊水内常悬有小片状物，包括胎脂、胎儿脱落上皮细胞、毳毛、毛发、少量白细胞、白蛋白、尿酸盐等。胎儿在羊水中活动自如，不致受到挤压，防止胎体畸形、胎肢粘连及羊膜与胎儿体表相粘连；保持羊膜腔内恒温；妊娠期减少因胎动所致的不适感；临产后羊水还可传导宫腔压力，促使子宫颈口扩张，第一产程初期，羊水直接受宫缩压力能使压力均匀分布，避免胎儿局部受压；破膜时羊水还有冲洗阴道的作用，可减少感染。

三、妊娠期母体生殖系统及乳房的主要变化

子宫逐渐增大变软，妊娠足月时子宫大小可达35cm×25cm×22cm，宫腔容量可达5 000mL，重量可达1 000g，子宫峡部可达7～10cm。宫颈黏膜充血及组织水肿，致使外观肥大、紫蓝色及变软，并出现假性糜烂。卵巢停止排卵。阴道黏膜变软、充血水肿呈紫蓝色，阴道脱落细胞增多，分泌物常呈白色糊状，阴道上皮细胞含糖原增加，乳酸含量增多，使阴道分泌物 pH 值降低，不利于一般致病菌生长。外阴充血、皮肤增厚，大小阴唇色素沉着。乳房增大、充血、乳晕变黑，乳晕外围的皮脂腺肥大形成散在的结节状小隆起，称蒙氏

结节（Montgomery tubercles）。

四、妊娠诊断

临床上为了掌握妊娠不同阶段的特点，将妊娠全过程共 40 周分为 3 个时期：妊娠 12 周末以前称为早期妊娠，第 13～27 周末称为中期妊娠，28 周以上称为晚期妊娠。

（一）早期妊娠诊断

【临床表现与体征】

1. 停经：育龄已婚或有性生活的妇女，平时月经周期规则，一旦月经过期 10 日以上，应疑为妊娠。

2. 早孕反应：约半数妇女在停经 6 周左右出现头晕、嗜睡、食欲不振、恶心、轻度呕吐、厌恶油腻、喜食酸物、乏力等现象，称早孕反应（morning sickness）。12 周左右多自行消失。

3. 尿频：因妊娠子宫增大，压迫膀胱，出现尿频。当增大的子宫越出盆腔时，症状逐渐消失。

4. 乳房的变化：从妊娠第 8 周起，乳房开始增大，可有胀痛，初孕妇较明显。乳头和乳晕着色。

5. 妇科检查：阴道及宫颈松软，呈紫蓝色。有时子宫峡部特别柔软，宫颈和宫体似不相连，称黑格征（Hegar sign）。妊娠 5～6 周宫体呈圆球形，妊娠 8 周宫体约为非孕宫体的 2 倍，妊娠 12 周时为非孕宫体的 3 倍。当子宫底越出盆腔时，可在耻骨联合上方触及。

【辅助检查】

1. 妊娠试验：妊娠后滋养层细胞产生大量绒毛膜促性腺激素（简称 hCG）经孕妇尿中排出，用免疫学方法（临床多用试纸法）检测，妊娠时为阳性。放射免疫测定血液中 β-hCG 的量，可做为早期妊娠之辅助诊断。

2. 黄体酮试验：对过去月经正常，此次月经过期未来潮的可疑早孕妇女，每日肌内注射黄体酮 10～20mg，连续 3～5 日，停药 3～7 日内有阴道流血，可以排除妊娠，超过 7 日仍未流血，妊娠之可能性大。

3. 超声检查：B 超显像法是检查早期妊娠快速准确的方法。最早在妊娠 5 周时见到妊娠环，若妊娠环内见到有节律的胎心搏动和胎动，可确诊为早期妊娠、活胎。超声多普勒法于孕 8 周在增大的子宫区内听到有节律的胎心音，可确诊早孕。

4. 基础体温测定：具有双相型体温的妇女，停经后高温持续 18 日以上仍不见下降者，早孕可能性大。如高温持续超过 3 周，则早孕的可能性更大。

早孕的诊断，常根据病史、临床表现及辅助检查，进行综合分析，才能避免误诊。

（二）中、晚期妊娠诊断

【临床表现】

1. 子宫增大：随着妊娠的发展子宫逐渐增大，孕妇也自觉腹部膨胀，并可根据手测宫底高度判断妊娠月份，一般妊娠 16 周子宫底约达脐耻之间，妊娠 24 周约在脐上 1 横指，妊娠 36 周剑突下 2 横指，妊娠 40 周脐与剑突之间或略高。

2. 胎动（fetal movement）：胎儿在子宫内冲击子宫壁的活动称胎动。胎动是胎儿情况良好的表现。妊娠 12 周后可用听诊器经孕妇腹壁听及胎动，妊娠 18～20 周孕妇可自觉胎动，妊娠周数越多，胎动越活跃，但至妊娠末期胎动渐减少。

3．胎心：妊娠18～20周经孕妇腹壁可听到胎儿心音，如钟表的"滴答"声，每分钟120～160次，妊娠24周以前，胎儿心音多在脐下正中或稍偏左、右听到，妊娠24周以后，胎儿心音多在胎儿背部所在侧听诊最清楚。

4．胎体：妊娠20周后，可经腹壁触到子宫内的胎体，妊娠24周后触诊时已能区分胎头、胎背、胎臀和胎儿肢体。胎头圆而硬，有浮球感。胎臀宽而软，形状不规则。胎背宽而平坦。四肢小且有不规则活动。

5．皮肤变化：在孕妇面部、乳头乳晕及腹壁正中线有色素沉着。

【辅助检查】

超声检查对腹部检查不能确定胎产式、胎先露、胎方位或胎心未听清楚有意义。B型超声显像法于妊娠15周后可显示胎体、胎动、胎心搏动、胎头及胎盘等完整图像，可确诊为妊娠，并证实为活胎。

（三）**胎产式、胎先露、胎方位**

妊娠32周以后，由于胎儿生长迅速、羊水相对减少，胎儿与子宫壁贴近，胎儿的位置和姿势相对恒定。胎儿在子宫内的姿势为：胎头俯屈，颏部贴近胸壁，脊部略向前弯，四肢屈曲交叉于胸前，整个胎体呈椭圆形。胎儿位置与母体骨盆的关系，对分娩的影响很大，临产前应明确诊断胎位，对异常胎位也应及时尽量纠正。

1．胎产式：胎体纵轴和母体纵轴的关系称为胎产式（fetal lie）。两纵轴平行者称纵产式（longitudinal lie），如头位、臀位，占妊娠足月分娩总数的99.75%。两纵轴垂直者称横产式（transverse lie），如横位。两纵轴交叉成其他角度时称斜产式。斜产式是暂时的，在分娩过程中多数转成纵产式或横产式（图13-3）。

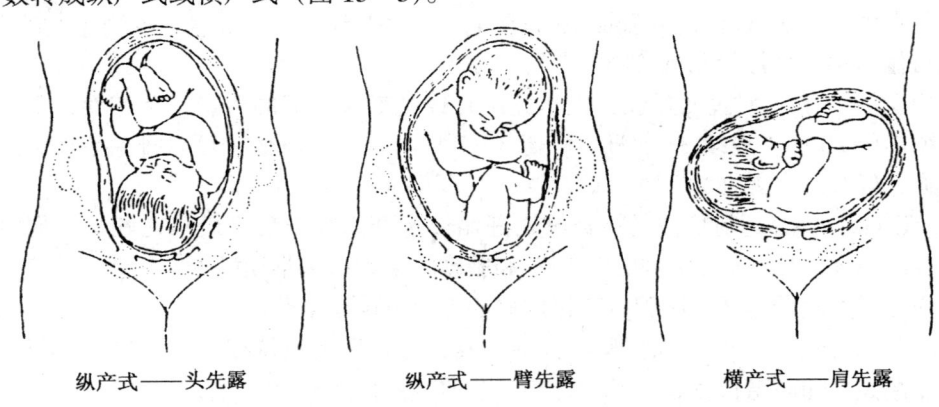

纵产式——头先露　　　纵产式——臀先露　　　横产式——肩先露

图13-3　胎产式及胎先露

2．胎先露（fetal presentation）：最先进入骨盆入口的胎儿部分称胎先露。纵产式有头先露和臀先露，横产式为肩先露。头先露因胎头屈伸程度不同又分为枕先露、前囟先露、额先露和面先露。臀先露由于入盆的先露部不同，可分为混合臀先露、单臀先露及足先露（图13-4）。

3．胎方位（fetal position）：胎儿先露部的指示点与母体骨盆的关系称胎方位。枕先露以枕骨、面先露以颏骨、臀先露以骶骨、肩先露以肩胛骨为指示点，根据指示点与骨盆前后左右的关系有不同的胎位。各种胎产式，胎先露和胎方位的关系与种类列表如下：

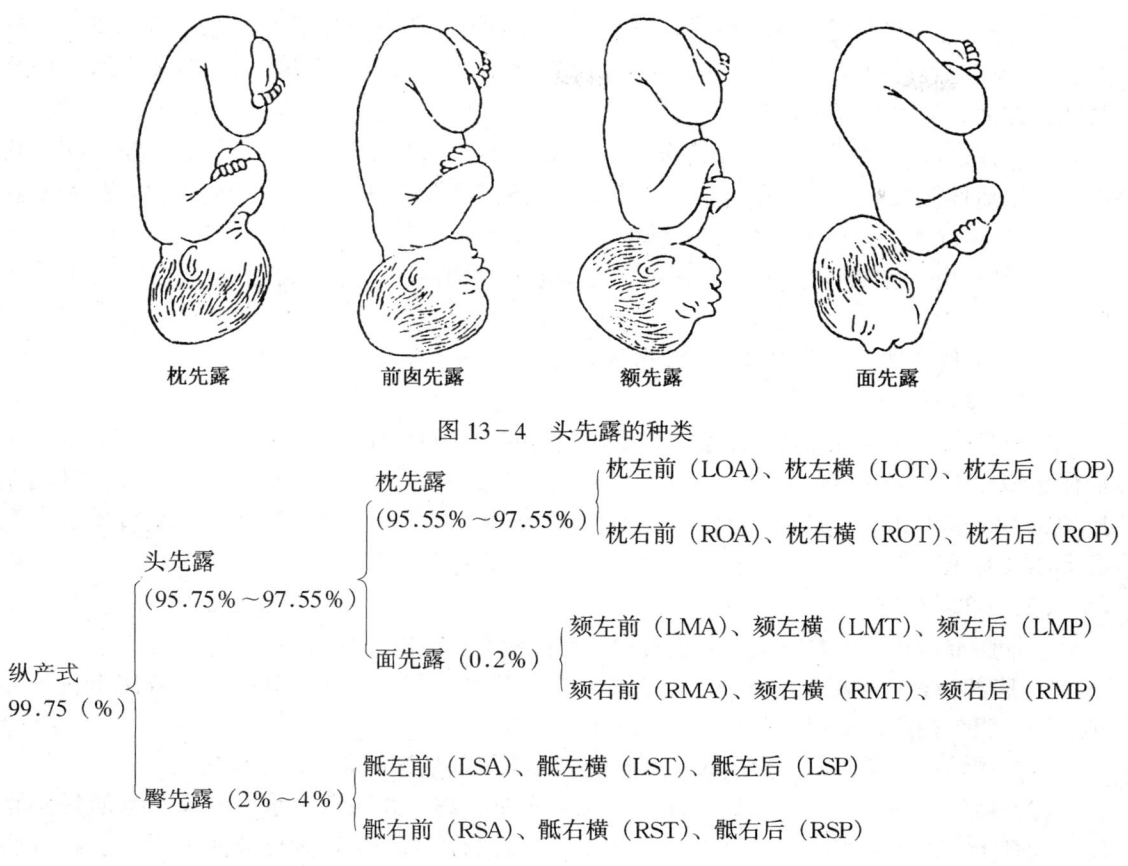

枕先露　　　　前囟先露　　　　额先露　　　　面先露

图 13-4　头先露的种类

纵产式 99.75（%）
- 头先露（95.75%～97.55%）
  - 枕先露（95.55%～97.55%）
    - 枕左前（LOA）、枕左横（LOT）、枕左后（LOP）
    - 枕右前（ROA）、枕右横（ROT）、枕右后（ROP）
  - 面先露（0.2%）
    - 颏左前（LMA）、颏左横（LMT）、颏左后（LMP）
    - 颏右前（RMA）、颏右横（RMT）、颏右后（RMP）
- 臀先露（2%～4%）
  - 骶左前（LSA）、骶左横（LST）、骶左后（LSP）
  - 骶右前（RSA）、骶右横（RST）、骶右后（RSP）

横产式　　肩先露（0.25%）
- 肩左前（LScA）、肩左后（LScP）
- 肩右前（RScA）、肩右后（RScP）

五、产前检查及内容

产前检查是围产保健的主要内容之一，也是贯彻预防为主方针的具体措施。产前检查应自确诊早孕时开始，对有遗传代谢疾病可疑者，应及早进行产前诊断，以降低先天性遗传病儿和畸形儿的出生率。妊娠 20 周起进行产前系列检查，于妊娠 20～28 周期间每 4 周检查 1 次，妊娠 28 周后每 2 周检查 1 次，妊娠 36 周后每周检查 1 次，若发现异常或属高危孕妇，应酌情增加产前检查次数。

（一）病史

1. 询问：孕妇姓名、年龄、结婚年龄、孕次、产次、籍贯、职业、住址及爱人姓名、职业。

2. 推算预产期：从末次月经第 1 天起计算，月份加 9 或减 3，日数加 7（农历日数加14），所得日期即为预产期。如末次月经为 2000 年 6 月 28 日，预产期则为 2001 年 4 月 5 日。

若孕妇记不清末次月经日期，或哺乳期尚未来月经而妊娠者，可根据早孕反应、初次检查子宫大小、胎动开始时间、子宫底高度及胎儿大小来推测。

3. 了解本次妊娠情况：有无恶心、呕吐、头晕、头痛、心跳、下肢浮肿、阴道出血等症状，及胎动开始时间、孕期服药史等。

4．月经史及孕产史：月经情况及过去妊娠、分娩、产后经过情况，包括有无流产、早产、难产史（难产原因、胎儿大小及出生情况、所施手术及手术后情况），有无产后出血及其他合并症，新生儿情况如何。

5．既往病史及手术史：有无输血史，有无心脏病、肺结核、肝炎、肾炎、糖尿病、高血压、出血性疾病及其发病时间和治疗情况，是否避孕及采取的措施。了解做过何种手术。

6．药物过敏史：既往有无药物过敏。

7．家族史：家族中有无高血压病、传染病（如结核）、可能与遗传有关的疾病及多胎史。

8．丈夫健康情况：着重询问有无遗传病等。

（二）全身检查

注意发育、营养、身高、体态、步态及有无畸形，测量体重与血压。正常晚期妊娠，每周体重增加不应超过 500g。孕妇血压正常不超过 17.3/12kPa（130/90mmHg），或与基础血压相比不超过 4.0/1.95kPa（30/15mmHg）。检查心、肺、肝、脾，检查乳房发育情况、乳头大小及有无凹陷，腹及下肢有无水肿。化验血红蛋白及尿常规。

（三）产科检查

包括腹部检查、骨盆测量、阴道检查、肛门检查及绘制妊娠图。

1．腹部检查：主要了解子宫大小及胎位，检查前先排空小便，仰卧于检查床上，头部稍垫高，腹部袒露，双腿屈曲，检查者站于孕妇右侧。

（1）视诊：注意腹部外形、大小、腹壁有无水肿、妊娠纹和手术瘢痕等。

（2）触诊：注意腹壁肌的紧张度，有无腹直肌分离，并注意羊水多少及子宫肌敏感程度。检查子宫大小，胎先露及胎方位，先露部是否衔接。腹部触诊可分四步手法进行（图13－5）。

第一步手法：检查者面对孕妇，两手置于子宫底部，了解子宫外形并测得子宫底高度，估计胎儿大小与妊娠月份是否相符，同时分辨在子宫底部是胎头还是胎臀。若在宫底部未触及大的部分，应想到可能为横产式（图13－5a）。

第二步手法：检查者两手分别放于腹部左右侧，一手固定，另一手轻轻深按检查，两手交替，判断胎背及胎儿四肢的位置，如胎儿的四肢有活动，则诊断更易明确。胎背方向与先露部指示点有一定关系，从胎背可以间接判断胎方位（图13－5b）。

第三步手法：检查者将右手大拇指和其余4指分开，置于耻骨联合上方握住胎先露部，向上下左右推动，了解先露部的性质及入盆情况，若先露浮动者为未入盆（图13－5c）。

第四步手法：检查者两手置于先露部两侧，向下深压，再次核对胎先露部的诊断是否正确，并确定及其入盆程度（图13－5d）。

经四步触诊法，绝大多数能判定胎头、胎臀及胎儿四肢的位置。如胎先露部已衔接，头、臀难以鉴别时，可做肛查、B超检查协助诊断。

（3）听诊：胎心音多经胎背传出，故在胎背侧听得最清楚。听胎心音时要注意其节律与速度。

2．骨盆测量：了解骨盆的大小及形态，可以预测足月胎儿能否通过产道。临床测量骨盆的方法有骨盆外测量和骨盆内测量两种。

（1）骨盆外测量（external pelvimetry）：外测量虽不能测出骨盆内径，但能间接估计内

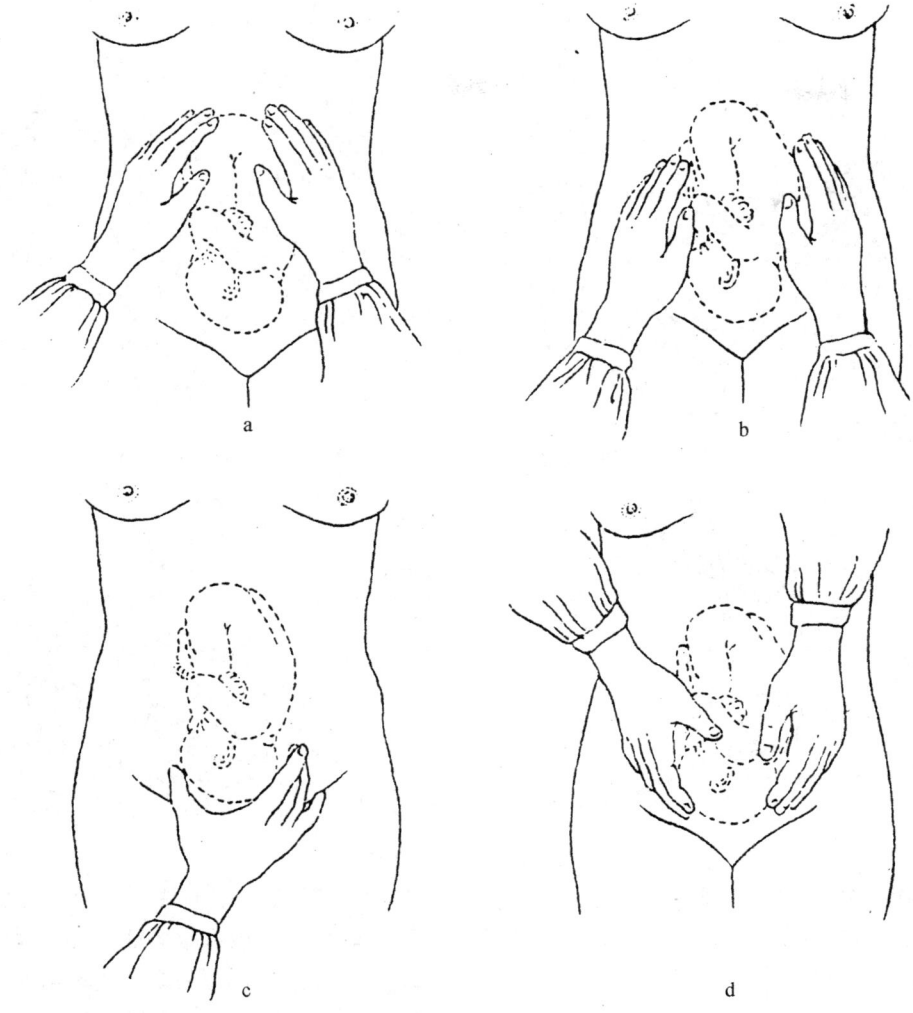

图 13-5 胎位检查的四步触诊法

径的概况。

常测的径线有：

1）髂棘间径（interspinal diameter）：孕妇取伸腿仰卧位，用测量器测量两髂前上棘外缘的距离。正常值为 23~26cm（图 13-6）。

2）髂嵴间径（intercristal diameter）：同上述体位，测量两髂嵴外缘最宽的距离。正常值为 25~28cm（图 13-7）。

3）骶耻外径（external conjugate）：孕妇左侧卧位，右腿伸直，左腿屈曲，测量耻骨联合上缘中点至第 5 腰椎棘突下的距离。正常值为 18~20cm。第 5 腰椎棘突下相当于髂嵴连线中点下 1.5cm，即米氏菱形窝（michaelis rhomboid）的上角。此径线间接推测骨盆入口前后径长度，是骨盆外测量中最重要径线。骶耻外径值与骨质厚薄相关，测得的骶耻外径值减去 1/2 尺桡周径值，即相当于骨盆入口前后径值（图 13-8）。

4）坐骨结节间径（transverse outlet）：即骨盆出口横径。孕妇取仰卧位，两腿弯屈，双

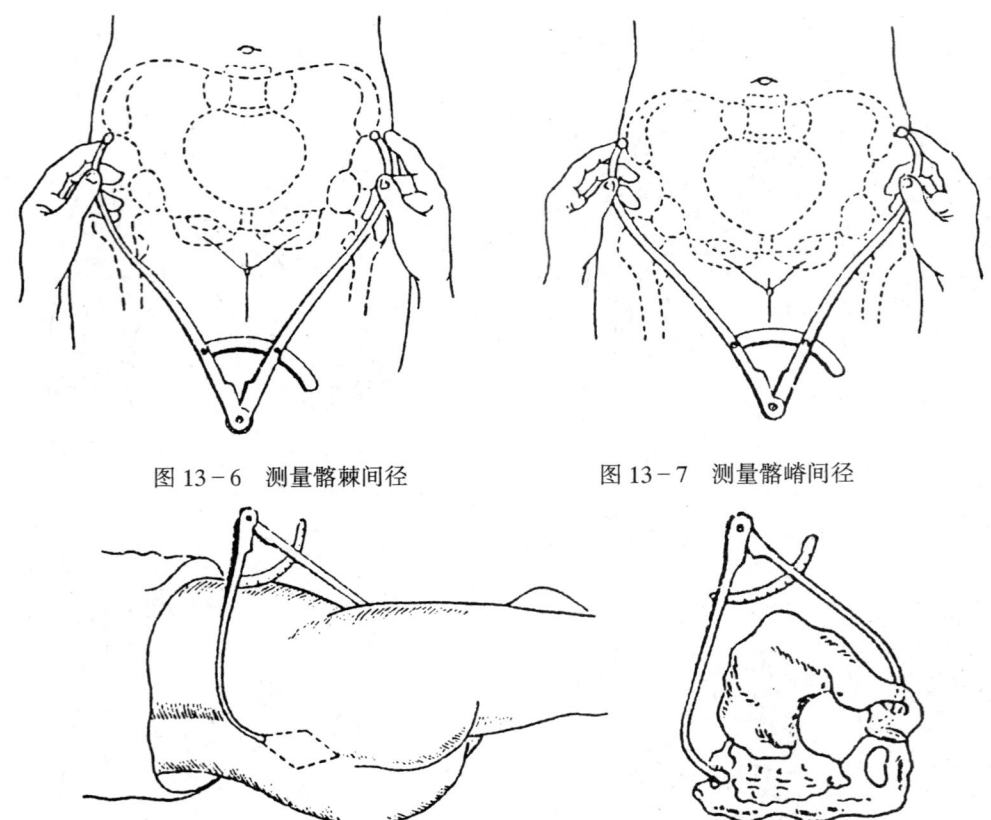

图 13-6 测量髂棘间径　　　　图 13-7 测量髂嵴间径

图 13-8 测量骶耻外径

手抱两膝，使髋关节和膝关节全屈。测量坐骨结节前端内侧缘的距离。正常值为 8.5～9.5cm（图 13-9）。亦可用检查者的拳头测量，若其能容纳一成人横置手拳者，表示其间径大于 8.5cm，属正常。此径线直接测出骨盆出口横径长度。若此径线少于 8cm 时，应测量出口后矢状径。后矢状径平均长约为 8～9cm，若与坐骨结节间径相加大于 15cm，表示骨盆出口无狭窄。

　　5）出口后矢状径（posterior sagital diameter of outlet）：为坐骨结节间径的中点至骶骨尖端的长度（图 13-10）。检查者戴指套的右手示指伸入孕妇肛门的骶骨方向，拇指置于孕妇体表骶尾部，两指共同找到骶尾关节，用尺放于坐骨结节径线上，测量器的一端放在坐骨结节间径的中点，另一端放于骶尾关节处，两端的距离即为后矢状径的长度。

　　6）耻骨弓角度（angle of pubic arch）：耻骨弓角度可以反映出口横径的宽度，正常值为90°，测量此角时可用两拇指放在耻骨降支的上面，由两拇指延线所形成的角度即为耻骨弓角度。若小于80°为不正常（图 13-11）。

　　（2）骨盆内测量（internal pelvimetry）：经阴道测量骨盆内径能较准确地测知骨盆大小，适用于骨盆外测量有狭窄者。

　　1）对角径（diagonal conjugate）：若外测量之骶耻外径小于 18cm 时须测量骶耻内径，即对角径。测量方法是检查者将一手的示、中指伸入阴道，中指尖触到骶岬上缘中点，示指上缘紧贴于耻骨联合下缘，另手示指正确标记此接触点，抽出阴道内的手指，测量中指尖到

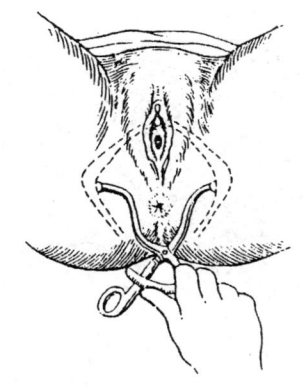

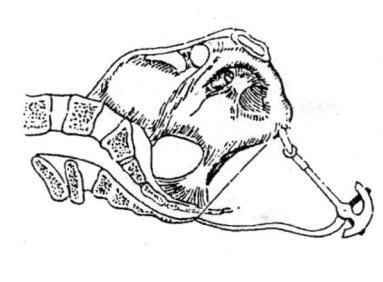

图 13-9　测量坐骨结节间径　　　　　图 13-10　测量骨盆出口后矢状径

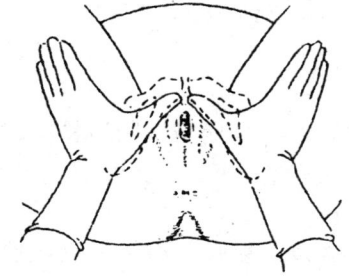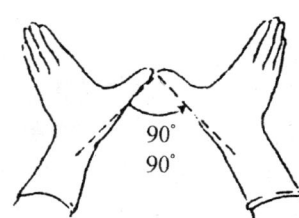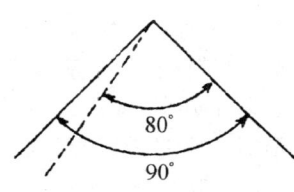

图 13-11　测量耻骨弓角度

此接触点间的距离，即为骶耻内径。若中指尖触不到骶岬时表示此径大于 12cm。该径为耻骨联合下缘至骶岬上缘中点间的距离，正常值为 12.5~13cm，此值减去 1.5~2cm 即为骨盆入口前后径的长度，又称真结合径。真结合径正常值约为 11cm（图 13-12）。

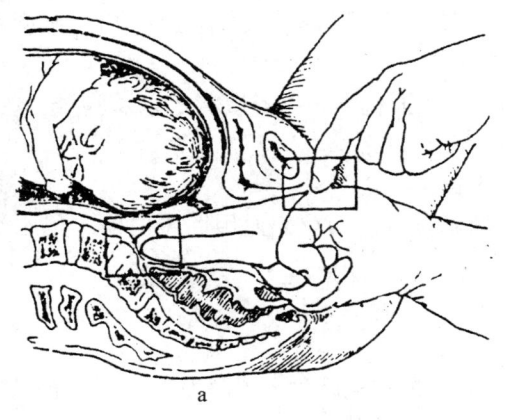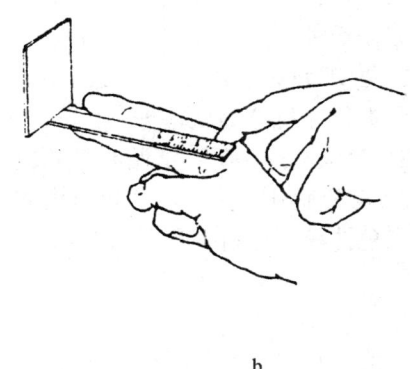

a　　　　　　　　　　　　　　　　　　b

图 13-12　测量对角径
a. 测骶耻内径；b. 量骶耻内径长度

　　2）坐骨棘间径（interspinous diameter）：测量两坐骨棘间距离，正常值约为 10cm。测量方法是一手示指、中指放入阴道内，分别触及两侧坐骨棘，估计其间距离（图 13-13）。

　　3）坐骨切迹宽度：代表中骨盆后矢状径，其宽度为坐骨棘与骶骨下部间的距离，即骶棘韧带宽度。将阴道内的示指置于韧带上移动（图 13-14）。若能容纳 3 横指（5.5~6cm）

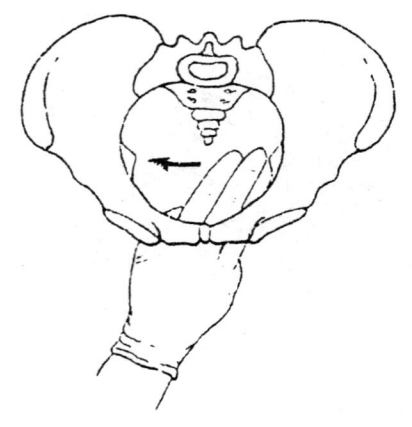 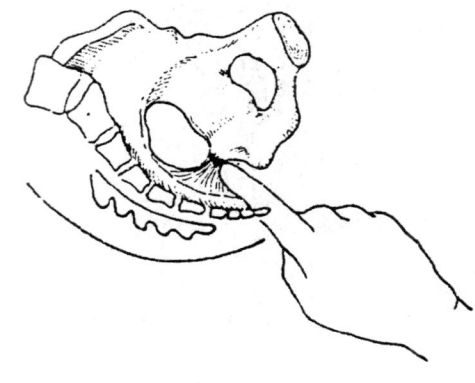

图 13-13　测量对坐骨棘间径　　　　图 13-14　测量坐骨切迹宽度

为正常，否则属中骨盆狭窄。

3. 阴道检查：了解软产道有无畸形、狭窄或其他异常。妊娠早期当做阴道检查以排除异常。若于妊娠 24 周以后进行首次检查，应同时测量对角径、坐骨棘间径及坐骨切迹宽度。妊娠最后 1 个月内以及临产后，则应避免不必要的阴道检查。

4. 肛门检查：可了解先露部、坐骨棘间径、坐骨切迹宽度、骶骨前面弯曲度及骶尾关节活动度，并能结合肛诊测得出口后矢状径。

5. 绘制妊娠图（pregnogram）：将每次检查结果，包括血压、体重、子宫长度、腹围、B 超测得的胎头双顶径值、胎位、胎心率、浮肿等项，填于妊娠图中，绘制成曲线，观察其动态变化。

（四）辅助检查

除常规检查血象（Hb）值、RBC 计数、WBC 总数及分类、血小板计数）、血型及尿蛋白、尿糖等外，还应根据具体情况做下列检查：

1. 出现妊娠期合并症，按需要进行肝功能、血液化学、电解质测定以及胸透、心电图、乙型肝炎抗原抗体等项检查。

2. 胎位不清、听不清胎心者，应行 B 超检查。

3. 有死胎死产史、胎儿畸形史和患遗传病者，应检测孕妇血甲胎蛋白值、羊水细胞培养行染色体核型分析等。

六、复诊

产前检查的复诊时间按妊娠月份而定，已如上述。复诊时要了解前次检查后有无特殊情况，如浮肿、头痛、阴道出血及其他症状等。每次复诊均应测血压，量体重，注意胎方位、胎心音及下肢有无浮肿。如有血压增高、体重增加过快或水肿现象，要注意妊娠高血压综合征，做有关的化验检查。复诊时做好孕期卫生宣教，并预约下次复诊时间，如病情严重，孕妇不能及时复诊者，应及时随访。

【复习思考题】

1. 解释"精子获能"。

2．孕卵是如何着床的？

3．胎儿附属物主要有哪些？功能如何？

4．如何诊断早期、中期妊娠？

5．简述胎产式、胎先露、胎方位的关系及种类。

6．产前检查的内容有哪些？

7．骨盆内、外测量常测的径线有哪些？

〔陆　华　尹巧芝〕

第二节　正常分娩

【目的要求】

1．掌握分娩的临床表现及处理，正常经阴道分娩的因素。

2．熟悉枕先露分娩机制。

3．熟悉产褥期临床表现及处理。

【自学时数】

4～6学时。

妊娠满28周以后，胎儿及其附属物从临产发动至自母体全部娩出的过程称为分娩（delivery）。妊娠满28周至不满37足周间分娩称早产（premature delivery）。妊娠满37周至不满42周间分娩称足月产（term delivery）。妊娠满42周及其后分娩称过期产（postterm delivery）。

一、决定分娩的因素

分娩能否顺利进行决定于产力、产道、胎儿及精神心理四个因素，如果四个因素均正常且能互相适应，则分娩顺利，否则可能成为难产。

（一）产力

是将胎儿及其附属物从子宫内逼出的力量。包括子宫收缩力、腹肌及膈肌收缩力和肛提肌收缩力。

1．子宫收缩力：简称宫缩，是子宫肌肉规律性的不随意收缩，是促进分娩的主要力量，能使宫颈变短至消失、宫口扩张、胎儿先露部下降和胎盘、胎膜娩出。宫缩有以下几个特点。

（1）节律性：宫缩的节律性是临产的重要标志。正常宫缩是宫体部不随意、有规律的阵发性收缩伴有疼痛。故有阵痛之称。每次宫缩由弱到强，持续一个短时期后又逐渐减弱以至消失，两次阵缩之间有一定的间歇，宫缩时子宫壁血管受压，血流不畅，使胎盘血液循环受阻。但在宫缩间歇期，子宫壁肌肉松弛，使胎盘血液循环恢复，胎儿与母体之间即能进行物质交换（主要是气体交换）。临产开始时，宫缩持续约30秒，间歇期5～6分钟。宫缩随产程进展持续时间逐渐延长，间歇期逐渐缩短。当宫口开全（10cm）后，宫缩持续时间达 60 秒；间歇期缩短至 1~2 分钟。宫腔内压力随宫缩强度发生变化，两者呈正相关关系。

（2）对称性与极性：宫缩自子宫双角开始，先向子宫底的中部、然后左右对称地向子宫下段扩展，约在 15 秒内扩展至整个子宫，为宫缩对称性（图 13-15）。子宫收缩力以宫底部最强、最持久，自底部至下段逐渐减弱，此即宫缩之极性。

（3）缩复作用：子宫上段为主动收缩部分称收缩段，每次宫缩过后肌纤维松弛，但不恢复到原来长度，因此肌纤维逐渐变短变粗，称缩复作用。随着产程不断进展，上段逐渐变短变厚，当上段收缩时子宫下段被牵拉扩张，肌纤维渐渐被拉长变薄，在子宫上下段交界处由于肌壁厚薄不同，形成一个环状沟，称生理性缩复环。一般从腹壁不易检出。

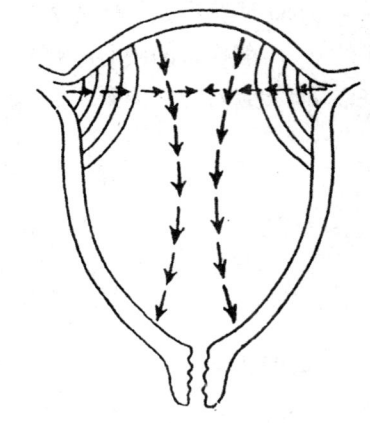

图 13-15　子宫收缩力的对称性

2.腹肌、膈肌和肛提肌收缩力：腹肌、膈肌收缩力是第二产程时娩出胎儿的重要辅助力量。肛提肌收缩力有协助胎先露旋转的作用。当宫颈口开全后，宫缩时胎先露下降，压迫盆底组织引起肛提肌收缩，而有排便感，产妇自动用力屏气，引起腹肌、膈肌强力收缩，使腹压增高，促进胎儿娩出。

（二）产道

是胎儿娩出的通道，分骨产道与软产道两部分。

1.骨产道：即真骨盆，是产道的重要部分。骨产道的大小、形状直接影响分娩过程。在激素影响下孕妇骨盆韧带变柔软，关节稍松弛，使骨盆径线略有增加。

2.软产道：是由子宫下段、子宫颈、阴道及骨盆底软组织所组成的一个弯曲管道。子宫峡部于妊娠 12 周后逐渐扩展成为宫腔的一部分，妊娠末期逐渐被拉长形成子宫下段，临产后由于子宫的收缩与缩复，进一步伸展变薄，可长达 7~10cm，成为子宫软产道的一部分。由于宫缩，子宫颈内口先向外扩张，随后子宫颈管变短以至消失，成为子宫下段的一部分。初产妇子宫颈管扩张多经过此种变化，但经产妇子宫颈管消失和子宫颈口开大多同时进行。宫颈管消失后子宫颈口便开始开大，达到 10cm 时称宫口开全，此时足月胎头才能通过。当胎先露下降直接压迫和扩张阴道及盆底时，使软产道下段呈弯筒形，会阴被胎先露扩张、变薄，以利胎儿通过。分娩时若保护会阴不当，容易引起裂伤。

（三）胎儿

胎儿能否顺利通过产道，除取决于产力与产道两个因素外，还取决于胎位、胎儿大小，胎头可塑性及有无畸形等。如横位、颏后位、胎儿过大或过度成熟、脑积水、联体畸胎等都可能引起难产。

（四）精神心理因素

产妇精神心理因素能影响机体内部的平衡、适应力和健康。临产后焦虑、紧张、恐惧等心理可导致心率加快、呼吸急促、肺内气体交换不足、交感神经兴奋，致使子宫缺氧收缩乏力、宫口扩张缓慢、胎先露部下降受阻，产程延长，结果产妇体力过度消耗、胎儿窘迫。

二、枕先露分娩机转

胎儿先露部在通过产道时，为了适应产道的形态及大小而采取一系列适应性转动，使胎先露以最小径线通过产道的过程，称为分娩机转。临床上头先露占95%以上，而头先露中又以枕先露、特别是枕左前位最常见。今以枕左前位为例（图13－16a～h）说明先露部各径线如何适应产道各平面径线使胎儿通过产道的过程：

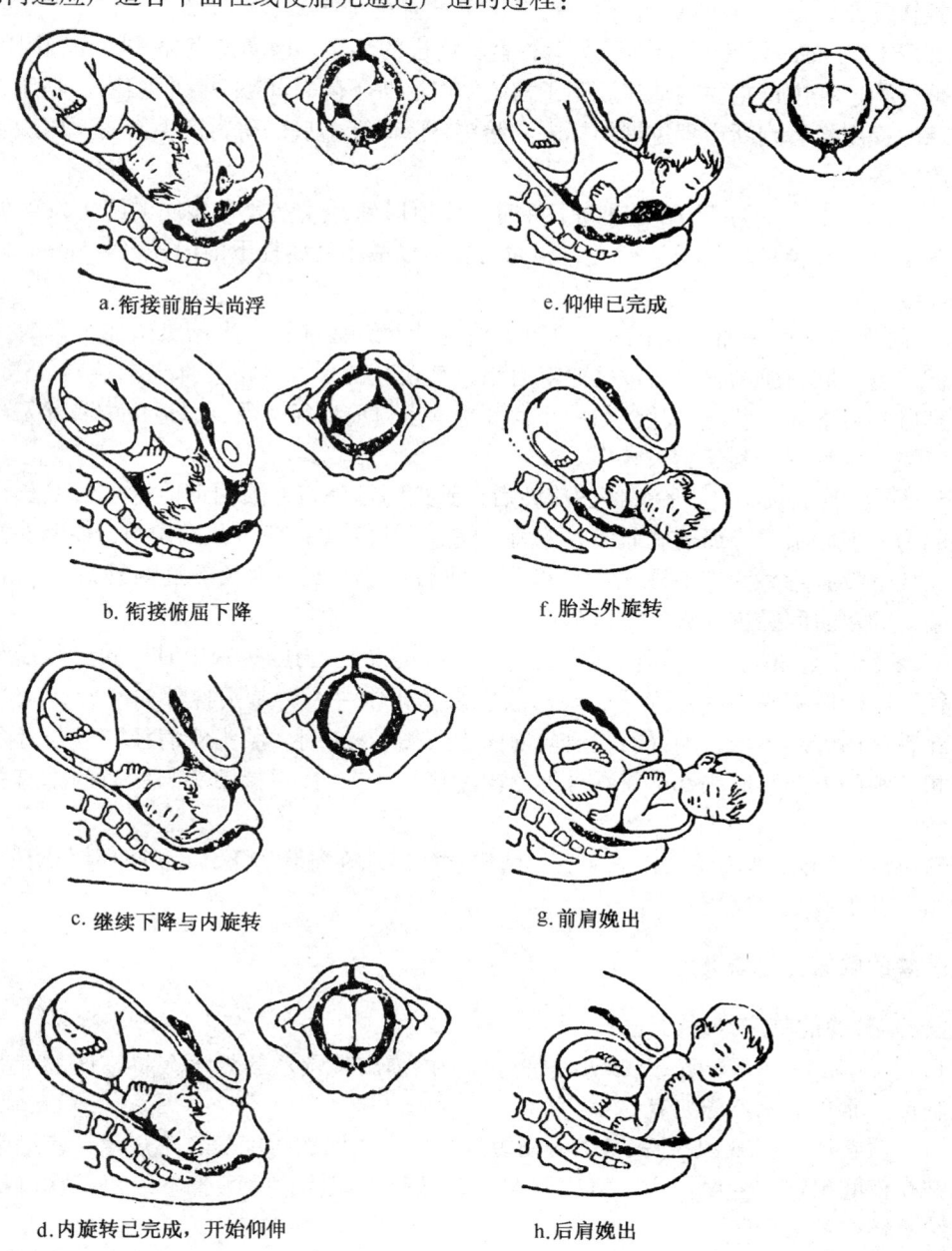

a.衔接前胎头尚浮

e.仰伸已完成

b.衔接俯屈下降

f.胎头外旋转

c.继续下降与内旋转

g.前肩娩出

d.内旋转已完成，开始仰伸

h.后肩娩出

图13－16　枕左前位分娩过程

1. 衔接 (engagement)：胎头双顶径进入骨盆入口平面，胎头颅骨最低点达坐骨棘水平者，称胎头衔接，亦称胎头入盆。初产妇绝大部分在预产期前 2 周胎头已开始衔接，经产妇多在分娩开始后，有时甚至在破膜后胎头才入盆，若初产妇在已近产期或分娩已开始儿头尚未衔接，应进一步详细检查有无头盆不称情况。儿头进入骨盆入口平面时呈半俯屈状，以枕额径入盆。枕额径比骨盆入口前后径大，故胎头衔接于骨盆入口斜径或横径上，枕左前位时胎头矢状缝在骨盆入口斜径上，胎儿枕骨位于骨盆左前方。

2. 下降 (descent)：下降即胎头沿骨盆轴前进的动作，该动作贯穿于胎儿娩出的整个过程，是分娩过程中最重要的动作。当子宫收缩时胎头下降，间歇时又稍缩回，临床上观察胎头下降的程度作为判断产程进展的标志。胎头下降时受盆底的阻力产生俯屈、内旋转、仰伸及外旋转等动作。

3. 俯屈 (flexion)：当胎头继续下降时，头顶遇到骨盆壁及骨盆底的阻力发生俯屈。胎头原来是以枕额径 (11.3cm) 衔接，俯屈后转为以最小径线枕下前囟径 (9.5cm) 以适应产道并继续下降。

4. 内旋转 (internal rotation)：即胎头围绕骨盆纵轴旋转。当胎头俯屈下降时，枕部位置最低，遇到肛提肌的阻力而被推向阻力小、部位宽的地方，使枕部向前旋转 45°，即小囟门转到耻骨弓下面，此时矢状缝与中骨盆及骨盆出口前后径一致，以适应中骨盆及出口前后径大于横径的特点，利于胎头娩出。

5. 仰伸 (extension)：胎头经内旋转后，到达阴道外口，因阴道前壁短后壁长，宫缩及腹压的力量使胎头下降而盆底肌肉收缩力又使胎头向上抬，两者共同作用，使胎头沿骨盆轴方向，枕骨以耻骨弓为支点逐渐向前仰伸，使胎头顶、额、面及颏逐渐娩出。当胎头仰伸时，胎儿的双肩间径进入骨盆入口横径。

6. 复位 (restitution) 及外旋转 (external rotation)：当胎头娩出时，胎肩径沿骨盆入口左斜径下降。胎头娩出后，为使胎头与胎肩恢复正常关系，胎头枕部向左旋转 45°称复位。胎肩在骨盆内继续下降，前 (右) 肩向前向中线旋转 45°时，胎头双肩径转成与骨盆出口前后径相一致的方向，胎头枕部需在外继续向左旋转 45°，以保持胎头与胎肩的垂直关系，称外旋转。

7. 胎儿娩出：外旋转动作完成后，前肩立即出现在耻骨弓下，后肩即由会阴前缘娩出，然后胎身及下肢随之娩出。

三、分娩的临床经过与处理

(一) 分娩的临床经过

1. 先兆临产 (threatened labor)：临近分娩之前出现预示孕妇不久将临产的症状，称为先兆临产。常见的临产先兆有：

(1) 假临产 (false labor)：宫缩时间短且不恒定，间歇时间长且不规律，宫缩强度不增加，常在夜间出现、清晨消失，宫缩引起下腹部轻微胀痛，宫颈管不缩短，宫口扩张不明显，给予镇静剂能抑制。

(2) 胎儿下降感 (lightening)：多数孕妇感到上腹部较前舒适，进食量增多，呼吸较轻快，为先露部下降进入骨盆入口使宫底下降所致。因压迫膀胱常有尿频症状。

(3) 见红 (show)：分娩开始前 24～48 小时内，因宫颈内口附近的胎膜与该处的子宫壁分离，毛细血管破裂经阴道排出少量血液，与宫颈管内的黏液相混排出，称见红。是分娩即将开始的比较可靠的征象。

2．临产（in labor）的诊断：临产开始的标志是有规律且逐渐增强的子宫收缩，持续30秒或以上，间歇5～6分钟，同时伴有进行性宫颈管消失、宫口扩张和胎先露部下降。

3．产程的分期：从开始出现规律的宫缩，到胎儿、胎盘娩出的过程，称为总产程（total stage of labor）。临产分为3个产程：

第一产程（first stage of labor）：从子宫有规律收缩开始至子宫颈口开全为止，初产妇为11～12小时，经产妇为6～8小时。

分娩开始，宫缩弱，间歇时间长，为10～15分钟，持续时间短，为15～30秒，随着产程的进展，宫缩强度增加，间歇时间缩短，持续时间延长。至子宫颈口开全时，间歇时间缩短为1～2分钟，持续时间可达1分钟，宫缩强度更甚，按触子宫甚硬。

在一般情况下，初产妇子宫颈口开大的规律是：开始时缓慢，平均3～4小时开大1cm，8～9小时内开大2～3cm，此阶段称潜伏期；此后子宫颈口开大速度明显加快，3～4小时就开大到9cm，接近开全，这阶段称活跃期或加速期；此后开大速度又稍减慢，经过1小时能开全，开全时子宫颈的边缘已消失，直径约10cm，此阶段也称减速期（图13-17），经产妇各期多不明显。

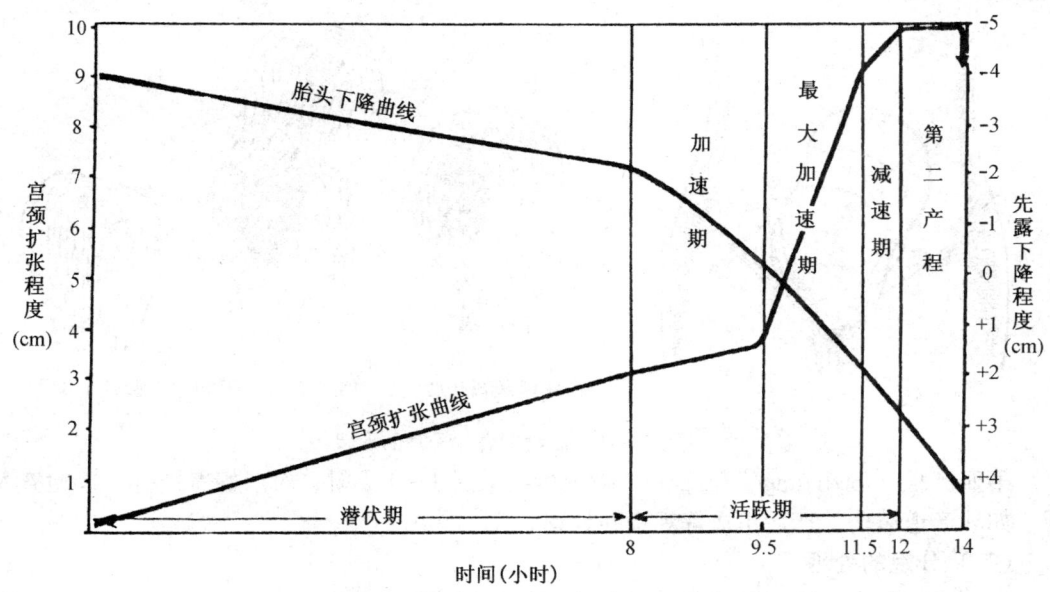

图13-17　产程图

由于宫缩逐渐加强，子宫颈口相继开大，先露下降，子宫颈口附近胎膜与子宫壁分离，有少量血液流出，因子宫收缩子宫内压上升，使剥离的胎膜进入子宫颈口形成前羊水囊，当子宫内压升高到极度时胎膜破裂，前羊水流出，简称破膜（rupture of membranes）。流出羊水100～200mL。胎膜多在子宫颈口近开全时破裂。

第二产程（second stage of labor）：从子宫颈口开全到胎儿娩出为止，初产妇平均1～2小时，经产妇在1小时内，有的仅数分钟。第二产程时，胎膜多已自然破裂，若仍未破裂，当行人工破膜。此阶段宫缩比第一产程更强更频，当宫缩时自腹壁按触子宫甚硬。先露下降达骨盆底压迫直肠时，产妇有反射性的排便感和不自主的向下屏气加用腹压。先露部继续下降至阴道口，于是肛门括约肌松弛，外阴开张，会阴渐渐鼓出变薄，在产妇每次屏气用力时，胎头露出阴道口，宫缩间歇时又缩回阴道，称为胎头拨露（head visible on vulval gapping）。此现象在初产妇比经产妇明显，经多次拨露后，当宫缩间歇时胎头也不再缩回阴道，称为着冠（crowning of head）。枕骨从耻骨联合下露出时胎头开始仰伸、娩出，接着胎肩、胎体及四肢也随之而出。胎儿娩出后，羊水随即冲出，子宫底下降到平脐。

第三产程（third stage of labor）：指从胎儿娩出到胎盘娩出的过程，需 5～15 分钟，一般不超过 30 分钟。

胎儿娩出后，子宫底平脐，宫缩暂停，数分钟后又开始宫缩，由于子宫腔缩小，胎盘面积不缩小，因而子宫壁与胎盘附着面发生错位，使胎盘与子宫壁分离，剥离面出血。胎盘的剥离有从中央或从边缘先剥离的两种方式，前者胎盘以胎儿面娩出，出血较少；后者胎盘以母体面娩出，出血较多。正常分娩时的出血量为 50～150mL。剥离之胎盘坠入子宫下段，当宫缩时稍加腹压或轻轻按压子宫底，胎盘即能娩出。

胎盘剥离的征象：①子宫变硬呈球形；②剥离的胎盘降至子宫下段，阴道口外露的一段脐带自行延长；③阴道有少量出血；④在耻骨联合上缘向下深压时，子宫体上升而脐带不向阴道缩回（图 13－18）。

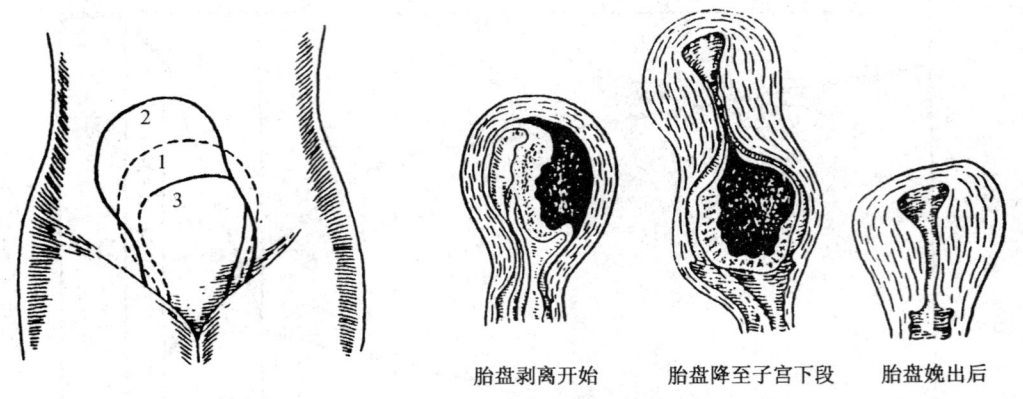

胎盘剥离开始　　胎盘降至子宫下段　　胎盘娩出后

图 13－18　胎盘剥离时子宫的形状

第四产程（forth stage of labor）：即分娩结束后 1～4 小时，对产妇需进行一些检查及护理，如软产道裂伤、产后出血等观察和处理。

（二）分娩的处理

在分娩过程中，产妇和胎儿随时可能发生异常变化，稍有疏忽，可影响母子健康，严重者可危及母子生命。因此必须精心照顾产妇，密切观察产程，如发现异常，应及时进行处理，以保证母子安全。

1. 第一产程的一般处理：入院后剃阴毛，清洁外阴，用肥皂水灌肠。若已破膜，阴道出血，估计短时间内即将分娩者不宜灌肠。做好产妇的思想工作，讲解分娩是生理的过程，使其消除顾虑，增强对分娩的信心，调动其积极性，主动参与分娩活动。儿头衔接、宫缩不强者可室内散步，若胎膜已破，胎头未衔接者宜卧床待产。鼓励多吃高热量易消化的食物，并注意摄入足够的水分，指导产妇宫缩时进行深呼吸、按摩腹部等动作。间歇时放松全身肌肉，争取休息，以保证充沛的精力与体力。膀胱过于膨胀会影响宫缩及先露部下降，因此应鼓励产妇勤排小便。

2. 第一产程的观察：为了细致观察产程，及时记录检查结果，尽早发现及处理异常情况，目前多采用产程图（partogram）（图13-17）。产程图横坐标为临产时间（小时），纵坐标左侧为宫口扩张程度（cm），右侧为先露下降程度（cm），画出宫口扩张曲线和胎头下降曲线，可对产程进展一目了然。第一产程的观察中尚需测血压、脉搏、体温，做一般体格检查。及时记录产科检查结果包括宫缩持续及间隔时间、强度、胎位、胎心音及胎头入盆情况，测量骨盆，肛查了解子宫颈口开大及胎先露下降程度等（有阴道流血者禁止肛门检查），以正确估计产程。

在观察产程中需注意下列情况：

（1）子宫收缩：助产人员手触产妇腹部，定期观察宫缩持续和间隔时间、强度及规律性，并做好记录。

（2）胎心：产程开始，每2~4小时听胎心音1次。因宫缩时胎盘循环受阻，胎心变慢或听不到，间歇时胎心即恢复正常，故应在宫缩间歇时听取，每次听1分钟，听后必须记录。宫缩频繁时每隔30分钟听1次，若节律快慢不一，每分钟快于160次，或由强转弱，均说明胎儿有宫内窘迫现象，应边找原因边予处理。

（3）胎膜破裂：破膜时应立即听取胎心音，并注意羊水的性质与颜色是否正常。如系头位，羊水混有胎粪呈黄绿色，表示胎儿有窘迫，应作相应处理，注意有无脐带脱垂。已破膜的产妇要注意外阴清洁，儿头未入盆者必须卧床休息，使产妇臀部抬高，预防脐带脱垂。破膜超过12小时，应给予抗感染药物。

（4）血压：临产后，血压容易发生变化，应定时测量，一般6~12小时测量一次。

（5）肛查：定时做肛门检查，了解宫颈口扩张情况、软硬及厚薄程度、是否破膜、胎先露性质及其高低等。产程开始2~4小时做肛查1次，宫缩频繁时适当增加检查次数，但不宜太多。肛查宜在宫缩时进行，子宫颈口开大程度以其开大之直径厘米数记录（每横指相当于2cm），先露部下降程度以坐骨棘水平为界。如先露部最低点平此线时为"0"，达棘下1cm时为"+1"，在棘上1cm时为"-1"，余依次类推（图13-19）。

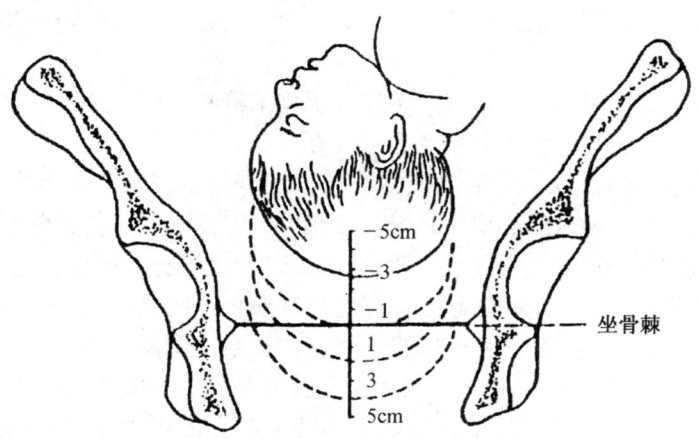

图13-19 胎头高低的判定

（6）阴道检查：当产程进展缓慢或阴道出血量多，或肛门检查不清楚时，可在严密消毒下进行阴道检查，进一步了解宫颈口扩张程度、骨盆、胎方位及胎盘附着情况，以决定分娩方式。

(7) 准备接生：初产妇子宫颈口开全，经产妇子宫颈口开至 4～5cm 时，应做好接生准备工作。首先消毒外阴部，铺消毒单准备接生。

3. 第二产程的处理：

(1) 继续注意产程进展：倘第二产程延长，应尽快找出其原因并及时处理。一般初产妇子宫颈口开全 2 小时，经产妇已达 1 小时以上仍未能分娩又未经处理者，对母子均不利。因此，对第二产程必须严密观察，不宜延长。

(2) 指导产妇运用腹压：确定子宫颈口已开全，产妇已不断使用腹压，肛门括约肌松弛，外阴张开及会阴膨胀变薄时，应指导产妇用力。在宫缩时深吸气后两手紧握床沿把手，身下屏气用力，如解大便样使用腹压，宫缩间歇期应放松全身肌肉，安静休息。

(3) 勤听胎心音：第二产程宫缩频而强，胎盘血液循环受到影响，而且胎头已下降入盆，容易受压，胎儿易发生窘迫现象。一般每隔 10 分钟听胎心 1 次，如胎心音异常，应及时处理，并尽快结束分娩。

(4) 接生：接生人员按无菌操作常规刷手消毒。

保护会阴及协助胎儿娩出：胎头娩出前如胎膜未破，则先人工破膜。当胎头拨露使会阴后联合张力较紧时，即开始注意保护会阴，即宫缩时以右手掌向上内方用力推托，以左手食指、中指及无名指协助胎头俯屈及缓慢下降，使胎头以枕下前囟径通过骨盆出口。宫缩间歇时手应放松，以免压迫过久，引起会阴水肿。当胎头枕下从耻骨弓下露出时，左手应按分娩机转协助胎头仰伸，此时如果宫缩很强，除右手保护会阴外，可嘱产妇张口哈气，不用腹压，同时以手抵压枕部，让胎头缓缓仰伸，如此可减少会阴破裂的机会。胎头娩出后，立即清除胎儿口中及鼻腔中的羊水与黏液，以免第一次呼吸时吸入气管内。然后协助胎头外旋转，轻轻下压颊部，并牵引胎儿颈部，使前肩自耻骨联合下娩出，再反手上托儿颊，使后肩从会阴慢慢娩出。双肩娩出后，右手方可松开，接着胎身及下肢也随之娩出。胎儿娩出后，注意呼吸道通畅，一般胎儿娩出后即啼哭。待脐带搏动停止后，在距脐根 10～15cm 处用两把止血钳分别钳夹，在两钳间剪断脐带，然后再进行其他处理。

对会阴过紧的初产妇，估计分娩时会引起会阴破裂者，应行会阴切开手术。

(5) 新生儿的处理：

清理呼吸道：胎儿娩出后，如口、鼻腔分泌物未清除干净，进一步用吸管清除，必须保持呼吸道的通畅，以免发生新生儿窒息和吸入性肺炎。

1) 阿普加评分（Apgar score）及其意义：本评分用以判断有无新生儿窒息及窒息严重程度，是以出生后 1 分钟内的心率、呼吸、肌张力、喉反射及皮肤颜色 5 项体征为依据，每项 0～2 分，满分 10 分，属正常新生儿（表 13－2）。该评分以呼吸为基础，皮肤颜色最灵敏，心率是最终消失的指标。临床恶化顺序为皮肤颜色→呼吸→肌张力→反射→心率。复苏有效顺序为心率→反射→皮肤颜色→呼吸→肌张力。肌张力恢复越快，预后越好。

2) 脐带的处理：将新生儿移至干燥而温暖的消毒布上，用 75% 乙醇消毒脐根周围，在距脐根 0.5cm 处用粗线结扎，将结扎线以上之脐带血管内积血尽量挤压排空。然后在距第一结扎线 1cm 处再结扎 1 次，注意扎紧，以防出血。在离第二道结扎线 0.5cm 剪断脐带，挤出残血，断面用 2.5% 碘酊及 75% 乙醇或 20% 高锰酸钾消毒，注意药液切勿触及新生儿皮肤，以免烧伤。待断面干后，检查无出血，则以无菌纱布包好，再用脐带布包裹。

表7-1　　　　　　　　　　　　　　　　新生儿阿普加评分法

体　征	生后1分钟内应得分数		
	0分	1分	2分
每分钟心率	0	<100次	≥100次
呼吸	0	浅慢，且不规则	佳，哭声响
肌张力	松弛	四肢稍屈曲	四肢屈曲，活动好
喉反射	无反射	有些动作	咳嗽，恶心
皮肤颜色	全身苍白	身体红，四肢青紫	全身粉红

　　3）处理新生儿：新生儿出生后，一切处理完毕，要产妇看婴儿性别，然后于手腕上缚上母亲姓名、床号及新生儿性别的标记，留新生儿足印及产妇手印，婴儿无特殊情况即用温暖衣被包好，送往产妇居室。

　　4．第三产程的处理：

　　（1）协助胎盘娩出：胎儿娩出后，助手用手在腹部按住宫底，切忌在胎盘剥离前用手按摩或挤压子宫。确定胎盘已剥离时，则让产妇加腹压或于腹部轻压子宫底，使胎盘娩出。胎盘娩出后，按摩子宫可以刺激宫缩，防止出血，如宫缩不良可注射宫缩剂。

　　（2）检查胎盘胎膜：胎盘排出后，先将脐带提起检查胎膜是否完整，然后把胎盘铺平，详细检查胎盘母体面及小叶有无缺损，胎儿面边缘有无断裂的血管（副胎盘相连处），如怀疑有副胎盘、部分胎盘或大块胎膜残留时，应在严密无菌操作下探查子宫腔，将残留组织用手取出，以防止产后出血和感染。

　　5．第四产程的处理：

　　（1）观察宫缩情况：胎盘娩出后，例行注射缩宫素10U，以减少子宫出血。严密观察子宫收缩情况及阴道出血量，测量血压、脉搏，待一切正常后方可送回休息室。

　　（2）检查软产道情况：分娩后详细检查外阴、阴道，如有裂伤立即缝合，并应注意恢复原来解剖部位。如曾实行会阴切开术，应按层次进行缝合。

四、产褥期的临床表现与处理

　　从胎盘娩出至产妇全身各器官除乳腺外恢复或接近正常未孕状态所需的一段时间，称为产褥期（puerperium），一般规定为6周。

（一）产褥期母体的主要变化

　　1．子宫：

　　（1）子宫复旧：胎盘娩出后的子宫逐渐恢复至未孕状态的过程称子宫复旧（involution of uterus），主要表现为宫体肌纤维缩复和宫内膜再生。

　　（2）宫颈：宫颈内口及宫颈外形分别于产后10日、产后1周恢复至孕前状态。产后4周宫颈完全恢复至正常，仅外口因分娩时轻度的撕伤变为产后"—"形横裂。

　　2．恶露的变化：正常恶露血腥味，不臭，血性恶露持续3～5日，以后逐渐成为浆液性，2周左右变为白色，3周左右干净。倘子宫复旧不全，有胎盘残留或感染时，恶露多，持续时间长且有腐臭味。

3．乳房的变化：分娩后，体内雌、孕激素水平突然下降，解除了对泌乳素的抑制，乳腺开始泌乳。泌乳的长期维持主要是依赖新生儿的反复吸吮乳头，刺激垂体泌乳素的分泌以促进乳腺大量泌乳；刺激缩宫素的分泌以使乳汁排出。但乳汁的分泌量与乳腺的发育、产妇的营养、健康状况及情绪等有关。因此，必须保证产妇的休息和睡眠，避免精神刺激及感染的发生，保证产后正常哺乳。

4．泌尿系统的变化：妊娠期储留在体内的水分，在产褥期迅速排出，故产后尿量增多。扩张的输尿管及肾盂，在产后 2～3 周内恢复。分娩时膀胱受压时间过长，可导致其功能失调，故尿潴留较常见。

5．体温：产后的体温多数在正常范围内。有时在产后 24 小时内略有升高，一般不超过 38℃，于 24 小时内自行恢复，不属病态。

6．产后宫缩痛：产褥初期由于子宫收缩而引起的疼痛称为产后宫缩痛。多见于经产妇，特别是急产以后。一般于产后 1～2 日出现，至产后 3～4 日疼痛逐渐自然消失。疼痛是阵发性的，哺乳时特别显著。

（二）产褥期的处理

1．外阴清洁及护理：产后保持外阴清洁，以免感染。产创应按时换药护理。

2．观察恶露变化：注意恶露的量、颜色及气味。子宫收缩不良时，恶露色红、量多、持续时间长，可给予宫缩剂如缩宫素、麦角、益母草浸膏等，倘有腐臭味可加抗感染药物。

3．乳房的处理：初次哺乳前应清洗乳头，先涂以植物油使垢痂变软，然后用肥皂水及温开水洗净、擦干。开始哺乳后，倘遇以下情况，须分别处理。

（1）乳胀：因乳腺管不通使乳房过胀而呈硬结时，可先热敷，然后用吸乳器吸出，以免影响乳汁分泌。

（2）催乳：乳汁不足者，指导产妇按时哺乳，每次哺乳要把乳汁吸净。注意睡眠及调节饮食，可服中药，或同时行针刺疗法催乳。亦可服甲状腺素 0.02g，每日 2～3 次。连服 5 日。

（3）退乳：因疾病或其他原因不宜哺乳者，可依下法退乳：己烯雌酚 5mg，每日 3 次，连服 3 日。或用中药回乳。

（4）乳头皲裂：初产妇或哺乳方法不当，容易发生乳头表皮破裂，形成小溃疡面，哺乳时剧痛，有时少量出血，轻度皲裂可继续哺乳，重者停止哺乳，每次哺乳后乳头涂上 10%复方安息香酊油膏或 10%鱼肝油铋剂，再盖以消毒纱布，每次哺乳前应用硼酸水洗净。

4．休息和活动：产后 24 小时内应卧床休息，鼓励产妇在床上自由翻身，分娩 24 小时后可下床活动。在产褥期 6 周内，盆底组织松弛，尚未完全恢复，应避免重体力劳动，以防子宫脱垂。

5．产后尿潴留的处理：产后 6 小时未能自解小便而有排尿困难时，鼓励产妇起床排尿。仍无尿意时，可放热水袋于下腹部，或针刺关元、中极、阴陵泉等穴。用上法无效时，可在无菌操作下导尿，必要时留置导尿管。

6．便秘的处理：嘱产妇多食蔬菜水果及早日起床活动，以促进肠蠕动，预防便秘。如有便秘可服缓泻剂，必要时可肥皂水灌肠。

7．计划生育指导：产褥期内禁止性生活。产后不哺乳，一般于产后 4～8 周月经来潮；产后哺乳，月经复潮延迟，部分妇女哺乳期月经不来潮。于产后 42 日始应采取避孕措施，原则是哺乳者适宜采用工具避孕，不哺乳者可选用药物避孕。

8.产后检查：包括产后访视和产后检查两部分。产后访视至少3次，分别在产妇出院后3日内、产后第14日、产后第28日，了解产褥妇及新生儿健康状况，产褥妇了解内容包括产褥妇饮食、大小便、恶露、哺乳、乳房、会阴切口、剖宫产腹部伤口等。产后42天去医院进行产后健康检查，内容包括一般项目如血压、血及尿常规、哺乳情况，并做妇科检查，观察内生殖器是否已恢复至非孕状态。

【复习思考题】

1.简述枕先露的分娩机转。

2.何谓先兆临产？其临床表现有哪些？

3.产程是如何分期的？各期有何特点？

4.解释"产程图"、"阿普加评分（Appar score）"。

5.产褥期母体有哪些主要变化？如何进行产褥期保健？

〔陆　华　段　恒〕

第十四章　计划生育

【自学总时数】

2.5~4.5学时。

实行计划生育，科学地控制人口数量，提高人口素质，是我国的一项基本国策。我国计划生育工作已取得显著成绩，1998年末统计，总出生率为16.03‰，自然增长率为9.63‰，提高人口素质亦逐步为人们所关注。当然，由于历史、社会、经济、文化等多方面原因，要实现预期目标还任重而道远。在人口数量的控制方面一刻也不可放松。而在提高人口素质方面更是一个亟待解决的难题。据统计，总出生缺陷发生率高达13.07‰，可见问题是十分迫切的。

计划生育工作具体包括：

(1) 晚婚：按法定年龄推迟3年以上结婚为晚婚。

(2) 晚育：按法定年龄推迟3年以上生育为晚育。

(3) 节育：国家提倡一对夫妇只生育一个孩子。

(4) 提高人口素质：必须优生优育，避免先天性缺陷代代相传，防止后天因素影响后天发育。

关于晚婚优育，我国古代医籍曾有记载。早在1000多年前，南齐·褚澄主张晚婚，他提出男必30而后娶，女必20而后嫁。并在《褚氏遗书》中记载："……皆欲阴阳气完实，而交合，则交而孕，孕而育，育而为子，坚壮强寿。"唐·王焘《外台秘要》就记载了若干堕胎、断产方法。但由于传统观念的束缚，有关论述很少。

第一节　避　孕

【目的要求】

1. 掌握常用的避孕方法及临床应用。

2. 熟悉各种避孕方法的避孕原理。

【自学时数】

1~2学时。

避孕是指采用科学的方法，使妇女暂不受孕。包括工具避孕、药物避孕及其他避孕方法如安全期避孕、体外排精避孕、紧急避孕等。

一、工具避孕法（指用宫内节育器、阴茎套等避孕）

（一）宫内节育器

1. 种类：可分为惰性宫内节育器及活性宫内节育器两大类。惰性宫内节育器由惰性原料如金属、硅胶、塑料或尼龙等制成，如不锈钢圆环及其改良品；活性宫内节育器，其内含有活性物质如金属、激素、药物及磁性物质等。

2. 常用活性宫内节育器（图14-1）：

（1）带铜T形宫内节育器：是我国目前临床首选的宫内节育器。塑料支架呈T形，纵臂上绕有铜丝，有的横臂上再加铜套。带铜套的T形环放置时间可为15年。根据铜圈暴露于宫腔的面积不同而分为不同类型，如铜的总面积为200mm^{2}时称TCu 200，其他尚有TCu 220、TCu 380A等多个规格。其中以TCu 200应用最广，TCu380A是目前国际公认性能最佳的宫内节育器。带铜T形器的避孕效果随着铜的表面积增大而增强，但表面积过大时，副反应也相应增多。

（2）带铜V形宫内节育器（VCu-IUD）：由不锈钢作支架，外套硅橡胶管，横臂及斜臂铜丝或铜套的面积为200mm^2，其形状更接近宫腔形态，带器妊娠、脱落率较低，但出血发生率较高。

（3）含孕激素T形宫内节育器：T形支架，缓释药物储存在纵杆药管中。有效期估计为10年。

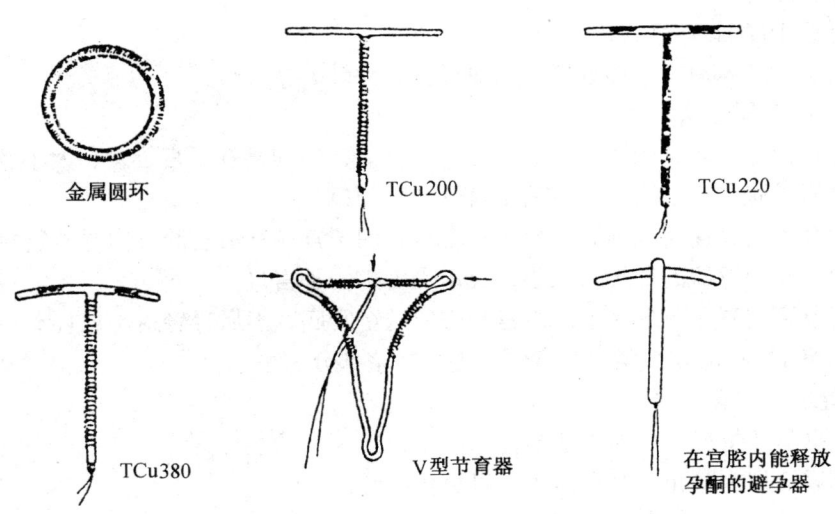

图14-1　国内常用的宫内节育器

3. 避孕原理：宫内节育器的避孕作用主要是局部作用。由于它的存在，干扰了子宫内膜表面的生理环境和状态，阻碍胚泡在宫内着床、发育，以达到避孕目的，其主要机制如下：

（1）节育器在子宫腔内，可引起局部组织非感染性炎性反应，大量白细胞渗出，使子宫液的组成发生变化，如蛋白质、酶、非蛋白氮等含量增加，不利于胚泡的着床。

（2）节育器引起的局部炎性改变，可使宫内膜纤维溶解酶原活性增高，可促进纤维蛋白的溶解，而影响胚泡的着床。

（3）节育器的机械性作用，不利于胚泡着床。

（4）含药的节育器（含孕酮）可使子宫内膜过早起蜕膜样变化及腺体萎缩，不利孕卵着床。同时宫颈黏液变稠而妨碍精子运行。

（5）带铜的节育器中的铜离子有杀精子及抑制精子活力的作用。铜离子可使子宫内膜表面的细胞溶解酶释放增加，干扰受精卵的着床。

（6）节育器可使损伤的子宫内膜合成与释放前列腺素，引起子宫收缩，影响受精卵着床。

4．副反应：主要有不规则阴道流血、腰酸腹坠、闭经、月经量增多、经期延长等。

5．适应证：凡育龄有性生活妇女，暂时或长期无生育要求者，或因疾病不能承担妊娠者（如心脏病、肾病综合征等）。

6．禁忌证：

（1）妊娠妇女。

（2）生殖器官炎症，如急慢性盆腔炎、阴道炎、重度宫颈糜烂。

（3）月经过多或月经频发者。

（4）严重的心力衰竭、出血性疾患。

（5）子宫颈口过松、重度子宫脱垂。

7．放置时间：

（1）月经干净后3～7天内。

（2）人工流产术后可立即放置，出血过多者除外。

8．放置节育器方法

（1）常规消毒外阴、阴道后铺巾，并做双合诊，仔细复查子宫位置、大小及附件情况。

（2）窥器扩张阴道及宫颈，并消毒宫颈和宫颈口。

（3）以宫颈钳夹住宫颈前唇，稍向外牵拉。用子宫探针沿宫腔方向探测宫腔大小，并根据宫口的松紧和节育器的种类与大小，决定是否扩张子宫口。

（4）将节育器置于放环叉上，沿宫腔方向送至宫底，然后轻轻退出放环叉。如放置带尼龙丝环，则留1～1.5cm长尾丝在宫颈口外，多余部分剪去。

9．放置术后注意事项：

（1）根据具体情况术后给予适当休息。

（2）术后2周内禁止性交和盆浴，以免发生感染。

（3）定期随访，一般在术后第1、3、6、12个月各随访1次，以后每年随访1次。随访内容包括询问自觉症状和妇科检查，必要时可做B超或X线检查。如无异常情况，金属节育器可放置10～15年，塑料或带铜节育器可放置4～5年。

10．放置节育器的并发症及处理：

（1）节育器放置后出血，有的妇女可出现月经量增多，经期延长或不规则阴道出血，可按月经不调辨证施治；若节育器放置位置、或大小选择不合适者，可纠正更换合适的节育器；若月经改变严重，经治疗无效时，可取出节育器，改用其他方法避孕。

（2）继发感染，可因医务人员操作不慎或放置术后忽视卫生所引起。多发生子宫内膜炎及附件炎，按盆腔炎辨证施治。

（3）放置节育器后妊娠，应予人工流产及取出节育器。

（4）子宫穿孔、节育器异位：节育器当及时取出。

（5）节育器嵌顿：一经诊断及时取出。

11．节育器的取出与更换：

（1）凡放置节育器已到期、经绝后、并发症治疗无效、要求再生育或改用其他方法避孕者可取出。

（2）取器时间：于月经干净后3~7天，或绝经后半年至1年为宜，如绝经时间较长者，可服用尼尔雌醇3个月后再行取环。

（3）取器方法：有尾丝者，用止血钳夹住尾丝后牵出。无尾丝者，取出步骤的前三步同放置方法的（1）~（3）。然后用子宫探针测知节育器位置，用取环钩钩住节育器下缘徐徐拉出。如遇困难，应细心探查节育器位置或扩张宫颈后再试钩，严防粗暴钩伤宫壁。

（4）更换节育器：取出旧节育器后，可立即放置新的，或待下次月经干净后再放置。

（二）阴茎套

阴茎套（condom）也称避孕套，由男方使用，性交时套在阴茎上，排精时精液潴留于小囊内，使精子不能进入宫腔，阻止精子与卵子的结合，从而达到避孕目的。其制作材料有优质乳胶，生物组织如鱼鳔、羊肠等。每次性交时均应更换新的阴茎套，选择合适型号，吹气检查证实无漏孔后，排去小囊内空气后方可使用，使用前套外涂上避孕膏以润滑。射精后阴茎尚未软缩时，即捏住套口和阴茎一起取出。避孕套通常分四种，直径分别为35、33、31、29mm。阴茎套除具有避孕作用外，还具有防止性传播疾病的传染作用。

二、药物避孕

【种类】

避孕药物按照用法分为短效避孕药、长效避孕药、探亲避孕药3种，按照主要成分的不同大致分为3类：①睾酮衍生物如炔诺酮、18甲基炔诺酮、双醋炔诺醇等；②孕酮衍生物如甲地孕酮、甲孕酮、氯地孕酮等；③雌激素衍生物如炔雌醇、炔雌醇环戊醚、戊酸炔雌醇等。

1．短效口服避孕药：

（1）复方18甲基炔诺酮（复方高诺酮糖衣片）：每片含18甲基炔诺酮0.3mg、炔雌醇0.03mg。

（2）避孕片1号（复方炔诺酮糖衣片）：每片含炔诺酮0.625mg、炔雌醇0.035mg。

（3）避孕片2号（复方甲地孕酮糖衣片）：每片含甲地孕酮1mg、炔雌醇0.035mg。

服法：月经周期的第5日开始服，每晚1片，连服22日，一般停药后1~3日月经来潮。服药当月能避孕。如停药7日后月经未来者，以此日起开始服下1周期药。若连续2个周期停药后月经不来者，宜停药观察。

2．长效避孕药：

（1）避孕针1号（复方己酸孕酮注射液）：每支含己酸孕酮250mg、戊酸雌二醇5mg。

（2）复方甲地孕酮避孕针：每支含甲地孕酮25mg、17环戊烷丙酸雌二醇5mg。

用法：第1个月，于月经周期的第5日肌内注射2支；或第5日和第12日各肌内注射1支。以后每次月经周期的第10～12日肌内注射1支。

3．探亲避孕药：适用于分居两地的夫妇临时探视时服用。

（1）53号避孕药：每片含双炔失碳酯7.5mg。于每次性交后即刻服1片。

（2）炔诺酮（探亲避孕丸）：每丸含炔诺酮5mg。于探亲当晚开始，每晚服1丸。同居1～10日者，必须连服10丸，同居1～14日者连服14丸。14日后改用1号或2号短效避孕药。

（3）甲地孕酮：每片含甲地孕酮2mg。于探亲当天中午服1片，当晚开始，每晚1片，探亲结束之次晨加服1片。

（4）18甲基炔诺酮：每片含18甲基炔诺酮3mg。于探亲同居前1～2日开始服，每日1片，连续14～15天。如需继续避孕，可接服短效避孕药。

【作用机制】

避孕药物为人工合成的甾体类激素。其作用有：①抑制卵巢排卵；②改变宫颈黏液性状，使宫颈黏液减少，并使之黏稠度增加，不利于精子穿透；③改变子宫内膜生态环境，不利于孕卵着床。

【适应证】

生育年龄的健康妇女。

【注意事项】

1．避孕药应保持干燥，如有潮解就会失效。

2．口服避孕药须按时连续服用，不可中途停药，漏服时应于次晨补服。

3．针剂应行深部肌内注射，注射后观察15分钟，如无反应方可离去。

4．如停用针剂，为防止月经紊乱，应在最后一次用药的下次月经第5日，接服短效避孕药2～3个月。

5．哺乳期妇女宜在产后6～8个月后开始服药，以免使乳汁减少。

【禁忌证】

1．严重心血管疾病不宜服用。避孕药中孕激素对血脂蛋白代谢有影响，可加速冠状动脉粥样硬化发展；雌激素作用使凝血功能亢进，以致冠状动脉硬化者易并发心肌梗死。雌激素还增加血浆肾素活性，使血压升高。

2．急、慢性肝炎或肾炎。

3．血液病或血栓性疾病。

4．糖尿病需用胰岛素控制者、甲状腺功能亢进者。

5．哺乳期妇女。

6．产后未满半年或月经未来潮者。

7．子宫肌瘤、恶性肿瘤或乳房内有肿块者也不宜应用。

8．月经稀少或年龄＞45岁者。

9．精神病生活不能自理者。

10．年龄＞35岁的吸烟妇女不宜长期使用，以免卵巢功能早衰。

【副反应及处理】

1．类早孕反应：少数人服药后可出现恶心呕吐，食欲不振，头晕乏力等反应，轻症者无需处理，症状较重者可同服维生素 B_6 20mg，每日 3 次，连续 1 周。

2．突破性出血：少数人服药期间出现阴道出血，如非漏服避孕药所引起者，出血发生在月经周期的前半期者，每晚加服炔雌醇 1～2 片，加到避孕药服完为止；发生在月经周期的后半期者，每晚加服避孕药 1/2～1 片，直到服完避孕药为止。

3．月经量减少或闭经：少数人服药后月经量明显减少，一般停药后可恢复正常。如连续停经 2 个月者应停药，用中医中药辨证施治。

三、其他避孕方法

1．"安全期"避孕：又称自然避孕法。卵子自卵巢排出后可存活 1～2 日，而受精能力最强时间是排卵后 24 小时内；精子进入女性生殖道可存活 2～3 日。一般排卵前后 4～5 日内为易孕期，其余日期不易受孕通常称为"安全期"。此法适用于月经规律的妇女，或能够利用月经周期中宫颈黏液性状分析及基础体温测定而掌握排卵期的妇女。

2．体外排精避孕：体外排精，即在性交达到高潮即将射精时，阴茎迅速退出阴道，将精液射到体外，勿让精液进入阴道，从而达到避孕目的。此方法简便，但必须在夫妇双方密切配合下方能使用。

3．紧急避孕：指无妊娠意愿妇女在无防护性性生活后或避孕失败后几日内，为防止妊娠而采用的避孕方法。其避孕机制是阻止或延迟排卵，干扰受精或阻止着床。常用的方法有放置宫内节育器或口服紧急避孕药。

（1）激素类紧急避孕药：

1）雌、孕激素复方制剂：复方左旋 18 甲基炔诺酮，首剂 4 片，12 小时后再服 4 片。

2）单纯孕激素制剂：18 甲基炔诺酮，首剂半片，12 小时后再服半片。

3）单纯雌激素制剂：53 号避孕药，性交后立即服 1 片，次晨加服 1 片。

（2）非激素类紧急避孕药：米非司酮 600mg，避孕效果可达 100%。单剂量 25mg，避孕效果可达 74%～84%。

【复习思考题】

1．常用活性宫内节育器有哪些？其避孕原理是什么？

2．宫内节育器的放置时间及禁忌证是什么？

3．宫内节育器的并发症有哪些？如何处理？

4．避孕药物的种类有哪些？其作用机制是什么？其禁忌证及副反应有哪些？

5．解释"紧急避孕"、"安全期避孕"。

〔陆　华　尹巧芝〕

第二节　人工流产

【目的要求】

1．掌握人工流产的适应证、禁忌证。

2. 熟悉人工流产的并发症及其预防措施。

【自学时数】

1~2学时。

避孕失败后所致的意外妊娠，可人为地终止妊娠，称为人工流产。人工流产只能作为避孕失败的补救措施，不能作为常规节育方法。

一、早期人工流产

（一）药物性流产

米非司酮（息隐）：具有甾体结构，主要作用于子宫内膜，在分子水平与内源性孕酮竞争结合受体，产生较强的抗孕酮作用，使妊娠的蜕膜、绒毛组织变性，内源性的前列腺素释放，促使LH下降，黄体溶解，从而使依赖黄体发育的胚囊坏死而发生流产。米非司酮同时还作用于宫颈，使之软化、扩张，有利于胚胎及子宫蜕膜的排出。

将米非司酮与前列腺素药物配伍使用目前为最佳方法，既可进一步提高效果，也可减少米非司酮的用量以减轻其副作用。

【适应证】

停经49日以内，非意愿妊娠的健康妇女。

【禁忌证】

有下列情况者不宜使用米非司酮：①心、肝、肾患者及肾上腺皮质功能不全，高血压患者。②使用前列腺素类药物禁忌者。③带宫内节育器妊娠者及怀疑宫外孕者。

【用法】

米非司酮25mg，每日2次，共3日，空腹或进食后2小时口服，服药后禁食2小时。第4天于阴道后穹隆放置卡前列甲酯栓1枚（1mg）或口服米索0.6mg。卧床休息2小时，观察6小时，注意有无妊娠物排出。

【副反应及处理】

①米非司酮的副反应较少，但可使早孕反应明显，或有慢性胃炎的孕妇的胃肠反应加重，出现恶心不适。可予甲氧氯普胺（灭吐灵）或维生素 B_6 纠正。②前列腺素的主要副作用为恶心、呕吐、腹痛、腹泻，临床可在应用前列腺素前口服维生素 B_6、胃复安等以减轻症状。③米非司酮配伍前列腺素可发生流产不全，或子宫复旧不良而引起出血时间过长和出血量过多，应及时清宫，并予抗感染药物、中药及宫缩剂。若继发感染时，按盆腔炎治疗。

（二）人工流产术

妊娠10周内人工流产者宜用负压吸宫术；妊娠10~14周者宜用钳刮术。

【适应证】

①因避孕失败要求终止妊娠者。②因各种疾病不宜继续妊娠者。

【禁忌证】

①各种急性传染病或慢性传染病急性发作期，或严重的全身性疾病（如心力衰竭等）。②生殖器官急性炎症未经治疗者。③妊娠剧吐酸中毒尚未纠正者。④术前体温两次在37.5℃以上者。⑤3日之内有性交史者。

【术前准备】

1．询问病史：除外各种禁忌证的存在。

2．体格检查：重点为心、肺，测试体温及血压，血常规化验检查。

3．妇科检查及阴道清洁度检查：如发现有炎性病变，应先予治疗。

4．扩张宫颈管：钳刮术前 24 小时，子宫颈管内放置 18 号导尿管或干脐带等，或于术前 30 分钟直肠上宫术安栓 1 粒，使宫颈管缓慢扩张，以利手术进行。

【方法】

用电动负压吸引器，按孕周来选择吸管粗细及负压大小。孕 7 周以下用 5～6 号吸管，负压为 53.2kPa（400mmHg）；孕 7～9 周用 6～7 号吸管，负压为 53.2～66.5kPa（400～500mmHg）；孕 9 周以上用 7～8 号吸管，负压为 67～73.1kPa、（500～550mmHg）。负压不宜超过 79.8kPa（600mmHg）。一般按顺时针方向吸引宫腔 1～2 周，即可将子宫内妊娠组织吸净。大月份者，用卵圆钳将妊娠组织的主要部分取出，辅以负压吸引。最后可用小号刮匙轻刮宫腔 1 周检查是否吸刮干净。全部吸出物用纱布过滤，检查有无绒毛及胚胎或胎儿组织，有无水泡状物，肉眼观察发现异常者，即送病理检查。

【并发症及处理】

1．子宫穿孔：妊娠子宫、哺乳期子宫、剖宫产后妊娠子宫、子宫过度倾屈或有畸形者人工流产术时易于穿孔。术中如发现使用的器械伸入宫腔的深度，明显超过宫腔探针测知的长度或超过妇科检查时子宫大小应有的长度，甚或仍可继续不断伸入，无触及宫底的感觉时，首先应考虑为子宫穿孔。一旦考虑子宫穿孔，或受术者术中突然腹痛剧烈时，应即刻停止手术，检查原因。如裂孔小、无症状、宫内胚胎组织已刮净者，可用宫缩剂及抗感染药物以防止感染；未刮净者，须经抗感染药物治疗 1 周后再行清宫术。如裂孔较大，或出血较多，症状明显者，应立即行子宫修补术，或剖腹探查。

2．吸宫不全：指有部分胚胎或绒毛组织残留宫腔，可引起持续性阴道出血或大出血及继发性感染，可应用宫缩剂，使其排出。或再次刮宫，术前给抗生素或其他消炎药物控制感染，刮出物送病理检查。

3．人工流产综合反应：指术中或术后，少数受术者出现心动过缓、心律不齐、血压下降、颜面苍白、头昏、胸闷、大汗淋漓，甚至昏厥、抽搐等一系列迷走神经兴奋症状。又称"心脑综合征"。症状轻者，一般于术后数分钟内开始恢复。恢复慢的可持续 1 小时左右。可用阿托品 0.5～1mg 静脉注射。

本合并症的预防，首先应做好术前检查，及时发现心脏病、慢性肾炎、严重贫血等疾病的存在，消除受术者的精神紧张情绪及顾虑，必要时术前给予镇静剂；同时要求手术者的操用要准确、轻柔，负压不宜过高。

4．子宫出血：流产术后可有少量血性分泌物，一般 3～4 日血止，有的持续 2 周少量出血也为正常现象。少数患者有近似月经量的出血。如出血量仍较多，则可能为流产不全或合并感染。

子宫出血还可发生于妊娠月份过大，术后子宫收缩欠佳；或哺乳期子宫过软；或动作粗暴，损伤宫壁肌层或宫颈裂伤。可在手术时于宫旁注射宫缩剂，以预防和减少出血。手术者的动作轻柔也很重要。

5．宫颈裂伤：宫颈裂伤的发生，多发生于扩宫颈时用力过猛，吸管强行通过宫颈管，大月份人流时，胎体断骨损伤宫颈均可致宫颈裂伤。轻度裂伤可用纱条压迫止血。裂伤较大者，应行间断缝合，必要时行修补术。

6．漏吸：确定为宫内妊娠，但术时未吸到胚胎及胎盘绒毛，往往因胎囊过小、子宫过度屈曲或子宫畸形造成。当吸出物过少，尤其未见胚囊时，应复查子宫位置、大小及形状，并重新探查宫腔，能及时发现问题而解决，若仍未见绒毛或胚胎组织，须排除宫外孕的可能。确属漏吸者，应再次行负压吸引术。

7．宫颈或宫腔粘连：子宫颈管粘连或宫腔粘连，主要由于创伤引起。吸刮时负压过高、吸管窗面太锐利，刮匙操作次数过多，操作粗暴是其原因。临床表现为继发闭经、月经过少、周期性腹痛、月经紊乱等，治疗可采用扩宫颈、探查宫腔并用探针分离粘连，并在宫腔内放置节育器，以防粘连再发生，同时用抗感染药物治疗 7～10 日。如欲生育者，2～3 个月经周期后取出节育器。

8．感染：多为子宫内膜炎，偶有输卵管炎、盆腔结缔组织炎等，治疗见盆腔炎。

二、中期引产

中期引产与早期人工流产相比难度较大，对受术者之影响也较早期人工流产者为多，故应尽量避免中期引产。

（一）药物性流产

1．雷佛奴尔（利凡诺）引产：雷佛奴尔为常用的引产药物。主要是刺激子宫收缩，达到终止中期妊娠的目的。给药方法有羊膜腔内给药法和宫腔内给药法。

2．前列腺素引产：前列腺素类药物的中期引产的效果满意。给药方法有羊膜腔内给药和阴道内给药。疑有青光眼者禁用。对有心脏病及感染者要慎用。有支气管哮喘及高血压者不能使用前列腺素 $F_{2\alpha}$。

3．芫花引产（芫花萜、芫花醇）：目前应用的芫花剂量为 $60～80\mu g$，芫花醇为 $0.2～1.5g$，成功率为 $97\%～99\%$。方法为羊膜腔注射法及宫腔注射法。副反应主要是发热、寒战。轻者数分钟后自然消失，严重者伴有胸闷、肢端青紫，少数可有高热。反应严重者，可静脉注射地塞米松 5mg。并发症主要为软产道损伤，包括宫颈裂伤，子宫破裂，阴道穹隆裂伤。发生率为 $1\%～2\%$。其他并发症可有出血量多、胎盘残留、羊水栓塞、凝血功能障碍等。

4．天花粉引产：天花粉制剂能引起胎盘滋养叶细胞急性凝固性坏死、绒毛粘连及纤维蛋白沉着，阻断胎盘血循环，并引起强烈宫缩，以促使分娩。给药方法为羊膜腔内注射，或肌内注射。使用前应做皮试及试探试验，试验阴性者方可使用。过敏性体质者不宜使用。心、肝、肾功能不良，有明显出血倾向，凝血功能障碍，精神病及智力障碍者慎用。副反应主要为发热或高热、头痛、关节酸痛，暂时性白细胞总数及中性粒细胞比例增加，一般 2～3 日后自行消失。少数反应严重者，可用解痛、抗组胺药物或肾上腺皮质激素治疗。个别患者可出现过敏性休克、脑水肿、急性肺水肿和心衰。偶有凝血功能障碍发生者。

（二）水囊引产

水囊引产是将无菌水囊放置在子宫壁与羊膜腔之间，囊内注入适量液体（无菌盐水量按每一孕月注入 100mL，总量不超过 500mL），引起宫缩，促使胎儿娩出。方法及所需器械简单，无药物副作用。子宫有瘢痕者，生殖器官炎症患者，严重高血压、心脏病、血液病及急性病变者，妊娠期间反复有阴道出血者，当天体温在 37.5℃ 以上者不宜采用。

（三）剖宫取胎术

经腹或经阴道剖宫取胎，近年来由于各种中期引产方法的安全性及效果良好，此法仅用于不适用前面所述的引产方法者，或上述方法引产失败者。

【复习思考题】

1. 简述早期药物流产的药物及其用法。
2. 人工流产的禁忌证及并发症有哪些？
3. 解释"人工流产综合反应"。
4. 中期药物引产的方法有哪些？

〔陆　华　胡心伟〕

第三节　输卵管绝育术

【目的要求】

1. 掌握输卵管绝育术的适应证、禁忌证。
2. 熟悉输卵管绝育术的手术时间和手术方式。

【自学时数】

0.5 学时。

女性绝育是用切断、结扎、电凝、钳夹、环套、药物粘堵、栓塞等方法使输卵管永久或暂时丧失功能，阻碍卵子与精子相遇，以达到绝育目的。该方法安全，既可为永久性节育措施，又可在一定条件下复通而具有可逆性。

一、经腹输卵管结扎术

【适应证】

①凡已有子女而夫妇双方都不愿再生育，要求绝育者。②患有严重疾病如心脏病、肾病、肝病、严重遗传疾病等不宜生育行治疗性绝育术。

【禁忌证】

①各种疾病急性期。②身体不能耐受手术者，如心脏病伴有心力衰竭等。③腹部皮肤有感染灶或患急、慢性盆腔炎者。④患严重神经官能症者。⑤24 小时内体温 2 次超过 37.5℃ 者。

【手术时间的选择】

①非孕妇女绝育时间以经净后 3~4 日为宜。②人工流产或分娩后宜在 48 小时内施行手术。③自然流产或其他病理性流产者月经干净后 3~7 日宜。④剖宫取胎或剖宫产及其他妇科腹部手术者，可同时行绝育术。⑤哺乳期或闭经妇女须先除外妊娠再行绝育术。

【术前准备】

1. 消除患者的顾虑和恐惧心理，做好解释和咨询。必要时手术前的晚上，给以镇静剂。

2. 详细询问病史，进行全身体格检查及妇科检查，进行血常规，出、凝血时间、肝、肾功能、心电图和白带常规检查。

3. 按妇科腹部手术前常规准备。

【麻醉】

局部浸润麻醉或针刺麻醉为主，也可用硬膜外麻醉。

【手术方式】

1. 近端包埋法：又名抽心包埋法或浆膜下输卵管峡部切除法。切开输卵管浆膜，切除管芯 1.5～2cm，近端结扎并包埋于浆膜内，远端结扎留于浆膜外。

2. 输卵管双折结扎切除法：用鼠齿钳将输卵管中段提出呈双折状，在距双折顶端 1.5cm 处用血钳压挫后，将近侧端及远侧端分别结扎，并切除结扎间的输卵管。

3. 输卵管折叠结扎法：操作同上，但不切除输卵管。

4. 输卵管切除法：上述任何一项结扎失败后，可用此法。

二、经阴道输卵管结扎术

经阴道前穹隆或后穹隆切口进入腹腔，行输卵管结扎。

三、经腹腔镜输卵管绝育术

【常用方法】

1. 电灼法：用电灼法切断 2～3cm 输卵管。

2. 金属夹子钳夹法：应用金属钽（Ta）制作的夹子阻断输卵管。

3. 硅橡胶环套法：将输卵管提起呈双折状，并把硅橡胶环套在输卵管襻上。

【禁忌证】

主要为腹腔粘连、心肺功能不全、膈疝等，其余同经腹输卵管结扎术。

【手术步骤】

局麻、硬膜外麻醉或静脉全身麻醉。脐孔下缘作 1～1.5cm 横弧形切口，将 Verres 气腹针插入腹腔，充气 2～3L，然后换置腹腔镜，在镜下施术。

【术后处理】

术后静卧数小时后可下床活动。术后观察有无体温升高、腹痛、腹腔内出血或脏器损伤征象。

四、经宫腔输卵管粘堵术

国内常用 α-氰基丙烯酸正丁酯"504"，α-氰基丙烯酸异丁酯"661"经宫腔堵塞输卵管。

【复习思考题】

1. 经腹输卵管结扎术的适应证是什么？如何选择手术时间？其手术方式有哪些？

2. 常用输卵管绝育术的方法有哪些？

〔陆　华　尹巧芝〕

1　黄绳武. 中医妇科学（全国高等中医院校函授教材）. 长沙：湖南科学技术出版社，1999

2　马宝璋. 中医妇科学（普通高等教育中医药类规划教材·供中医类专业用）. 上海：上海科学技术出版社，1997

3　罗元恺. 中医妇科学（高等医药院校教材·供中医类专业用）. 上海：上海科学技术出版社，1986

4　罗元恺　中医妇科学（高等医药院校教学参考丛书）. 北京：人民卫生出版社，1988

5　曾敬光，刘敏如. 中医妇科学. 北京：人民卫生出版社，1986：404

6　罗元恺. 实用中医妇科学. 上海：上海科学技术出版社，1994

7　乐杰. 妇产科学（面向21世纪课程教材）. 北京：人民卫生出版社，2000

8　高耀洁. 实用中西医结合妇产科学. 郑州：河南科学技术出版社. 1990. 215

9　张丽蓉. 中西医结合常见妇科疾病. 天津：天津科技出版社，1981. 171

10　王渭川. 王渭川妇科治疗经验. 成都：四川人民出版社，1981. 198

11　明·张介宾. 景岳全书. 上海：上海科学技术出版社，1959

12　清·阎诚斋. 胎产心法. 同治乙丑敬敷堂藏版

13　宋·陈自明，明·薛己校注. 校注妇人良方. 上海：上海卫生出版社，1956

14　元·朱丹溪. 格致余论. 沈阳：辽宁科技出版社，1997

15　清·吴谦等. 医宗金鉴. 北京：人民卫生出版社，1956

16　清·傅山. 傅青主妇科上海：上海卫生出版社，1957

17　隋·巢元方. 诸病源候论. 北京：人民卫生出版社，1955

18　汉·张机. 金匮要略. 北京：人民卫生出版社，1956

19　清·张璐. 张氏医通. 上海：上海科技出版社，1963

20　邵福华. 中西医妇科临证指南. 北京：中国中医药出版社. 1994

21　明·薛立斋. 女科撮要. 上海：上海大成书局石印本

22　清·叶桂. 叶氏女科证治. 上海：上海锦章图书局印行

23　韩百灵. 百灵妇科. 哈尔滨：黑龙江人民出版社，1980

24　明·万全. 万氏妇人科. 武汉：湖北人民出版社，1983

25　明·王纶. 名医杂著. 上海：上海古籍书店，1979

26　明·李梴. 医学入门. 上海：上海扫叶山房印行

27　清·肖赓六. 女科经纶. 上海：上海卫生出版社，1957

28　清·沈尧封. 沈氏女科辑要笺正. 南京：江苏科技出版社，1983

29　清·叶桂. 叶天士女科. 上海：上海锦章图书局印行

30　明·张锡纯. 医学衷中参西录. 上海：上海科技出版社. 1959

31　宋·陈素庵. 陈素庵妇科补解. 上海：上海科技出版社. 1983

32　明·龚廷贤. 寿世保元. 上海：上海科技出版社. 1959

模拟试题及参考答案

模拟试题（一）

一、名词解释（每题1分，共10分）

1. 月经　　2. 并月　　3. 恶露　　4. 天癸　　5. 断绪　　6. 子肿　　7. 乳汁自出　　8. 恶阻
9. 胞阻　　10. 阴挺下脱

二、填空（每空0.5分，共10分）

1.《素问·上古天真论》"女子七岁，肾气盛，齿更发长；"二七而＿＿＿＿＿＿＿＿＿＿＿＿＿＿＿＿，故有子；……七七＿＿＿＿＿＿＿＿＿＿＿＿＿＿＿＿，故形坏而无子也。

2. 妇科病史的问诊，除同一般内科问诊以外，尤注意＿＿＿＿＿，＿＿＿＿＿及＿＿＿＿等方面的问诊。

3. 寿胎丸由＿＿＿＿＿＿＿＿组成。

4. 逆经治疗以＿＿＿＿＿为大法，常用的引经药为＿＿＿＿＿＿＿＿。

5. 我国现存最早的产科专著是＿＿＿＿＿＿＿＿。

6. 育龄妇女，月经一向正常，突然停经，首先应考虑是否＿＿＿＿＿＿＿＿。

7. 导致崩漏的主要病机是＿＿＿＿＿，常见病因有＿＿＿＿＿，＿＿＿＿＿，＿＿＿＿＿。

8. 妊娠病的治疗原则是＿＿＿＿＿与＿＿＿＿＿并举。

9. 绝经前后诸证的治疗以＿＿＿＿＿＿＿为大法，若肾阴阳俱虚者，方用＿＿＿＿＿＿。

10. 异位妊娠的病机实质是＿＿＿＿＿＿＿＿。

三、判断题（每题1分，共10分）

1. 带下病系湿邪为患，病位主要在胞宫。（　　）

2. 凡在妊娠期发生的疾病，均称妊娠病。（　　）

3. 女子月经初潮推迟称"经迟"。（　　）

4. 血瘀既可引起月经过多，又可引起月经过少。（　　）

5. 滑胎患者出现胎漏、胎动不安征象时，即应保胎治疗。（　　）

6. 胞宫属"奇恒之腑"，在经期，妊娠期行使其"藏而不泻"的功能。（　　）

7. 阴痒是由于湿热生虫，虫蚀阴中所致。（　　）

8. Ⅱ度子宫脱垂患者，为整个子宫体脱出于阴道口外。（　　）

9. 根据不同的年龄，妇科强调青年重在脾，中年重在肝，老年重在肾。（　　）

10. 导致冲任损伤的直接原因是情志内伤。（　　）

四、单选题（每题 1 分，共 10 分）

1. 妇科病病机与其他各科病机不同点在于（　　）

A. 脏腑功能失常　　B. 气血失调　　C. 冲任损伤　　D. 胞宫受损

2. 下列哪一项不属于产后三审的内容（　　）

A. 审小腹有无疼痛　　B. 审恶露有无停滞　　C. 审大便通与不通　　D. 审乳汁行与不行及饮食的多少

3. 肝肾同病之月经先后无定期，最佳选方是（　　）

A. 定经汤　　B. 固阴煎　　C. 逍遥散　　D. 左归饮

4. 阴痒往往与哪种疾病并见（　　）

A. 不孕　　B. 癥瘕　　C. 带下病　　D. 阴疮

5. 临床六字真言"睡、忍痛、慢临盆"是哪本书首先提出的（　　）

A. 胎产心法　　B. 产宝　　C. 达生篇　　D. 傅青主女科

6. 下列疾病的转归，哪项是错误的（　　）

A. 月经先期量多——崩漏　　B. 胎动不安——坠胎　　C. 子嗽——子痫　　D. 产后发热——癥瘕

7. 妇科疾病致病因素，外感六淫以下列哪项居多（　　）

A. 风寒湿　　B. 寒湿热　　C. 湿热燥　　D. 风湿热

8. 产后三病应排除下列哪一项（　　）

A. 痉　　B. 郁冒　　C. 腹痛　　D. 大便难

9. 胎水肿满，主要应鉴别的是（　　）

A. 鬼胎　　B. 子肿　　C. 子气　　D. 胎气上逆

10. 与妇科关系最密切的脏腑是（　　）

A. 肝、脾、肾　　B. 心、肝、肾　　C. 肺、脾、胃　　D. 心、脾、肾

五、多选题：（每题 1 分，共 10 分）

1. 下列哪几项属于崩漏症状（　　）

A. 经行之后，阴道出血，淋漓不止　　B. 不在行经期间，阴道持续出血　　C. 经行之时，血量较以往增多　　D. 每次经行前 2 天，阴道有少许咖啡色出血

2. 下列哪些项是经行吐衄的特点（　　）

A. 月经来潮前一二天吐血或衄血　　B. 月经周期紊乱　　C. 伴随月经周期性发作　　D. 可见月经量减少或不行

3. 下列哪些是肾阴虚的症状（　　）

A. 口燥咽干　　B. 赤白带下　　C. 五心烦热　　D. 面浮肢肿

4. 下列哪几项属于经断前后诸症的临床表现（　　）

A. 行经周期紊乱　　B. 浮肿便溏　　C. 周期性衄血　　D. 烦躁易怒

5. 下面哪几项属湿热带下的主证（　　）

A. 带下量多，色黄　　B. 带下质稠，有味　　C. 舌淡，苔白腻，脉缓弱　　D. 胸闷纳少，浮肿便溏

6. 下列疾病中哪几项属妊娠病（　　）

A. 恶阻　　B. 息胞　　C. 子悬　　D. 转胞

7. 与气虚有关的产后病有（　　）

A. 胞衣不下　　B. 产后排尿异常　　C. 产后痉证　　D. 产后自汗

8. 下列哪些是产后发热的病因（　　）

A. 感染邪毒　　B. 血瘀　　C. 肝郁　　D. 外感

9. 与女性生理病理关系最密切的经络是（　　）

　　A. 冲脉　　B. 任脉　　C. 督脉　　D. 带脉

10. 下列哪些病与肝郁化热有关（　　）

　　A. 月经过多　　B. 崩漏　　C. 缺乳　　D. 乳汁自出

六、简答题（每题5分，共15分）

1. 生化汤可用于治疗哪些产后病？为什么？

2. 试述肾虚型胎漏、胎动不安的主证、治则及代表方。

3. 如何对痛经进行辨证？

七、论述题（每题10分，共20分）

1. 为什么说"经本于肾"、"经水出诸于肾"？

2. 为什么说气血失调是妇科最常见的发病机制？

八、病案分析题（15分）

　　刘某，女，28岁，初诊1996年7月12日。

　　主诉：产后70余天，阴道出血淋漓不止。

　　现病史：2月前足月分娩一女婴，产时出血较多，至今已70余天，阴道出血时多时少，血色暗红，淋漓不断，头晕倦怠，身热骨蒸，五心烦热，口干不欲饮，尿黄便结，脉细而数，苔薄黄。

　　诊断：（2分）

　　分型：（2分）

　　主证分析：（5分）

　　治则：（2分）

　　代表方药：（4分）

模拟试题（二）

一、单项选择题（每小题1分，本题共30分）

　　答题说明：每小题后均有4个备选答案，其中只有1个是最佳答案，请将最佳答案选出，并将答案编号填入题后括号内，以示回答。答案错选或不选者，均不得分

1. "并月"、"居经"、"避年"之说首见于（　　）

　　A.《黄帝内经》　　B.《金匮要略》　　C.《神农本草经》　　D.《脉经》

2. 产科于（　　）发展为独立专科。

　　A. 汉代　　B. 隋代　　C. 唐代　　D. 宋代

3. "睡、忍痛、慢临盆"六字真言载于（　　）

　　A.《医宗金鉴》　　B.《景岳全书·妇人规》　　C.《达生篇》　　D.《丹溪心法》

4. 成年女子卵巢的长（cm）×宽（cm）×厚（cm）约为（　　）

　　A. 5×4×3　　B. 4×3×1　　C. 3×1×1　　D. 2×2×1

5. 李某，停经37天，尿妊娠试验阳性，末次月经为2000年10月3日，某预产期为（　　）

　　A. 2001年6月4日　　B. 2001年6月10日　　C. 2001年7月5日　　D. 2001年7月10日

6. 月经的产生是以何脏器为主导（　　）

　　A. 肝　　B. 脾　　C. 肾　　D. 心

7. 新产后子宫缩复至孕前状态约需要（　　）

　　A. 3周　　B. 4周　　C. 5周　　D. 6周

8. 月经先期是指月经周期提前多少天以上（　　）

　　A. 3天　　B. 5天　　C. 7天　　D. 14天

9. 月经提前，量多，色深红或紫红，质黏而稠，心胸烦闷，面红口干，渴喜冷饮，尿黄便结，舌质

红，苔黄，脉滑数。宜选方（　　）

    A. 清经散（《傅青主女科》）　　B. 丹栀逍遥散（《内科摘要》）　　C. 两地汤（《傅青主女科》）

    D. 补中益气汤（《脾胃论》）

10. 育龄期妇女月经周期延后，首先需要排除（　　）

    A. 月经后期　　B. 闭经　　C. 妊娠　　D. 癥瘕

11. 经期错后，量少，经色暗红或有血块，小腹胀痛，精神抑郁，胸闷不舒，舌苔正常，脉弦。宜选用（　　）

    A. 艾叶　香附　当归　续断　吴茱萸　川芎　白芍　黄芪　生地　肉桂

    B. 乌药　香附　木香　当归　甘草

    C. 人参　山药　熟地　杜仲　当归　山茱萸　枸杞　炙甘草

    D. 莪术　牛膝　丹皮　川芎　当归　白芍　桂心　甘草　人参

12. 月经先后无定期如同时出现经量过多、或经期延长者，常发展为（　　）

    A. 月经先期　　B. 月经后期　　C. 崩漏　　D. 经间期出血

13. 生地、熟地、黄芩、黄柏、白芍、山药、续断、甘草诸药组成的方剂是（　　）

    A. 解毒四物汤（《沈氏尊生书》）　　　　B. 保阴煎（《景岳全书》）

    C. 安冲汤（《医学衷中参西录》）　　　　D. 举元煎（《景岳全书》）

14. 月经过少的治法重在（　　）

    A. 濡养精血　　B. 化瘀通经　　C. 疏肝健脾　　D. 化痰燥湿

15. 经前或经行小腹冷痛，甚至牵连腰背疼痛，得热则舒，经行量少，经色暗有血块，畏寒便溏，苔白腻，脉沉紧。宜选方（　　）

    A. 少腹逐瘀汤（《医林改错》）　　　　B. 膈下逐瘀汤（《医林改错》）

    C. 桃红四物汤（《医宗金鉴》）　　　　D. 温经汤（《金匮要略》）

16. 最简便可靠的子宫性闭经的诊断方法是（　　）

    A. 子宫输卵管造影　　B. 孕激素试验　　C. 雌激素试验　　D. 诊断性刮宫

17. 刘某，女，16 岁，主诉：月经尚未初潮，体质虚弱，腰膝酸软，头晕耳鸣，舌淡红，苔少，脉沉细。宜选方（　　）

    A. 人参养荣汤（《和剂局方》）　　　　B. 归肾丸（《景岳全书》）

    C. 加减一阴煎（《景岳全书》）　　　　D. 血府逐瘀汤（《医林改错》）

18. 清热固经汤（《简明中医妇科学》）用于崩漏（　　）

    A. 血热证　　B. 脾虚证　　C. 肾虚证　　D. 血瘀证

19. 带下量多，色黄或黄白，质黏腻，有臭气，胸闷口腻，纳食差或小腹胀痛，或带下色白，质黏如豆腐渣状，阴痒，小便黄少，舌苔黄腻或厚，脉濡略数。辨证属（　　）

    A. 脾虚证　　B. 肾阴虚证　　C. 湿毒证　　D. 湿热证

20. 异位妊娠最常见的是（　　）

    A. 腹腔妊娠　　B. 宫颈妊娠　　C. 卵巢妊娠　　D. 输卵管妊娠

21. 关于卵巢的周期性变化，下列哪项是错误的?（　　）

    A. 近青春期，始基卵泡开始发育　　　　B. 每月只有 1 个卵泡达成熟

    C. 成熟卵泡直径可达 1.0～2.0cm　　　　D. 排卵后成为闭锁卵泡

22. 妊娠 6 月，面浮肢肿，皮薄光亮，按之凹陷不起，伴脘腹胀满，气短懒言，口中淡腻，食欲不振，小便短少，大便溏薄，舌淡体胖，边有齿痕，苔薄白或薄腻，脉缓滑无力。宜选方（　　）

    A. 白术散（《全生指迷方》）　　　　B. 真武汤（《伤寒论》）

    C. 茯苓导水汤（《医宗金鉴》）　　　　D. 天仙藤散（《校注妇人良方》）

23. 宫颈刮片巴氏细胞学分级为3级，提示（　　）

    A. 炎症　　　B. 可疑癌　　　C. 高度可疑癌　　　D. 癌症

24. 癥瘕的治疗原则是（　　）

    A. 急则治其标　　B. 缓则治其本　　C. 衰其大半而止　　D. 有故无殒，亦无殒也

25. 胞中积块坚硬，固定不移，疼痛拒按，面色晦暗，肌肤乏润，月经延后量少，色暗有块，或经闭不潮，舌质紫暗，脉沉涩。辨证属（　　）

    A. 气滞证　　B. 血瘀证　　C. 痰湿证　　D. 肝郁脾虚证

26. 刘某，女，26岁，主诉：结婚4年，丈夫生殖功能正常，未避孕3年，未怀孕，现有妊娠要求。伴有月经每月提前8天，量多，每次月经约10日干净，经后时有小腹隐隐疼痛，舌淡，苔薄白，脉弦。诊断为（　　）

    A. 月经先期　　B. 月经过多　　C. 痛经　　D. 不孕症

27. 产后高热寒战，小腹疼痛拒按，恶露量多，色暗，有臭气，烦躁，口渴，小便黄少，大便燥结，舌红苔黄，脉数有力。辨证属（　　）

    A. 感染邪毒证　　B. 瘀热互结证　　C. 血瘀证　　D. 虚热证

28. 30岁女性，采用下列哪项避孕方法时，失败率较低并可能防止性传播疾病（　　）

    A. IUD　　B. 避孕套　　C. 口服避孕药　　D. 安全期避孕

29. 妊娠病的治疗原则是（　　）

    A. 治病为主　　B. 安胎为主　　C. 治病与安胎并举　　D. 补肾培脾为主

30. 妇产科疾病中最重要的发病机制是（　　）

    A. 脾虚　　B. 肾虚　　C. 气血失调　　D. 冲任二脉损伤

二、多项选择题（每小题1分，本题共10分）

答题说明：每小题后有5个备选答案，其中有2~5个是正确的，请将正确答案全部选出，并将所选答案编号填入题后括号内，以示回答。凡正确答案有选错、漏选或不选者，均不得分。

1. 妇女的主要生理特点是（　　）

    A. 经　　B. 孕　　C. 产　　D. 乳　　E. 气血

2. 卵巢的功能是（　　）

    A. 产生卵子　　B. 产生性激素　　C. 孕育胎儿　　D. 产生月经　　E. 维护生殖功能

3. 产后病的病因病机是（　　）

    A. 房劳所伤　　B. 亡血伤津　　C. 瘀血内阻　　D. 外感六淫　　E. 饮食所伤

4. 口服避孕药的主要作用机制为（　　）

    A. 改变阴道的酸碱度、杀死精子　　B. 改变宫颈黏液性状、不利于精子穿透　　C. 抑制甲状腺功能，使基础代谢低下　　D. 抑制排卵　　E. 抑制着床

5. 桂枝茯苓丸的方药组成是（　　）

    A. 桂枝、茯苓　　B. 赤芍、丹皮　　C. 桃仁　　D. 柴胡、当归　　E. 甘草

三、名词解释题（本题共12分）

1. 带下病（2分）

2. 胎漏（2分）

3. 恶露不绝（2分）

4. 天癸（3分）

5. 不孕症（3分）

四、简答题（本题共25分）

1. 结合产后病发病机制，简述生化汤（《傅青主女科》）的药物组成及方义。（5分）

2. "女子以肝为先天"依据何在？（5分）

3. 崩漏的诊断要点和治疗原则是什么？（6分）

4. 妇科问婚产史的内容有哪些？（5分）

5. 如何判断胎动不安胎元已殒未殒？（4分）

五、论述题（本题共10分）

试述闭经的诊断及与早孕的鉴别诊断要点。

六、病案分析题（本题共13分）

张某，女，18岁，未婚，农民。初诊日期：1999年7月26日。

主诉：下腹疼痛2小时。

现病史：患者于2小时前在田间劳作，因不耐暑热，先暴饮井水无数，后于田边沟渠中洗衣，忽感下腹剧痛，经休息后疼痛不缓解，急送入院求治。

现症：下腹疼痛，为绞痛，拒按，疼痛为持续固定疼痛，不伴呕吐清涎等，表情痛苦，舌淡，苔白腻，脉沉紧。

既往史："乙型肝炎"病史3年，未作治疗。

月经史：14，5～7/25～32 末次月经1999年6月27日。量中，色暗，有块，每于经前及经期1～2天小腹及少腹疼痛，需休息或腹部热敷或服药痛减，有时经行第3天随经行通畅、块下则疼痛自缓。

居住环境阴暗潮湿。

余无特殊。

要求：

1. 病名诊断（2分）

2. 简拈病机及证候分析（4分）

3. 证型（2分）

4. 治法（1分）

5. 处方用药（包括代表方名、药物组成、剂量及调护）（共4分）

模拟试题（三）

一、单项选择题（每题1分，共20分）

在五个备选答案中选出一个最佳答案，并把答案填在题末的括号里。

1. 妇科的第一首方应是（   ）

A. 温经汤　　B. 四物汤　　C. 胶艾汤　　D. 四乌贼骨—芦茹丸　E. 当归芍药散

2. 正常的月经生理，下列哪一项是错误的（   ）

A. 初潮11～18岁　　B. 周期28～30日　　C. 经期3～7日　　D. 绝经年龄49岁左右　　E. 经色鲜红，质稠、无血块、无臭气

3. 月经停闭，胸胁满闷，呕恶痰多，神疲倦怠，形体肥胖，或面浮肢肿，带下量多，色白质稠，舌淡胖，苔白腻，脉滑，辩证应属（   ）

A. 痰湿阻滞　　B. 气滞血瘀　　C. 气血虚弱　　D. 肝肾不足　　E. 脾肾阳虚

4. 经断前后诸症的典型症状是（   ）

A. 烘热汗出　　B. 心烦失眠　　C. 月经紊乱　　D. 腰背酸痛　　E. 头晕头痛

5. 妊娠10～14周要求终止妊娠者，宜采用（   ）

A. 负压吸宫术　　B. 钳刮术　　C. 水囊引产术　　D. 利凡诺引产术　　E. 剖宫取胎术

6. 受孕之初，按月少量行经而无损胎儿者称为（   ）

A. 居经　　B. 暗经　　C. 激经　　D. 胎漏　　E. 胎动不安

7. 正常的胎心率每分钟为（   ）：

A. 100～140 次/分　　B. 120～160 次/分　　C. 80～120 次/分　　D. 140～180 次/分　　E. 80～100 次/分

8. 上环的最佳时间是（　　）

A. 月经干净3～7日　　B. 月经来潮的3～7日　　C. 月经干净后3～10日　　D. 月经来潮的7～10天　　E. 月经来潮的12小时以内

9. 妊娠期，阴道少量出血，时下时止或淋漓不断而无腰酸腹痛者称为（　　）

A. 胎漏　　B. 胎动不安　　C. 胎死不下　　D. 堕胎、小产　　E. 妊娠腹痛

10. 生化汤的药物组成除外哪一项（　　）

A. 川芎、当归　　B. 桃仁　　C. 炙甘草　　D. 炮姜　　E. 鸡血藤、益母草

11. 气虚型恶露不绝的最佳方剂是（　　）

A. 参苓白术散　　B. 举元煎　　C. 四君子汤　　D. 补中益气汤　　E. 固本止崩汤

12. 某妇，28 岁，月经22～23 天一行，持续6～7 天干净，每次用卫生巾15～18 条，近3 个月来，每个月月经干净后8～10 天，又见阴道流血，量少不用垫纸，2～3 天停止，应诊断为（　　）

A. 月经先期　　B. 崩漏　　C. 月经过少　　D. 经间期出血　　E. 经期延长

13. 崩漏的病因病机，应除外哪项（　　）

A. 血热　　B. 肾虚　　C. 脾虚　　D. 血瘀　　E. 血虚

14. 下列哪项不是雌激素的生理作用（　　）

A. 使子宫内膜呈增生期改变　　B. 促使第二性征形成　　C. 使子宫颈黏液分泌增多、变稀、易于拉丝并出现羊齿状结晶　　D. 有升体温作用　　E. 促使阴道上皮细胞增生、角化

15. 下列哪一项不是人工流产的手术禁忌证（　　）

A. 各种疾病的急性期或严重的全身性疾病　　B. 生殖器官的急性炎症　　C. 妊娠剧吐酸中毒未纠正者　　D. 术前相隔4 小时两次体温超过 37.5℃　　E. 卵巢囊肿

16. 带下病的主要机制是：（　　）

A. 肝脾不和　　B. 湿热下注　　C. 脾肾虚弱　　D. 心脾两虚　　E. 任脉损伤，带脉失约

17. 不孕证的常见证型应除外哪一项（　　）

A. 肾虚　　B. 肝郁　　C. 痰湿　　D. 血瘀　　E. 血热

18. 下列哪一项不是第二产程的临床表现（　　）

A. 子宫颈口开全　　B. 胎盘剥离　　C. 胎头拨露　　D. 使用腹压　　E. 胎儿娩出

19. 肝热型恶阻的特征是（　　）

A. 呕吐带血样物　　B. 呕吐痰涎　　C. 呕吐清涎　　D. 口中泛酸　　E. 呕吐酸水或苦水

20. 产后恶露过期不止，量多、色淡、质稀、无臭气，小腹空坠，神倦懒言，舌淡，脉缓弱，其治则是（　　）

A. 补气摄血　　B. 补血固涩　　C. 补气益气　　D. 益气养阴　　E. 健脾益气

二、多项选择题（在五个备选答案中，选出2～5 个正确答案，填在题末括号里，每题1 分，共10 分，正确答案未选齐则不得分）

1. 六淫导致妇产科疾病，最党常见的病因是（　　）

A. 风　　B. 寒　　C. 燥　　D. 湿　　E. 热

2. 保阴煎治疗哪些血热型的妇科病（　　）

A. 月经过多　　B. 胎动不安　　C. 产后恶露不绝　　D. 月经先期　　E. 崩漏

3. 痛经的临床证型有（　　）

A. 气滞血瘀　　B. 寒凝血瘀　　C. 湿热蕴结　　D. 气血虚弱　　E. 肾气亏损

4. 子痫的主要症状是（　　）

A. 头晕眼花　　B. 昏不知人　　C. 胸闷恶心　　D. 视物模糊　　E. 四肢抽搐

5. 癥瘕的证型包括（　　）

A. 气滞　　B. 血瘀　　C. 痰湿　　D. 湿热　　E. 血虚

6. 出现下列哪些症状，可诊断为子肿（　　）

A. 妊娠晚期，足跗浮肿，皮薄光亮　　B. 妊娠晚期，下肢肿胀尤甚，按之没指　　C. 妊娠晚期，下肢肿胀，皮色不变，随按随起　　D. 妊娠晚期脚部浮肿，经休息自消　　E. 妊娠中期腹大异常

7. 防癌检查的方法有哪些（　　）

A. 宫颈黏液检查　　B. 宫颈刮片检查　　C. 诊断性刮宫　　D. 生殖内分泌激素测定　　E. 子宫颈活组织检者

8. 产后感染邪毒型产后发热的临床表现有哪几个症状（　　）

A. 产后发热、恶寒或高热寒战　　B. 小腹疼痛拒按，恶露初时量多，继则量少，色紫暗或如脓，其气臭秽　　C. 口渴喜饮　　D. 小便短赤，大便燥结　　E. 舌红苔黄而干，脉数有力

9. 异位妊娠休克型的主证表现有哪些（　　）

A. 突发下腹剧痛　　B. 面色苍白，四肢厥冷　　C. 冷汗淋漓，恶心呕吐　　D. 血压下降　　E. 高热体温 39～40℃

10. 下列哪些是胎盘剥离征象（　　）

A. 宫底升高　　B. 宫体变硬，呈球形　　C. 外露脐带下降　　D. 于耻骨联合上方压子宫下段，脐带回缩　　E. 阴道少量流血

三、填空题（每题 2 分，共 20 分）

1. 胞宫位于_____其功能是_____。

2. 治疗崩漏，须本着"急则治其标，缓则治其本"的原则，灵活掌握_____、_____、_____三法。

3. 产后病的治疗，应根据_____的特点，本着_____的原则。

4. 凡_____称为"滑胎"；亦称"数堕胎"。

5. 凡妊娠_____周内胚胎自然殒堕者称为堕胎；妊娠_____周内胎已形成而自然殒堕者，称为"小产"，堕胎少产的治疗大法宜_____。

6. 感染邪毒型产后发热治则是_____，代表方是_____。

7. 血府逐瘀汤的药物组成有_____。

8. 子宫脱垂的分度：Ⅰ度指_____；Ⅱ度指_____；Ⅲ度指_____。

9. 决定分娩的四大因素是_____、_____、_____、_____。

10. 妊娠恶阻的主要病机是_____。

四、名词解释（每题 3 分，共 15 分）

1. 产后"三审"　　2. 妊娠恶阻　　3. 不孕症　　4. 异位妊娠　　5. 产后发热

五、问答题：（每题 10 分，共 20 分）

1. 一女性病人急诊，诉下腹痛伴阴道流血，应如何进行问诊？

2. 试述妊娠病的治疗原则。

六、案例分析（15 分）

谢某，女，35 岁。1998 年 10 月 6 日初诊。

主诉：停经 50⁺天，阴道流血伴下腹痛 5 天。

现病史：缘患者平素月经周期准，末次月经 8 月 14 日，停经 40 天后感恶心，晨起偶有会呕吐，10 月 1 日跑步赶公共汽车后见少量阴道流血，腰酸，下腹微痛而坠，第二天经某区医院诊治，治疗后阴道流血稍减，查尿 HCG（+），送转我院就诊。

现症见腰酸，下腹坠胀，阴道少许流血，色淡红，质稀，头晕耳鸣，神疲肢倦，劳则气促，眼眶暗黑，纳呆便溏小便频数，夜尿2～3次，舌淡、胖，边有齿印，苔薄白，脉缓滑，两尺沉弱。

4～5 天

月经史：15 岁 $\dfrac{4\sim5\ 天}{32\ 天}$，量中，无痛经史，末次月经 8 月 14 日。

既往史，家庭史，体查无特殊。

妇检：子宫颈着色、宫口不松，少许血性分泌物，子宫增大，如孕 7 周，质软无压痛。

B 超：宫内妊娠，可见胎心搏动。

请写出：中医诊断、诊断依据、证型、证候分析、方药（包括药量）。

参考答案

模拟试题（一）

一、名词解释

1. 周期性规律性子宫出血，一月一次，月月如期，如月之盈亏，潮之有汛。是女性特有的生理现象，也是生殖功能成熟的标志之一。

2. 身体无病，而月经惯常二月一至者。

3. 胎儿．胎盘娩出后，残留在胞宫内的余血浊液。

4. 天癸：源于先天，为先天之精，藏于肾，受后天水谷精微的滋养，是促进人体生长．发育和生殖的物质。

5. 曾有孕育而又连续两年以上不再受孕者，称继发性不孕，古称"断绪"。

6. 妊娠期间，孕女面目肢体发生肿胀者，称妊娠肿胀，亦称"子肿"。

7. 哺乳期间，产妇乳汁不经婴儿吸吮而自然流出者，称"乳汁自出"，亦称"漏乳"。

8. 妊娠早期出现恶心呕吐，头晕厌食，甚或食入即吐者，称恶阻。

9. 妊娠期间小腹疼痛反复发作者，称妊娠腹痛，亦称胞阻。

10. 妇女阴中有物下坠或脱出阴道口外者称阴挺下脱。

二、填空：

1. 天癸至，任脉通，太冲脉盛，月事以时下

   任脉虚，太冲脉衰少，天癸竭，地道不通

2. 月经史，带下及婚产史

3. 菟丝子、阿胶、川断、寄生

4. 清热降逆，引血下行，川牛膝

5. 《经效产宝》

6. 妊娠

7. 冲任损伤，不能固摄经血。血热，血瘀．脾虚．肾虚

8. 治病，安胎

9. 平调肾中阴阳，二仙汤

10. 血瘀少腹实证

三、判断题

1. ×　　2. ×　　3. ×　　4. √　　5. ×　　6. ×　　7. √　　8. ×　　9. ×　　10. ×

四、单选题

1. C　　2. B　　3. A　　4. C　　5. C　　6. D　　7. B　　8. C　　9. B　　10. A

五、多选题

1. A B　　2. A C D　　3. A B C　　4. A B D　　5. A B C　　6. A C D　　7. A B D　　8. A B D　　9. A B C D　　10. A B D

六、简答题

1. 生化汤为产后血瘀证主方，可用于血瘀型产后腹痛、产后发热、产后恶露不绝、产后恶露不下等。因为这些病的血瘀型都是因恶露该下不下，瘀滞于胞宫所致，病机特点都是瘀血为患。

2. 主证：妊娠期中，腰酸腹坠，或见阴道下血，头晕耳鸣，小便频数，甚至失禁，或曾屡次坠胎，舌淡，苔白，脉沉弱。

治疗原则：固肾安胎，佐以益气。

代表方：寿胎丸，加党参、白术。

3.痛经的辩证一是辨痛，二是辨月经，根据疼痛发生的时间、性质、部位以及疼痛的程度，结合月经期、量、色、质及兼证，舌脉辩其寒、热、虚、实，一般说痛发生经前、经期多属实，发生在经将净、经后多属虚。痛在两侧少腹，病在肝，痛连腰骶，病在肾。绞痛、冷痛多为寒痛，灼痛多热痛，隐痛喜按为虚痛，拒按、剧痛为实痛。胀甚于痛为气滞，痛甚于胀为血瘀。辨月经主要是结合月经期量、色、质。一般经量少或多、色淡、质稀、其痛在经后多属虚。经量少、色暗、质稠有块、痛在经前多属实。

七、论述题：

(1) 肾藏精，包括先天之精，后天之精。精化血，血是月经的物质基础。

(2) 肾为水火之脏有肾阴与肾阳，肾阳蒸化肾阴产生肾气，肾气盛则天癸至。天癸是月经产生的先决条件。

(3) 肾为冲任之本。冲为血海，任主胞胎，肾气盛，冲任通盛，月事以时下。由此可见，月经根本在于肾，月经产生以肾为主导。

2.气血失调是妇科常见的颇具临床意义的发病机制，这是因为：

(1) 妇女经、孕、产、乳以血为用，生理消耗使血不足，而气有余，因而易致气血失调。

(2) 气血源于脏腑，经络为气血运行通道，因而脏腑功能失常，经络冲任损伤无不影响气血，致气血失调。

(3) 气血之间相互依存，相互资生，气为血帅，血为气母，血赖气生，赖气以行。伤于血，必影响到气，伤于气必影响到血。但其病理变化有主次之分，血病及气，病以血为主。气病及血则病以气为主，故有病在气、在血之分。

八、病案：

诊断：恶露不绝。

分型：阴虚血热兼气虚。

主证分析：产后亡血伤津，阴血不足，阴虚生内热，热迫血行，故阴道出血淋漓不尽，热煎熬津血，故经色暗红，血不养脑故头晕，阴虚血热，热在阴分故身热骨蒸，五心烦热，口干不欲饮，气随血耗故倦怠，尿黄便结，脉虚细数均为阳虚血热之象。

治则：滋阴清热，益气止血。

方药：两地汤加太子参（药物及剂量略）

模拟试题（二）

一、单项选择题

1．D   2．D   3．C   4．B   5．D   6．C   7．D   8．C   9．A   10．C   11．B
12．C   13．B   14．A   15．A   16．C   17．B   18．A   19．D   20．D   21．B
22．A   23．B   24．C   25．B   26．D   27．A   28．B   29．C   30．D

二、多项选择题（每小题2分，共10分）

1．ABCD   2．ABE   3．ABCDE   4．BDE   5．ABC

三、名词解释题

1.带下病：带下量明显增多，色、质、臭气异常或伴全身或局部症状者。

2.胎漏：妊娠期阴道少量出血，时下时止而无腰酸腹痛者。

3.产后恶露不绝：产后恶露持续20天以上仍淋漓不断者。

4.天癸：天癸是影响人体生长、发育和生殖的一种阴精，它来源于先天肾气，靠后天水谷精气的滋养、支持而逐渐趋于成熟，又随肾气的虚衰而竭止。

5.不孕症：女子结婚后夫妇同居2年以上，配偶生殖功能正常，未避孕而不受孕者，称原发性不孕；如曾生育或流产后，未避孕而又2年以上不再受孕者，称继发性不孕。

四、简答题

1.答：产后病的病因病机为：①亡血伤津；②瘀血内阻；③外感六淫或饮食房劳所伤。其中，产后余血浊液易生瘀滞，或胞衣残留或感染邪毒，均可导致瘀血内阻，败血为病。生化汤组方为：当归、川芎、桃仁、炮姜、炙甘草。方中当归、川芎活血行血，桃仁活血化瘀，炮姜温经散寒，甘草和中缓痛，诸药共奏活血祛瘀，散寒养血止血之功。可助产后瘀血排出、恶露如期而止，不失为一治疗产后瘀血所致疾病良方。

2．答：①肝藏血，调节血量，月经的主要成分是血，孕育胎儿需要精血充足，乳汁由血所化，分娩过程耗气伤津，失血，生理带下由癸精所化，精血同源并可相互转化。②肝脾之间存在相互影响，木郁克土，脾胃为后天气血生化之源，肝病可及脾。③肝肾同源，肾主生殖，补肝阴的药物亦可滋养肾阴。④肝藏血，心主血、藏神，肝的功能障碍可影响心藏神的功能进而影响月经。

3．答：崩漏的发病特点是月经的期、量发生严重紊乱。诊断要点：①月经不按周期而妄行，出血或量多如注，或淋漓不断，甚至屡月未有尽时；②注意与同属月经期量异常的病证如月经先期、经期延长、月经先后无定期、月经量多等鉴别；③须与胎漏、异位妊娠、产后病、赤带、癥瘕、外伤等所致的阴道出血证鉴别。治疗原则：急则治其标，缓则治其本。

4．答：结婚年龄、丈夫年龄、婚前后健康状况、妊娠次数及妊娠情况、分娩次数及分娩情况、有无自然流产、人工流产、是否不孕及原因、产后恶露情况及是否母乳喂养、避孕措施。

5．答：胎元未殒：妊娠反应存在，腰酸腹痛不重，阴道流血不多，妊娠试验阳性，胎心、胎动正常。胎元已殒：妊娠反应明显减轻或消失，腹痛加重，腰酸下坠，出血增多，妊娠试验由阳性逐渐转为阴性，胎心、胎动消失。

五、论述题

答：1．女子年逾16周岁月经尚未来潮，或已行经而又中断达6个月以上者，称为闭经。妊娠期、哺乳期、经绝期、少女月经初潮后一段时间暂时闭经等，属生理现象。临床应详问病史，并作有关检查，首先应排除生理性停经。同时应了解患者的发育、营养、第二性征、精神状况等，检查有无生殖器官发育异常，了解有无月经后期病史、反复刮宫史或宫腔电凝术史、产后出血史，询问有无服用避孕药等药物，有无生活环境突然改变、不良的饮食习惯及全身疾病如结核等，以明闭经的原因。

2．闭经的临床特征是：闭经前多有月经不调，继而出现闭经。也有突然停闭的，但常伴小腹疼痛等证，或有肥胖、多毛、溢乳等征象，或不孕，或出现绝经前后诸证，或虚劳潮热等，或兼有其他疾病；早孕者为生育年龄，有性生活史，既往月经正常，或正在月经不调如月经稀发、量少的治疗中且未避孕，突然月经停闭，往往伴有厌食、择食，恶心呕吐，喜食酸味，体倦嗜卧等早期妊娠反应。闭经的脉象多沉涩或虚细，早孕的脉滑利，尺脉按之不绝。闭经者妇科检查无妊娠体征，早孕者宫颈着色，子宫体增大符合孕月，质软，乳房增大，乳晕暗黑。尿妊娠试验闭经者呈阴性，早孕者呈阳性。

六、病案分析题

答：

1．痛经。

2．久居寒湿之地，加之经前饮冷、涉水，寒邪阻滞胞宫气血，不通则痛，得热则凝滞稍减，故疼痛稍缓。舌脉均为寒湿内闭、气血瘀滞之征。

3．寒凝胞宫，冲任瘀阻。

4．温经散寒除湿，化瘀止痛。

5．少腹逐瘀汤：小茴6g，干姜9g，延胡索、没药各12g，当归10g，川芎、赤芍（炒）、蒲黄、五灵脂各12g，官桂3g。

经前、经期忌生冷。

模拟试题（三）

一、单项选择题

1．D　　2．E　　3．A　　4．A　　5．B　　6．C　　7．B　　8．A　　9．A　　10．E　　11．E
12．D　　13．E　　14．D　　15．E　　16．E　　17．E　　18．B　　19．E　　20．A

　　1．BDE　　2．ABC　　3．ABCD　　4．BE　　5．ABCD　　6．ABC　　7．BCE　　8．ABCDE
9．ABCD　　10．ABCE

三、填空题

　　1．小腹正中，直肠之前，膀胱之后；排出月经与孕育胎儿

　　2．塞流、澄源、复旧

　　3．产后多虚多瘀；勿拘于产后，亦勿忘于产后

　　4．连续堕胎或小产达 3 次或 3 次以上者，

　　5．12；12～28；下胎益母

　　6．清热解毒，凉血化瘀；解毒活血汤

　　7．当归、生地，桃仁、红花、枳壳、牛膝、川芎、柴胡、赤芍、桔便、甘草

　　8．（Ⅰ度）子宫颈下垂到坐骨棘水平以下，但未超越阴道口；（Ⅱ度）子宫颈及部分子宫体脱出阴道口外；（Ⅲ度）整个子宫体脱出阴道口外

　　9．产力、产道、胎儿、精神心理因素

　　10．冲气上逆，胃失和降

四、名词解释

　　1．先审小腹痛与不痛，以辨有无恶露的停滞；次审大便通与不通，以验津液之盛衰；三审乳汁行与不行及饮食的多少，以察胃气的强弱。

　　2．妊娠早期，出现严重的恶心呕吐、头晕厌食，甚则食入即吐者。

　　3．女子婚后夫妇同居 2 年以上，配偶生殖功能正常，未避孕而未受孕，为原发性不孕；若曾孕育，未避孕 2 年以上未再受孕，为继发性不孕。

　　4．孕卵在子宫体腔以外着床发育者。

　　5．产褥期内，高热寒战或发热持续不退，并伴有其他症状者。

五、问答题

　　1．首先问年龄、婚姻状态，腹痛的部位、时间、性质与程度，阴道出血的量、色、质、起病的原因或诱因，其他伴随症状，诊治经过与效果，末次月经的日期，以往的月经情况（初潮年龄，周期、经期、经量、有无痛经等）。如已婚，有性生活者，应注意有无停经，有无妊娠反应。如已绝经，应了解绝经后有无阴道出血、腹痛，有无子宫肿瘤或盆腔包块，有无使用性激素。还应了解孕育史、既往史、个人史与家族史。

　　2．胎元正常者，总的治则是治病与安胎并举。因病而胎不安者，重在治病；因胎不安而致病者，重在安胎。治疗大法为补肾、健脾、疏肝。

　　胎元异常、胎殒难留或胎死不下，则安之无益，应从速下胎以益母。

六、病例分析

　　诊断：胎动不安。

　　依据：停经后有妊娠反应，hCG、B 超、妇科检查均提示妊娠，子宫内胎元存活。而阴道少量出血、下腹痛、腰酸、下坠则为胎动不安的 4 个主要症状。

　　证型：气虚兼肾虚。

　　分析：气虚冲任不固，胎失所载，则腹痛下坠，阴道下血，气虚则血色淡、质稀，中阳不振，则神疲肢倦、气促，舌淡胖有齿印，伴有肾虚，则头晕耳鸣，眼眶暗，膀胱失约，则尿频，夜尿多。尺脉沉弱为肾虚之象。

　　治法：益气补肾，固冲安胎。

　　方药：举元煎合寿胎丸加减

　　党参、黄芪各 15g，白术 12g，炙甘草、升麻各 6g，菟丝子 15g，阿胶 10g（另溶），桑寄生、续继各 15g。

一画

一贯煎 (《柳州医话》) 沙参 麦冬 当归 生地 川楝子 枸杞

二画

二至丸 (《医方集解》) 女贞子 旱莲草

二仙汤 (《中医方剂临床手册》) 仙茅 仙灵脾 当归 巴戟 知母

十全大补汤 (《和剂局方》) 人参 白术 茯苓 甘草 当归 白芍 生地 川芎

八珍汤 (《正体类要》) 当归 川芎 白芍 熟地 人参 白术 茯苓 炙甘草

八珍汤 (《证治准绳》) 熟地黄 川芎 当归 芍药 人参 白术 茯苓 甘草

八物汤 (《济阴纲目》) 当归 川芎 熟地 赤芍 延胡索 川楝子 木香 槟榔

八味黑神散 (《卫生家宝产科备要》) 熟地 当归 白芍 干姜 蒲黄 炙甘草 黑大豆

人参养荣汤 (《和剂局方》) 人参 黄芪 煨白术 茯苓 炙甘草 当归 熟地 白芍 远志 陈皮 五味子 桂心

人参黄芪汤 (《济阴纲目》) 人参 黄芪 当归 白芍 阿胶 白术 艾叶

人参麦冬散 (《妇人秘科》) 人参 麦冬 茯苓 黄芩 知母 生地 炙甘草 竹茹

三画

三甲复脉汤 (《温病条辨》) 生龟板 生牡蛎 生鳖甲 干地黄 白芍 阿胶 麦冬 炙甘草

下乳涌泉散 (《清太医院配方》) 熟地 当归 白芍 川芎 柴胡 青皮 通草 花粉 漏芦 白芷 甲珠 王不留行 桔梗 甘草

大营煎 (《景岳全书》) 当归 熟地 枸杞子 炙甘草 杜仲 牛膝 肉桂

大黄䗪虫丸 (《金匮要略》) 大黄 黄芩 甘草 桃仁 郁李仁 芍药 干地黄 干漆 虻虫 蛴螬 䗪虫

大补元煎 (《景岳全书》) 人参 山药 熟地 杜仲 当归 山茱萸 枸杞子 甘草

大黄牡丹皮汤 (《金匮要略》) 丹皮 桃仁 大黄 芒硝 冬瓜仁

小半夏加茯苓汤 (《金匮要略》) 茯苓 半夏 生姜

四画

天王补心丹 (《摄生秘剖》) 酸枣仁 柏子仁 当归 天门冬 麦门冬 生地黄 人参 丹参 玄参 白茯苓 五味子 远志 桔梗

天仙藤散 (《妇人大全良方》) 天仙藤 香附 陈皮 甘草 乌药 生姜 木瓜 紫苏叶

木通散 (《妇科玉尺》) 枳壳 槟榔 木通 滑石 冬葵子 甘草

五味消毒饮 (《医宗金鉴》) 蒲公英 金银花 野菊花 紫地丁 天葵子

五苓散 (《伤寒论》) 桂枝 白术 茯苓 猪苓 泽泻

止带方 (《世补斋·不谢方》) 猪苓 茯苓 车前子 泽泻 茵陈 赤芍 丹皮 黄柏 栀子 牛膝

内补丸 (《女科切要》) 鹿茸 菟丝子 潼蒺藜 黄芪 肉桂 桑螵蛸 肉苁蓉 制附片 白蒺藜 紫菀茸

牛膝散 (《济阴纲目》) 牛膝 当归 芍药 桃

仁　桂心　玄胡　丹皮　木香

牛黄清心丸（《痘疹世医心法》）牛黄　朱砂　黄芩　黄连　山栀　郁金

丹栀逍遥散（《女科撮要》）当归　白芍　柴胡　白术　茯苓　甘草　丹皮　山栀　煨姜　薄荷叶

乌药汤（《兰室秘藏》）乌药　香附　木香　当归　甘草

开郁种玉汤（《傅青主女科》）当归　白术　白芍　茯苓　丹皮　香附　花粉

少腹逐瘀汤（《医林改错》）小茴香　干姜　延胡索　没药　当归　川芎　官桂　赤芍　蒲黄　五灵脂

五画

玉女煎（《景岳全书》）熟地　牛膝　石膏　知母　麦冬

玉烛散（《儒门事亲》）大黄　芒硝　甘草　当归　生地　白芍　川芎

甘露消毒饮（《温热经纬》）滑石　茵陈　黄芩　射干　石菖蒲　川贝母　木通　藿香　连翘　薄荷　白豆蔻

甘麦大枣汤（《金匮要略》）甘草　小麦　大枣

龙胆泻肝汤（《医宗金鉴》）龙胆草　山栀　黄芩　车前子　木通　泽泻　生地　当归　甘草　柴胡

左归丸（《景岳全书》）熟地　山药　枸杞子　川牛膝　菟丝子　鹿胶　龟胶

左归饮（《景岳全书》）熟地　山药　枸杞　山茱萸　茯苓　甘草

右归丸（《景岳全书》）制附子　肉桂　熟地　山药　山茱萸　枸杞子　菟丝子　鹿角胶　当归　杜仲

龙胆泻肝汤（《医方集解》）龙胆草　黄芩　栀子　泽泻　木通　当归　生地　柴胡　生甘草

归肾丸（《景岳全书》）熟地　杜仲　菟丝子　枸杞子　当归　山茱萸　山药　茯苓

归脾丸（《校注妇人良方》）人参　黄芪　当归　白术　茯神　龙眼肉　远志　枣仁　木香　甘草　生姜　大枣

四神丸（《校注妇人良方》）补骨脂　吴茱萸　肉豆蔻　五味子　生姜　大枣

白术散（《全生指迷方》）白术　茯苓　大腹皮　生姜皮　陈皮

失笑散（《和剂局方》）蒲黄　五灵脂

生脉散（《内外伤辨惑论》）人参　麦冬　五味子

半夏白术天麻汤（《医学心悟》）半夏　天麻　茯苓　橘红　白术　甘草　生姜　大枣　蔓荆子

加减生化汤（《中医妇科治疗学》）人参　当归　黄芪　白术　甘草　益母草

加味五苓散（《医宗金鉴》）黑栀子　赤茯苓　当归　黄芩　白芍　甘草稍　生地　泽泻　车前子　木通　滑石

加味导痰丸（《中医妇科治疗学》）荆半夏　茯苓　陈皮　枳实　川芎　生姜　青皮　鳖甲

加味当归补血汤（《医理真传》）当归　黄芪　鹿茸　炮姜　炙甘草　麦芽

加味四物汤（（《医宗金鉴》）地黄　白芍　当归　川芎　蒲黄　瞿麦　滑石　木通　牛膝　桃仁　木香　甘草

圣愈汤（《兰室密藏》）党参　黄芪　当归　熟地　白芍　川芎

圣愈汤（《景岳全书》）人参　黄芪　当归　芍药　川芎　熟地

生化汤（《傅青主女科》）当归　川芎　桃仁　炮姜　炙甘草

六画

百合固金汤（《医方集解》引赵蕺庵方）生地　熟地　麦冬　百合　玄参　桔梗　贝母　白芍　生甘草

巩堤丸（《景岳全书》）熟地　附子　山药　白术　菟丝子　五味子　补骨脂　茯苓　韭子　益智仁

夺命散（《妇人大全良方》）血竭　没药

血府逐瘀汤（《医林改错》）当归　川芎　赤芍　生地　红花　桃仁　柴胡　枳壳　桔梗　牛膝　甘草

导赤散（《小儿药证直诀》）生地　竹叶　木通　甘草梢

竹沥汤（《千金要方》）竹沥　麦冬　黄芩　茯苓　防风

当归建中汤（《千金翼方》）当归　桂枝　白芍
炙甘草　生姜　大枣　饴糖

当归芍药散（《金匮要略》）当归　白芍　川芎
茯苓　白术　党参

七画

寿胎丸（《医学衷中参西录》）菟丝子　桑寄生
续断　阿胶

两地汤（《傅青主女科》）生地　玄参　白芍
麦冬　阿胶　地骨皮

芩连四物汤（《医宗金鉴》）黄芩　黄连　当归
熟地　川芎　白芍

苍附导痰丸（《叶天士女科》）茯苓　半夏　陈
皮　甘草　香附　苍术　南星　枳壳　生姜

苏叶黄连汤（《温热径纬》）苏叶　黄连

杞菊地黄丸（《医级》）熟地　山茱萸　山药
泽泻　丹皮　茯苓　菊花　枸杞子

补肾安胎饮（《中医妇科治疗学》）人参　白术
杜仲　川断　益智仁　阿胶　艾叶　菟丝子　补
骨脂　狗脊

补心丹（《摄生秘剖》）生地　玄参　麦冬　天
冬　党参　丹参　茯神　枣仁　远志　五味子　柏
子仁　桔梗　当归

补中益气汤（《脾胃论》）黄芪　人参　白术
炙甘草　升麻　柴胡　陈皮　当归

补气通脬饮（《女科撮要》）黄芪　麦冬　通草

佛手散（《普济本事方》）当归　川芎

陈氏七圣散（《妇人大全良方》）延胡索　没药
姜黄　白芷　桂心　当归　白矾

安冲汤（《医学衷中参西录》）白术　黄芪　生
牡蛎　大生地　生白芍　海螵蛸　茜草　川续断

启宫丸（《经验方》）制半夏　苍术　香附　神
曲　茯苓　陈皮　川芎

肠宁汤（《傅青主女科》）人参　山药　当归
熟地　阿胶　麦冬　续断　肉桂　甘草

身通逐瘀汤（《医林改错》）当归　川芎　桃仁
红花　香附　牛膝　五灵脂　没药　羌活　秦艽
甘草　地龙

完胞饮（《傅青主女科》）人参　黄芪　白术
茯苓　当归　川芎　桃仁　红花　益母草　白及
猪羊脬

完带汤（《傅青主女科》）白术　山药　人参
白芍　甘草　陈皮　黑芥穗　柴胡　车前子

八画

苓桂术甘汤（《金匮要略》）茯苓　桂枝　白术
炙甘草

固本止崩汤（《傅青主女科》）人参　黄芪　白
术　熟地　当归　黑姜

固阴煎（《景岳全书》）人参　熟地　山药　山
茱萸　菟丝子　远志　五味子　炙甘草

易黄汤（《傅青主女科》）山药　芡实　黄柏
车前子　白果

参苓白术散（《和剂局方》）人参　白术　茯苓
制甘草　山药　扁豆　苡仁　莲肉　砂仁　桔梗
陈皮

知柏地黄丸（《医宗金鉴》）知母　黄柏　熟地
山药　山茱萸　茯苓　泽泻　丹皮

定经汤（《傅青主女科》）当归　白芍　熟地
柴胡　山药　茯苓　菟丝子　炒荆芥

九画

春泽汤（《证治要诀类方》）桂枝　泽泻　猪苓
茯苓　白术　人参

胎元饮（《景岳全书》）人参　当归　杜仲　白
芍　熟地　白术　陈皮　炙甘草

送子丹（《傅青主女科》）生黄芪　当归　麦冬
熟地　川芎

肾气丸（《金匮要略》）干地黄　山药　山茱萸
泽泻　茯苓　丹皮　桂枝　附子

顺经汤（《傅青主女科》）当归　熟地　沙参
白芍　茯苓　黑芥穗　丹皮

神效达生散（《达生篇》）苏梗　当归　白芍
川芎　枳壳　白术　陈皮　大腹皮　贝母　冬葵子
甘草　葱白

柏子仁丸（《济阴纲目》）柏子仁　牛膝　卷柏
泽兰　续断　熟地

神效催生丹（《卫生家宝产科备要》）腊月兔脑
髓1枚（去皮膜研如泥）　麝香（冰片5g代，另
研）　乳香末1.25g（另研）母丁香（研细末）

举元煎（《景岳全书》）人参　黄芪　白术　升

麻 炙甘草

保阴煎（《景岳全书》）生地 熟地 黄芩 黄柏 白芍 山药 续断 甘草

香棱丸（《济生方》）木香 丁香 三棱 莪术 枳壳 青皮 川楝子 小茴香

香砂六君子汤（《名医方论》）人参 白术 茯苓 甘草 半夏 陈皮 木香 砂仁 生姜 大枣

独活寄生汤（《千金要方》）独活 桑寄生 秦艽 防风 细辛 川芎 当归 熟地 白芍 桂枝 茯苓 杜仲 人参 甘草 牛膝

宫外孕Ⅰ号（《山西医学院附属第一医院》）赤芍 丹参 桃仁

宫外孕Ⅱ号（《山西医学院附属第一医院》）赤芍 丹参 桃仁 三棱 莪术

养荣壮肾汤（《叶氏女科证治》）当归 川芎 独活 桑寄生 杜仲 续断 防风 肉桂 生姜

济生肾气丸（《济生方》）熟地 山药 茯苓 泽泻 丹皮 山茱萸 肉桂 附子 车前仁 川牛膝

十画

桂枝茯苓丸（《金匮要略》）桂枝 茯苓 丹皮 赤芍 桃仁

桃仁消瘀汤（《中医妇科治疗学》）桃仁 红花 当归尾 丹参 川牛膝 乳香 没药 蕺菜

起枕散（《济阴纲目》）当归 川芎 蒲黄 五灵脂 芍药 桂枝 玄胡 没药 丹皮 白芷

胶艾汤（《金匮要略》）阿胶 艾叶 当归 川芎 白芍 甘地黄 甘草

逐瘀止崩汤（《安徽中医验方选集》）当归 川芎 三七 没药 五灵脂 丹皮炭 阿胶（蒲黄炒）龙骨 牡蛎 乌贼骨

通窍活血汤（《医林改错》）赤芍 川芎 桃仁 红花 老葱 鲜生姜 大枣

通瘀煎（《景岳全书》）红花 当归尾 香附 青皮 山楂 台乌 泽泻

健固汤（《傅青主女科》）人参 茯苓 白术 巴戟天 黄柏 薏苡仁

柴胡疏肝散（《景岳全书》）柴胡 枳壳 炙甘草 芍药 川芎 香附 陈皮

逍遥散（《和剂局方》）柴胡 当归 白芍 白术 茯苓 甘草 薄荷 煨姜

凉膈散（《和剂局方》）大黄 朴硝 甘草 山栀子 薄荷 黄芩 连翘 淡竹叶

调肝汤（《傅青主女科》）山药 阿胶 当归 山茱萸 巴戟 甘草

消风散（《外科正宗》）荆芥 防风 当归 生地 苦参 炒苍术 蝉蜕 木通 胡麻仁 生知母 煅石膏 生甘草 牛蒡子

消癥散（经验方）千年健 续断 追地风 川椒 五加皮 白芷 桑寄生 艾叶 透骨草 羌活 独活 赤芍 归尾 血竭 乳香 没药

参苏散（《和剂局方》）党参 茯苓 炙甘草 苏叶 葛根 桔梗 前胡 枳壳 半夏 生姜 木香 陈皮 大枣

益血润肠丸（《证类活人书》）熟地 当归 阿胶珠 杏仁 火麻仁 肉苁蓉 橘红 苏子（可易为柏子仁）炒枳壳 荆芥

益气导溺汤（《中医妇科学》）党参 白术 扁豆 茯苓 桂枝 炙升麻 桔梗 通草 乌药

通乳丹（《傅青主女科》）人参 生黄芪 麦冬 当归 桔梗 木通（通草）七孔猪蹄

通窍活血汤（《医林改错》）赤芍 川芎 桃红 红花 老葱 麝香 生姜 大枣

十一画

黄芪汤（《济阴纲目》）黄芪 防风 白术 熟地 茯苓 炙甘草 大枣 煅牡蛎 麦冬

黄芪当归散（《医宗金鉴》）人参 黄芪 当归 白术 芍药 甘草 猪尿脬

萆薢渗湿汤（《疡科心得集》）萆薢苡仁 黄柏 赤茯苓 丹皮 泽泻 通草 滑石

救母汤（《傅青主女科》）人参 当归 川芎 益母草 赤石脂 芥穗（炒黑）

脱花煎（《景岳全书》）当归 川芎 肉桂 车前子 牛膝 红花

羚角钩藤汤（《重定通俗伤寒论》）羚羊角 钩藤 桑叶 菊花 贝母 竹茹 生地 白芍 茯神 甘草

清热固经汤（《简明中医妇科学》）生黄芩 焦栀子 大生地 地骨皮 地榆 阿胶（烊化）生藕节 棕榈炭 炙龟板 牡蛎粉 生甘草

清肝引经汤 (《中医妇科学》) 当归　白芍　生地　丹皮　栀子　川楝子　茜草　白茅根　牛膝　甘草

清肝止淋汤 (《傅青主女科》) 当归　白芍　生地　阿胶　丹皮　黄柏　牛膝　制香附　红枣　黑豆

清经散 (《傅青主女科》) 丹皮　地骨皮　白芍　熟地　青蒿　黄柏　茯苓

清热调血汤 (《古今医鉴》) 当归　川芎　白芍　生地　黄连　香附　桃仁　红花　莪术　延胡索　丹皮

清暑益气汤 (《温热经纬》) 西洋参　麦冬　石斛　知母　黄连　荷梗　竹叶　甘草　粳米　西瓜翠衣

清金化痰汤 (《统旨方》) 黄芩　山栀　桔梗　麦冬　桑皮　贝母　知母　瓜蒌仁　橘红　茯苓　甘草

理中汤 (《伤寒论》) 人参　白术　甘草　干姜

银甲片 (《中医妇科学》) 银花　连翘　升麻　红藤　蒲公英　紫花地丁　大青叶　椿根皮　茵陈　生蒲黄　琥珀　生鳖甲　桔梗

银花红藤解毒汤 (《妇产科学》) 银花　连翘　红藤　败酱　栀子　丹皮　赤芍　桃仁　苡仁　川楝　玄胡　乳香　没药

银翘散 (《温病条辨》) 银花　连翘　竹叶　荆芥　牛蒡子　豆豉　鲜苇根　薄荷　桔梗　生甘草

十二画以上

温经汤 (《妇人大全良方画》) 人参　当归　川芎　白芍　肉桂　莪术　丹皮　甘草　牛膝

温土毓麟汤 (《傅青主女科》) 巴戟　覆盆子　人参　白术　山药　神曲

痛泻要方 (《丹溪心法》) 白术　白芍　陈皮　防风

棕蒲散 (《陈素庵妇科补解》) 棕榈炭　蒲黄炭　归身　炒白芍　川芎　生地　丹皮　秦艽　泽兰　杜仲

催生立应散 (《济阴纲目》) 当归　川芎　牛膝　大腹皮　枳壳　车前子　冬葵子　白芷　白芍

膈下逐瘀汤 (《医林改错》) 当归　川芎　赤芍　桃仁　红花　枳壳　延胡索　五灵脂　丹皮　乌药　香附　甘草

毓麟珠 (《景岳全书》) 人参　白术　茯苓　白芍　川芎　炙甘草　当归　熟地　菟丝子　杜仲　鹿角胶　川椒

撮风散 (《证治准绳》) 全蝎　僵蚕　蜈蚣　朱砂　麝香　竹沥　钩藤

增液汤 (《温病条辨》) 生地　玄参　麦冬

图书在版编目（CIP）数据

中医妇科学 / 刘敏如主编. — 3 版. — 长沙 ： 湖南
科学技术出版社，2013.1（2025.8 重印）
全国高等中医药院校成人教育教材
ISBN 978-7-5357-0069-8

Ⅰ．①中… Ⅱ．①刘… Ⅲ．①中医妇科学－成人高等
教育－教材 Ⅳ．①R271.1

中国版本图书馆 CIP 数据核字(2014)第 130109 号

全国高等中医药院校成人教育教材

中医妇科学

委托修订：国家中医药管理局人事教育司

主编单位：成都中医药大学

主　　编：刘敏如

出 版 人：潘晓山

责任编辑：张碧金　黄一九　石　洪

出版发行：湖南科学技术出版社

社　　址：长沙市芙蓉中路一段 416 号泊富国际金融中心

网　　址：http://www.hnstp.com

邮购联系：本社直销科　0731－84375808

印　　刷：湖南省汇昌印务有限公司
　　　　　　（印装质量问题请直接与本厂联系）

厂　　址：长沙市望城区丁字湾街道兴城社区

邮　　编：410299

版　　次：2013 年 1 月第 3 版

印　　次：2025 年 8 月第 45 次印刷

开　　本：787 mm×1092 mm　1/16

印　　张：20.75

字　　数：486 千字

书　　号：ISBN 978-7-5357-0069-8

定　　价：27.00 元